中国社会科学院老学者文库

从现代逻辑观点看亚里士多德的逻辑理论

Aristotle's Logical Theory from the Standpoint of Modern Logic

张家龙◎著

中国社会科学出版社

图书在版编目（CIP）数据

从现代逻辑观点看亚里士多德的逻辑理论／张家龙著 . —北京：中国社会科学出版社，2016.6

ISBN 978-7-5161-8232-1

Ⅰ.①从… Ⅱ.①张… Ⅲ.①亚里士多德(前384—前322)—逻辑—研究 Ⅳ.①B502.233

中国版本图书馆 CIP 数据核字(2016)第 109454 号

出 版 人	赵剑英	
责任编辑	冯春凤	
责任校对	张爱华	
责任印制	张雪娇	

出　　版	中国社会科学出版社	
社　　址	北京鼓楼西大街甲 158 号	
邮　　编	100720	
网　　址	http：//www.csspw.cn	
发 行 部	010-84083685	
门 市 部	010-84029450	
经　　销	新华书店及其他书店	

印　　刷	北京君升印刷有限公司	
装　　订	廊坊市广阳区广增装订厂	
版　　次	2016 年 6 月第 1 版	
印　　次	2016 年 6 月第 1 次印刷	

开　　本	710×1000　1/16	
印　　张	26	
插　　页	2	
字　　数	385 千字	
定　　价	95.00 元	

凡购买中国社会科学出版社图书，如有质量问题请与本社营销中心联系调换
电话：010-84083683
版权所有　侵权必究

目 录

前 言 1

第一章　亚里士多德的生平与逻辑著作《工具论》..................................... 1

第二章　范畴与谓词 6
　　第一节　十范畴 6
　　第二节　四谓词与本质主义 12

第三章　直言命题与直言三段论 16
　　第一节　直言命题 16
　　第二节　直言三段论的格和式的原貌 27
　　第三节　直言三段论的化归 44
　　第四节　无效式的排斥 51
　　第五节　直言三段论的规则 53
　　第六节　对直言三段论的补充讨论 56

第四章　直言三段论的现代研究 75
　　第一节　莱布尼茨的直言三段论系统 75
　　第二节　希尔伯特和阿克曼的联合演算中的直言三段论 79
　　第三节　卢卡西维茨的蕴涵式公理系统 80
　　第四节　科科伦的自然演绎系统 86
　　第五节　斯迈利的自然演绎系统 89

第五章　作为一阶逻辑子系统的直言三段论 93
　　第一节　一阶逻辑的自然演绎系统 ND 93
　　第二节　直言三段论在 ND 中的两种推演 95

第六章 树枝形的直言三段论自然演绎系统 118

第一节 系统的出发点 118
第二节 定理的推演 121
第三节 无效式的形式排斥系统 128
第四节 算术模型、集合代数模型以及可靠性和语义完全性 143
第五节 判定程序与简单完全性 153

第七章 偏好逻辑 165

第一节 何谓"偏好" 165
第二节 关于偏好的基本原理 167
第三节 组合选择项的偏好问题 173

第八章 关系理论 175

第一节 关系的一般特点 175
第二节 后范畴 177
第三节 其他类型的关系理论 179

第九章 模态命题逻辑 195

第一节 模态命题逻辑的基本内容 195
第二节 包含偶然算子的模态命题逻辑 202
第三节 模态命题逻辑的哲学意义 208

第十章 模态三段论 210

第一节 必然三段论概述 210
第二节 亚里士多德在偶然命题方面的严重错误及其纠正方案 220
第三节 偶然模态三段论概述 223

第十一章 模态三段论的现代研究 232

第一节 麦考尔的蕴涵式公理系统 232
第二节 托姆的自然演绎系统 240

第十二章　树枝形的必然三段论自然演绎系统……247

第一节　必然式系统……247
第二节　可能式……254
第三节　必然式的形式排斥系统……271
第四节　可能世界模型、集合代数模型以及可靠性和语义完全性……278
第五节　必然式系统的判定程序与简单完全性……297

第十三章　树枝形的偶然三段论自然演绎系统……305

第一节　偶然式系统……305
第二节　偶然式的形式排斥系统……327
第三节　集合代数模型以及可靠性和语义完全性……337
第四节　偶然式系统的判定程序与简单完全性……339

第十四章　逻辑规律……349

第一节　同一律、矛盾律和排中律……349
第二节　亚里士多德驳三种曲解排中律的观点……353
第三节　亚里士多德对排中律的限制与三值逻辑……355

第十五章　公理方法和归纳方法……360

第一节　公理方法的要素……360
第二节　初始前提与直觉归纳法……371
第三节　其他类型的归纳法……372

第十六章　辨谬理论……378

第一节　辨谬的目的……378
第二节　语言谬误与逻辑谬误……379
第三节　消除谬误的方法……387

参考文献……401

前　言

　　亚里士多德（公元前384—前322年）是古希腊最伟大的哲学家，同时是逻辑学的创始人，逻辑学的代表作是《工具论》。他创立的逻辑理论直至今天仍然被现代逻辑学家进行研究，并在大学的讲堂上传授。本书作者通过对《工具论》的研读、分析和发掘，认为亚里士多德的逻辑理论是多方面的，绝不限于直言命题和直言三段论，概括起来有九大方面：（1）词项理论；（2）直言命题和直言三段论理论；（3）偏好逻辑；（4）关系理论；（5）模态命题逻辑；（6）模态三段论理论；（7）逻辑规律；（8）公理方法和归纳方法；（9）辨谬理论。由此可见，亚里士多德的逻辑理论博大精深，是逻辑学的永恒研究课题。

　　长期以来，国外逻辑学家对亚里士多德逻辑理论的研究采用的是评述方法，就亚里士多德逻辑理论本身的问题进行评述，主要是词项理论、直言命题和直言三段论、辨谬理论等，忽略了亚里士多德逻辑理论中对现代逻辑的发展起重要作用的理论，如偏好和关系的理论、模态命题逻辑和模态三段论等，甚至关系逻辑的创始人德摩根都认为亚里士多德没有关系理论，认为用"所有马是动物，所以，所有的马头都是动物头"这个推理就可证明亚里士多德逻辑理论的局限性，这种错误观点使国内外的一些逻辑学者对亚里士多德的逻辑理论产生了诸多误解。1951年，国际著名逻辑学家、多值逻辑创始人卢卡西维茨出版了《从现代形式逻辑观点看亚里士多德的三段论》（1957年出第二版，商务印书馆1981年出版了中译本），开创了用现代逻辑的方法研究逻辑史特别是亚里士多德逻辑理论的全新道路。这种方法就是马克思所说的"人体解剖法"："人体解剖对于猴体解剖是一把钥匙，低等动物身上表露的高等动物的征兆，反而只有在高等动物本身已被认识之后才能理解。因此，资产阶级经济为古代经济等提供了钥匙。……人们认识了地租，就能理解代役租、什一税等，但是不应当把它们等同起来。"[①]卢卡西维茨的研究成果揭示了亚里士多德的直言三段论已经达到了何种水平，对逻辑的发展有何重要意义，存在哪些不严格之处，并从现代逻辑的高度解决亚里士多德所不能解决的课题，促进了现代逻辑的发展。例如卢卡西维茨证明了直言三段论公理的一致性、独立性，自弗雷格以来在现代逻辑中建立了第一个形式化的排斥系统，解决了有意义的三段论表达式的判定问题，揭示了亚里士多德模态三段论的缺陷，创建了自己的 4 值模态逻辑系统。由此可见，用"人体解剖法"研究逻辑史，也是一种"推陈出新"的好方法，用"人体解剖"研究"猴体解剖"的目的是为了发展"人体解剖"。自 20 世纪 50 年代以来，国外对亚里士多德逻辑的研究大都应用卢卡西维茨的方法，如 S. McCall 的专著 *Aristotle's Modal Syllogisms*（《亚里士多德的模态三段论》，1963），J. Lear 的专著 *Aristotle and Logical Theory*（《亚里士多德与逻辑理论》，1980），R. Patterson 的专著 *Aristotle's Modal logic*（《亚里士多德的模态逻辑》，1995），P.Thom 的专著 *The Logic of Essentialist · An interpretation of Aristotle's Modal syllogistic*（《本质主义的逻辑·亚里士多德模态三段论的一个解释》，1996）等，还有一些论文发表。他们的成果主要集中在对直言的和模态的三段论的研究，对发展现代逻辑的技术有重要意义。国内出版过两部研究亚里士多德的几个重要逻辑理论的专著，在几部西方逻辑史著作中对亚氏逻辑有简要的评述，还有一些专题论文发表，这些成果为中国逻辑界进一步研究亚里士多德的逻辑理论奠定了基础。

从现时国际国内的研究情况看，还没有一部从现代逻辑观点研究亚里士多德的九大逻辑理论的专著，本书希望能成为这样一部专著，也希望与国际上用现代逻辑的方法研究亚里士多德逻辑理论的成果特别是直言三段论和模态三段论的成果接轨。本书把卢卡西维茨用"人体解剖法"研究亚里士多德的直言三段论理论的方法扩展到亚里士多德的其他逻辑理论，

---

① 《马克思恩格斯选集》第 2 卷，人民出版社 1972 年版，第 108 页。

深刻揭示出亚里士多德逻辑理论的伟大成就，对逻辑发展的巨大影响及其不足之处，纠正了亚里士多德在偶然模态三段论理论方面的错误，并从中生发出现代逻辑的一些重大理论问题，如直言三段论系统和模态三段论系统的构造方法、形式排斥系统的建立、整个系统的判定问题的解决以及系统的模型等。本书不是评述性的著作，而是首先用"人体解剖"进行"猴体解剖"，在此基础上进行扩展研究。本书按亚里士多德逻辑理论的九大方面设九章论述，这九章的标题省去了"亚里士多德的"字样，论述了本书作者用现代逻辑的工具分析亚里士多德这些逻辑理论所取得的成果。另外增加七章。第一章是"亚里士多德的生平和逻辑著作《工具论》"；在论述亚里士多德的直言三段论理论之后加了三章：（1）"直言三段论的现代研究"，评述五个著名系统；（2）"作为一阶逻辑子系统的直言三段论系统"；（3）"树枝形的直言三段论自然演绎系统"，专门论述本书作者的研究成果。在论述亚里士多德的模态三段论理论之后加了三章：（1）"模态三段论的现代研究"，评述两个著名系统；（2）"树枝形的必然三段论自然演绎系统"；（3）"树枝形的偶然三段论自然演绎系统"，专门论述本书作者的研究成果。本书的创新之处主要有：

1. 指明亚里士多德在关于第一实体和第二实体的理论中提出了简单类型论的思想，为两千年后罗素的简单类型论奠定了基础。

2. 一般流传的看法认为亚里士多德的直言三段论共有 4 个格 24 个式，本书严格证明了共有 3 个格 36 个式。为突出直言三段论对现代逻辑的意义，本书首先在数理逻辑基础———一阶逻辑中构造了直言三段论系统，使直言三段论成为一阶逻辑的一个子系统。

3. 本书认为，亚里士多德的直言三段论系统类似现代逻辑的自然演绎系统，本书严格按照自然演绎系统的要求重新构造了直言三段论的树枝形自然演绎系统，证明了一切有效式，并建立了排斥系统，排除了一切无效式，建立了这个系统的判定程序和语义模型，证明了这个系统的可靠性和完全性。

4. 在用现代逻辑方法分析亚里士多德模态命题逻辑理论的基础上，

指出亚里士多德是模态命题逻辑的开拓者，他提出了现今模态命题逻辑的很多原理，特别是 T 公理和 D 公理以及模态对当方阵。本书把亚里士多德的偶然定义应用到现代模态命题逻辑的系统之中，证明了偶然命题同必然命题、可能命题之间关系的 30 多条定理，并讨论了它们的哲学意义。

5. 亚里士多德不但是模态命题逻辑的开拓者，而且是模态一元谓词逻辑（模态三段论）的创始人。本书用现代自然演绎的方法分析了亚里士多德的模态三段论系统，以此为基础重新构造了必然三段论和偶然三段论的树枝形自然演绎系统。在两个系统中，不但证明了一切有效式，而且建立了形式排斥系统，排斥了一切无效式，证明了两个系统的判定问题，建立了两个系统的模型，证明了这两个系统的可靠性和完全性。

6. 偏好是一种特殊的关系，本书论证了亚里士多德是偏好逻辑的开拓者，他提出了现代偏好逻辑的许多原理。

7. 一般认为亚里士多德没有关系理论，本书不同意这种看法，提出亚里士多德是关系逻辑的开拓者，用现代逻辑的方法详细分析了亚里士多德的关系理论，揭示了在《工具论》中蕴涵着丰富的关系逻辑的原理，如关系与逆关系、关系之间的相似关系（同构）、关系之间的包含关系、复杂概念的推理、等同物的不可分辨性原理和不可分辨物的等同原理等。这些原理已被吸收在现代逻辑之中，并得到应用。那种流行的认为亚里士多德没有关系理论的观点完全是不实之词，应予推倒。

8. 本书认为亚里士多德是公理方法和归纳方法的开拓者，他的公理化思想对欧几里得的《几何原本》有重要的影响，他最早提出了直觉归纳法、简单枚举法、融合典型事例归纳和类比的例证法等。

9. 指出亚里士多德认为客观事物有同一律、矛盾律和排中律的思想十分重要，这是逻辑规律的客观基础，与辩证法规律是相辅相成的；本书阐明，亚里士多德关于排中律不适用于未来偶然事件的看法是不成立的，指出排中律是逻辑规律，并从现代时态逻辑的角度进行分析，认为排中律也适用于未来偶然事件。

10. 指明亚里士多德的辨谬理论为现代的"批判性思维"这一学科开

了先河。

本书在研究方法上采用了马克思的"人体解剖对于猴体解剖是一把钥匙"的方法，从现代逻辑的观点研究亚里士多德的逻辑理论。这种方法一方面揭示了亚里士多德逻辑中所包含的现代逻辑的胚芽；另一方面也揭示了亚里士多德逻辑理论中许多不足之处，发现了其中的一些重要错误并加以纠正，然后用现代逻辑的方法进行严格的处理，使之具有更科学的形态，在此基础上进行"推陈出新"；研究了亚里士多德不能研究的、对现代逻辑具有重要意义的一些理论问题，如几个三段论系统的形式排斥、判定程序、模型、可靠性和完全性等问题。这种方法是研究西方逻辑史的一个行之有效的方法。

作者希望，本书能具有以下五个方面的意义：(1)推进对亚里士多德逻辑理论的全面系统的研究；(2)发展用"人体解剖法"研究逻辑史的方法；(3)促进现代逻辑的一些理论问题的研究；(4)为世界三大逻辑史的比较研究提供一个平台；(5)对全面实现我国逻辑研究的现代化、与国际逻辑研究水平接轨起到一定的推动作用。

我研究亚里士多德的逻辑理论始于 1987 年。为参加 1987 年 8 月在莫斯科举行的第 8 届国际逻辑学、方法论和科学哲学大会，我提交了一篇研究亚里士多德直言三段论的论文 *On Aristotle's Catagorical Syllogistic*，构造了与卢卡西维茨的蕴涵式公理系统完全不同的树枝形自然演绎系统，在第 13 组会上宣读，经波兰逻辑学家 K. Trzesicki 的推荐，此文发表于 *Studies in Logic ,Grammar and Rhetoric*, Warsaw University , Bialystok Branch, 1987；中文稿以《从现代逻辑观点看亚里士多德的三段论》为题发表于《哲学研究》1988 年第 5 期。1989 年 2 月，我在加拿大阿尔伯特大学哲学系做高级访问学者，应邀在 "Philosophy Workshop" 作了关于亚里士多德模态逻辑的讲演，并与 B. Linsky 教授进行了讨论，中文稿以《亚里士多德模态逻辑的现代解释》为题发表于《哲学研究》1990 年第 1 期，构造了模态三段论的树枝形自然演绎系统，提出了必然式系统的可能世界模型。此后，我对亚里士多德的逻辑理论进行了长期的专题研究，与其他研究工作穿插进行，相互促进，不求毕其功于一役。在 20 多年中，陆续发表了一些论文。2004 年，我以"从现代逻辑观点看亚里士多德的逻辑理论"为题，获得中国社会科学院老年研究基金立项，2008 年结项，本书是在结项成果的基础上进一步修改并增补而成的。

最后，我引用给友人的一首诗中的几句聊表心志：

> 老骥伏枥，志在千里，
> 烈士暮年，壮心不已，
> 奉为我的晚年理想。
> 学春蚕精神，
> 习蜡炬气概，
> 为振兴中国逻辑事业不遗余力，
> 增添一抹夕阳的红光。
>
> 我从青年步入暮年，
> 弹指一挥间，
> 心中自有一盏明灯领航，
> 我奋力穿越红尘滚滚的波涛，
> 孜孜追求的是：
> 淡泊和宁静，
> 拳拳守护的是：
> 正直和善良。

第一章 亚里士多德的生平与逻辑著作《工具论》

亚里士多德（Aristotle，公元前384—前322年）是古希腊伟大的哲学家，形式逻辑的创始人。他的一生可分为三个时期。

第一时期（公元前384—前347年）

亚里士多德于公元前384年生于马其顿的一个小城市斯塔吉拉。公元前367年，他到雅典进柏拉图学园学习哲学，在此居住了20年，后期担任教师。亚里士多德在学园期间是柏拉图（Plato，公元前427—前347年）的学生和朋友。公元前347年柏拉图去世，学园继承人是斯彪西波（Speusippus），亚里士多德与他在学术上有分歧，便离开柏拉图学园。

第二时期（公元前347—前335年）

公元前347年，亚里士多德与同学克塞诺克拉底（Xenocrates）接受同学赫尔米亚（Hermeias）的邀请来到亚洲的密西亚的阿索斯城。其时，赫尔米亚是密西亚的阿塔尔努斯和阿索斯的统治者，在这里建立了一个以他为核心的柏拉图主义的小团体。亚里士多德在这个团体待了三年。三年后，波斯帝国攻陷了赫尔米亚的城池，赫尔米亚被杀，亚里士多德逃到累斯博岛的米提利尼城，在这里从事生物学的考察和研究。公元前343年，亚里士多德接受马其顿国王菲立普（Philip）的邀请，到柏拉城当王子亚历山大的教师，前后有三年多的时间。公元前340年，亚里士多德移居斯塔吉拉，从事科学研究，约5年。

第三时期（公元前335—前322年）

公元前335年，亚里士多德回到雅典，在城外吕克昂创办自己的学校，史称"吕克昂学园"。在这里，他每天早上与学生在林中散步，讨论哲学问题，因此后人称亚里士多德的学派为"逍遥学派"。公元前323年，亚历山大逝世。雅典发生了反马其顿的运动，亚里士多德因他与马其顿王室的关系成为政治打击的对象，被指控为"亵渎神灵"，他不得不离开雅典，把学园交给他的学生泰奥弗拉斯多（Theophrastus）主持，避居于卡尔基。公元前322年，亚里士多德病逝，终年63岁。

亚里士多德的著作十分广泛，内容涉及知识的各个领域。他的逻辑著作共6篇：《范畴篇》、《解释篇》、《前分析篇》、《后分析篇》、《论辩篇》和《辨谬篇》。这些著作起初并没有总称《工具论》，何时有这个总称的呢？一种说法是亚里士多德学派的学者"在公元前1世纪，把亚里士多德的逻辑著作集中在一起，以《工具论》来命名"。[1]另一种说法是逍遥学派的学者亚弗洛底细亚的亚历山大（Alexander of Aphrodisias, 公元2世纪）把"工具"一词应用于逻辑学说，在6世纪时最终用于亚里士多德的6篇著作的汇集。[2]

在《工具论》中，6篇著作的顺序并不是亚里士多德本人定的，而是由编者定的。在6篇著作中，《前分析篇》、《后分析篇》、《论辩篇》和《辨谬篇》（《辨谬篇》原是《论辩篇》的第九卷，后人分出，《辨谬篇》的结束语是原《论辩篇》全书的结束语）都是亚里士多德的原作，这是没有人怀疑的。引起争论的是《范畴篇》和《解释篇》。德国逻辑史家普兰托（K. von. Prantl, 1820—1888年）等人对《范畴篇》是亚里士多德原作持异议。研究亚里士多德的权威学者罗斯（W. D. Ross）指出："从公元3世纪的波菲略（Porphyry）开始，许多注释家都把它当成真作来评注。诚然，接受它的事实可以追溯到安德罗尼柯（Andronicus, 公元前1世纪初）。从亚里士多德学说的观点出发也得不出排斥它的论证，它的文笔和风格完全是亚里士多德的。其最后六章论述所谓后范畴，角度有所不同，它们受到安德罗尼柯的怀疑，而且与全书的目的无关。但是它们仍然可能是亚里士多德

---

[1] 肖尔兹：《简明逻辑史》，商务印书馆1977年版，第12页。
[2] 罗斯：《亚里士多德》，商务印书馆1997年版，第23页。

的著作。"①《解释篇》（16a8）提到《论灵魂》："这个问题（按：指关于口语和文字的论述）已在我的《论灵魂》的文章里讨论过了"，可是《论灵魂》却没有相应的内容，安德罗尼柯据此怀疑《解释篇》是亚里士多德所作。对此，罗斯认为："可是在亚里士多德确切无疑的真作中，有许多这样的提法，并且对此有多种方式的解释。在这篇著作之外可以找到其可靠性的有力证明。泰奥弗拉斯多和亚氏的另一个学生欧德谟（Eudemus）写的一些著作似乎就是以它作前提，而且公元5世纪时的亚里士多德著作注释家阿姆尼乌斯（Ammonius）告诉我们，安德罗尼柯是唯一对它提出质疑的批评家。这篇著作的风格和文笔似乎是纯亚里士多德的。真正能够对它提出反对的地方就是大部分内容都是初等的，而亚里士多德讲学无疑是既讲初等的内容也讲高深的内容。"②

由上所说，我们认为，《范畴篇》和《解释篇》是亚里士多德的原作，至少可以认为这两篇所阐述的学说是亚里士多德本人的。

关于亚里士多德的6篇逻辑著作的顺序，也有争论。肖尔兹认为："为了使研究工作获得成效，应该从后往前通读《工具论》全书，因为很可能它是按倒过来的次序写成的，同一般教科书的应有次序是不同的。"③

罗斯断定《论辩篇》是比《分析篇》早的作品，他所提出的论据是：

第一，研究论辩推理的《论辩篇》同柏拉图的思维方法比较接近；

第二，在《论辩篇》里对论证问题的探讨不如在《分析篇》里的探讨来得充分；

第三，在《论辩篇》里，"三段论"这个术语用于最广泛的意义，即表示一般的推理，而没有用于它在《前分析篇》里所具有的那种较狭的、技术性的意义。罗斯还认为，《前分析篇》写在《后分析篇》之前，因为《后分析篇》里确定三段论的三个格以及它们的规则，是以《前分析篇》

---

① 罗斯：《亚里士多德》，商务印书馆1997年版，第12—13页。
② 同上书，第13页。
③ 肖尔兹：《简明逻辑史》，商务印书馆1997年版，第31页。

里所提供的前提定义、三段论中词和端词的定义为前提的。①

索尔姆森（F. Solmsen）认为，亚里士多德首先在《论辩篇》创造了论辩的逻辑，然后在《后分析篇》创造了科学逻辑，最后在《前分析篇》创造了形式逻辑，它既适用于论辩又适用于科学。罗斯指出，这一观点虽很有吸引力，但一直没有得到充分的检验。迈尔（H. Maier）认为，《解释篇》是亚里士多德最后而未写完的著作，但凯斯（T. Case）认为《解释篇》是早期作品，因为其中关于判断的分析比《前分析篇》中的分析更简单，更近似于柏拉图《智者篇》（261e）中的分析。迈尔和罗斯认为，《论辩篇》的写作顺序为：第 2 卷至第 7 卷第 2 章，第 7 卷第 3 章至第 5 章，第 1 卷，第 8 卷；这部著作的主要部分（第 2 卷至第 7 卷第 2 章）基本上属于柏拉图思想的范围，是在发现三段论之前写的。②

波亨斯基（Bochenski）在《形式逻辑史》一书中提出了 5 个标准来确定《工具论》各部分的前后次序：（1）凡是其中没有碰到《前分析篇》里所谈的那种三段论（波亨斯基称这种三段论为"分析的三段论"）的著作比那些其中谈到这种三段论的著作为早；（2）那些其中没有使用逻辑变项（字母 A、B、Γ 等）的、但从内容上看必须使用这些变项的著作，都是比较早的著作；（3）其中分析与证明的技术越高和越形式化的著作，是亚里士多德越晚写成的著作；（4）那些其中包含有模态逻辑的著作是较晚的著作；（5）可以在上述标准的范围内区分出各个阶段，例如，最初亚里士多德使用字母表示缩写，后来把它们当作真正的逻辑变项来使用。波亨斯基根据上述标准，确定亚里士多德逻辑著作的先后次序如下：（1）《论辩篇》、《辨谬篇》和《范畴篇》；（2）《解释篇》和《后分析篇》第 2 卷；（3）《前分析篇》第 1 卷（第 8 章至第 22 章除外）和《后分析篇》第 1 卷；（4）《前分析篇》第 1 卷第 8 章至第 22 章（模态三段论）和《前分析篇》第 2

---

① 参看阿赫曼诺夫：《亚里士多德逻辑学说》，上海译文出版社 1980 年版，第 89—90 页。

② 参看罗斯：《亚里士多德》，商务印书馆 1997 年版，第 21—22、62 页。

卷。^①波亨斯基的看法并未得到研究亚里士多德的学者们的普遍赞同，不过在波亨斯基的看法中确有不少可取之处。

根据各家的看法，我认为可以大体上确定如下的次序：（1）《论辩篇》和《辨谬篇》；（2）《范畴篇》和《解释篇》；（3）《前分析篇》和《后分析篇》。下面我们按照逻辑和历史相统一的方法，从现代逻辑观点来综合论述亚里士多德的各种逻辑理论，而不是按照《工具论》的顺序来分析研究各篇的内容。我们的这种论述方法把亚里士多德在《工具论》中所提出的各种逻辑理论构成一个有机的整体，便于用现代逻辑的技术进行分析，避免了分篇论述带来的割断同一种逻辑理论前后的有机联系。

最后简单谈谈《工具论》的译本问题，国际公认的最权威的英译本是罗斯主编的，罗斯还出版了希英对照本的带有导言和评注的《亚里士多德的〈前后分析篇〉》。[2]中译本有几种：（1）方书春译：《范畴篇 解释篇》，1957年由三联书店出版，2003年被列入"汉译世界学术名著丛书"由商务印书馆出版；（2）李匡武选译的《工具论》，1984年由广东人民出版社出版，其中《范畴篇》、《解释篇》和《后分析篇》是全文，其余三篇是节译；（3）苗力田主编的《亚里士多德全集》第一卷，1990年由中国人民大学出版社出版，这是《工具论》的全译本。

研究亚里士多德的逻辑理论，首先要读罗斯的英译本和评注，中译本作参考；其次要掌握国际上现代逻辑学家研究亚里士多德逻辑的成果。这样，才能在前人的基础上有所前进、有所创新。

---

① 阿赫曼诺夫：《亚里士多德逻辑学说》，上海译文出版社1980年版，第90—91页。

② *The Works of Aristotle Translated Into English*, Under The Ditorship of W. D. Ross, vol. 1, Oxford University Press, 1625—2004; W. D. Ross, *Aristotle's Prior and Posterior Analytics*, a revised text with introduction and commentary, Oxford, 1949.

第二章 范畴与谓词

第一节 十范畴

一 十范畴

亚里士多德在《范畴篇》中,讨论了出现于主词和谓词位置上词项所指称的事物类别。亚里士多德在《论辩篇》中曾提出十范畴,《论辩篇》的十范畴与《范畴篇》的重点有所不同,两个系列的十范畴,其差别只在一个范畴,《论辩篇》中的"本质"范畴到了《范畴篇》中改为"实体"。在《论辩篇》中,重点是用定义者(谓词)去揭示被定义者(主词)的本质,按亚里士多德的看法,如果用一个词项述说自身或给出它的种,那么就是在给出它的本质,这时不一定指称实体,也可以指称其他范畴。揭示本质的命题不一定是关于实体的。这样,不但"苏格拉底是人"而且"白色是颜色"和"2丘比特长是长度"都是揭示本质的命题,但是,如果我们把属于一种范畴的词项用于另一种范畴,那就没有表明本质,而是指的数量、性质或其他某一范畴,例如"人坐着"。亚里士多德在《范畴篇》中的范畴是对"复合的用语"而言的,他说:"每一个不是复合的用语,或者表示实体,或者表示数量、性质、关系、地点、时间、姿势、状态、动作、遭受。让我大略说一说我的意思:指实体的如'人'或'马',指数量的如'2丘比特长'或'3丘比特长';指性质的如'白的'、'通晓语法的'等属性;'两倍'、'一半'、'较大'等则属于关系的范畴;'昨天'、'去年'等属于时间的范畴;'躺卧着'、'坐着'等则是指示姿态的词项;'着鞋的'、'武装的'等,属于状态 [具有];'烧灼'、'针刺'等,是动

作；'受烧灼'、'受针刺'等，属于遭受的范畴。"（1b25—2a4）①

亚里士多德认为，十范畴中任何一个词项，其本身并不包含一种肯定或否定，如"人"、"白的"、"奔跑"、"获胜"等，它们也就无所谓真假，只有把这些词项组合起来才产生肯定的或否定的陈述（statement），而每一种断定（肯定或否定）必定是真的或是假的，例如，"人奔跑"、"人获胜"产生了肯定的陈述，因而才有真假可言。（2a5—10）由此可见，亚里士多德认识到，真假二值是陈述（或命题）的特性，单纯的词项指示组成命题的素材，无所谓肯定，也无所谓真假。

二 实体与简单类型论

实体分为第一性实体和第二性实体。亚里士多德说："实体就其最真正的、第一性的、最确切的意义而言，乃是那既不可以用来说一个主体又不存在于一个主体里面的东西，例如某一个个别的人或某匹马。但是在第二性的意义下作为种而包含着第一性实体的东西也被称为实体。例如，个别的人是被包含在'人'这个种里面的，而'动物'又是这个种所隶属的属；因此这些东西——就是说'人'这个种和'动物'这个属——就被称为第二性实体。"（2a5—10）这就是说，第一性实体如某个人或某匹马，其名称只能作主词，其特点是"不存在于一个主体里"，这是指第一性实体即个体是独立存在的东西。这里要指出的是，亚里士多德把个体属于种（个别的人属于"人"这个种）与种包含于属（人包含于动物）视为同一种关系，这是错误的，前者是分子属于类的关系，后者是小类包含于大类的关系，"属于"和"包含于"是两种截然不同的关系，不能混为一谈。亚里士多德说："除第一性实体之外，任何东西或者是可以用来述说一个第一性实体，或者是存在于一个第一性实体里面。……'动物'被用来述说'人'这个种，因此就被用来述说个别的人，因为如果没有任何可以用它来述说的个别的人存在，那它根本就不能被用来述说'人'这个种了。

---

① 译文参考了相关的中译本，并根据罗斯的英文本作了校订。引文按国际惯例只在文中注明希腊标准页码。

再者，颜色存在于物体里面，因此是存在于个别的物体里面的，因为如果没有人和它得以存在于其中的个别的物体存在，那它根本就不能存在于物体里面。可见除第一性实体之外，任何其他的东西或者是被用来述说第一性实体，或者是存在于第一性实体里面，因而如果没有第一性实体存在，就不可能有其他的东西存在。"（2a34—2b5）这些观点表明，亚里士多德已同柏拉图的理念论分道扬镳。柏拉图认为感性的具体事物不是真实的存在，在感觉世界之外还有一个永恒不变的、独立的、真实存在的理念世界；感觉世界中的具体事物由于"分有"了理念世界的特点，才具有相对稳定的属性；种和属是理念，是独立的、真实存在的，而具体事物由于分有这些理念才能成为该事物，这些具体事物只有理念的"影子"，是对理念的"模仿"，它们不是独立的、真实存在的。上面说过，亚里士多德的著作早期受柏拉图理念论的影响。如《论辩篇》，后来才不断地摆脱柏拉图的影响。上引《范畴篇》的一段话表明亚里士多德开始脱离理念论的影响，认为如果没有第一性实体存在，就不可能有其他的东西存在；但是，《范畴篇》表明亚里士多德还未完全摆脱理念论的影响，例如，他说："事物本身，有些可以用来述说一个主体，但决不存在于一个主体里面。例如，'人'可以用来述说一个个别的人，但绝不存在于一个主体里面。"（1a20—25）这就是说，'人'这个种可以脱离个别的人而存在，这恰恰是柏拉图的理念论。

亚里士多德认为，在第二性实体里面，种比属更真正地是实体。其理由是：（1）种与第一性实体更为接近，例如描述一个个别的人时，说他是人比说他是动物，就会是说得更有益、更中肯，前一种说法在更大的程度上指出个别的人的特性，而后一种说法则过于宽泛；再如，说某棵树是什么，用"树"这个种比用"植物"这个属说得更为清楚。（2）第一实体是其他一切东西的基础，而其他一切东西或者是被用来述说它们，或者是存在于它们里面。种和属的关系同第一实体和其他一切东西之间的关系是同样的，种可以作主词，属是谓词，用来述说种。（2b5—20）

亚里士多德说："在种与种之间，除了那些本身就是属的种之外，没有一个种比另外一个种更真正地是实体。在谈到一个个别的人时说出他所属的种［即人］，比起谈到一匹马时说出它所属的种［即马］，不会就是对于个别的人给出了一个更得当的说明。同样，在各种第一性实体之间，也没有一个比另外一个更真正地是实体；一个人并不比一只牛更真正地是实体。"（2b20—30）"在所有以实体和种差为谓词的命题里面，实体和种差乃是同名同义地用来述说主体的，这一点乃是实体和种差的标志。因为所有这种命题都是或者以个体或者以种为主词的。就第一性实体不能用来述说任何东西这一点而言，第一性实体的确不能称为任何命题的谓词。但在第二性实体那里，种可以用来述说个体，属可以用来述说种和个体。同样，种差被用来述说种和个体，再者种的定义和属的定义可以适用于第一性实体，属的定义可以适用于种。因为所有被用来述说谓词的，也可以被用来述说主词。同样种差的定义也可以适用于种和个体。"（3a30—3b10）这两段话表明亚里士多德认识到，实体是分成层次的，第一层次是各种第一性实体（个体），如个别的人，第二层次是个体所属的种如人，第三层次是种所包含于的属如动物；种差与上一层次的属处于同等地位，如人这个种的种差"两足的"与属"动物"是同层次的，被定义者（种、属和种差）与其定义者处于同等地位。如此递进。种和属是相对的，属也可以成为种。在同层次的实体之间没有程度的不同，用谓词来述说主词时，其层次要高于主词的层次，不能用同一个层次来进行述说。这样，个体不能用来述说个体，种及其定义者可以用来述说个体，属及其定义者、种差及其定义者可以用来述说种和个体。例如，我们不能说苏格拉底是亚里士多德、人是马等，只能说：苏格拉底是人（种）、苏格拉底是动物（属）、人（种）是动物、人是两足的（种差）、苏格拉底是两足的（种差），等等。

　　由以上的分析可以看出，亚里士多德已初步提出了罗素（B. Russell, 1872—1970）的简单类型论的思想，把实体分为个体、个体的类、个体的类的类等不同的层次（类型）。简单类型论除了在语言中对形成语句有作用之外，对数学也有重要作用。在19世纪末20世纪初，在集合论中发现了一些悖论即逻辑矛盾，引起了第三次数学危机。这里我们简单介绍罗素发现的悖论（今称"罗素悖论"）。世界上的类分为两种，一种是自身可以作为自身分子的类，例如，可以思考的东西构成一个类，这个类也是可以思考的；另一种是自身不能作为自己分子的类，例如所有的人构成一个类，但这个类不是自己的分子，人类不是一个人。现在把所有的不是自身分子的类构成一个类，这是由类组成的类，我们问：这个类是不是自身的分子呢？如果它是自身的分子，那么根据它的构成方式，它就不是自身的分子；如果它不是自身的分子，那么根据它的构成方式，它就是自身的分子。这就产生了自相矛盾。为了消除这一类集合论悖论，使数学奠定在没有悖论的集合论基础之上，逻辑学家们提出了不同的方案，罗素提出了简单类型论。简单类型论的中心思想是把类或谓词分为不同的层。

简单类型论把类或谓词分成不同的类型。

类型 0：个体；

类型 1：个体的类；

类型 2：个体的类的类，等等。

我们只能考虑类型 n 的对象是否为类型 n+1 的类的分子，而不能考虑某一类是否为其本身的分子。这样，罗素悖论等逻辑悖论就可以排除。相应地，谓词也可以分为逐次增高的类型。上述简单类型论已为逻辑学家所公认，并已体现于各逻辑系统的形成规则之中。

由上可见，亚氏关于第一实体和第二实体的理论奠定了罗素的简单类型论的基础。

此外，亚里士多德还论述了实体的另一些特点：(1) 实体本身不能有程度上的不同，这不是指属比种更真正地是实体，而是指实体本身不能说它更是它或更不是它，例如一个人在某个时候并不比他以前更是一个人。这与性质不同，同一种性质被说成是在不同的时候以不同的程度存在于一件东西里面，例如一件白的东西在某一个时候比它以前更白些。(2) 实体在保持数量上的同一性的同时，由于自身的变化容许有相反的性质，例如同一个人有的时候好有的时候坏。但不是实体的东西都不能有相反的性质，例如同一种颜色不能既是白的又是黑的，同一个行为不能既是善的又是恶的。结合实体的这个特点，亚里士多德还讨论了命题真假的基础，他指出，命题和意见在任何情况下，它们自身都是保持不变的，如果它们有了相反的性质，那是因为事实本身发生了变化，例如，"他坐着"这句话始终没有改变，当他坐着时，这句话是真的；当他站起来时，这句话就是假的了，这只是由于事实发生了变化。这是关于真理的"符合论"思想。

三 数量

数量这个范畴分两种，一种是分离的；另一种是连续的。

分离的数量的例子，如数目和语言。一个数目的各部分之间，没有使它们相联结的共同边界，两个5造成了10，但这两个5并没有共同的边界，而却是分开着的。语言指的是有声语言，是以长音节和短音节来测量的；没有把音节与音节联结起来的共同边界，每个音节和其他音节总是分开着的。

连续的数量的例子，如线、面、立体、时间、空间。线能找到把它的部分与部分相连起来的共同边界，这就是点。面的共同边界是线；立体的共同边界是一条线或是一个面。在时间方面，过去、现在和未来形成了一个连续的数量，因为一个立体的各部分占有某一个空间，而这些部分彼此之间有共同的边界。这样，那被立体的这些部分占据的空间的各部分，也有立体各部分之间所有的同样的共同边界。

亚里士多德认为，知道了数量这个范畴所包含的种类，对于分析一个语句具有重要意义。例如，我们说那白的东西是大的，是指白色所弥漫的那个表面是大的；我们说一种活动或一个过程很长，是指活动或过程所经历的时间长。

数量没有相反者，例如，没有什么东西是"2丘比特长"或"3丘比特长"的相反者；数量也没有程度的不同，例如，一个东西不能比另一个东西在更大的程度上是2丘比特长。但是数量最突出的标志，是相等或不相等。例如，一个立体被称为等于或不等于另一个立体。

四 性质

亚里士多德把性质定义为"因它而被人们认为如此如此的东西"（8b25），如"白的"，"通晓语法的"。性质与关系不同，性质是一个事物本身所具有的，而关系至少存在于两个事物之间。用现代逻辑来分析，表达性质的是一元谓词，说某物是白的可表示为 $F(x)$，F 表示"＿＿是白的"，x 代表某物。

关于关系这一范畴，我们放在关系理论中论述。至于其他范畴（时间、地点、姿势、状态、动作和遭受），亚里士多德没有多说，这里不赘。《范畴篇》最后六章（第 10—15 章）论述的后范畴对现代逻辑来说有价值的是涉及关系，我们一并放在关系理论中论述。

第二节 四谓词与本质主义

亚里士多德在《论辩篇》中提出了著名的四谓词理论。他说："所有命题和所有问题所表示的或是某个属，或是一特性，或是一偶性；因为种差本身也应用于类（或属），应当与属处于相同序列。但是，既然在事物的特性中，有的表现本质，有的并不表现本质，那么，就可以把特性区分为上述的两个部分，把表现本质的那个部分称为定义，把剩下的部分按通常所用的术语叫作特性。根据上述，因此很明显，按现在的区分，一共出现有 4 个要素，即特性、定义、属和偶性。"（101b17）

亚里士多德所说的"定义"实际上是指"定义项"。他说："定义乃是揭示事物本质的短语。"（101b35）怎样才能揭示事物的本质呢？他采取了"属加种差"的定义方法。他说："下定义的人应把被定义者置于属中，然后再加上种差；因为在定义的若干构成要素中，属通常被认为是主要标示被定义者本质的。"（139a28）属是比种要大的类，对于一个种来说，它的属有邻近的，也有更高层次的，称某物为植物并没有说明它就是树，因此亚里士多德提出用划分方法找出最邻近的属，他认为划分是避免遗漏任何本质因素的唯一方法。

亚里士多德说："特性这个谓词不表示事物的本质，只是属于事物，而且反过来说也能成立。例如，人的一个特性是能学习语法，如果甲是一个人，那他是能学习语法的；反过来也可以说，如果甲是能学习语法的，那他就是一个人。"（102a17）他认为，谓词可以与主词换位，就应该是定义或特性；如果谓词揭示了主词的本质，它就是定义；如果没有揭示本质，则是特性。特性之为特性，乃是由于它能与主词换位但又不揭示本质。

"属是表示在种上相区别的若干东西的本质范畴。"（102a31）由此可以看出，属作为一个谓词，是表述种的，而且是表述种的"本质范畴"。

亚里士多德说："偶性是指：它不是上述那些的任何一种，即既不是定义，不是特性，又不是属，但是也属于事物；并且，它可能属于，也可能不属于任何自我同一的事物，例如坐的姿势就可能属于也可能不属于自我同一的某物。白色也是如此；因为没有什么东西能妨碍同一事物在此时为白，在彼时为非白。"（102b4）

亚里士多德认为，属加种差的定义能揭示事物的本质，他把本质也叫作本质特性。他说："本质特性是在一事物与每一其他事物相比较中并与其他每一事物相区别的东西；例如，能够获得知识的那种有死的动物就是人的本质特性。"（128b35）"本质特性可以在和若干事物的比较中加以论述，因为这个本质特性应当属于其主体，这个主体与每一单个存在的事物相关，所以，如果这个本质特性没有使主体在同每一其他事物相比较中区别开来，它就不可能正确地被表述。"（129a25）

由上可见，亚里士多德在论述四谓词理论时在哲学史上第一次提出了本质主义哲学。这种本质主义是关于种（即一个属下的类）的，种通过"属加种差"下定义，定义项就揭示了种的本质，而且这种本质是种在与其他的种相比较并与之相区别的东西，它不是特性，也不是偶性，也就是说，是种必然具有的。

亚里士多德也讨论了个别人的本质。他认为，述说个别的人可以用种名"人"，也可以用种名"人"的定义。他在这个问题上是动摇不定的，本来他认为，描述一个个别的人时，说此人是人比说此人是动物更恰当，但又认为，也可以用"人"的定义来述说个别的人。按照这种说法，一个个别的人就是"能够获得知识的那种有死的动物"。

总之，亚里士多德认为种类和个体都具有本质，此外还有偶性；本质是种类和个体必然具有的。这是亚里士多德的本质主义的基本论点。通过"属加种差"的定义能否抓住事物的本质呢？这是不一定的。一类事物区别于另一类事物的种差可能是很多的，选出来的种差并不一定是事物的本质，也可能是偶性。按照亚里士多德的说法，人这个类的本质是"能够获得知识的那种有死的动物"，可是黑猩猩也是"能够获得知识的那种有死的动物"。再如，"黄金是黄色的金属"是一个"属加种差"定义，但是有一种可能的情况，"黄铁矿"也是"黄色的金属"，这就表明"黄色的金属"并不能作为黄金的本质。可见，建立在"属加种差"定义之上的本质主义是有缺陷的。

亚里士多德的本质主义对现代哲学产生了重大影响。有的哲学家举起反本质主义的大旗，主张事物的类或个体均无本质。著名哲学家维特根斯坦提出"语言游戏"和"家族相似"的理论来反对本质主义。他主张语言像游戏一样没有本质，为了加强"语言游戏"论的反本质主义力度，他在后期提出了"家族相似"论，认为"游戏"形成一个家族、"语言"形成一个家族、"数"形成一个家族，等等。他认为在家族相似中，一个家族的成员与另一个成员之间总有相似之处；一个家族中两个成员的相似之处不一定就是与第三个成员的相似之处；在每一个家族中，有互相重叠、交叉的相似关系之网，家族成员之间有时大部分相似，有时小部分相似，但不存在一个相似之处是所有成员共有的，也就是说家族是没有本质的。

著名逻辑学家和哲学家蒯因公开宣称亚里士多德的本质主义是不合理的，坚决反对个体必然具有本质，从而反对搞量化的模态逻辑。此外，蒯因提出了一个"作为数学家的骑车人的悖论"来反对本质主义："人们按照设想可能会说，数学家必然地是有推理能力的、而非必然地是有两条腿的；骑车人必然地是有两条腿的、而并非必然地是有推理能力的。但是，对于一个既嗜好数学又嗜好骑车的个体来说情况又如何呢？这个具体的人到底是必然地有推理能力、而偶然地有两条腿的、还是必然地有两条腿而偶然地有推理能力的？我们有所指地谈论该对象而没有把数学家分为一类以与骑车人相对照或是相反把这样一种先入之见作为谈话背景，恰恰是就此而论，把那个个体的某些属性列为必然的、而把其他那些属性列为偶然的这种做法是毫无意义的。"[1]

面对反本质主义的潮流，著名逻辑学家和哲学家普特南和克里普克举起了现代本质主义的大旗。克里普克为了克服亚里士多德本质主义的缺陷，用模态逻辑为本质主义进行辩护，提出了两个著名的论点：

1.一个个体的起源（或该个体由以构成的材料）是该个体的本质。根据必然不等同原理，两个个体起源不同，他们就必然是不同的个体。

2.一个自然种类的本质是它具有的某种内部结构。这种内部结构在一切可能世界中是不变的。例如，黄金的本质是原子序数为 79 的元素，在现实世界中是如此，它在其他一切可能世界中就不可能不是原子序数为 79 的元素。

这里，我们不必详细介绍克里普克的理论，对他的理论有很多讨论。我们要说的是，本质主义的学说是亚里士多德奠定的，亚里士多德的历史功绩是不可磨灭的。

---

[1] Quine, *Word and Object*, MIT, 1960, p.199.

第三章　直言命题与直言三段论

第一节　直言命题

一　语句和命题

亚里士多德认为:"一个语句是语言的一个有意义的部分,其中某些部分具有一种独立的意义,这就是说,它足以作为有意义的话,虽则不足以作为对任何明确的判断的表达。"(16b26—28)。亚里士多德举例说,"人的"(human)一词是有意义的,但它并不构成一个肯定命题或否定命题,只有当另外的词加上去的时候,全体合起来才会形成一个肯定的命题或否定的命题。这里所说的命题指的就是直言命题。

语句和命题不同。亚里士多德说:"每一个语句不都是一个命题;只有那些在其中有真或假的语句才是命题。例如,一个祈祷是一个语句,可是它不是真的,也不是假的。"(17a3—4)这里,亚里士多德所说的"有真或假的语句"是指陈述语句,他认为只有陈述语句才是命题。亚里士多德在逻辑史上最早提出了命题有真或假二值的思想,奠定了二值逻辑的基础。关于真假二值,亚里士多德说:"正如在我们心灵里面有不涉及真或假的一些思想,也有那些必定或是真的或是假的思想,同样地,在我们的语言里面也有这种情形。因为真和假蕴涵着结合和分离。名词和动词,只要不把别的东西加上去,就是和没有加以结合或加以分离的思想一样的;'人'和'白',作为孤立的词,尚不是或真或假的。为证明这点,试考虑'山羊—牡鹿'一词。它是有意义的,但关于它,并无所谓真或假,除非现在时态或其他时态的'是'或'不是'被加上去。"(16a10—19)

亚里士多德关于一部分思想有真或假、真和假蕴涵着思想的结合和分离的论述是很正确的，但他认为语言中也有类似的情形，这是不正确的。我们认为，语言是表达思想的，但语言表达式本身无所谓真或假，陈述语句所表达的思想内容即命题才有真假。我们知道了这种区别之后，在日常也可采用亚里士多德的不精确说法：有真假的语句（陈述语句）就是命题，这倒无关大局。

二 直言命题的分类

亚里士多德根据不同的标准，对直言命题作了以下的分类：

（一）简单命题和复合命题。亚里士多德说："在命题中间，有一种是简单的命题，即那种对某事物断言了或否认了某些东西的命题；另一种命题是复合的，即那些由简单命题合成的命题。一个简单命题是一个有意义的陈述，说出一个主题中某一东西的存在或不存在，按照时间的划分，有现在时的、过去时的或将来时的。"（17a20—24）

（二）肯定命题和否定命题。"一个肯定命题是关于事物正面地断言了某些东西，一个否定命题是关于某一事物作了一种反面的断言。"（17a25）

亚里士多德在《解释篇》中先考察"二因素句"，接着考察了常用的"三因素句"："最基本的肯定命题和否定命题是像下面这些：'人是'、'人不是'。次于这些的是：'非人是'、'非人不是'。再其次我们有这些命题：'每个人都是'、'每个人都不是'、'所有的非人都是'、'所有的非人都不是'。……当动词'是'作为第三个因素被用于句子里面时，肯定命题和否定命题就能够各有两种。"（19b15—20）例如，一对肯定命题是："人是公正的"和"人是不公正的"，一对否定命题是："人不是公正的"和"人不是不公正的"；这里"是"和"不是"被加到"公正"上去，或被加到"不公正"上去。还可以形成以下的命题："每个人都是公正的"和"每个人都是不公正的"（一对肯定命题），"并非每个人都是公正的"和"并非每个人都是不公正的"（一对否定命题）。用不确定的名词"非人"作主词可形成以下命题:"非人是公正的"和"非人是不公正的"(一对肯定命题),"非人不是公正的"和"非人不是不公正的"(一对否定命题)。肯定命题和否定命题可以不用"是"而用动词"步行"、"享有健康"等形成下面这些命题:"每个人都享有健康"、"每个人都不享有健康"、"所有的非人都享有健康"、"所有的非人都不享有健康";"人享有健康"、"人不享有健康"、"非人享有健康"、"非人不享有健康",亚里士多德认为这些命题具有当"是"被加上去时可适用的模式。(19b25—20a15)

(三)全称、不定和单称命题。亚里士多德说:"有些东西是普遍的,另外一些东西则是单个的。'普遍的'一词,我的意思是指那具有如此的性质,可以用来述说许多主体的;'单个的'一词,我的意思是指那不被这样用来述说许多主体的。例如,'人'是一个普遍的,'卡里亚斯'是一个单个的。"(17a37—40)这里所谓"普遍的"和"单个的"是指主词的类别,"普遍的主词"是一个普遍的名词,如"人";"单个的主词"是一个个体名词,如"卡里亚斯"。

亚里士多德说:"我们的命题必然有时涉及一个普遍的主词,有时涉及一个单个的主词。"(17b1)对涉及普遍主词的命题他又作了如下的划分:先把命题分为两种,"如果有人关于普遍主词作了一个全称性的肯定命题和一个全称性的否定命题,则这两个命题乃是'反对'命题。用'关于一个普遍主词的一个全称性命题'这个词句,我的意思是指像'每个人都是白的'、'没有一个人是白的'这样的命题。反之,当肯定命题和否定命题虽然是关于一个普遍主词的,但却并非全称性的,它们就将不是相反的,虽则所指的意思有时是相反的。作为有关一个普遍主词而却不属于全称性的命题的例子,我们可以举出像'人是白的'、'人不是白的'这些命题。'人'是一个普遍主词,但作出的这些命题不是具有全称性的;因为'每一个'一词并不使主词成为一个普遍的,而是对命题给以一种全称性"。(17b3—14)"一个肯定命题以我用'矛盾命题'一词所指的意义与一个否定命题相对立,如果两者的主词仍相同,而肯定命题是全称性的但否定命题却不是全称性的。肯定命题'每个人都是白的'乃是否定命题'并非

每个人都是白的'的矛盾命题，还有，命题'没有一个人是白的'乃是命题'有的人是白的'的矛盾命题。"（17b16—20）

由上所说，亚里士多德先把命题分为涉及普遍主词的和涉及单个主词的两种，涉及单个主词的命题就是我们现在所说的"单称命题"，后来把涉及普遍主词的命题分为全称命题（包括全称肯定命题如"每个人都是白的"和全称否定命题"没有一个人是白的"）和不属于全称性的命题（如"人是白的"和"人不是白的"，"人享有健康"和"人不享有健康"），亚里士多德把这种不是全称性的涉及普遍主词的命题称为"不定的"命题（20a12）。全称命题和不定命题的区别在于前者在主词前加了"每一个"和"没有一个"，以表示人们断定了普遍主词的全称性，也就是周延性（20a13—15）。我们在后面对亚里士多德的直言命题进行解析时，用系词联结主词和谓词，构成原子命题，然后再加量词，吸取了亚里士多德的这一思想。亚里士多德提出了"并非每个人都是白的"和"有的人是白的"这两种命题，指出它们不是全称性的，但没有用特称命题这个名称，在《前分析篇》中才提出这个名称。反对命题如"每个人都是白的"和"没有一个人是白的"，仅仅是"两者不能同真"并不含有"两者不能同假"的意思，也就是说两者可以同假。关于全称肯定命题和特称否定命题如"每个人都是白的"和"并非每个人都是白的"（《前分析篇》表述为"有的人不是白的"），它们是矛盾命题，亚里士多德说："至于那涉及普遍主词并且其中之一是全称性的肯定命题和相应的否定命题，一个必是真的，另一个则是假的。"（17b25—27）全称否定命题和特称肯定命题如"没有一个人是白的"和"有的人是白的"也是矛盾命题。亚里士多德还指出，两个互相否定的单称命题，如"苏格拉底是白的"和"苏格拉底不是白的"是互相矛盾的。总之，矛盾命题既不能同真，也不能同假。由上所说，反对命题和矛盾命题的真假关系是不同的。亚里士多德没有提出"下反对命题"这个名称，他使用的是"一对反对命题的矛盾命题"，如"并非每个人都是白的"和"有的人是白的"，两者可以同真（17b24—25），亚里士多德没有说"两者不能同假"，这一性质显然可从"反对关系的矛盾关系"推导出来。

亚里士多德在《前分析篇》中第一次引进了词项变元,对4种直言命题作了3种表述:

第1种同上,只不过使用了词项变元。第2种分别是:A 属于所有 B（A belongs to all B）,即所有 B 是 A,排序为 AB,谓词在前,主词在后;A 不属于任何 B（A belongs to no B）;A 属于有的 B（A belongs to some B）;A 不属于有的 B（A does not belong to some B）。第3种分别是:A 述说所有 B（A is predicated of all B）;A 不述说任何 B（A is predicated of no B）; A 述说有的 B（A is predicated of some B）;A 不述说有的 B（A is not predicated of some B）。这3种表述在《前分析篇》中是混用的,用得最多的表述是"属于"型的。

全称肯定命题和特称肯定命题、全称否定命题和特称否定命题之间的差等关系,亚里士多德在《解释篇》中没有讨论,但他在别处已经论述过。他在《论辩篇》中说:"当一般地驳斥和立论时,我们也就相应地证明了特殊的方面;因为如果某东西属于一切,它也就属于某个;如果它不属于任何一个,它也就不属于某个。……舆论认为'如果一切快乐都是善,那么一切痛苦都是恶'的看法与'如果有的快乐是善,那么有的痛苦是恶'的看法是相似的。"（119a35—119b2）他在《前分析篇》中讨论三段论的结论时认为,如果得到一个全称结论,则附属于结论主词的东西必定接受谓词,他说:"如果结论 AB 是通过 C 而证明的,那么凡是附属于 B 或 C 的词项必定接受谓词 A:因为如果 D 整个被包含在 B 中,B 整个被包含在 A 中,那么 D 将被包含在 A 中。"（53a20—22）这是说,"所有 B 是 A"（亚里士多德的表述是"A 属于一切 B",排序为 AB）是通过"所有 C 是 A"和"所有 B 是 C"证明的,由 D 包含于 B 和 B 包含于 A（即所有 B 是 A）,可得 D 包含于 A;由于"D 是 B 的一部分",因此,从"所有 B 是 A"可得"有的 B 是 A"。同样,从"所有 C 是 A"可得"有的 C 是 A"。亚里士多德还认为,这种情况也适用于否定。可见,亚里士多德是承认差等关系的,一般认为亚里士多德没有讨论差等关系,这是不对的。他只是在《解释篇》中没有讨论。

由上所说，亚里士多德在逻辑史上第一次提出了以下的对当方阵：

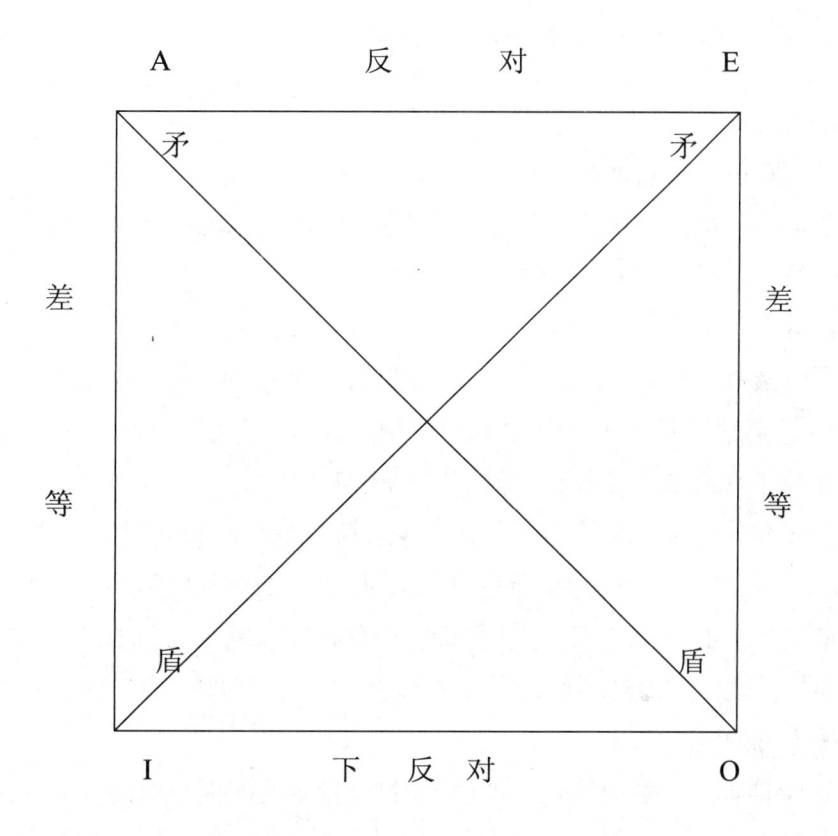

```
         A    反  对    E
          矛            矛


       差                差


       等                等


          盾            盾
         I    下 反 对   O
```

A：每个人都是白的；

E：没有一个人是白的；

I：有的人是白的；

O：并非每个人都是白的（有的人不是白的）。

由此可见，全称肯定命题 A 和全称否定命题 E 是预设主词存在的命题。直接推理和三段论就是建立在这种基础之上的，这是亚里士多德逻辑的一个特点。

一对涉及相同单独主词的命题是矛盾的，如"苏格拉底是白的"和"苏格拉底不是白的"（17b28）。但是，一对涉及相同普遍主词的不定命题，如"人是白的"和"人不是白的"，不是反对命题（17b5—10），并不总是一者为真，另一者为假（17b29—34）。但亚里士多德在《解释篇》中有时说，"人是白的"和"人不是白的"是矛盾命题（20b5）。这种说法是混乱的，这表明《解释篇》是较早的著作。到了《前分析篇》中，在考察三段论时，亚里士多德取消了单称命题，对不定命题实际上处理成特称命题。

三 直言命题的换位

亚里士多德讨论换位问题是为了三段论推导的需要，换位规则是三段论学说的一个组成部分。

1. 全称否定命题的换位。亚里士多德说："在全称前提中，否定前提的词项应该是能换位的。例如，如果没有快乐是善，那么没有善是快乐。"（25a5）这就是说，全称否定命题可以简单换位。他把这个规则写成："如若 A 不属于任何 B，那么 B 也就不属于任何 A。"

2. 全称肯定命题的换位。他说："全称肯定前提的词项必然是可以换位的，但不是全部地而是部分地；例如，如果一切快乐都是善，那么有的善必定也是快乐。"（25a8）这就是说，全称肯定命题不能简单换位，只能限制换位。他把这个规则用词项变元写成："如若 A 属于任何 B，那么 B 也就属于有的 A。"

3. 特称肯定命题的换位。他说："特称肯定的前提必然是部分地换位（因为如果有的快乐是善，则有的善也是快乐）。"（25a11）这就是说，特称肯定命题可以简单换位，亚里士多德用词项变元表示成："如若 A 属于有的 B，那么 B 就属于有的 A。"

4. 特称否定命题不能换位。他说："特称否定的前提不得换位，因为从'有的动物不是人'中得不出'有的人不是动物'。"（25a12）

应注意的是，在三种命题的换位中，特称肯定命题的简单换位是最基本的，其他两种命题的换位要依靠特称肯定命题的换位加以证明。亚里士多德用显示法证明特称肯定命题的换位，显示法不是严格的形式的规则，我们在构成系统时，将特称肯定命题的换位列为变形规则。

四　直言命题的现代解析

数理逻辑产生之后，如何在谓词演算中表示三段论系统，这是一个复杂的问题。著名数理逻辑学家希尔伯特和阿克曼在 1928 年写的《理论逻辑基础》一书（科学出版社 1958 年出版了莫绍揆的中译本，书名为《数理逻辑基础》）中，专门有一节讨论亚里士多德的三段论，这是在现代逻辑建立之后用现代逻辑处理三段论的较早尝试。他们建立了一种命题演算与类演算（一元谓词演算）的联合演算。他们用 X、Y 分别表示"是 A"、"是 B"这种一元谓词，4 种直言命题表示为：

$$|\bar{X} \vee Y|\ ;\ |\bar{X} \vee \bar{Y}|\ ;\ \overline{|\bar{X} \vee \bar{Y}|}\ ;\ \overline{|\bar{X} \vee Y|}。$$

第 1 个是 A 命题，读为：谓词 $\bar{X} \vee Y$ 对一切客体成立，就是说，一切客体或者不是 X 或者是 Y，即一切客体如果是 X 则是 Y，也就是所有 X 是 Y。第 4 个命题是 O 命题，是对第 1 个命题的否定，表示并非所有 X 是 Y，即有 X 不是 Y。第 2 个命题是 E 命题，读为：对一切客体，非 X 或非 Y 成立，即对一切客体如果是 X 则是非 Y。第 3 个命题是 I 命题，是对第 2 个命题的否定，即并非对一切客体或非 X 或非 Y，也就是说，有的客体同时是 X 与 Y。

希尔伯特和阿克曼的这种解释，使直言命题的对当关系除矛盾关系外都不成立，特别是差等关系不成立，从 A 不能得到 I，从 E 不能得到 O。中间的 E 命题和 I 命题对 X 和 Y 是对称的，因此可以简单换位。但 A 命题不能简单换位。希尔伯特和阿克曼将全部三段论归结为联合演算的两个模式，得到 4 个格的 15 个有效式，还有 4 个从全称得特称的式和 5 个差等式不能推演出来。他们说："这个差异在于：从亚里士多德起，已经变成古典的对于全称肯定命题（'一切 A 为 B'）的解释与我们对公式 $|\bar{X} \vee Y|$ 的解释并不完全一致。事实上，依照亚里士多德，必须有客体使 A 成立时，命题'一切 A 为 B'才算正确。在这点上我们所以要与亚里士多德的解释有所不同，乃由于顾到逻辑在数学上的应用之故，在这里，把亚里士多德的解释作为基本是不适当的。"[①]如何解决这些问题呢？希尔伯特和阿克曼指出："必

[①] 希尔伯特（按：原译为"希尔伯脱"）、阿克曼：《数理逻辑基础》，科学出版社 1958 年版，第 54—55 页。

须把在亚里士多德逻辑中暗中作出的而在我们看来不是自明的那个假设明白写出。"[①]例如，三段论第三格 AAI 在联合演算中是得不出的，必须在两个前提中再加上主词存在的前提。

与希尔伯特和阿克曼的解释相等价，还有一种一阶逻辑的解释，把 4 种直言命题 AEIO 分别表述为：

$\forall x（Sx \rightarrow Px）$，读为"对所有 x 而言，如果 x 是 S，那么 x 是 P"，这种表述并不设定主词 S 的存在，主词可以为空，以下全称否定命题的表述亦然；

$\forall x（Sx \rightarrow \neg Px）$，读为"对所有 x 而言，如果 x 是 S，那么并非（x 是 P）"；

$\exists x（Sx \wedge Px）$，读为"有 x 使得 x 是 S 并且 x 是 P"，这里肯定了主词 S 的存在；

$\exists x（Sx \wedge \neg Px）$，读为"有 x 使得 x 是 S 并且并非（x 是 P）"，这里肯定了主词 S 的存在。

总之，希尔伯特的联合演算对 4 种直言命题的解释、一阶逻辑的解释都与亚里士多德的全称命题预设主词存在的要求不相符合。

我国著名逻辑学家和哲学家金岳霖先生在 1936 年的《逻辑》一书中用文恩图解对传统的 A、E、I、O 4 种直言命题讨论了 4 种情况，按照这 4 种情况，直接推理和三段论就有不同的形式。

1. 以 A、E、I、O 为不假设主词存在的命题，即主词存在与否与这些命题的真假不相干，记为 A_n、E_n、I_n、O_n。这时，传统的差等关系、下反对关系成立，传统的矛盾关系变为下反对关系，传统的反对关系变为独立关系即没有传统的任一对当关系。在换质换位中，A_n 和 I_n 不能换位。在三段论 19 个式（不含差等式）中，第一和第二两格的 8 个式有效，第三和第四两格的式除 $A_nE_nE_n$ 外均无效。

2. 以 A、E、I、O 为肯定主词存在的命题，如果主词不存在，它们都是假的，记为 A_c、E_c、I_c、O_c。这时，传统的差等和反对关系成立，矛盾

[①] 希尔伯特、阿克曼：《数理逻辑基础》，科学出版社 1958 年版，第 55 页。

关系变为反对关系，下反对关系变为独立关系。在换质换位中，E_c 的换位不正确。在三段论 19 个式（不含差等式）中，第一和第二两格的 8 个式有效，第四格 $A_cE_cE_c$ 无效，第三和第四两格其余各式均有效。

3. 以 A、E、I、O 为假设主词存在的命题，如果主词不存在，这些命题无意义，记为 A_h、E_h、I_h、O_h。这时，传统的对当关系全成立，但是在换质换位中，E_h 的换位不正确。这表明传统逻辑直接推论的两个部分之间不一致。在三段论 19 个式（不含差等式）中，第一和第二两格的 8 个式有效，第四格 $A_hE_hE_h$ 无效，第三和第四两格其余各式均有效。

4. 以 A、E 为不假设主词存在的命题，I、O 为肯定主词存在的命题，记为 A_n、E_n、I_c、O_c。这时，仅传统的矛盾关系成立，其余均为独立关系。在换质换位中，A_n 和 I_n 不能换位。在三段论 19 个式（不含差等式）中，第一和第二两格的 8 个式有效，第三格 $A_nA_nI_c$、$E_nA_nO_c$、第四格 $A_nA_nI_c$、$E_nA_nO_c$ 无效，第三和第四格其余 7 个式有效，共 15 个有效式。第四种解释就是一阶逻辑的解释。

著名数理逻辑学家卢卡西维茨把 A、E、I、O 处理成初始的二元函子，全称肯定命题"所有 a 是 b"表示为 Aab，其余 3 个命题表示为：Eab、Iab、Oab，从而把亚里士多德的直言三段论变为带函子的命题演算，不符合亚里士多德直言三段论的本性。以后，有些逻辑学家也采用了这种办法。

综上所述，以上各种对 4 种直言命题的处理办法都不能恰当地表示全称命题预设主词存在的含义。我国著名数理逻辑学家莫绍揆先生提出了一种处理办法，他说："亚里士多德显然是从'S 是 P'而得出 SAP、SEP、SIP、SOP 四种命题的，……如果我们用符号表示'S 是 P'，例如写成'SWP'，（或'WSP'）那么便有：

SAP 为 $\forall$（SWP）或（$\forall$WSP）

SEP 为 $\forall$（$\neg$SWP）或（$\forall\neg$WSP）

SIP 为 $\exists$（SWP）或（$\exists$WSP）

SOP 为 $\exists$（$\neg$SWP）或（$\exists\neg$WSP）

我们有：SAP→SIP，SEP→SOP

以及¬SAP↔SOP，¬SEP↔SIP

等等，可以说，目前一目谓词的一阶逻辑基本上全包括在内了。唯一不同的是：它对公式（语句）只限于WSP形，而且认为S、P等都是一目谓词，当前面冠以∀、∃时，便自动地对两者一齐约束（即理解为∀xW[S(x)P(x)]，∃xW[S(x)P(x)]，从而排除了冠两个量词的可能（即未考虑到∀x∃yW[S(x)P(y)]等）。"[①]本书对莫绍揆先生的处理办法作了改进，把"S是P"当成复合的原子谓词，用符号表示为"S—P"，在前面加上全称号和特称号：

SAP 为∀（S—P），

SEP 为∀¬（S—P），

SIP 为∃（S—P），

SOP 为∃¬（S—P）。

∀（S—P）是∀x（Sx—Px）或∀x（S—P）(x)的缩写，∀（S—P）可读为："所有S是P"，而∀x（Sx—Px）读为：对一切x而言，它是S就是P，即所有S是P。对E、I、O的解释仿此。采用这种处理办法，就可使三段论系统成为一种特殊的一元谓词逻辑系统，符合4种直言命题预设主词存在的要求，因为在一阶谓词演算中，∀xFx、∀x¬Fx、∃xFx、∃x¬Fx这4个公式之间有对当关系，从∀xFx可得到∃xFx（如果所有x是F则有x是F），在谓词演算中，以下是定理：

∀xFx→∃xFx，

∀x¬Fx→∃x¬Fx，

∀xFx↔¬∃x¬Fx，

∀x¬Fx↔¬∃xFx，

¬∀xFx↔∃x¬Fx，

¬∀x¬Fx↔∃xFx。

我们用复合的谓词S—P代入F，从∀（S—P）自然可以得到∃（S—P）

[①] 中国社会科学院哲学研究所编：《金岳霖学术思想研究》，四川人民出版社1987年版，第268—269页。

（即从"所有 S 是 P"可得到"有 S 是 P"）。

本书认为，以上是对亚里士多德 4 种直言命题最恰当的现代逻辑解释，本书在此基础上构造了一个树枝形的直言三段论系统，详见后述。

第二节　直言三段论的格和式的原貌

一　3 个格 36 个式还是 4 个格 24 个式

卢卡西维茨说："中项在两个前提中作为主项或谓项的位置是亚里士多德用以将三段论各式划分为各个格的原则。亚里士多德明白地说过我们将由中项的位置而认识格。在第一格中，中项是大项的主项并且是小项的谓项，在第二格中，中项是其他两项的谓项，而在第三格中，中项是其他两项的主项。可是，当亚里士多德说每一个三段论必在这三格之一之中时，他是错了。还有第四个可能性，即中项是大项的谓项并是小项的主项，这类的式现在看作属于第四格。"①他又说："亚里士多德知道并承认第四格的所有的式。……他的错误仅在于系统划分三段论时漏掉了这些式。"②

我不能同意卢卡西维茨对亚里士多德的这种指责。这里的关键在于正确理解亚里士多德划分三个格的标准。卢卡西维茨说："亚里士多德把三段论的各式划分为三个格。这些格的最简短和最明白的描述不见之于《前分析篇》的系统解说部分，而是在该书后面的各章。"③

这种说法是不真实的。事实上，亚里士多德在《前分析篇》的第 1 卷第 4 章至第 6 章中，对 3 个格已作了最简短和最明白的描述。

在第一格中，亚里士多德说："如若三个词项相互间具有这样的联系，即最后的词项整个包含在中间的词项（中词）内就像在一个整体里一样，而中词或是包含在第一个词项之内就像在一个整体里一样，或是被排斥于

---

① 卢卡西维茨：《亚里士多德的三段论》，商务印书馆 1987 年版，第 35 页。

② 同上书，第 39 页。

③ 同上书，第 34 页。

其外就像离开了这个整体一样，在这种情况下，这两个端词就必然凭借一个完善的三段论而发生关联。我所说的'中词'，是指既包含在另一个词项中又包含着其他词项于自身中的词项，在位置上它也是在中间。两个端词是指包含在另一个词项中的那个词项，或者那个包含着另一个词项的词项。"（25b32）"所谓大词，我是指包含中词的词项；所谓小词，我是指从属于中词的词项。"（26a22）可见，在第一格即完善的三段论中，词项的排列次序是（连线表示在前提里，词项之间的关系。请注意：亚里士多德通常用"A 属于所有 B"或"A 述说所有 B"等形式的直言命题，词项的排列次序是谓词在前，主词在后，AB 就是"所有 B 是 A"）：

大词——中词——小词

亚里士多德对第二格描述说："如果同一事物属于一个主项的全部分子，而不属于另一个主项的任何分子，或者同时属于两个主项的全部分子，或者不属于两个主项的任何分子，我就把这个格叫作第二格。在这个格中，中词即是述说两个主项的那个词项；两个端词即是被中词所述说的两个词项；大词是与中词较接近的词项；小词是与中词距离较远的词项；中词被置于端词之外，而且位于前面。"（26b34）可见，在第二格里，词项的排列次序是：

中词——大词——小词

亚里士多德对第三格作了这样的说明："如果一个词项属于第三个词项的全部分子，另一个词项不属于这第三个词项的任何分子；或者两个词项都属于第三个词项的任何分子；或者都不属于它的任何分子；那么我把这个格称为第三格。在这个格中，我所说的中词是指两个端词作其谓项的那个词项；我所说的端词是指那两个谓项；大词即是离中词较远的那个词项；小词即是离中词较近的那个词项。中词的位置处于两个端词之外，并且在最后。"（28a10）可见，在第三格中词项的排列次序是：

大词——小词——中词

综上所述，亚里士多德完全是根据两个前提中 3 个词项的位置排列的不同来划分 3 个格的，根本不考虑结论的主谓词。他用一种线性次序来表示，以中词的位置（中间、最前和最后三种情况）为标准，按离中词的距离的大小（相等、较远、较近）先排大词，后排小词；亚里士多德把包含大词的前提叫"大前提"，把包含小词的前提叫"小前提"。结果只能得出上面刻画的3个格，决不可能有第四格。亚里士多德划分的标准是严格的。

亚里士多德在《前分析篇》第1卷第23章中总结说："如果我们要有一个三段论把这个词项与那个词项联系起来，那么我们就必须在两者中找到居间的东西，由它把两个断定联结起来，而这可能有三种方式：或以A述说C并以C述说B，或以C述说A、B两者，或以A、B两者述说C，这些就是我们曾经讲过的三个格，显然每一个三段论必定用这三个格的某一个格或另一个格构成。"（41a13—20）按照以上所说的在两个前提中的词项排列次序，可以得到以小词为主词、大词为谓词的结论。这是一种标准三段论式。亚里士多德在陈述标准三段论时，有时把大、小前提加以调换，这并不影响标准三段论的实质。但是，亚里士多德在《前分析篇》第1卷第7章中，先陈述大前提，后陈述小前提，重申了在第1卷第4章至第6章中划分三个格的标准。我认为，应当把"大词—中词—小词"、"中词—大词—小词"和"大词—小词—中词"分别看成是三个格中的词项标准排列次序。在标准三段论式中，把标准的排列次序改为非标准的排列次序是无关宏旨的，因为两个前提是可以交换的。

综上所述，根据两个前提的词项的标准排列次序，大词在小词之前，中词对大词和小词的关系只能有3种，三段论只能划分为3个格，绝没有第四个可能性。亚里士多德的这种划分方法并没有错。卢卡西维茨所说的"第四个可能性，即中项是大项的谓项并是小项的主项"，其根据是用结论的主谓词来定义大词和小词，这与亚里士多德的划分标准迥然不同，这第四个可能性已包含在第一格的结论以大词为主词、以小词为谓词的非标准三段论式之中了。

卢卡西维茨指出："亚里士多德知道并且承认第四格的所有式"，但他以"亚里士多德提到这些新的式的《前分析篇》第1卷第4章至第6章的系统解说之后再写成的"为理由，指责亚里士多德"系统划分三段论时漏掉了这些式",这是不能成立的。首先,亚里士多德在《前分析篇》第 1 卷第 7 章和第 2 卷第 1 章中提出第一格的 5 个非标准三段论式(也就是后来所谓第四格的 5 个式),恰恰是从第 1 卷第 4 章至第 6 章中的系统推出来的,这一点以下还要说明。其次,在《前分析篇》第 1 卷第 4 章至第 6 章中,亚里士多德在列出 14 个标准的有效式的同时,也列出了非标准的有效式。

亚里士多德在《前分析篇》中有两段话:"可见,在所有这些格中,当得不出正常的三段论时,如果两个前提都是肯定的或者都是否定的,那就完全不能必然地得出什么来;但如果一个是肯定的,另一个是否定的,并且如果这否定的是全称的陈述,那么,总是能产生一个使小词与大词联结起来的三段论(按:这是指'以大词为主词、小词为谓词'的结论)。例如,如果 A 属于所有或有的 B,B 不属于任何 C;因为如果把两个前提换位,那么必然可以推出,C 不属于有的 A。其他格亦相同。因为三段论总是通过换位法而产生的。"(29a19—29)"有些三段论是全称的,有些三段论是特称的。所有全称三段论总可以得出一个以上的结果;肯定的特称三段论可以得出一个以上的结果,但否定的特称三段论则仅能得出一个结论。因为所有命题除特称否定命题外均可换位;结论就是对一个确定的事物陈述另一个确定的东西。因此,所有三段论除特称否定的之外都可以推出一个以上的结论,例如,如果 A 被证明属于所有 B 或有的 B,则 B 必属于有的 A;如果 A 被证明不属于任何 B,则 B 不属于任何 A。这是与前者不同的一个结论。"(53a4—14)

莫绍揆先生根据这两段原文分析说:"亚氏把反常三段论式分成两种情况:第一,前提与正常式不同,必是 AE、EA、IE、EI 四形之一(对前提作换位后,即可根据正常三段论而得结论。即先换位,再用正常三段论式)。第二,前提与正常论式相同的,先用正常三段论式求得结论,再对结论换位而得。事实上,这便包括了一切反常三段论式。"[①]莫绍揆先

[①] 莫绍揆:《亚里士多德三段论式的真面目》,载《全国逻辑讨论会论文选集(1979)》,中国社会科学出版社 1981 年版。

生还指出，正常式和反常式合计共 36 个有效式（包括亚式从未讨论的差等式）。[1]我基本同意莫绍揆先生的看法,但是，要作出一切非标准三段论式，靠上述两种情况还是不够的，需作一点补充，另外，亚里士多德实际上已预见到差等式，不能说，亚里士多德从未讨论差等式。下面我具体地一一列出 36 个有效式的根据。

1. 亚里士多德在《前分析篇》第 1 卷第 4 章至第 6 章中列出了 3 个格的 14 个标准式，我们按照国际通用的办法，将 14 个式的拉丁名称列在下面（第一行是第一格；第二行是第二格；第三行是第三格）：

Barbara，Celarent，Darii，Ferio

Cesare，camestres，Festino，Baroco

Disamis，Darapti，Datisi，Ferison，Felapton，Bocardo[2]

2. 我们在前面引用了《前分析篇》（第 1 卷第 7 章，29a19—29）的一段话："如果 A 属于所有或有的 B，B 不属于任何 C；因为如果把两个前提换位，那么必然可以推出，C 不属于有的 A。"这里列出的两个式是：
（1）"所有 B 是 A，无 C 是 B，所以，有 A 不是 C"；（2）"有 B 是 A，无 C 是 B，所以，有 A 不是 C"。这里的结论都是"以大词为主词，小词为谓词"。这是第一格非标准式的 Fapesmo（即第四格 Fesapo）和 Frisesomorum[3]（即第四格 Fresison），亚里士多德并指出了构成类似这两个式的其他非标准式的方法：对 AE、IE 型的前提进行换位，然后根据标准三段论式得结论。以上二式将两个前提换位后，按第一格 Ferio 得结论，（1）和（2）都

---

[1] 莫绍揆：《亚里士多德三段论式的真面目》，载《全国逻辑讨论会论文选集（1979）》；莫绍揆、汪灵华：《逻辑代数和电子计算机简介》，江苏教育出版社 1983 年版，第 80—83 页。今将"正常"改为"标准"，"反常"改为"非标准"。

[2] 拉丁名称的 3 个元音字母，依次表示两个前提和结论，如 Barbara 表示两个前提和结论都是 A 命题（全称肯定命题）。在 36 个有效式中，有拉丁名称的式共 24 个，后来出现了 4 格 24 式后，与第一格 6 个非标准式相应的第 4 格 6 个式也有新的拉丁名称，本书作了说明。

[3] 取前 3 个元音字母依次表示两个前提和结论，此为 IEO。以下 Baralipton 的前 3 个元音字母为 AAI。

变为"无 B 是 C, 有 A 是 B, 所以, 有 A 不是 C"。据此, 还有以下几个非标准有效式:

(3) PIM, SEM, 所以, POS

(4) MIP, MES, 所以, POS

(5) MAP, MES, 所以, POS

3. 亚里士多德把通过对一些标准三段论式的结论加以换位而得到的非标准三段论式叫作"换位的三段论"(converted syllogism, 见 44a31—35), 他具体列出了 3 个: (1) 第一格非标准式的 Celantes (即第四格 Camenes); (2) Dabitis (即第四格 Dimaris); (3) Baralipton (即第四格 Bramantip)。它们分别是从第一格标准式 Celarent、Darii、Barbara 通过对结论的换位而得到的。上面我们已经引用了亚里士多德构成"换位的三段论"的一般方法: "所有三段论除特称否定的之外都可以推出一个以上的结论, 例如, 如果 A 被证明属于所有 B 或有的 B, 则 B 必属于有的 A; 如果 A 被证明不属于任何 B, 则 B 不属于任何 A。这是与前者不同的一个结论。"(53a4—14) 这是说对 Barbara 的全称肯定结论换位 (所有 B 是 A 换位为有 A 是 B), 对 Darii 的特称肯定结论换位 (有 B 是 A 换位为有 A 是 B) 和对 Celarent 的全称否定结论换位 (无 B 是 A 换位为无 A 是 B), 就可得到与原结论的主谓项次序相反的新结论, 这些就是我们所说的"以大词为主词、以小词为谓词"的非标准式 Baralipton、Dabitis 和 Celantes。据此, 换位的三段论还有以下一些式:

(4) PEM, SAM, 所以, PES

(5) PAM, SEM, 所以, PES

(6) MAP, MAS, 所以, PIS

(7) MIP, MAS, 所以, PIS

(8) MAP, MIS, 所以, PIS

它们分别是从 Cesare、Camestres、Darapti、Disamis 和 Datisi 通过对结论的换位而得到的。

4. 亚里士多德知道词项变元是可以改名的。他使用了不同的变元来表达同一个三段论式，例如，Camestres 可表述为"如果 M 属于所有 N，而不属于任何 O，那么 N 就不属于任何 O"（27a10）也可表述为"如果 A 不属于任何 C，而属于所有 B，那么 B 将不属于任何 C"。（29b5—10）Darapti 可表述为"每当 P 和 R 属于所有 S 时，P 就必然属于有的 R"（28a17—19）也可表述为"如果 A 和 B 都属于所有 C，A 就属于有的 B"（29a37—38）词项改名要遵守以下规定："每个三段论式仅通过三个词项进行"、"一个三段论的结论得自两个前提，不是得自两个以上前提"。（42a31—35）这就是说，一个三段论式在进行词项改名时，必须保持两个前提、三个词项数目不变。

（1）根据亚里士多德的词项改名规则，从 Baroco（PAM，SOM，所以，SOP）经过改名可得（P 改为 S，S 改为 P，并交换前提）：POM，SAM，所以，POS。

（2）从 Bocardo（MOP，MAS，所以，SOP）经过改名可得（P 改为 S，S 改为 P，并交换前提）可得：MAP，MOS，所以，POS。

英国著名学者大卫·罗斯（D. Ross）说："亚里士多德忽略了第二格 OA 和第三格的 AO 可得以 P 为主词的结论。"[①]根据我在以上的论证，罗斯的说法是不正确的，亚里士多德并没有忽略这两个非标准式。

5. 亚里士多德明确承认差等关系。

我们在上面论述直言命题的对当关系时，引证了亚里士多德的两段原文：《论辩篇》的 119a35—119b2 和《前分析篇》的 53a20—22，有力地证明了亚里士多德是肯定差等关系的，据此，我认为亚里士多德知道并承认差等式，即以下诸式：

（1）Barbari　　　MAP，SAM，所以，SIP
（2）Celaront　　 MEP，SAM，所以，SOP
（3）Celantop　　 MEP，SAM，所以，POS（即第四格 Camenop）
（4）Cesaro　　　 PEM，SAM，所以，SOP
（5）Camestrop　　PAM，SEM，所以，SOP
（6）由 PEM，SAM，所以，PES，得出：PEM，SAM，所以，POS

---

① *Aristotle's prior and Posterior Analytics*, Oxford, 1949, p. 314.

（7）由 PAM，SEM，所以，PES，得出：PAM，SEM 所以，POS

综上所述，直言三段论的格只能有 3 个，有效式共 36 个：每格 12 个，其中标准式、非标准式各 6 个（包括差等式）。3 个格的式的总数为：3×2×（4×4×4）=384，去掉 36 个有效式，共有 348 个无效式，每格 116 个无效式。

36 个有效式能否化简为 24 个呢？我们现在来分析这个问题。在第一格中，不管是先陈述大前提，还是先陈述小前提，大前提总是以中词做主词、大词做谓词的命题，小前提总是以小词做主词、中词做谓词的命题，因此，第一格的标准式（结论的主词是小词、谓词是大词）和非标准式（结论的主词是大词、谓词是小词）就有根本不同，例如第一格标准式 Barbara："所有 M 是 P，所有 S 是 M，所以，所有 S 是 P" 与相应的非标准式 Baralipton："所有 M 是 P，所有 S 是 M，所以，有 P 是 S" 是截然不同的，"所有 M 是 P" 不能成为小前提，"所有 S 是 M" 不能成为大前提，非标准式不能得全称肯定的结论。但在第二格中，中词是两个前提的谓词；第三格中，中词是两个前提的主词；在第二格和第三格中，大前提可以变为小前提，小前提可以变为大前提，而结论不变。例如第二格标准式 Cesare："所有 P 不是 M，所有 S 是 M，所以，所有 S 不是 P" 可以调换前提："所有 S 是 M，所有 P 不是 M，所以，所有 S 不是 P"，结论没有改变，可是后者的大词是 S，小词是 P，结论以大词做主词、小词做谓词，按照非标准式的规定，这是与第二格标准式 Cesare 相应的非标准式 AEE，它们在实质上是同一个式。第二格的其他非标准式和第三格的非标准式的情况也是同样的，所以，原则上我们可以取消第二格和第三格的 12 个非标准式，而剩下第一格的标准式和非标准式、第二格和第三格的标准式，共 24 个。但是，我们可以使第二格和第三格的非标准式在形式上与标准式有所区别，例如，上述第二格非标准式 AEE："所有 S 是 M，所有 P 不是 M，所以，所有 S 不是 P"，将 S 和 P 互换后得："所有 P 是 M，所有 S 不是 M，所以，所有 P 不是 S"，这就与第二格标准式 Cesare："所有 P 不是 M，所有 S 是 M，所以，所有 S 不是 P" 有了形式上的不同；更重要的是，按照以上亚氏产生"以大词做主词、小词做谓词"的结论的方法，这12个非标准式在形式上与相应的标准式也是有区别的，他并没有将第二格和第三格各式的前提进行互换，而是用前提换位和结论换位的方法推演出来的，所以，我们还是要保留这12个非标准式，这样与第一格也具有对称性，3个格各有6个非标准式。从逻辑史的角度来看，3个格36个有效式才是亚里士多德直言三段论的本来面目。

这里我们要澄清逻辑史上的两个误传。

第一，有的书上说，泰奥弗拉斯多发现了间接第一格的5个式。其实他的老师亚里士多德已经在《工具论》列出来了，本书详细举出了证据。亚里士多德在列出这5个式时是在已构造好两个化归系统之后，人们的注意力集中在10个式如何化归为第一格的4个式，第一格的两个特称式又如何化归为全称式，也许没有注意亚里士多德所说的"使小词与大词联结起来"（即以大词为主词、小词为谓词）作为结论的非标准三段论式。因此，我认为，说泰奥弗拉斯多为亚里士多德的第一格增补了5个式，这是不正确的。事实上，他对亚里士多德第一格的定义作了补充："在第一格中，中词是一个前提的主词和另一个前提的谓词。"因此，他比亚里士多德更加明确地把这5个式同4个标准式一起放在第一格之中，并把这5个式称为"间接第一格"。这对于后来第四格的提出具有启发作用。

第二，通常认为，第四格的发现者是公元2世纪后住在罗马的希腊医生和哲学家盖伦（也译加伦，Galan，约129—199年）。这种说法已遭到不少著名逻辑史家的反驳。卢卡西维茨在《亚里士多德的三段论》中引用了一篇佚名作者的注解。亚里士多德的希腊文注释本的柏林编纂人之一马克西米利安·瓦里士（M. Wallies），在1899年出版了公元6世纪的注释家阿蒙尼乌斯（Ammonius）的《前分析篇》注释本的现存残篇，佚名作者的注解嵌入在该书的序言中，题为《论三段论的全部种类》，其开始说："三段论有3种：直言的、假言的和外设的三段论。直言的三段论又分两类：简单的和复合的。简单三段论有3种：第一格、第二格和第三格。复合三段论有4种：第一格、第二格、第三格和第四格。亚里士多德之所以说只有 3 个格，因为他着眼于含有 3 个词项的简单三段论。然而加伦在其《论必然》一书中说有 4 个格，是由于他着眼于含有 4 个词项的复合三段论，因为他在柏拉图的《对话集》中发现了许多那样的三段论。"①卢卡西维茨接着分析说："这位佚名作者进一步对我们作了一些解释，我们能由此推想加伦如何得以发现这 4 个格。含有四个词项的复合三段论可用简单三段论的Ⅰ、Ⅱ、Ⅲ三个格以 9 种不同方式组合而形成：Ⅰ与Ⅰ，Ⅰ与Ⅱ，Ⅰ与Ⅲ，Ⅱ与Ⅱ，Ⅱ与Ⅰ，Ⅱ与Ⅲ，Ⅲ与Ⅲ，Ⅲ与Ⅰ，Ⅲ与Ⅱ。这些组合中的两个，即Ⅱ与Ⅱ，Ⅲ与Ⅲ，根本不能得出三段论，而其余组合中的Ⅱ与Ⅰ同Ⅰ与Ⅱ，Ⅲ与Ⅰ同Ⅰ与Ⅲ，Ⅲ与Ⅱ同Ⅱ与Ⅲ所得出的三段论是各自相同的。这样我们就仅仅得到 4 个格：Ⅰ与Ⅰ，Ⅰ与Ⅱ，Ⅰ与Ⅲ以及Ⅱ与Ⅲ。"②这位佚名作者举了许多实例，其中 3 个来自柏拉图，例如："所有美的都是公正的，所有好的都是美的，所有好的都是公正的。所有好的都是公正的，所有有用的都是好的，所有有用的都是公正的。"如果把这个推理简化一下，可写成："所有有用的是好的，所有好的都是美的，所有美的都是公正的，所以，所有有用的都是公正的。"这是Ⅰ与Ⅰ格：从 A—B，B—C，C—D 推出 A—D。

盖伦扩展了亚里士多德的简单三段论，他在现今保存下来的著作《证明注释》中说直言三段论只有 3 个格。英国著名逻辑史家威廉·涅尔（William Kneale）说："在扩充了亚氏三段论的格和指出第二格、第三格的论证如何可以还原为第一格之后，盖伦继续说没有其他的格，并且也不可能有其他的格，正如他在其《证明注释》中所提出的那样。这一点很重要，因为它表明那种把第四格归于盖伦的传统看法是错误的。但是这学说究竟何时首次提出，以及由谁提出，是无法知道的。"③

卢卡西维茨推测说："加伦把三段论分为 4 个格，但这些都是具有四个词项的复合三段论，而不是亚里士多德的简单三段论。亚里士多德三段

---

① 《亚里士多德的三段论》，第 53 页。
② 同上书，第 53—54 页。
③ 《逻辑学的发展》，商务印书馆 1985 年版，第 237 页。

论的第四格曾是另外的某人所发现的，大概非常晚，也许不早于6世纪，这位不被知晓的作者大概曾听到过关于加伦的4个格的某些情况，但他或者并不了解它们，或者手边并没有加伦的著作。在反对亚里士多德以及整个逍遥学派时，他渴望抓住机会使他的意见受到一个杰出的名字的威望的支持。"①

在中世纪的欧洲，传播的三段论是亚里士多德的3个格。英国逻辑学家希雷斯伍德的威廉（William of Shyreswood,约1200 —1266年）写了一部逻辑著作《逻辑导论》，在论三段论的部分中，他第一次将亚里士多德三段论的3个格19个有效式（包括第一格的非标准式）按亚里士多德的化归思想，概括成以下的拉丁文记忆歌诀：②

Barbara, Celarent, Darii, Ferio, Baralipton

Celantes, Dabitis, Fapesmo, Frisesomorum

Cesare, Camestres, Festino, Baroco; Darapti

Felapton, Disamis, Datisi, Bocardo, Ferison

在这个歌诀中，每一个拉丁词（Barbara 等）代表一个有效式，按以下规则来说明：

1. 前3个元音字母表示构成三段论的3个命题的量和质，a 代表全称肯定，e 代表全称否定，i 代表特称肯定，o 代表特称否定。a 和 i 是拉丁字"affirmo"（肯定）中的前两个元音字母，e 和 o 是拉丁字"nego"（否定）中的元音字母。第五个式 Baralipton 和第九个式 Frisesomorum 在第三个元音之后多出的字母只是为了具有歌诀的形式，没有实际意义。

2. 在前 4 个公式之后的每一个公式的第一个辅音字母，表示这个式可以化归为与它具有相同的第一个辅音字母的前4个公式之一。如第二格 Cesare 化归为第一格的 Celarent。

3. 直接在元音字母后面出现的 s 表示相应的命题在化归时进行简单换位。例如 Cesare，在 e 之后出现 s，表明第一个前提 e（全称否定）要简

---

① 《亚里士多德的三段论》，第 56 页。
② 《逻辑学的发展》，第 301 页。

单换位。

4. 直接在元音字母后面出现的 p 表示相应的命题在化归时进行限制换位。例如 Felapton，表示在 p 之前的 a（第二个前提，全称肯定）要限制换位成特称肯定。

5. 在一个公式中，出现了字母 m，表示在化归时前提要调换。例如第二格 Camestres，在 a 和 e 之间有 m，表示在化归时前提要调换，化归为 Celarent。再如第三格 Disamis，在化归时 i 和 a 所代表的两个前提要交换（i 所代表的命题还要简单换位），结果化归为 Darii。

6. 在前2个元音字母之一后面出现的 c 表示相应的前提用结论的否定来代替，这样就达到用反证法化归的目的。例如第二格 Baroco 用反证法化归为第一格 Barbara，第三格 Bocardo 也是用反证法化归为 Barbara。

7. 在 19 个公式中，没有意义的字母是 r、t、l、n 和不在开头的 b、d，还有在 3 个元音字母后出现的元音字母 o 和 u。

由上可见，希雷斯伍德的威廉的这套三段论记忆歌诀实际上就是亚里士多德以第一格4个式为初始式的化归系统。西班牙的彼得（Peter of Spain, 原名 Petrus Hispannus，约 1220 —1277 年）在其有名的著作《逻辑大全》中吸收了希雷斯伍德的威廉的三段论记忆歌诀。他在 276 年被选为罗马教皇，称约翰二十一世。《逻辑大全》一书到 17 世纪初共印刷 166 次，是中世纪逻辑学的经典著作。这表明，希雷斯伍德的威廉和西班牙的彼得的三段论记忆歌诀一直流传到 17 世纪，也证明了亚里士多德的直言三段论原本只有 3 个格 19 个式。

在西方逻辑史上，《波尔—罗亚尔逻辑》第一次明确提出了第四格。该书原名《逻辑学或思维的艺术》，是笛卡儿的信徒阿尔诺和尼柯尔合著的。波尔—罗亚尔是法国巴黎郊外的一个修道院，他们二人是修士。他们用法文撰写这部著作，目的是用作修道院学生的教材。该书于 1644 年以手抄本形式流传，1662 年正式出版。1666 年译成拉丁文出版，1685 年在伦敦出版英译本，以后又多次再版，成为欧洲近代逻辑的范本，对后来编著各种逻辑教材产生了深远的影响。该书把直言三段论分成 4 个格 19 式，提出了 4 条总规则，并对 4 个格的规则进行了讨论，还论述了如何将第二格、第三格、第四格化归为第一格的问题，这些内容同后来的甚至今日的逻辑教科书关于直言三段论的内容是一致的。

随着《波尔—罗亚尔逻辑》一书在欧洲的流传，直言三段论分为 4 个格的思想日益为人们所接受。在这样的背景下，阿尔德里希（Aldrich）在 1691 年的《逻辑方法纲要》中第一次对希雷斯伍德的威廉和西班牙的彼得的三段论记忆歌诀进行了修改。原歌诀在第一格标准式的 4 个式之后，接着就是非标准式的 5 个式；阿尔德里希将这 5 个式改为第四格的 5 个式，起了新的拉丁名字，排在 3 个格的各式之后。第二个修改是，原歌诀的行的划分并不是与格的划分相对应，例如第三行的最后一个式 Darapti 是第三格，可是它前面的 4 个式都是第二格，修改后的歌诀严格按照 4 个格顺序来排列各式，并用拉丁字放在括号里清楚地标出 4 个格。以下是新的歌诀：

Barbara Celarent Darii Ferioque（prioris）

Cesare Camestres Festino Baroco（secundae）

（Tertia）Darapti Disamis Datisi Felapton

Bocardo Ferison（habet）（quarta insuper addit）

Bramantip Camenes Dimaris fesapo fresison

由以上的历史考察，我们可以总结几点：亚里士多德直言三段论的本来面目是 3 个格，而且只能有 3 个格；亚里士多德的思想经过中世纪记忆歌诀的总结，一直流传到 17 世纪；第四格不是加伦提出的，而是由一个不知名的作者提出的（时间不明）；《波尔—罗亚尔逻辑》第一次在逻辑著作中提出将直言三段论分 4 个格 19 个式；随后出现了 4 个格 19 个式的拉丁记忆歌诀，这与中世纪的记忆歌诀是截然不同的。在两个拉丁记忆歌诀中，没有 5 个差等式的名称，这是后来才有的，没有写进歌诀。现在有些逻辑著作根本不知道亚里士多德直言三段论的本来面目，不知道中世纪的拉丁记忆歌诀，不知道存在两个拉丁记忆歌诀以及其间的区别，不知道第四格的来龙去脉，我希望这里所做的历史考察能够澄清这些问题。

二 三段论是蕴涵式还是推理规则

卢卡西维茨把三段论式看成是一个蕴涵式，他构造了直言三段论的一个蕴涵式系统。他说："一个推论的特征记号是'所以'这个字。但亚里士多德构造的三段论原来不是一个推论，它们都不过是一些由前提的合取式作为前件、由结论作为后件的蕴涵式罢了。"[①]"必须着重指出：由亚里士多德构造的三段论没有一个是像传统逻辑所作的那种带着'所以'一词的推论。"[②]"没有一个亚里士多德式三段论是作为带'所以'一词的推论规则而构成的，如像传统逻辑那样。"[③]著名逻辑史家波亨斯基也说："它（三段论式）是一个条件语句，其前件是两个前提的合取。它的一般形式是'如果 p 和 q，则 r'，其中命题形式将用以对'p'，'q'和'r'进行代入。所以，亚里士多德的三段论没有后来的形式：'p，q；所以 r'，这是一个规则。亚里士多德的三段论不是一个规则，而是一个命题。"[④]

我们不能同意卢卡西维茨和波亨斯基的看法。亚里士多德并不总是用蕴涵式表示三段论式，也用推理规则表示三段论式。下面举几个例子。

（1）"O 不属于任何 M，M 属于所有 N，**所以**，O 不属于任何 N"（27a9—14），这里用的是"所以"（"then"）。

（2）"N 不属于任何 M，M 属于有的 O，**所以**，N 将不属于有的 O"（27a30—35），这里用的是"所以"（"therefore"）。

（3）"R 属于所有 S，并且 S 属于有的 P，**所以**，P 必属于有的 R"（28b7—12），这里用的是"所以"（"therefore"）。

（4）"A 述说所有 B，但不述说任何 C，**因此**，B 不述说任何 C。"（78b27）这里用的是"因此"（"consequently"）。

（5）"所有 B 是 D，无 D 是 A，∴无 B 是 A（据三段论式）。"（79b2—4）这里用的是"所以"的符号"∴"。

[①]《亚里士多德的三段论》，第 9 页。

[②] 同上书，第 32 页。

[③] 同上书，第 92 页。

[④] *A History of Formal Logic*, University of Notre Dame Press, 1961, p. 69.

（6）卢卡西维茨曾引用《后分析篇》第 2 卷第 16 章，98b5—10 中的一个用蕴涵式表述的三段论实例："如果所有的阔叶植物都是落叶性的，并且所有葡萄树都是阔叶植物，那么所有葡萄树都是落叶性的。"亚里士多德紧接着说："我们也能证明：葡萄树有阔叶因为它是落叶性的。令 D 是阔叶植物，E 是落叶性的，F 是葡萄树。这样，E 作为属性为 F 所具有（因为每一葡萄树是落叶性的）并且 D 作为属性为 E 所具有（因为每一落叶性的植物有阔叶），**所以**，每一葡萄树有阔叶，其原因是它的落叶性的特征。"（98b10—15）这里用的是"所以"（therefore）。

在《工具论》的希英对照本中，与以上例子中的"therefore"等相对应的希腊字是"所以"的意思，这些证据足以证明，卢卡西维茨和波亨斯基把亚里士多德的三段论式说成都是蕴涵式或条件句，这种观点是不能成立的。我认为，亚里士多德是用蕴涵式和推理规则这两种方式来表述三段论式的：

（1）"如果 α 和 β，则 γ"是被断定的；

（2）α，β，所以，γ。

卢卡西维茨指出："从蕴涵式形式的断定命题推导出相应的推论规则总是容易的。设蕴涵式命题'如果 α，那么 β'是真的；如果 α 真，我们用分离规则总可以得到 β，因之，'α 所以 β'这条规则是正确的，当蕴涵式的前件是一个合取式，如亚里士多德三段论那样，我们必须首先将合取形式'如果 α 并且 β，那么 γ'变为纯蕴涵形式'如果 α，那么如果 β，那么 γ'。稍加思索就足以令我们信服这一变形是对的。现在，设 α 与 β 都是三段论的真前提，我们两次用分离规则于该三段论的纯蕴涵形式，从而得到结论 γ。因此，如果一个'如果 α 并且 β，那么 γ'形式的亚里士多德式三段论是真的，那么相应的传统形式'α，β，所以 γ'就是正确的。但是，反过来，用已知的逻辑规则似乎不可能从正确的传统的式推导出相应的亚里士多德三段论来。"[①]

卢卡西维茨的看法并不正确，其实从（2）根据演绎定理可以得到（1），

---

① 《亚里士多德的三段论》，第 34 页。

根据逆演绎定理从（1）可得（2），（1）和（2）并没有根本的区别，但是在表述形式以及在构造演绎系统方面却是大不相同的。要注意，如果 A 蕴涵 B 不是一个系统的定理，我们就不能得出 A 推出 B。亚里士多德对这些区别并不清楚，证据如下：

（1）根据上文所举的例子，亚里士多德在用蕴涵式表示三段论式的同时，也用推理规则表示三段论式。这种混合用法表明，他并没有强调（1）和（2）的区别，他实际上认为他所用的蕴涵式或条件句是推理规则而不是一个命题。这符合他对三段论式的看法，他说："三段论式是由前提构成的；一个指谓这个的三段论式是由具有同样指谓关系的前提组成的；并且一个把这个和那个联系起来的三段论式，是通过使这个和那个发生关系的前提进行的。"（41a4—7）"也很显然，每一个论证都是通过 3 个词项并且不多于 3 个词项来进行的；除非同一结论得自不同的一对命题。例如，要确立结论 E 可以通过 A 和 B 两个命题，通过 C 和 D 两个命题，或通过 A 和 B，或 A 和 C，或 B 和 C。因为没有什么能阻止那些对同样的词项存在着几个中词，但在那种情况下，并不是有一个三段论式，而是有几个三段论式。"（41b36）"显然，一个三段论的结论是从两个前提得到的。"（42a32）这些论述可看成是三段论的定义，由此可见，亚里士多德是把三段论式看成是推理规则，而不是看成一个命题。

（2）亚里士多德的三段论理论并不是像卢卡西维茨所构造的直言三段论系统那样，从蕴涵式推演出蕴涵式，因此根本没有必要预设卢卡西维茨的 C—N 系统（命题演算系统）。亚里士多德的化归理论的目的是从 Barbara 和 Celarent 的有效性导出其他三段论式的有效性，例如《前分析篇》第 1 卷第 5 章，27a9—14，亚里士多德表述第二格的 Camestres 是用蕴涵式"如果 M 属于所有 N，而不属于任何 O，那么 N 就不属于任何 O"，但在把它化归为 Celarent 时，却用了推理规则："因为如果 M 不属于任何 O，O 就不属于任何 M；但是，M 属于所有 N（业已说过）；所以，O 不属于任何 N：因为又形成了第一格。但是由于否定的关系可换位，N 将不属于任何 O。这样，就是这同一个三段论，证明两个结论。"这里的化归程序实际上是以下树枝形的推理过程：

所有 N 是 M

无 O 是 M

———————————— 无 M 是 O　　换位

无 N 是 O　　Celarent

无 O 是 N　　换位

由此可见，亚里士多德的蕴涵式实际上表达的是推理规则，它是把一个推理规则的有效性化归为第一格三段论规则（最终是 Barbara 和 Celarent 两条规则）的有效性。亚里士多德并没有像卢卡西维茨那样从一个蕴涵式证明另一个蕴涵式。

再如，亚里士多德在用归于不可能法（反三段论律）证明 Baroco 时说："如果 M 属于所有 N，但不属于有些 X，则 N 应不属于有些 X，就是必然的了；因为如果 N 属于所有 X，而 M 也述说所有 N，M 必属于所有 X；但我们已假定 M 不属于有的 X。"（27a37）卢卡西维茨分析说："已经承认前提'M 属于所有 N'以及'M 不属于有些 X'都真；则结论'N 不属于有些 X'必须也是真的。因为如果它是假的，它的矛盾命题'N 属于所有 X'就会是真的。这最后一个命题就是我们逆推的起点。因为已经承认前提'M 属于所有 N'是真的，我们从这个前提与命题'N 属于所有 X'（用 Barbara 式）得到结论'M 属于所有 X'。但这个结论是假的，因为已经承认了它的矛盾命题'M 不属于有些 X'是真的，所以我们逆推的起点'N 属于所有 X'导致了一个假的结论，从而它必是假的，而它的矛盾命题，'N 不属于有些 X'必是真的。这个论证只有表面的说服性；事实上它并没有证明上面的三段论（按：指蕴涵式'如果 M 属于所有 N 并且 M 不属于有些 X，则 N 不属于有些 X'）。它仅能应用于传统的 Baroco 式（我以这个式通常带有动词'是'的形式来引述它，而不用亚里士多德式的带有'属于'字样的形式）：

所有 N 是 M，有些 X 不是 M，所以，有些 X 不是 N。

这是一条推论规则，假定前提都是真的话，那也就允许我们断定这个结论。"①波亨斯基在《形式逻辑史》中援引了卢卡西维茨对亚里士多德的批评，认为亚里士多德的上述证明程序对条件句形式的三段论式是不正确的，波亨斯基说："如果亚里士多德没有把三段论式表达为条件语句（在其中前件不必被断定），而是以经院学者的方式表达为规则（在其中人们是从被断定的前提出发的），那么它（这个程序）就确实是正确的。"②卢卡西维茨和波亨斯基都假定亚里士多德的三段论式全都是蕴涵式，没有表达为推理规则，他们从这个不正确的假定出发对亚里士多德作了不正确的批评。但是，他们的批评也启示人们，即亚里士多德并没有严格区别蕴涵式和推理规则，他对蕴涵式的理解并不像卢卡西维茨和波亨斯基那样。

由上可知，亚里士多德的化归程序实际上是由一个推理规则的有效性证明另一个推理规则的有效性。

第三节 直言三段论的化归

波亨斯基说："三段论是一个已知的公理系统，或更精确地是第一类这样的系统：因为亚里士多德是以几种方式把它公理化的。人们从他的著作可以区别出以下的系统：（1）以第一格的 4 个三段论式（连同其他规律）作公理；（2）以第一个的前两个式作公理；（3）以任一格的三段论式作公理。其中除其他一些特点外，第一格三段论式可化归为第二格和第三格的那些三段论式。这 3 个系统是用对象语言表述的；在亚里士多德那里还可发现用元语言把三段论公理化的纲要。"③波亨斯基所说的 3 个系统是从蕴涵式推演蕴涵式的公理系统，我在上文曾论证过这并不符合亚里士多德的本义。我们当然可以把三段论构造成为（1）—（3）那样的从蕴涵式推演蕴涵式的系统，但这不能称之为亚里士多德的直言三段论公理系统，因为这样的系统要以亚里士多德所没有深入考察过的命题逻辑为基础。笔者不

---

① 《亚里士多德的三段论》，第 71—72 页。
② *A History of Formal Logic*, pp. 77-78.
③ Ibid. p.75.

同意波亨斯基的论述，提出以下观点：

　　直言三段论是逻辑史上的第一个已知的树枝形的自然演绎系统，因为亚里士多德以 3 种方式从一些规则式的三段论式的有效性推出其他三段论式的有效性。直言三段论有以下 4 个系统：（1）以第一格的 4 个三段论式作初始规则；（2）以第一格的前两个式作初始规则；（3）以第二格（或第三格）的三段论式作初始规则。在这样的系统中第一格三段论式可化归为第二格（或第三格）。此外还有元逻辑的规则系统。在（1）—（3）中，（2）最重要，（1）和（3）的构造与（2）是类似的。

　　亚里士多德在《前分析篇》中对"三段论"下了一个定义："三段论就是论说，其中某些东西被陈述了，在所陈述的东西之外有某种东西因其如此而必然地得出。后面这句话的意思是指它们产生结论；据此，为使结论成为必然的，并不需要其他更多的词项。"（24b19—22）这里，"三段论"一词原文是希腊词，英文拼写为"syllogismos"，原为"计算"的意思，在柏拉图那里有"推理"的意思。亚里士多德在这里对"syllogismos"的定义，是针对上一节所讨论的三段论的，指由两个前提、3 个词项"必然地得出"一个结论的三段论。在较早的《论辩篇》中也有对"syllogismos"的类似定义，那是对一般演绎推理的定义。

　　亚里士多德把三段论的演绎叫作"化归"（或"还原"，reduction）。他首先把第一格的 4 个式称为"完善的三段论"，就是说这些式都是通过原来设定的前提而完成的，其他两个格是不完整的，其中的各个式都可用这个格来证明，既能证明全称的又能证明特称的结论，无论是肯定的还是否定的。因此，亚里士多德把这个格称为"第一格"，也称为"初始格"。初始格的 4 个式就是起公理作用的初始推理规则，第二格、第三格的各式都可从它们推导出来，这就是所谓把第二格和第三格"化归"为第一格。化归的形式是树枝形的推导过程。三段论式的拉丁名称歌诀简要地说明了化归的过程，第一格的 4 个式是完善式即初始规则，第二格和第三格各式化归为与第一格各式第一个字母相同的那个式，例如，第二格 Cesare 化归为第一格 Celarent。

下面我们先看第二格的化归。

1. Cesare

亚里士多德说:"设 M 不述说任何 N，但却述说所有 O。由于否定前提可以换位，所以 N 也不属于任何 M。但根据设定，M 属于所有 O，因而 N 也不属于任何 O（这已经在上面证明了）。"（27a5—9）他的证明模式是（为方便起见，采用现在通行的直言命题 AEIO 记法）：

要证明第二格 Cesare: NEM，OAM（以下我们省去这一步）

$$\begin{array}{ll} & ?\ \text{OEN} \\ \underline{\text{NEM} \qquad \text{OAM}} & \\ \text{MEN} \qquad \text{换位} & \\ \hline \text{OEN} & \text{第一格}\quad\text{Celarent} \end{array}$$

这个证明模式写详细一点就是：

从 NEM，OAM（Cesare 的两个前提）通过对 NEM 换位可得：MEN，OAM；后两个命题再据第一格 Celarent 可推出 OEN；因而从 NEM，OAM 推出 OEN，这就是第二格的 Cesare。

在这个推理过程中，除了要用全称否定命题的换位之外，还需要用假言三段论律：如果从 α，β 推出 α'，β；从 α'，β 又推出 γ，则从 α，β 推出 γ。亚里士多德在化归的过程中，多次使用了这个推理规则，但他没有明确陈述。以下不再指明。

2. Camestres

"如果 M 属于所有 N，不属于任何 O，那么 N 将不属于任何 O。因为，如果 M 不属于任何 O，O 就不属于任何 M。然而根据设定，M 属于所有 N，所以，O 也不属于任何 N。我们再次得到了第一格。由于否定命题是可以换位的，则 N 也不属于任何 O。"（27a9—14）写成证明模式就是：

$$\begin{array}{ll} \underline{\text{NAM} \quad \text{OEM}} & \\ \text{MEO} \quad \text{换位} & \\ \hline \text{NEO} & \text{第一格}\quad\text{Celarent} \\ \text{OEN} & \text{换位} \end{array}$$

亚里士多德还指出，此式可用归于不可能法加以证明，参看以下 Baroco 的证明。

3. Festino

"如果 M 不属于任何 N，而属于有的 O，那就必然地到 N 不属于有的 O。因为否定陈述可以换位，所以 N 也不属于任何 M。但根据设定，M 属于有的 O，所以，N 不属于有的 O。得出这个结论是凭借第一格。"（27a30—35）写成证明模式就是：

$$\frac{\underline{NEM} \quad OIM}{\underline{MEN} \ 换位}$$
$$OON \quad 第一格 Ferio$$

4. Baroco

"如果 M 属于所有 N，但不属于有的 O，那就必然地得到 N 不属于有的 O。因为如果 N 属于所有 O，而 M 也述说所有 N，那么 M 必定也属于所有 O。但我们已假定，M 不属于有的 O。"（27a35—27b1）这个证明使用了"归于不可能法"，写成证明模式是：

$$\frac{NAM \quad OOM}{OON} \quad \longleftrightarrow \quad \frac{OAN \quad NAM}{OAM \quad Barbara}$$

亚里士多德的证明思路是：为证明 Baroco 成立，先假设与结论 OON 的矛盾命题 OAN，由 OAN 与 Baroco 的大前提 NAM 组成第一格 Barbara 的两个前提，推出结论 OAM，这个结论与 Baroco 的小前提 OOM 相矛盾，因此，假设 OAN 不成立，原先的结论 OON 就是真的。这样，由 Barbara 的有效性就证明了 Baroco 的有效性。

亚里士多德在化归时所使用的归于不可能法现今称为"反三段论律"。这个推理规则可以写为：如果α，β推出γ，则α，非γ推出非β。这里的证明就是：如果从 OAN，NAM 推出 OAM，则从 NAM，非 OAM（即 OOM）可推出非 OAN（即 OON）。在这个证明中，除使用归于不可能法之外，还使用了 A 命题和 O 命题的矛盾关系，亚里士多德把它省略而没有明说。

第三格的化归如下：

1. Darapti

"如果两个前提是全称的，P和R都属于S，那就得到P将必然属于有的R。因为肯定的陈述是可以换位的，S将属于有的R，其结果是由于P属于所有S并且S属于有的R，所以P必定属于有的R。我们通过第一格得到了这个三段论。"（28a19）写成证明模式是：

$$\frac{SAP \quad SAR}{\underline{\quad RIS \quad} \text{换位}}$$
$$RIP \qquad \text{第一格 Darii}$$

亚里士多德指出，这个式也可用归于不可能法和显示法来证。所谓用"显示法"来证，就是在S类中选择某个事物，譬如说N，这是一个显示词项，使这个N既是P又是R，这样一来，有的R就是P（28a23—25），这种证明是不严格的。

2. Felapton

"如果R属于所有S，P不属于任何S，就将必然有一个三段论证明：P不属于有的R。证明方法同上，将前提RS换位。"（28a25—30）证明模式是：

$$\frac{SAR \quad SEP}{\underline{RIS \quad \text{换位}}}$$
$$ROP \qquad \text{第一格 Ferio}$$

亚里士多德还指出，此式也可用归于不可能法来证。

3. Disamis

"如果R属于所有S，P属于有的S，P必定属于有的R。由于肯定的陈述是可以换位的，S就将属于有的P；其结果由于R属于所有S，并且S属于有的P，R就必然也属于有的P；所以，P必定属于有的R。"（28b7—12）证明模式是：

$$\frac{SAR \quad SIP}{\underline{PIS \quad \text{换位}}}$$
$$\underline{PIR} \qquad \text{第一格 Darii}$$
$$RIP \qquad \text{换位}$$

4. Datisi

"如果 R 属于有的 S，P 属于所有 S，P 必定属于有的 R。"（28b13—15）

亚里士多德说此式的证明与以前相同，并可用归于不可能法和显示法加以证明。今把证明模式列出如下：

$$\frac{SIR \quad SAP}{RIS \text{ 换位}}$$
$$RIP \qquad 第一格\ Darii$$

5. Bocardo

亚里士多德对这一证明用了归于不可能法："如果 R 属于所有 S，P 不属于有的 S，那就必然得出：P 不属于有的 R。因为如果 P 属于所有 R，并且 R 属于所有 S，那么 P 将属于所有 S；但我们已假定了它不是如此。"（28b18—20）证明模式如下：

$$\frac{SAR \quad SOP}{ROP} \qquad \frac{RAP \quad SAR}{SAP} \qquad 第一格\ Barbara$$

亚里士多德说对这个式也可用"显示法"来证，这个方法的主要步骤是"提出 S 的分子之一，它就是不为 P 所属于的那一个"。（28b21—22）

按亚里士多德的方法，取 $S' \subset S$，使 SOP 变为 S'EP：

$$\frac{S'EP}{S'AR}$$
$$ROP$$

Bocardo 的有效性通过显示法化归为 Felapton，这种证明方法是不严格的。

6. Ferison

"如果 P 不属于任何 S，并且 R 属于有的 S，那么 P 就不属于有的 R。如果将前提 RS 换位，根据第一格就可得结论。"（28b34—35）

$$\frac{SEP \quad SIR}{RIS \text{ 换位}}$$
$$ROP \qquad 第一格\ Ferio$$

由上可见，亚里士多德的三段论系统是一个初步形式化的演绎系统，这个系统有 4 个初始推理规则。亚里士多德在建立了这个系统之后，又简化了这个系统，只用第一格的 Barbara 和 Celarent 两个初始规则，就可推出其余的 12 个式。第一格 5 个非标准式上节已推导出，这里不赘述。

在以上的证明中，我们看到在第二格的 4 个式中，Cesare、Camestres 通过换位，Baroco 通过反三段论律都已化归为第一格的两个全称式 Barbara 和 Celarent；Festino 通过换位化归为第一格的 Ferio。在第三格中，有 5 个式化归为第一格的两个特称式，有 1 个式（Bocardo）用归于不可能法化归为第一格的 Barbara。

亚里士多德证明，第一格的两个特称式可化归为第二格的全称式。

1. Darii 的化归

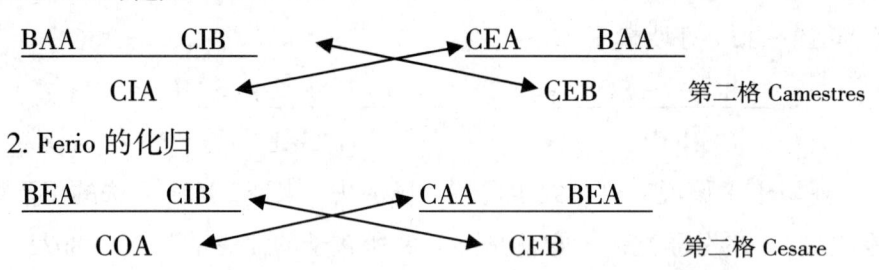

$$\frac{BAA \quad CIB}{CIA} \longleftrightarrow \frac{CEA \quad BAA}{CEB} \quad \text{第二格 Camestres}$$

2. Ferio 的化归

$$\frac{BEA \quad CIB}{COA} \longleftrightarrow \frac{CAA \quad BEA}{CEB} \quad \text{第二格 Cesare}$$

我们已经看到，Camestres 和 Cesare 化归为第一格的全称式 Celarent；因此，第一格的两个特称式、第二格和第三格的各式都可以化归为第一格的两个全称式。

因此，亚里士多德总结说："很显然，所有的三段论都可以化归为第一格的全称三段论。"（29b24—25）"每一个三段论都是凭借第一格达到完善的，并且都可化归为第一格的三段论。"（41b3—5）通过以上的证明，亚里士多德就化简了由 4 个初始规则组成的三段论系统，从而建立了由第一格的两个全称式为初始规则的第 2 个三段论系统。

此外，亚里士多德还谈到以第二格（或第三格）的三段论式作初始规则，在这样的系统中第一格三段论式可化归为第二格（或第三格）。亚里士多德说："所有三段论式都能通过第二格形成。"（62b1—4）"第一格中的所有三段论式都能归结为第三格。"（50b35）由于他谈得不多，后世也未流传，我们就略而不述了。

第四节　无效式的排斥

亚里士多德对无效式的排斥方法主要使用举例法。例如，要排斥第一格 AEE、AEO、AEA、AEI 这 4 个无效的三段论式即要排斥"所有 M 是 P，所有 S 不是 M，所以，所有（有的）S 不是 P"和"所有 M 是 P，所有 S 不是 M，所以，所有（有的）S 是 P"（例子分别是"所有人是动物，所有马不是人，所以，所有（有的）马不是动物"、"所有人是动物，所有石头不是人，所以，所有（有的）石头是动物"），亚里士多德说："如果第一个词项属于中间词项的全部分子，而这中间词项不属于最后词项的任何分子，那么在两个端词之间就没有三段论的必然联系；因为从如此相关的几个词项之间不能得出必然的东西。由于第一个词项属于最后词项的全部分子或不属于它的任何分子都是可能的，因而既不能必然得出一个特称的结论，又不能必然得出一个全称的结论。而如果不能产生必然的结果，那就是凭借这些前提不能够形成一个三段论。我们可以选用动物、人、马这 3 个词项作为在两个端词之间的一种全称肯定关系的例子，可以选用动物、人、石头这三个词项作为全称否定关系的例子。"（26a3—9）第一格的 3 个词项按大词—中词—小词的次序排列，亚里士多德在这里用例子排斥的主要之点是找出一个真的全称肯定命题（如"所有马是动物"）和一个真的全称否定命题（如"所有石头不是动物"），两者皆与前提相容；但根据选出的词项，无效式中两个前提是真的，而结论却是同所找出的真的全称肯定命题和全称否定命题不相容。根据以上的解释，我们就不难理解亚里士多德对其他无效式的举例排斥了。

但是，亚里士多德还看到可以用形式的排斥方法，例如，他为了排斥第二格三段论的 EOO（或 EOA，或 EOE，或 EOI）式：

无 N 是 M，有 O 不是 M，所以，有 O 不是 N（或所有 O 是 N，或无 O 是 N，或有的 O 是 N）（1）

把它加强为 EEO：

无 N 是 M，无 O 是 M，所以，有 O 不是 N（或所有 O 是 N，或无 O 是 N，或有的 O 是 N）（2）

亚里士多德先用举例法排斥（2）："当 M 既不述说任何 N，又不述说任何 O，也不能够形成一个三段论。一个肯定关系方面的例子，可以用线、动物、人这 3 个词项；否定关系的例子，用线、动物、石头。"（27a21—24）这里，第二格的 3 个词项按中词—大词—小词的次序排列，"线"是中词，"动物"是大词，"人"（"石头"）是小词。当（2）式得肯定的结论，例如得"所有石头是动物"或"有的石头是动物"，我们就可举出一个真的全称否定命题"无石头是动物"，它与前提"无动物是线"和"无石头是线"是相容的，但与结论却是不相容的。当（2）式得否定的结论，例如得"所有人不是动物"或"有的人不是动物"，我们就可举出一个真的全称肯定命题"所有人是动物"，它与前提"无动物是线"和"无人是线"是相容的，但与结论却是不相容的。

但是，找不出词项以组成一个全称肯定陈述"所有 O 是 N"来排斥（1），亚里士多德用反证法作了证明，他说："设 M 不属于任何 N，也不属于有的 O。在这里，N 或者属于所有 O，或者不属于任何 O 都是可能的。例解否定关系的词项是黑（中词）—雪（大词）—动物（小词）。但是，如果 M 属于有的 O，并且不属于有的 O，在这种情况下找出几个词项用以例解几个端词之间具有肯定的全称的关系（'所有 O 是 N'），就是不可能的。因为，如果 N 属于所有 O，而 M 不属于任何 N，那么 M 就不属于任何 O；但我们已经假定它属于有的 O。从而在这里采用词项是不许可的。我们的论点必然从特称陈述的不定性中得到证明。由于 M 不属于有的 O 是真的，即使它不属于任何 O 也是真的，并且由于它不属于任何 O，形成一个三段论就是不可能的（如同我们已经看到的那样），从而很清楚，两者中之任何一个都是不可能的。"（27b12—23）这段话告诉我们，要排斥"无 N 是 M，有 O 不是 M，所以，所有 O 是 N"，例如排斥"无雪是黑的，有的动物不是黑的，所以，所有动物是雪"，举出"所有动物不是雪"这个全称否定命题，它与两个前提相容，而与结论不相容。但是要排斥"无 N 是 M，有 O 不是 M，所以，有 O 不是 N"找不到"所有 O 是 N"，亚里士多德用反证法证明，设有的 O 是 M，并且有的 O 不是 M，假定所有 O 是 N，加上无 N 是 M，可得：无 O 是 M，这与"有的 O 是 M"产生矛盾。因此，无法用举例排斥。

在此情况下，要用形式排斥法来排斥（1）：如果（1）成立则比（1）有一个更强前提的（2）成立；反过来说，如果（2）被排斥，则（1）就被排斥。

亚里士多德还指出，"如果所有 N 是 M，有的 O 是 M，所以，有的 O 不是 N"成立，则"如果所有 N 是 M，所有 O 是 M，所以，有的 O 不是 N"成立；而如果后者被排斥则前者就被排斥。（27b25—30）

第五节　直言三段论的规则

根据我们在上面的分析，亚里士多德的三段论系统是以初始推理规则为出发点的演绎系统，相当于现今的自然演绎系统，它虽不是公理系统，但与公理系统本质上是一致的，是一种公理化的系统。这种系统所用的语言称为"对象语言"，把三段论系统作为对象来研究所用的语言称为"元语言"，例如，"两个否定前提不能得结论"就是一条元语言规则。

现今在我国高校流行的逻辑教材中，讲三段论不是讲化归的演绎系统，而是讲几条元语言规则。应当说，在亚里士多德那里，只有元语言规则系统的一个纲要，并不是完整的。元语言规则系统的两条主要的关于周延的规则，在亚里士多德那里是没有的。亚里士多德虽然有"周延"的概念，但它没有把它作为一个重要概念并用来分析 4 种直言命题。他认为，在"所有的人健康"和"人健康"这样的命题中，主词"人"本来就有一般性的意义，"所有的"这个词并不给主词以一般意义，而是表明，作为主词，它是周延的，前一个命题是全称性质的命题，后一个命题是不确定的，不是全称性质的命题。他指出全称命题的主词是周延的："形容词'每一个'和'没有一个'除了表示主词（不论它是在肯定句子中还是在否定句子中）是周延的之外，并无另外的意义。"（20a14）他认为全称肯定命题的主词和谓词不能都周延，例如，"所有的人是所有的动物"就是不真实的。这实际上是说，全称肯定命题的谓词不周延。（17b14）对其余命题没有作出分析。在三段论中，亚里士多德没有分析中词的周延性，没有分析前提和结论中的词项的周延性。这些情况表明，亚里士多德关注的是建立三段论的演绎系统，他提出一些元语言规则只是作为一种辅助手段，对系统的正确性作些补充说明。也正是亚里士多德提出的这些规则，奠定了三段论元规则系统的基础。下面介绍亚里士多德提出的一些元语言规则，分两大类：

（一）一般规则

1. 两个特称前提不能得出结论。亚里士多德说："在每个三段论中，一个前提必须是肯定的并且必须有一个全称前提。如果没有全称前提，那就要么形成三段论是不可能的，要么它并不指称所提出的主词，要么犯'预期理由'的错误。"（41b6）他举例说，要证明"音乐中的快乐是好的"，则前提中必须要有"所有快乐是好的"，加上"音乐中的快乐是快乐"，就可得"音乐中的快乐是好的"。如果把"所有快乐是好的"改为"有的快乐是好的"，而这些快乐是与音乐中的快乐不同的，则加上"音乐中的快乐是快乐"，不能得到想要的结论"音乐中的快乐是好的"；如果这些快乐与音乐中的快乐相同，则就是"预期理由"。

2. 如有一个前提是特称的，则结论是特称的。亚里士多德说："只有当所有前提都是全称的时，才能证明全称的结论。……如果结论是全称的，则两个前提必定是全称的。"（41b23）他强调，"所有前提都是全称的"是"全称结论"的必要条件，"全称结论"是"所有前提都全称"的充分条件。这实际上就是说，如果前提中有一个特称，则结论必为特称。

3. 两个否定前提不能得结论。我们在上面讲第一个规则时已经引了亚里士多德的话："在每个三段论中，一个前提必须是肯定的。"他还说："如果两个前提都是否定的，则三段论不能成立，如果一个前提是否定的，

那么另一个前提必定应当是肯定的陈述。"（86b10）

4. 如果有一个前提否定，则结论否定；如果结论否定，则有一个前提否定。亚里士多德说："在每一个三段论中，两个前提或者至少有一个前提必须与结论相同；所谓'相同'，我不仅是指在肯定或否定方面，而且是指在必然、实然、或然方面。"（41b27）由于两个否定前提不能得结论，因而根据"两个前提或者至少有一个前提必须与结论相同"，当结论为否定时，前提中必有一个是否定的。亚里士多德还说："在否定的三段论中，中词必定同两个端词中的一个发生否定的关系，因而就产生了一个否定的前提，而其他的前提却是肯定的。"（86b25）所谓"否定的三段论"是指有一前提为否定而结论为否定的三段论。在讲三段论的定义时，我们指出，亚里士多德实际上是把三段论定义为"只有两个前提和 3 个词项组成的"，所以，不必像现在的逻辑教材那样把"有且只有 3 个词项"作为三段论的第一条规则。

亚里士多德不但陈述了以上 4 条规则，而对 3 个格还陈述了各自特殊的规则。

（二）各格规则

1. 关于第一格，亚里士多德说："如果有一个端词跟中词发生全称关系，另一个端词与中词发生特殊关系，当全称陈述（无论是肯定的还是否定的）与大词相关，特称陈述是肯定的并且与小词相关时，那么三段论必定是完善的；但如果全称陈述与小词相关，或者词项间以其他方式相联系时，三段论便不能成立。"（26b18）"如若跟大词相联系的前提（无论是肯定还是否定）是全称的，而与小词相联系的前提是否定的并且是特称的，那么，三段论便不能成立，无论小前提是否定的还是特称的。"（26b1）从这两段话可以看出，亚里士多德认识到，第一格大前提要全称，小前提要肯定。

2. 关于第二格，亚里士多德说："如果两个前提的形式相同，即都是肯定的或者都是否定的，那么三段论就不能成立。"（27b12）这就是说，在第二格的两个前提中必有一个否定命题。他考察了"端词之间具有全称联系的三段论"和特称否定的结论,指出在第二格中,"中词与大词有全称联系"。(27a27)这就是说,大前提是全称的。

3. 关于第三格,亚里士多德说:"当两个前提都是肯定的时,三段论就能成立,其结论是,一个端词属于另一个端词的有些分子。当两个前提都是否定的时,三段论便不能成立。当一个前提为肯定,另一个前提为否定时,如果大前提是否定的,小前提是肯定的,则三段论能成立。其结论是,一个端词不属于另一个端词的有些分子;如果相反,大前提是肯定的,小前提是否定的,则三段论不能成立。"(28a39)"这个格不可能达到全称的结论,无论是肯定的还是否定的。"(29a16)可见,第三格的小前提必须是肯定的,结论必须是特称的。

综上所述,亚里士多德对三个格的特殊规则的陈述是完整的。

第六节 对直言三段论的补充讨论

以上第1—5节讨论的5个问题是亚里士多德直言三段论理论的核心内容,此外,他对直言三段论还提出了以下一些现在人们常常忽略的问题,而这些问题的解决对于亚里士多德直言三段论的推演系统、所使用的推理规则以及化归思想可以进一步加深理解。

一 构造一个三段论用以证明一个已给定的结论

这个问题是亚里士多德在《前分析篇》第1卷第28章中讨论的,他采用了以下模式:

设词项A的后件为B,A的前件为C;D为不可能属于A的东西。E的属性为F,E的前件为G;H为不可能属于E的东西。按照亚里士多德的设定,词项间前后件的联系可表示为:

C→A→B, G→E→F, D不属于A, H不属于E

亚里士多德分别讨论了以下6种情况:

1. 要证明全称肯定命题"所有E是A",就要找出一些新的词项C和

F，F 属于待证命题的主词 E，而待证命题的谓词 A 则属于另一个词项 C，如果这两个新词项 C 和 F 是同一的，那么我们就能找出中词，构成第一格 Barbara：

所有 C（F）是 A

所有 E 是 F（C）

所以，所有 E 是 A

2. 要证明特称肯定命题"有的 E 是 A"，A 的主词（前件）C 与 E 的主词（前件）G 必须同一，这就产生第三格 Darapti：

所有 C（G）是 A

所有 G（C）是 E

所以，有的 E 是 A

3. 要证明全称否定命题"无 E 是 A"，E 的谓词（后件）F 与不属于 A 的词项 D 必须同一，这就产生第一格 Celarent：

无 A 是 D（F）［无 D（F）是 A］

所有 E 是 F（D）

所以，无 E 是 A

4. 用第二格 Camestres 来证明全称否定命题"无 E 是 A"，这就要使得 A 的后件 B 与不属于 E 的词项 H 同一：

所有 A 是 B（H）

无 E 是 H（B）

所以，无 E 是 A

5. 要证明特称否定命题"有的 E 不是 A"，不属于 A 的词项 D 必须与 E 的前件 G 同一，这就产生第三格 Felapton：

无 D（G）是 A

所有 G（D）是 E

所以，有的 E 不是 A

6. 要证明特称肯定命题"有的 E 是 A"，A 的后件 B 必须与 E 的前件 G 同一，这就会产生一个由换位得来的三段论：

所有 A 是 B（G）

所有 G（B）是 E

所以，所有 A 是 E

将结论换位得到：

有的 E 是 A

我们在前面讲第一格非标准式时曾经列出：

所有 B 是 E

所有 A 是 B

所以，有的 E 是 A

那时我们说，这个式是第一格的非标准式 Baralipton，也就是第四格的 Bramantip。

二　前提与结论的真假联系

亚里士多德是在三段论的形式正确即有效的情况下来讨论前提与结论的真假联系的。他说："可能产生这样的情形：三段论的两个前提是真的，或是假的，或一个是真的、另一个是假的。至于结论，则必然或是真的或是假的。从真前提不能得出假结论，但是从假前提可以得出一个真结论（只是关于事实而不是关于原因）。……首先，从真前提不能得出假结论，这可以通过以下的考察可以看得很清楚：如果当 A 存在时，B 必然存在，那么如果 B 不存在时则 A 必然不存在。因而，如果 A 是真的，则 B 必是真的；否则就会得到同一件事在同时既存在又不存在。这是不可能的。……从假前提可以得出一个真实的结论，不仅当两个前提假时可以，而且只有一个前提假时也可以。"（53b4—30）亚里士多德的这段话首先论证了从真前提应用有效的三段论式必然得出真结论，然后指出：假定结论为假，就可以推出原来的前提之一为假。这可以看成是反三段论律，也就是亚里士多德所说的归于不可能法：如果 p 和 q 推出 r，那么 p 和非 r 推出非 q。

在《前分析篇》第 2 卷第 2 章中，亚氏论述从假前提应用有效的三段论式得出真结论的情形，对第一格讨论了 11 种。下面我们依次加以说明。

1. 两个前提皆为全称

（1）两个前提整个假，结论真

所谓整个假，是指把一个真的全称肯定命题说成全称否定命题，把一个真的全称否定命题说成全称肯定命题。与此相对，部分假是指把一个真的特称肯定命题说成全称肯定命题，把一个真的特称否定命题说成全称否定命题。另外还有一种一般意义的假。

三段论第一格的 AAA 式是有效的：

所有 B 是 A

所有 C 是 B

所以，所有 C 是 A

我们可以举出以下例子：

所有石头是动物

所有人是石头

所以，所有人是动物

在这个例子中，两个前提是整个假的，因为所有石头不是动物，所有人也不是石头，但结论"所有人是动物"是真的。再看另一个例子：

没有人是动物

所有石头是人

所以，没有石头是动物

这是第一格 EAE 式，形式是有效的。两个前提整个假，但结论真。

（2）两个前提部分假，结论真

亚里士多德没有举例，我们可以补充以下的例子：

所有事物是动物

所有事物是生物

所以，有的生物是动物

这是第三格的 AAI 式，两个前提是部分假的，因为我们只能说：有的事物是动物，有的事物是生物，把这两个真的特称肯定命题说成了全称，从而使这两个全称命题是部分假的，但结论"有的生物是动物"是真的。

（3）大前提整个假，小前提真，结论是假的

设定以下有效的形式：

  所有 B 是 A

  所有 C 是 B

  所以，所有 C 是 A

假定大前提"所有 B 是 A"是整个假的，小前提真，在这种情况下，结论不可能真。"所有 B 是 A"整个假即"没有 B 是 A"是真的，加上"所有 C 是 B"可得：没有 C 是 A。因此，"所有 C 是 A"就是假的。

（4）大前提部分假，小前提真，结论是真的

  所有白的东西是动物

  所有天鹅是白的东西

  所以，所有天鹅是动物

在这个例子中，大前提是部分假的，"有的白的东西是动物"才是真的。下例也是大前提部分假：

  没有白的东西是动物

  所有雪是白的东西

  所以，没有雪是动物

（5）大前提真，小前提整个假，结论是真的

  所有马是动物

  所有人是马

  所以，所有人是动物

小前提"所有人是马"是整个假的，"没有人是马"才是真的。再如：

  没有音乐是动物

  所有医学是音乐

  所以，没有医学是动物

小前提"所有医学是音乐"是整个假的，"没有医学是音乐"才是真的。

（6）大前提真，小前提部分假，结论是真的

所有人是动物

所有在陆上行走的东西是人

所以，所有在陆上行走的东西是动物

在这个例子中，小前提是部分假的，"有的在陆上行走的东西是人"才是真的。再如：

没有智慧是动物

所有思辨实例是智慧

所以，没有一个思辨实例是动物

这里，"所有思辨实例是智慧"是部分假的，而"有的思辨实例是智慧"才是真的。

以上讨论的是两个前提皆为全称的情况，现在我们来讨论下面的情况。

2. 一个前提为特称

（1）大前提整个假，小前提真，结论真

所有雪是动物

有的白东西是雪

所以，有的白东西是动物

这里使用了三段论第一格 AII 式。大前提"所有雪是动物"整个假，实际上没有雪是动物。再如：

没有人是动物

有的白东西是人

所以，有的白东西不是动物

这里使用了第一格 EIO 式。大前提"没有人是动物"整个假，应当说"所有人是动物"。

（2）大前提部分假，小前提真，结论真

所有美的东西是动物

有的大东西是美的

所以，有的大东西是动物

大前提是部分假的，实际是有的美的东西是动物。关于否定的情况，亚里士多德说可以用同样的词项和同样的联系加以证明。我们补充如下：

　　没有美的东西是动物

　　有的大东西是美的

　　所以，有的大东西不是动物

这里的大前提也是部分假的，实际是有的美的东西不是动物。

（3）大前提真，小前提假，结论真

　　所有天鹅是动物

　　有的黑东西是天鹅

　　所以，有的黑东西是动物

这里，小前提"有的黑东西是天鹅"在当时被认为是假的，人们只知道所有的天鹅都是白的，还没有发现黑天鹅。与"有的黑东西是天鹅"相矛盾的全称否定命题"没有黑东西是天鹅"在当时被认为是真的。下面是另一个例子：

　　没有数是动物

　　有的白东西是数

　　所以，有的白东西不是动物

（4）大前提部分假，小前提假，结论真

　　所有白东西是动物

　　有的黑东西是白东西

　　所以，有的黑东西是动物

这里的大前提是部分假的，小前提是假的，而结论是真的。再如：

　　没有白东西是动物

　　有的黑东西是白东西

　　所以，有的黑东西不是动物

（5）两个前提假，结论真

下面是两个例子：

　　所有数是动物

有的白东西是数
所以，有的白东西是动物

没有天鹅是动物
有的黑东西是天鹅
所以，有的黑东西不是动物

亚里士多德对第二格和第三格的有效式做了类似的讨论。他总结说："很显然，当结论为假时，则论证的前提必是假的——或者全假，或者某个假；但当结论是真的，前提并不必然有一个是真的或全是真的；即使三段论中没有一个前提是真的，结论同样可能是真的，尽管不是必然的。理由在于，当两件事物彼此关联时，如果第一件存在，第二件也必然存在，那么若第二件不存在则第一件就不存在；但是如果第二件存在，那么第一件不必然存在。"（57a36—b3）

这里我们要作一点补充。在演绎推理中，前提真假、形式有效或无效同结论真假之间的关系共有以下 7 种情形（假定把几个前提合取起来形成一个前提）：

前提真，形式有效，结论真；
前提假，形式有效，结论真；
前提假，形式有效，结论假；
前提真，形式非有效，结论真；
前提真，形式非有效，结论假；
前提假，形式非有效，结论真；
前提假，形式非有效，结论假。

亚里士多德讨论了前 3 种情况，没有讨论后 4 种情况。

三　三段论中的循环论证

亚里士多德把在三段论中通过结论与一个前提来证明另一个前提的

论证叫作循环论证。这个问题与上面关于真假的讨论有密切的关系。在三段论式有效的情况下，前提真，结论必真；结论假，前提（一个或两个）必假；但结论真，前提（一个或两个）可真可假。因此，要进行循环论证，必须要对与结论一起的那个前提补充知识。亚里士多德在《前分析篇》第2卷第5章至第7章中，对3个格的各个式的循环论证都进行了研究。我们先看看第一格。在全称肯定前提能够简单换位的情况下，才产生循环论证。这里所讨论的循环论证不是逻辑谬误，我们应当注意。

第一格 AAA：

  所有 B 是 A

  所有 C 是 B

  所以，所有 C 是 A

我们要证明第一个前提"所有 B 是 A"，以结论"所有 C 是 A"和第二个前提的简单换位命题"所有 B 是 C"作为前提：

  所有 C 是 A

  所有 B 是 C

  所以，所有 B 是 A

要证明第二个前提"所有 C 是 B"，以结论"所有 C 是 A"和第一个前提的简单换位命题"所有 A 是 B"作为前提：

  所有 A 是 B

  所有 C 是 A

  所以，所有 C 是 B

要证明原三段论中简单换位后所得到的前提"所有 A 是 B"和"所有 B 是 C"，必须要求结论"所有 C 是 A"能够简单换位。

"所有 A 是 B"的证明如下：

  所有 C 是 B（原三段论的小前提）

  所有 A 是 C（结论的简单换位）

  所以，所有 A 是 B

"所有 B 是 C"的证明如下：

所有 A 是 C（结论的简单换位）

　　所有 B 是 A（原三段论的大前提）

　　所以，所有 B 是 C

第一格 EAE 式：

　　没有 B 是 A

　　所有 C 是 B

　　所以，没有 C 是 A

第一个前提的证明如下：

　　没有 C 是 A（结论）

　　所有 B 是 C（小前提的简单换位）

　　所以，没有 B 是 A

第二个前提"所有 C 是 B"的证明稍微复杂些，"没有 B 是 A"不是变为"没有 A 是 B"而是换质为"所有 B 是非 A"，然后不是进行限制换位而是进行简单换位：所有非 A 是 B，结论"没有 C 是 A"换质为"所有 C 是非 A"。这样，就产生了以下的三段论：

　　所有非 A 是 B

　　所有 C 是非 A

　　所以，所有 C 是 B

以下是第一格 AII 和 EIO 式：

　　所有 B 是 A

　　有的 C 是 B

　　所以，有的 C 是 A

　　没有 B 是 A

　　有的 C 是 B

　　所以，有的 C 不是 A

AII 式的小前提"有的 C 是 B"证明如下：

　　所有 A 是 B（大前提"所有 B 是 A"的简单换位）

有的 C 是 A（结论）

所以，有的 C 是 B

EIO 式的小前提"有的 C 是 B"证明如下：

所有非 A 是 B（大前提"没有 B 是 A"先换质再简单换位）

有的 C 是非 A（结论"有的 C 不是 A"换质）

所以，有的 C 是 B

第二格和第三格的循环论证的方法与第一格大同小异，这里不赘述。与三段论中的循环论证相关，亚氏还讨论了三段论中的乞求论题问题，这涉及在全称肯定命题中主谓词相等的问题，我们放在第八章"关系理论"中加以论述。

四 三段论的转换

亚里士多德在《前分析篇》第 2 卷第 8 章至第 10 章中，研究三段论的转换，他说："转换一个三段论就是通过改变结论来构成另一个三段论，以证明大词不属于中词，或者中词不属于小词。如果结论被变为它的相反者，一个前提不动，那么另一个前提必然被取消，因为如果它成立则结论也必成立。我们把结论转换成矛盾命题还是反对命题，这是有区别的，因为转换的方式不同，所产生的三段论也不相同。"（59b1—8）

三段论的转换就是根据三段论的一个前提同与结论相矛盾或反对的命题来反驳三段论的另一个前提。三段论的转换理论所根据的原则就是在前提与结论的真假关系中所说的，否定后件就要否定前件。我们在上面讲过，从一个三段论式出发，根据结论的矛盾命题与一个前提得出另一个前提的矛盾命题，这叫反三段论律。以下我们看几个转换的例子。

第一格 AAA 式：

所有 B 是 A

所有 C 是 B

所以，所有 C 是 A

通过结论的反对命题反驳大前提的转换如下：

没有 C 是 A

所有 C 是 B

所以，有 B 不是 A（第三格 EAO）

通过结论的反对命题反驳小前提的转换如下：

所有 B 是 A

没有 C 是 A

所以，没有 C 是 B（第二格 AEE）

通过结论的矛盾命题反驳大前提的转换如下：

有 C 不是 A

所有 C 是 B

所以，有 B 不是 A（第三格 OAO）

通过结论的矛盾命题反驳小前提的转换如下：

所有 B 是 A

有 C 不是 A

所以，有 C 不是 B（第二格 AOO）

对第一格 EAE 的转换是类似的。对第一格特称式 AII 和 EIO 的转换只能通过矛盾关系来进行。

第一格 AII 式如下：

所有 B 是 A

有 C 是 B

所以，有 C 是 A

如果用结论的下反对命题"有 C 不是 A"和小前提"有 C 是 B"来反驳大前提：

有 C 不是 A

有 C 是 B

由这两个前提不能必然得出结论。

如果用结论的下反对命题"有 C 不是 A"和大前提"所有 B 是 A"来反驳小前提：

　　　　所有 B 是 A
　　　　有 C 不是 A
　　　　所以，有 C 不是 B
可是，"有 C 不是 B"与小前提"有 C 是 B"可以同真。
由上所说，对 AII 式的转换不能用下反对关系来进行。用矛盾关系转换如下：
　　　　没有 C 是 A
　　　　有 C 是 B
　　　　所以，有 B 不是 A（第三格 EIO）

　　　　所有 B 是 A
　　　　没有 C 是 A
　　　　所以，没有 C 是 B（第二格 AEE）

综上所说，第一格的式的大前提是通过第三格来反驳的，小前提是通过第二格来反驳的。亚里士多德在论述了第一格的转换之后，详细论述了第二格和第三格的转换，我们在这里不细说，只综述亚里士多德的结果。

在第二格里，Camestres 通过结论的反对命题进行转换时借助第一格 Barbara 和第三格 Felapton；通过矛盾命题进行转换时，借助第一格 Darii 和第三格 Ferison。Cesare 通过结论的反对命题进行转换时借助第一格 Celarent 和第三格 Darapti；通过矛盾命题进行转换时，借助第一格 Ferio 和第三格 Datisi。Festino 通过结论的反对命题不能进行转换；通过矛盾命题进行转换时，借助第一格 Celarent 和第三格 Disamis。Baroco 只能通过矛盾命题借助第一格 Barbara 和第三格 Bocardo 来进行。在第三格里，各式的转换只能通过结论的矛盾命题借助第一格和第二格来进行。

五　应用归于不可能法的证明

亚里士多德在《前分析篇》第 2 卷第 11 章至第 14 章中研究这个问题，他说："当结论的矛盾命题被陈述了并且假定了另一个前提，通过归于不可能法的三段论就被证明了；它在全部三个格中都可以产生。它与转换相似，但有以下差别：转换是在一个三段论已形成、两个前提已设定之后才发生的，而我们使用归于不可能法并不是因为相矛盾的命题已被确认而是因为它显然是真的。"（61a18—25）这就是说，在转换中我们明确地假定一个前提与结论的相反者，这就形成一个三段论；在应用归于不可能法的证明中，不预先给出一个三段论，只给出被证明的命题，然后假定与它相矛盾的命题为真，与一个显然真实的前提结合起来应用三段论得出一个不可能的即假的结论，由此可得：假定是假的，因而被证明的命题就是真的。亚里士多德所说"我们使用归于不可能法并不是因为相矛盾的命题已被确认而是因为它显然是真的"，这个命题就是指与使用归于不可能法的三段论的结论相矛盾的命题。

例如，要证明"没有 B 是 A"，假定其矛盾命题"有 B 是 A"为真，与真命题"所有 A 是 C"结合起来，我们有以下的三段论（第一格 Darii）：

所有 A 是 C

有 B 是 A

所以，有 B 是 C

与结论"有 B 是 C"相矛盾的命题"没有 B 是 C"是一个显然真的命题，所以结论"有 B 是 C"是不可能的，是假的。因此，"有 B 是 A"是假的，从而"没有 B 是 A"是真的，这就是我们所求的。

我们也可用第二格 Festino 来证：

没有 C 是 A

有 B 是 A

所以，有 B 不是 C

结论"有 B 不是 C"是假的，因此"有 B 是 A"是假的，从而"没有 B 是 A"是真的。我们也可用第三格 Disamis 来证明：

有 B 是 A

所有 B 是 C

所以，有 C 是 A

结论"有 C 是 A"是假的，因此"有 B 是 A"就是假的，从而"没有 B 是 A"是真的。

除全称肯定命题外，E、I、O 都可用三个格通过归于不可能法进行论证，全称肯定命题只能用第二格和第三格而不能用第一格来论证。设全称肯定命题为"所有 B 是 A"，其矛盾命题为"有 B 不是 A"，与真命题"所有 D 是 B"结合起来，在第一格中显然不能得结论。用反对命题"所有 B 不是 A"：

所有 B 不是 A

所有 D 是 B

所以，所有 D 不是 A

假如这是不可能的，即"所有 D 不是 A"为假，可得"所有 B 不是 A"为假，但由此不能证明全称肯定命题"所有 B 是 A"是真的。因此，亚里士多德说："全称肯定命题在第一格中不能用归于不可能法证明。"（61b10）

通过第二格 AOO 的证明是：

所有 C 是 A

有 B 不是 A

所以，有 B 不是 C

通过第三格 OAO 的证明是：

有 B 不是 A

所有 B 是 C

所以，有 C 不是 A

如果上述两个结论是假的，则"有 B 不是 A"就是假的，从而"所有 B 是 A"为真。

我们可以把亚里士多德对四种直言命题 A、E、I、O 使用归于不可能法的证明总结如下：

A 命题借助于第二格 AOO，第三格 OAO；

E 命题借助于第一格 AII 或 EIO，第二格 EIO，第三格 IAI；

I 命题借助于第一格 EAE，第二格 AEE，第三格 EAO 或 EIO；

O 命题借助于第一格 AAA 或 EAE，第二格 EAE，第三格 AAI 或 AII。

亚里士多德在研究了使用归于不可能法证明4种直言命题之后，把这种证明与直接证明加以比较，他说："归于不可能法的证明与直接证明不同：前者先规定所要反驳的命题，然后由它推出公认为假的命题；相反，直接证明从公认的主张开始。两者都采取了两个公认的前提，但直接证明所采取的前提是三段论的出发前提，而归于不可能法的证明采取这两个前提之一，另一个则是与原结论相矛盾的命题。在直接证明中，结论不必是已知的，也不需要预先假定它的真假；但在归于不可能法的证明中，必须预先假定它不是真的。但是结论是肯定的还是否定的则无关紧要，在两种情况下，方法是同样的。"（62b29—38）每一个经过直接证明的命题也可通过归于不可能法来证明，而通过归于不可能法证明了的命题也可用同样的词项来进行直接证明，但不是用同样的格。我们在上面举例说，要证明"没有B是A"，假定与它相矛盾的命题"有B是A"为真，与真命题"所有A是C"结合起来，就有以下的三段论（第一格Darii）：

所有A是C
有B是A
所以，有B是C

与结论"有B是C"相矛盾的命题"没有B是C"是一个显然真的命题，所以结论"有B是C"是假的。因此，"有B是A"是假的，从而"没有B是A"是真的，这就是我们所求的。我们也可以用第二格AEE（Camestres）进行直接证明：

所有A是C
没有B是C
所以，没有B是A

现把亚里士多德关于使用归于不可能法的证明和直接证明之间关系的论述总结如下：

如果使用归于不可能法的证明采取第一格（上文已说过，全称肯定命题A除外）则：

全称否定命题E的直接证明采取第二格AEE，特称肯定命题I的直接证明采取第三格 IAI 和 AII，特称否定命题 O 的直接证明采取第二格 AOO 和 EIO。

如果使用归于不可能法的证明采取第二格，那么：

A 命题的直接证明采取第一格 AAA，E 命题的直接证明采取第一格 EAE，I 命题的直接证明采取第一格 AII，O 命题的直接证明采取第一格 EIO。

如果使用归于不可能法的证明采取第三格，那么：

A 命题的直接证明采取第一格 AAA，E 命题的直接证明采取第二格 AEE，I 命题的直接证明采取第一格 AII，O 命题的直接证明采取第二格 EIO 和 AOO。

六　省略推论

亚里士多德在《前分析篇》第 2 卷第 27 章中论述了省略推论，他说："或然命题和记号不是同一的。或然命题是普遍被承认的命题：人们大都知道要发生或不发生的东西，存在或不存在的东西，这就是或然命题，例如，'嫉妒者怀恨'，'被爱者显示深情'。一个记号是必然的或普遍被承认的证明前提。当它存在时，其他事物也存在，当它生成时，其他事物也在此前或此后生成，它就是其他事物存在或生成的记号。省略推论就是从或然命题或记号出发的三段论。一个记号可以有三种方式加以采用，同各个格的中词的位置相应，它可以像在第一格或第二格或第三格中那样被采用。"（70a3—12）

亚里士多德没有举出从或然命题出发的省略推理；他所说的"记号"是指中词，或者是含中词的命题。例如，一个妇女因有奶汁而怀孕的证明采用了第一格。有奶汁是中词，是记号。设 A 代表怀孕，B 代表有奶汁，C 代表妇女。省略推论是：

这个妇女是有奶汁的

所以，这个妇女怀孕

"这个妇女是有奶汁的"是一个含有记号的命题。加上省去的一个前提"有奶汁的是怀孕的"就成了第一格的三段论：

  有奶汁的是怀孕的

  这个妇女是有奶汁的

  所以，这个妇女怀孕①

由上可见，"如果我们只说出一个命题，就只是一种记号，如果把另一命题说出，这就是一个三段论"。（70a25）

由皮塔加是善良的证明聪明人是善良的，用第三格。设 A 代表善良，B 代表聪明人，C 代表皮塔加。省略推论是：

  皮塔加是善良的

  所以，聪明人是善良的

这里的中词即记号是"是善良的"，含有记号的出发命题是："皮塔加是善良的。"加上省去的命题"皮塔加是聪明人"，成了下面的三段论：

  皮塔加是善良的

  皮塔加是聪明人

  所以，聪明人是善良的

由一个妇女面色苍白来证明她怀孕，应用了第二格。设 A 代表面色苍白，B 代表怀孕的人，C 代表妇女。省略推论是：

  一个妇女面色苍白

  所以，她怀孕了

这里的中词或记号是"面色苍白"。省去的前提是"怀孕的人面色苍白"：

  怀孕的人面色苍白

  这个妇女面色苍白

  所以，她怀孕了

亚里士多德认为，只有还原为第一格的省略推论才是不可驳倒的。还原为第三格的省略推论，即使其结论是真的，也是可以驳倒的，因为第三

---

① 注意：亚里士多德在直言三段论系统之外，也讨论了单称命题的三段论，把单称命题当全称处理，这是不科学的，现代逻辑可以精确地处理。

格不能得出全称结论；在上面的例子中，虽然皮塔加是善良的，但不能说所有聪明人都是善良的。还原为第二格的省略推论都是可以反驳的，虽然怀孕的人面色苍白并且这个妇女也是面色苍白的，但是不能必然地得出她怀孕的结论。亚里士多德非常重视第一格的省略推论，把在第一格中所用的记号即中词称为"指标"。他举了一个从特征去判别性格的例子，讲得较多，我们不细说，简单说，从"所有狮子具有强大的四肢"可以得到"所有狮子是勇猛的"，这里"强大的四肢"是指标，还原为第一格就是：

　　所有具有强大四肢的是勇猛的
　　所有狮子具有强大的四肢
　　所以，所有狮子是勇猛的

综上所述，亚里士多德对直言三段论的补充讨论极大地丰富了直言三段论的内容，值得我们进一步学习和研究。下一章阐述现代逻辑学家对直言三段论所做的形式研究。

第四章 直言三段论的现代研究

第一节 莱布尼茨的直言三段论系统

莱布尼茨（Leibniz,1646—1716 年）是德国著名的哲学家和数学家，是微积分的发明者之一，也是数理逻辑的创始人。德国著名的逻辑学家肖尔兹说："人们提起莱布尼茨的名字就好像是谈到日出一样。他使亚里士多德逻辑开始了'新生'，这种新生的逻辑在今天的最完美的表现就是采用逻辑斯蒂形式的现代精确逻辑。……这种新东西是什么呢？它就是把逻辑加以数学化的伟大思想。"[①]莱布尼茨提出了创建数理逻辑的两个指导思想。第一，建立"理性演算"，这种演算也称为"逻辑斯蒂"或"数理逻辑"。在这种演算中，符号不代表量，也不代表数，而可以代表其他的东西，如性质和关系等，一切推理的正确性都化归为计算，使人们不依赖于对推理过程中命题内容的思考，把一般推理规则改变为演算规则。在新的数理逻辑中，一切问题都由"理性演算来解决"，使所有推理的错误只成为计算的错误，如果发生争论，就在计算器面前坐下，可以简单地说：让我们来计算一下吧！第二，莱布尼茨提出，为了获得理性演算，必须用一种人工语言代替自然语言。莱布尼茨把这种人工语言叫作"普遍语言"，这种语言的符号是表意的而不是拼音的，每一个符号表达一个概念，如同数学的符号一样。莱布尼茨虽然提出了建立数理逻辑的两点宏伟纲领，但他本人并没有留下一个完成了的逻辑演算系统。他对逻辑演算仅做了几次尝试，提出了一种关于包含与被包含的演算，提出了一些重要的逻辑概念，

---

① 肖尔兹：《简明逻辑史》，商务印书馆1977年版，第48页。

如合取、析取、否定、同一、包含等。他对直言三段论有自己独到的见解。他认为："三段论形式的发明是人类心灵最美好、甚至也是最值得重视的东西之一。这是一种普遍的数学，它的重要性还没有被充分认识；并且我们可以说，其中包含着一种不谬性的技术。"①

以下论述莱布尼茨的三段论系统。他的系统与亚里士多德的系统有以下差异：

（1）莱布尼茨吸收了《波尔—罗亚尔逻辑》对直言三段论划分4个格的思想，在逻辑史上首先提出包含差等式在内，共4个格24个式。亚里士多德的直言三段论是3个格36个式。

（2）第二格、第三格化归为第一格只用"矛盾律"。莱布尼茨说："要用三段论的第一格来证明第二格和第三格，但只要矛盾律就够了。"②所谓矛盾律，"就是假定第一个的式是对的，然后假定结论是假的，或其矛盾命题被作为是真的，并且前提之一也被作为是真的，则另一前提的矛盾命题就得是真的"。③所谓矛盾律就是亚里士多德的归于不可能律，也就是我们今天说的反三段论律。亚里士多德还需用别的规则。

（3）第四格化归为第一格，除用矛盾律外，还需用换位法。莱布尼茨证明换位法使用了"所有A是A"这条同一律。亚里士多德根本不用"所有A是A"，对第一格的5个非标准式（相当于第四格的5个式）没有给出详细的证明，只是指出如何得到结论的方法。此外，在证明特称肯定命题的简单换位时使用了显示法，不是严格的形式证明。

（4）莱布尼茨在证明差等律时使用了同一律"有A是A"。亚里士多德只是承认差等关系，没有专门讨论差等式。

莱布尼茨的证明方法如下：

从第一格Barbara推出第二格Baroco和第三格Bocardo，用反三段论

---

① 莱布尼茨：《人类理智新论》，陈修斋译，商务印书馆1982年版，第573页。

② 同上书，第414页。

③ 同上书，第415页。

律立即可得，与亚里士多德的证法相同。

从第一格 Celarent 推出第二格 Festino 和第三格 Disamis。

Celarent 是：

> 所有 B 不是 C
>
> 所有 A 是 B
>
> 所以，所有 A 不是 C

根据反三段律可得 Festino：

> 所有 B 不是 C
>
> 有 A 是 C
>
> 所以，有 A 不是 B

同理可得 Disamis：

> 有 A 是 C
>
> 所有 A 是 B
>
> 所以，有 B 是 C

第二格和第三格的各式都可像这样从第一格推出来。

（一）换位律的证明

利用第二格和第三格加上"所有 A 是 A"可证明 3 条换位律：

（1）从"无 A 是 B"加上"所有 B 是 B"得到"无 B 是 A"，这里用了第二格的 Cesare；

（2）将"有 A 是 B"作为小前提，加上"所有 A 是 A"作为大前提，可得"有 B 是 A"，这是第三格 Datisi；

（3）将"所有 A 是 B"作为小前提，加上"所有 A 是 A"作为大前提，可得"有 B 是 A"，这是第三格 Darapti。

由于第二格和第三格都可从第一格推出，因而 3 条换位律可从第一格和"所有 A 是 A"的同一律推出来。

有了换位律，就可从第一格推出第四格。例如，从"所有 B 是 C，所有 C 是 A"可得"所有 B 是 A"（这是第一格 Barbara），结论换位得"有 A 是 B"，因此从第一格 Barbara 可得第四格 Bramantip。其实这里还需要用假言三段论律，莱布尼茨没有说。

（二）差等律的证明

莱布尼茨认为，如果我们有一个全称肯定命题，而且它有时是真实的，那么这便意味着我们也有一个特称肯定命题。同样，从"无 A 是 B"可得"有 A 不是 B"。他的证明方法是：从"所有 A 是 B"加上"有 A 是 A"可得"有 A 是 B"，这是第一格 Darii。同理可证 EO 差等律。有了差等律，5 个差等式就得到严格证明。

此外，莱布尼茨还谈到了前提交换律。

由上可见，莱布尼茨所构造的三段论系统与亚里士多德系统的最大不同点是：他引进了两条同一律，即"所有 A 是 A"和"有 A 是 A"，使换位律和差等律得到严格证明，因此，在从第一格证明第二、第三、第四格各个式以及差等式时比亚里士多德的证明更严格、更形式化。莱布尼茨说："所谓形式的论证，我理解为不仅是指在学院中所用的那种经院式的论证方式，而是指凭形式的力量得出结论，并且不需要补充任何项目的一切推理。"[①]他所说的就是指三段论的形式论证。因此，我们可以说，莱布尼茨对亚里士多德直言三段论的形式证明作了发展，使之提高到比较严格比较形式化的新阶段。当然，莱布尼茨三段论系统还未达到完全形式化。

莱布尼茨不但建立了三段论的演绎系统，而且还提出了三段论的元语言规则，有 4 条：

（1）从两个特称命题，不可能得出任何结论；

（2）结论在量上不能超过任何一个前提；

（3）从两个否定命题，不可能作出任何结论；

（4）如果有一个前提是肯定的，另一个前提是否定的，那么结论就是否定的。

由以上规则可知，每个格有 6 个正确的式。

在西方逻辑史上，莱布尼茨在 1679 年第一次对三段论系统给出了一个算术的语义解释。他的基本思想是：在词项变元与互素自然数的序偶之

---

① 《人类理智新论》，第 573 页。

间建立对应关系。例如，对于词项变元 A，对应着两个互素的数 a_1 与 a_2；对于词项变元 B，对应着两个其他的互素数 b_1 与 b_2。"所有 A 是 B"是真的，当且仅当 a_1 可被 b_1 整除，并且 a_2 可被 b_2 整除。如果这些条件之一没有被满足，"所有 A 是 B"是假的，从而"并非所有 A 是 B"是真的，即"有 A 不是 B"是真的。"有 A 是 B"是真的，当且仅当 a_1 与 b_2 之间没有公因数，并且 a_2 与 b_1 之间没有公因数。如果这些条件之一没有被满足，"有 A 是 B"就是假的，从而"并非有 A 是 B"是真的，即"无 A 是 B"是真的。[①]根据这个算术解释，亚里士多德和莱布尼茨的直言三段论系统是正确的，从有效式可得有效式，无效式不合解释，从而被排除。后面在论述卢卡西维茨的直言三段论系统时还要谈这个算术解释。

由上可见，莱布尼茨的算术解释是三段论系统的一个语义模型，他实际上提出了形式语言的语义学思想。

第二节　希尔伯特和阿克曼的联合演算中的直言三段论

我们在前面已经讲过，希尔伯特和阿克曼把 AEIO 用符号表示为：

$|\overline{\bar{X} \vee Y}|$ ； $|\bar{X} \vee \bar{Y}|$ ； $|\overline{\bar{X} \vee \bar{Y}}|$ ； $|\overline{\bar{X} \vee Y}|$ 。

第一个是 A 命题，第四个是 O 命题，互相矛盾；第二个是 E 命题，第三个是 I 命题，互相矛盾；E 和 I 对于 X，Y 是对称的，因此可简单换位。

在希尔伯特和阿克曼的联合演算中，全部三段论式归结为以下两个模式：

（A）$|\bar{U} \vee \bar{V}|$　　　（B）$|\overline{\bar{U} \vee \bar{V}}|$

[①] 《亚里士多德的三段论》，第 158 页。

$$\frac{|V \vee \overline{W}|}{|\overline{U} \vee \overline{W}|} \qquad \frac{|\overline{V} \vee \overline{W}|}{|\overline{U} \vee W|}$$

由这两个模通过代入可得 15 个有效的三段论式。

在（A）中实行以下 3 种代入：

1. U=X，V=Y，W=Z；
2. U=X，V=$\overline{Y}$，W=Z；
3. U=X，V=$\overline{Y}$，W=$\overline{Z}$。

在代入时适当选取前提次序以及析取项次序（前提可以交换，析取项次序可以交换），由这 3 种代入可得 5 个式，例如第一个代入可以得出第二格的 AEE 和第四格的 AEE，等等。在（B）中实行 5 种代入，可以得到 10 个式。还有 4 个从全称推出特称（如第三格 AAI）的式以及 5 个差等式不能推导出来。这是因为在联合演算中，全称命题不能推出特称命题。要想得出这 9 个式，就要增加一个肯定主项存在的前提。例如第三格 AAI，在两个全称前提 $|\overline{A} \vee C|$ 和 $|\overline{A} \vee B|$ 上，再加上 $|\overline{A}|$（并非一切东西不是 A，即 A 存在）就可推出：

$|\overline{B} \vee \overline{C}|$（并非所有 B 不是 C，即有 B 是 C）。

第三节　卢卡西维茨的蕴涵式公理系统

卢卡西维茨在 1950 年出版的《亚里士多德的三段论》中，用数理逻辑的工具，构造了亚里士多德三段论的一个蕴涵式公理系统。这个系统有 4 条公理：

公理 1　Aaa

公理 2　Iaa

公理 3　CKAbcAabAac（Barbara）

公理 4　CKAbcIbaIac（Datisi）

前两条就是莱布尼茨的两条同一律"所有 A 是 A"和"有 A 是 A"。卢卡西维茨把 A 和 I 解释为二元函子，第三和第四两条公理用的是前置式记法，改成中置式记法就是（"C"表示蕴涵；"K"是合取）：

3_1、Abc∧Aab→Aac

4_1、Abc∧Iba→Iac

词项 A 和 I 是初始词项，用它们来定义其他两个常项 E 和 O：

定义 1　Eab=NIab

定义 2　Oab=NAab

定义中的"N"表示"非"，定义是说，E 和 I、O 和 A 是矛盾的。这两个定义在使用时常改成矛盾置换规则：NI 在任何地方均可用 E 去替换；反之亦然。

推理规则有：

1. 代入规则：如果 α 是这一系统的一个断定的表达式，那么，用正确的代入从 α 得出的任何表达式也是一个断定的表达式。唯一正确的代入是对词项变项 a,b,c,代以其他的词项变项，如以 b 代 a。

2. 分离规则：如果 Cαβ 与 α 都是这系统的断定的表达式，那么 β 也是断定的表达式。分离规则就是假言推理肯定式。

卢卡西维茨采用了现代逻辑中命题演算的 14 条定理作为辅助理论，例如：

Ⅰ. CpCqp

这一定理写成中置式就是：p→（q→p）。

Ⅱ. CCqrCCpqCpr

这一定理写成中置式就是：（q→r）→（（p→q）→（p→r）），这是假言三段论律的一种形式。

在 14 条命题演算的定理中，命题变项可以代之以三段论的命题表达式。如 Aab、Iac、KEbcAab，等等。

卢卡西维茨用解释方法证明了他构造的直言三段论系统相对于命题演算是一致的，4 条公理是独立的。他用上述的推理规则、辅助理论的 14

条定理从公理 1—公理 4 推导出亚里士多德直言三段论的 22 个式，加上公理 3 和公理 4，总共 24 个式。

为了排斥不正确的三段论式，卢卡西维茨发展了亚里士多德的形式排斥思想，取第二格的两个无效式作为排斥公理（编号是卢卡西维茨书中的号码，＊表示排斥）：

＊59.CKAcbAabIac

即 Acb∧Aab→Iac 被排斥

＊59ᵃ.CKEcbEabIac

即 Ecb∧Eab→Iac 被排斥

此外采用以下两条排斥规则：

排斥的分离规则：如果蕴涵式"如果α，则β"被断定了，但后件β被排斥，那么前件α必定也要被排斥。

排斥的代入规则：如果β是α的一个代入，而且β被排斥了，那么α也必定要被排斥。

三段论形式的数目一共是 $4\times4^3=256$；24 个形式是正确的三段论，2 个形式是作为排斥公理而被排斥，其余 230 个不正确的形式都可以用排斥的公理和规则加以排斥。这样，卢卡西维茨在现代逻辑中第一次建立了一种形式化的排斥系统。但是，由于在三段论系统中还有无穷多的有意义的表达式，使我们不能确信所有真表达式是否都能从系统中推导出，而所有的假表达式是否都能被排斥。例如，CIabCNAabAba[即 Iab→(¬Aab→Aba)]既不能被断定的公理和规则所证明，也不能被排斥的公理和规则所推翻。为了排斥这一类表达式，卢卡西维茨引入了以下规则：

RS.＊Cαγ,＊Cβγ→＊CαCβγ（如果α和β都是简单否定表达式并且γ是一个初等表达式，那么 Cαγ 与 Cβγ 都被排斥，则 CαCβγ 必定也被排斥）。这一规则称为"斯卢派斯基排斥规则"，它是"如果两前提都是否定的，那么不能得出结论"这条元语言规则的推广。这里，所谓"简单表达式"是指 Aab、Eab、Iab、Oab，而 Eab 和 Oab 是简单否定表达式，"初等表达式"是指

$$C\alpha_1,\ C\alpha_2,\ C\alpha_3,\cdots,\ C\alpha_{n-1}\alpha_n$$

其中所有 α 都是简单表达式。卢卡西维茨一般地解决了判定问题，严格证明了三段论系统中的有意义的表达式，在公理和推理规则的基础上，或者是被断定的，或者是被排斥的。

以上所述就是卢卡西维茨的系统的一些主要组成部分。我们可以把卢卡西维茨所构成的系统与莱布尼茨所构造的系统对照一下，不难看出，这两个系统有相似之处；莱布尼茨把两条同一律作为基本原理，卢卡西维茨把它们作为公理，因此它们在各自的系统中证明换位律和差等律时是类似的；Barbara 在两个系统中都是初始命题。当然它们也有不同之处：最大的不同是，卢卡西维茨的系统是蕴涵式公理系统，莱布尼茨的系统是推理规则式的系统；另一个不同是，莱布尼茨没有采用第三格的 Datisi 作为初始命题。

令人惊异的是，莱布尼茨的算术解释完全满足卢卡西维茨的系统。正如卢卡西维茨所说："他的解释满足我们的断定的公理 1—公理 4、排斥的公理 ＊59，以及斯卢派斯基规则等，好像仅仅是一种巧合。无论如何，在他的研究中他的哲学直观指导着他产生了一个如此圆满的结果，的确是一桩奇事。"[①]

下面我们看看莱布尼茨的算术解释是怎样满足卢卡西维茨的系统。

公理 1 Aaa 是被确证的，因为每一个数可由它自己整除。

公理 2 Iaa 是被确证的，因为已经假定，对应于 a 的两个数 a_1 与 a_2 是互素的。

公理 3 barbara 式 CKAbcAabAac 也是被确证的，因为可整除的关系是传递的。

公理 4 Datisi 式 CKAbcIbaIac 也是被确证的，因为如果 b_1 可被 c_1 整除，b_2 可被 c_2 整除（Abc 为真的条件），b_1 与 a_2 之间没有公因数，并且 b_2 与 a_1 之间没有公因数（Iba 为真的条件），那么 a_1 与 c_2 之间必定没有公因数，并且 a_2 与 c_1 之间必定没有公因数：因为如果 a_1 与 c_2 有一个比 1 大的

[①]《亚里士多德的三段论》，第 158 页。

公因子，a_1 与 b_2 也将有这个相同的公因子，因 b_2 包含 c_2；这与 a_1 与 b_2 之间没有公因数的假定相矛盾。同理可证，a_2 与 c_1 之间必定没有公因数。

卢卡西维茨在证明＊59 CKAcbAabIac 被排斥时，举以下数字为例：

$$a_1 = 15, \quad b_1 = 3, \quad c_1 = 12,$$
$$a_2 = 14, \quad b_2 = 7, \quad c_2 = 35。$$

Acb 是真的，因为 c_1 被 b_1 整除，并且 c_2 可被 b_2 整除；Aab 也是真的，因为 a_1 可被 b_1 整除，并且 a_2 可被 b_2 整除；但结论 Iac 不是真的，因为 a_1 与 c_2 不是互素的。

莱布尼茨的算术解释也满足 RS（斯卢派斯基排斥规则）。

综上所说，卢卡西维茨的三段论系统开创了用现代逻辑的方法研究古典逻辑的新道路。他的研究成果揭示了亚里士多德的三段论学说已经达到了何种水平，存在哪些不严格之处。卢卡西维茨的方法就是用"人体解剖"研究"猴体解剖"的方法。这种研究方法的优越性还表现在它决不停留在古人的水平上，而是从现代逻辑的高度开拓前人所不能解决的课题，例如卢卡西维茨证明了三段论公理的一致性、独立性，自弗雷格以来在现代逻辑中建立了第一个排斥的系统，解决了三段论系统有意义的表达式的判定问题，等等，这实际上是"借题发挥"的研究。有的学者指责卢卡西维茨的系统有许多地方与亚里士多德的系统不符，这是不对的。我认为我们应当像卢卡西维茨那样，坚持用现代逻辑的方法研究古典逻辑，在忠于原文的基础上要"推陈出新"，一方面，用"人体解剖"研究"猴体解剖"；另一方面，必须有所创新，要"借题发挥"，取得前人所不能取得的成果。最后，我们引用卢卡西维茨的一段话："在亚里士多德三段论系统的历史的和系统的研究的基础上，我们所达到的结果，在许多点上都与通常的介绍不同。……我曾试图陈述这个系统使之从各种外来因素中解脱出来。我不把单一的、空的、否定的词项引入其中，因为亚里士多德未曾引进它们。我也不引入量词；我只试图借助量词来解释有些亚里士多德的观念。在形式证明中，我使用了演绎理论的断定命题，因为亚里士多德直观地把它们用在他的证明中，并且我使用排斥，因为亚里士多德本人排斥有些公式，而且甚至还陈述过一条排斥规则。凡是亚里士多德的解说不完全正确的地方，我曾企图改正他的解说的缺点，例如，有些不能令人满意的使用归谬的证明，或者通过具体词项的排斥。我所关注的是根据作者本人画定的轮廓并且符合现代形式逻辑的要求来建立亚里士多德的三段论的原来的系统。这个系统的顶峰是判定问题的解决，而这是由斯卢派斯基的排斥规则而使之成为可能的，而且这是亚里士多德或其他逻辑学家所不知道的。"①

虽然卢卡西维茨用现代逻辑方法研究亚里士多德的三段论取得了令人瞩目的成就，但是，在他的研究中还存在一些重要问题，需要澄清，我们在讲述亚里士多德的直言三段论原貌时业已阐明。

英国著名逻辑史家威廉·涅尔在 1962 年出版的《逻辑学的发展》一书中，对卢卡西维茨的系统进行了评论。他说："这个成果虽然很有趣，但与亚里士多德自己的思想迥然不同。对于逻辑史研究来说，重要的是要把这些不同点记载下来。"接着，他提出了 3 点不同：②

第一，虽然亚里士多德用条件句形式的陈述句提出他的三段论规则，然而他确实是把用这种形式看成是一种方法，无非只是告诉别人：从某些前提能推出某些结论。与卢卡西维茨不同，他不认为他的三段论理论预先假定了涉及条件性和否定这些概念的更基本的逻辑部分。当他说所有三段论都能化归为 Barbara 和 Celarent,他所想到的只是一种用树枝形的复杂推导来说明的程序，而不是从一个条件论题到另一个条件论题的推演。例如第二格 Camestres,可以像下面的树枝形推导，通过第一格 Celarent 和两个全称陈述句的换位而成为有效的：

每个 L 是 M，没有 S 是 M
　　　没有 M 是 S
　没有 L 是 S
　　没有 S 是 L

第二，亚里士多德并不像卢卡西维茨那样，认为他的任务就是表述公

---

① 《亚里士多德的三段论》，第 162—163 页。
② 《逻辑学的发展》，第 104—105 页。

理，去限定 A、I 一类有关记号的意义。在亚里士多德看来，全称肯定和特称肯定在他的 4 种形式中，并没有什么特殊的优先权。

第三，亚里士多德把换位法看成是独立于三段论的一种论证形式，他在表述几个换位规则时是用显示法和归于不可能法；但是，卢卡西维茨是从与换位法无关的公理推出换位规则的，在推出的过程中包含有使用第二格或第三格三段论，而这两种三段论除非使用换位法是不能化归为 Barbara 和 Celarent 的。

综上所述，威廉·涅尔不同意把亚里士多德的直言三段论系统看成是卢卡西维茨构造的那种蕴涵式公理系统，而认为是由树枝形复杂推导程序所构成的系统，这实际上就是由推理规则导出另外规则的系统。我们同意威廉·涅尔的观点，并加以采纳。

第四节　科科伦的自然演绎系统

美国逻辑学家科科伦（J. corcoran）于 1972 年在《一个古代逻辑的完全性》一文中认为，亚里士多德的直言三段论是一个自然演绎系统。他首先构造了一个语言，取一个无穷的非逻辑常项集（$u_1, u_2, u_3, \cdots$）。这些非逻辑常项起"范畴词"的作用，取 A,N, S, $作逻辑常项（分别相应于卢卡西维茨的二元函子 A, E, I, O）。这个语言的形成规则是：一个 L 语句是把一个逻辑常项指派到一个含有两个不同的非逻辑常项的串上所产生的结果。因此，Axy,Nxy,Sxy,$xy 都是 L 的语句。在这个语言中，一个前提—结论的论证是由一个句子集 P 和一单个句子 c 组成的，即 P—c,P 叫前提，c 叫结论，P+s=把句子 s 加到集 P 产生的结果。C（s）=s 的矛盾。

然后，科科伦建立了语义系统 S。语义系统规定，L 的解释=：j 是 L 的一个解释,当且仅当 j 是一个对 U 的每个分子指派一个非空集的函项；他还定义了两个原则：（1）反例解释原则和（2）形式原则。最后，他构造了演绎系统 D,这个系统有 3 条换位律和 4 个完善三段论式作推演规则。

换位律：

（1）Nxy ⊢ Nyx

（2）Axy ⊢ Syx

（3）Sxy ⊢ Syx

完善三段论律：

（4）{Azy,Axz} ⊢ Axy

（5）{Nzy,Axz} ⊢ Nxy

（6）{Azy,Sxz} ⊢ Sxy

（7）{Nzy,Sxz} ⊢ $xy

还有一条化归律：

P ⊢ d,如果 P+C（d）⊢ s 并且 P+C（d）⊢ C（s）

科科伦还给出 6 种解释模式：

（1）"+"："+Axy"读为"假定 Axy 为一个前提"。

（2）"？"："？Axy"读为"我们要知道为什么得出 Axy"。

（3）"h"："hAxy"读为"为了推理，假定 Axy"。

（4）"a"："a_{xy}"读为"我们已接受 Axy"。

（5）"c"：在 c 出现时，读为"换位"。

（6）"s"：在 s 出现时，读为"三段论推理"。

"B"："BaAxy"读为"但是我们已经接受 Axy"。

这样，亚里士多德的每个完善的三段论显然相应于 D 中的一个演绎，而亚里士多德通过换位法和反证法把一个不完善的三段论式化归为完善的三段论式，就相应于在这个自然演绎系统 D 中的一个论证上面加一些东西，从而产生 D 的一个演绎。以下举两个推演的例子：

（1）如果 M 不属于任何 N，　　　　+Nnm

　　　而属于每个 O，　　　　　　　+Aom

　　　那么 N 不属于任何 O。　　　　?Non

　　　（由于否定前提换位）

　　　N 不属于任何 M，　　　　　　cNmn

88　从现代逻辑观点看亚里士多德的逻辑理论

但已假定 M 属于每个 O，	aAom
因此 N 不属于任何 O。	sNon
（2）如果 R 属于每个 S，	+Asr
而 P 不属于某些 S，	+$sp
那么 P 不属于某些 R。	?$rp
因为如果 P 属于每个 R，	hArp
而 R 属于每个 S，	aAsr
那么 P 属于每个 S。	sAsp
但是我们已经假定不是这样。	Ba$xy[①]

　　对科科伦的 D 系统，我们作一点补充说明。科科伦构造的自然演绎系统比较符合亚里士多德的原意，具有现代逻辑的一定严格性，同时给出了语义模型，证明了直言三段论系统的完全性：每一个有效的三段论式都是可演绎的。科科伦在证明直言三段论系统 D 的完全性时使用了一个等价的化归系统 RD。RD 系统与 D 系统的区别在于：换位律只有（1）和（2），完善三段论律只有（4）和（5）。但是，科科伦的系统没有恢复亚里士多德的 3 个格，没有亚里士多德的树枝形演绎那样清晰，对 AEIO 仍然采用卢卡西维茨的二元函子的解释，没有无效式的形式排斥系统，没有系统的判定问题等。这些问题需进一步研究。科科伦的论文发表以后，有的逻辑学家对科科伦的成果进一步进行研究。这里值得一提的是，E.J.Andrade 和 E.Becerra 发表的 *Corcoran's Aristotelian syllogistic as a subsystem of first order logic*，[②]证明了 RD 是等价于 D 的极小系统，采用的办法是先定义一个翻译函项：从直言命题到一个适当的一阶语言的原子公式，把 RD 系统的（1）、（2）、（4）和（5）翻译为一阶语言的 4 个公式，由它们作公理的理

---

　　① Corcoran, John. *Completeness of an ancient logic. The journal of symbolic logic*,vol.37,no.4,1972.以上 D 系统的介绍转引自王路：《亚里士多德的逻辑学说》，中国社会科学出版社 1991 年版，第 176 页。

　　② E.J.Andrade & E.Becerra：*Corcoran's Aristotelian syllogistic as a subsystem of first order logic*,Rivista Colombiana de Matematicas volumen 41(2007) paginas,pp.67–80.

论被称为 T_{RD}。他们证明了三点：（1）在 RD 的任何模型中，一个三段论式是有效的当且仅当它的翻译在 T_{RD} 的任何模型中是真的；（2）T_{RD} 的公理是独立的；（3）RD 是三段论规则系统的极小系统。

我们在上一章第三节介绍亚里士多德的化归理论时指出，亚氏的直言三段论系统主要有以下两个：（1）以第一格的4个三段论式作初始规则，相当于科科伦的 D 系统；（2）以第一格的两个全称式作初始规则，这相当于科科伦的 RD，亚里士多德知道第一格的两个特称式不是独立的，将它们化归为第一格的全称式。由于我们同科科伦的研究方法不一样，我们在第五章把直言三段论处理成一元谓词演算，以第一格的两个全称式作初始规则，直接在一阶逻辑的自然演绎系统中进行推演。

第五节　斯迈利的自然演绎系统

比科科伦稍晚，斯迈利（T.J.Smiley）在《哲学逻辑杂志》1973年第2期发表《什么是三段论》一文，构造了与科科伦系统不同的另一种三段论自然演绎系统。[①]他根据亚里士多德区分直接证明的三段论式和归于不可能的三段论式的思想，认为三段论式是由前提和结论组成的一种演绎结构，而不是像卢卡西维茨所说的条件句。他指出，卢卡西维茨对亚里士多德直言三段论的处理不符合亚里士多德的化归理论。化归理论是建立在把三段论式看成是建立在一种论证的基础之上的。

斯迈利的系统首先字母表，由 A、E、I、O 以及无穷多的词项符号所组成。合式公式是 Aab、Eab、Iab 和 Oab，它们对所有词项 a 和 b 都是合式的。Aab 和 Oab、Eab 和 Iab 是彼此矛盾的。合式公式 P 的矛盾记为 $\bar{P}$，如果 $\bar{P}=Q$ 则 $Q=\bar{P}$。小写的变元 a，b 等代表词项，P，Q，R 等代表合式公式，X，Y，Z 等代表合式公式的集合。<P, P, Q>等用来表示序列。

---

① T.Smiley: *What is a syllogism*, The journal of Philosophical Logic 2(1973), pp.136–154.

斯迈利的系统没有公理，有以下 4 条推理规则：

第一，从 Aab 和 Abc 推出 Aac。

第二，从 Aab 和 Ebc 推出 Eac。

第三，从 Eba 推出 Eab。

第四，从 Aba 推出 Iab。

接着，斯迈利给出了形式演绎的归纳定义：

定义 1　（1）<Q>是 Q 从自身的一个演绎。（2）如果对每一 i，<⋯ P_i>是从 X_i 的一个演绎，Q 是从 P_1，⋯，P_n 根据推理规则得到的，则<⋯，P_1，⋯，P_n,Q>是 Q 从 X_1，⋯，X_n 的一个演绎。（3）如果<⋯P>是 P 从 X_1，$\overline{Q}$ 的一个演绎，<⋯$\overline{P}$>是$\overline{P}$从 X_2 的一个演绎，则<⋯ P,⋯$\overline{P}$,Q>就是 Q 从 X_1 和 X_2 的一个演绎。Q 从 X 的一个演绎记为 X ⊢ Q。

定义 1 中的（1）和（2）是想说明 Q 从 X 的一个形式演绎这个概念是同合式公式的有穷序列这个概念相似的：这一序列结束于 Q，每一合式公式或属于 X，或由先前的公式根据推理规则得到的。（3）实际上是推广了的反三段论律（即亚里士多德说的归于不可能法）。例如，由于<Axn,Anm,Axm>是 Axm 从 Axn,Anm 根据第一规则的一个演绎，<Oxm>是 Oxm 从自身的一个演绎，A 和 O 的合式公式是自相矛盾的，因此可以得出：<Axn,Anm,Axm, Oxm, Oxn>就是 Oxn 从 Anm,Oxm 的一个演绎。以下是定理 1。

定理 1　（1）P ⊢ P；（2）如果每一 X_i ⊢ P_i 并且 P_1，⋯，P_n ⊢ Q，则 X_1，⋯，X_n ⊢ Q；（3）如果 X，$\overline{Q}$ ⊢$\overline{P}$，则 X，P ⊢ Q；（4）Aba ⊢ Iab；（5）Iba ⊢ Iab；（6）Aab ⊢ Iab；（7）Aac_1,Ac_1c_2,⋯,Ac_nb ⊢ Aab（n≥0）；（8）Aca,Icb ⊢Iab；（9）Aca,Ibc ⊢Iab；（10）Adb,Iad ⊢Iab；（11）Adb,Ida ⊢ Iab；（12）Aca,Adb,Icd ⊢ Iab；（13）Aca,Adb,Idc ⊢ Iab；（14）Aca,Acb ⊢ Iab。

斯迈利引进了可满足性和逻辑后承的概念。合式公式的一个集合是可满足的，如果存在一种赋值，对词项赋予非空类作为值，使得该集合的所有元素同时为真。一个合式公式 Q 称为一个集合 X 的逻辑后承，如果不

存在一种对词项的赋值,使 X 的所有元素为真而 Q 为假。在这些概念的基础上,斯迈利给出以下定义:

定义 2 合式公式的一个集合是一个矛盾集,如果它能够通过以词项代词项从以下的一个集合推导出来:(1)该集合是不可满足的,(2)它没有任何不可满足的真子集,并且(3)它有一个以上的元素。

斯迈利称<Ac_1c_2, Ac_2c_3, …, $Ac_{n-1}c_n$>为一个 A 联锁 Ac_1—c_n,他规定一个词项通过一个空的联锁与自身联结。以下是几条定理:

定理 2 合式公式的集合是一个矛盾集,当且仅当它有一个以上元素并具有以下形式之一:

Aa—b, Oab;(2)Ac—a, Ac—b, Eab;(3)Ac—a, Ad—b, Icd(Idc), Eab。

定理 3 如果 X, $\overline{Q}$ 是一个矛盾集,那么 X ⊢ Q。

定理 4 如果 X ⊢ Q,那么 X, $\overline{Q}$ 是一个矛盾集。

定理 5 该系统是可判定的,并且具有以下的判定程序:X ⊢ Q 当且仅当 X 是非空的,并且 X, $\overline{Q}$ 具有形式 Aa—b, Oab; Ac—a, Ac—b, Eab; Ac—a, Ad—b, Icd(Idc), Eab。

斯迈利推广了联锁的概念。令 Vab 代表 8 种合式公式 Aab, Aba, Eab, Eba, Iab, Iba, Oab 和 Oba 之一,<Vc_1c_2, Vc_2c_3, …, $Vc_{n-1}c_n$>表示合式公式的一个联锁。这样,第二格 Cesare 形成一个联锁,Aab, Ecb 联结了结论 Eac 中的词项 a 和 c。

定义 3 X 和 Q 属于一个亚里士多德的式,如果它们能从 X_1 和 Q_1 通过词项的同时代入推导出来,使得:(1)X_1 是联结 Q_1 的词项的合式公式的非空联锁;(2)在 X_1 和 Q_1 中没有一个词项出现两次以上。如果 Q_1 还是 X_1 的逻辑后承,那么该式是有效的。这个定义推广了亚里士多德的式的概念,使之不限于两个前提。

定理 6 X ⊢ Q 当且仅当 X 和 Q 属于一个有效的亚里士多德的式。

以上就是斯迈利对亚里士多德直言三段论研究的主要结果。斯迈利的系统用自然演绎方法可证明亚里士多德直言三段论的一切有效式,还可证明有效的联锁三段论式,这个系统是可判定的,这是对可演绎性的判定,还不是卢卡西维茨提出的判定问题,例如,任意给的有意义的推理形式如 Iab,Oab ⊢Aba 和 Eab,Eac,Ead,Ebc,Ebd ⊢Icd,可以有无穷多个,斯迈利的判定程序是不能解决的。另外,斯迈利对 AEIO 的解释采取了卢卡西维茨的二元函子的解释,系统的推演与亚里士多德的树枝形推演有差别,对于无效式没有形式化的排斥系统。虽然存在这些问题,但他用现代逻辑的自然演绎方法对直言三段论的研究以及对现代逻辑的发展是很有意义的。

第五章　作为一阶逻辑子系统的直言三段论

第一节　一阶逻辑的自然演绎系统 ND

我们现在在一阶逻辑中来处理直言三段论，我们先选择一阶逻辑常用的自然演绎系统 ND。

系统的出发点

（一）形式语言：

1. 初始符号

[1]　$x, y, z, x_1, x_2,\cdots$（个体变元）

[2]　$\neg, \wedge, \vee, \rightarrow, \leftrightarrow$（联结词）

[3]　$\forall, \exists$（量词）

[4]　(,)（括号）

[5]　n 元谓词符号

2. 形成规则

（1）如果 F 是一个 n 元谓词符号，则 $F(x_1, x_2, \cdots, x_n)$ 是合式公式；

（2）如果符号串 X 是合式公式，则 $\neg X$ 是合式公式；

（3）如果 X, Y 是合式公式，则 $(X \wedge Y)$、$(X \vee Y)$、$(X \rightarrow Y)$ 和 $(X \leftrightarrow Y)$ 是合式公式；

（4）如果 A 是合式公式，x 是个体变元，则 $\forall xAx, \exists xAx$ 是合式公式。

（5）只有符合以上 4 条的有穷符号串才是合式公式。

X，Y，Z 等元语言变项代表任一符号串；A，B，C 代表任一合式公式；Γ，Δ 代表任一合式公式集。Γ ⊢ A 表示从 Γ 形式推出 A，也写成：

$$\frac{\Gamma}{A}$$

（二）演绎结构

1. 结构规则

（+）如果 $\Gamma \vdash A$，则 $\Delta, \Gamma \vdash A$

这是增加前提律，是说：如果 Γ 推出 A，那么增加了前提 Δ 也照样推出 A。

（ε）$A_1, \cdots, A_n \vdash A_i$（$i=1, \cdots, n$）

这是肯定前提律，前提之一就是结论。

（Tr）$\Gamma \vdash \Delta_1$ 并且 $\Delta_1, \Delta_2 \vdash A$，则 $\Gamma, \Delta_2 \vdash A$；

$\Gamma \vdash \Delta$ 并且 $\Delta \vdash A$，则 $\Gamma \vdash A$

这是假言三段论律或称传递律。

2. 联结词和量词规则

（¬⁻）如果 $\Gamma, \neg A \vdash B$ 并且 $\Gamma, \neg A \vdash \neg B$，则 $\Gamma \vdash A$

这是反证律：如果从 Γ，非 A 推出矛盾，则从 Γ 推出 A。

（→⁻）如果 $\Gamma \vdash A \rightarrow B$ 并且 $\Gamma \vdash A$，则 $\Gamma \vdash B$

这是蕴涵消去律即分离规则：如果 Γ 推出 $A \rightarrow B$，并且推出 A，那么 Γ 推出 B。

（→⁺）如果 $\Gamma, A \vdash B$，则 $\Gamma \vdash A \rightarrow B$

这是蕴涵引入律：如果从 Γ，A 推出 B，那么从 Γ 推出 $A \rightarrow B$

（∧⁻）如果 $\Gamma \vdash A \wedge B$，则 $\Gamma \vdash A, B$

这是合取消去律：从 Γ 推出 $A \wedge B$，则从 Γ 推出 A，也推出 B。

（∧⁺）如果 $\Gamma \vdash A, B$，则 $\Gamma \vdash A \wedge B$

这是合取引入律。

（∨⁻）如果 $\Gamma, A \vdash C$ 并且 $\Gamma, B \vdash C$，则 $\Gamma, A \vee B \vdash C$

这是析取消去律：如果 Γ，A 推出 C；Γ，B 推出 C；那么 Γ，$A \vee B$ 就推出 C。

（∨⁺）如果 $\Gamma \vdash A$，则 $\Gamma \vdash A \vee B$ 或 $\Gamma \vdash B \vee A$

这是析取引入律。

（↔⁻）如果 Γ ⊢A↔B 并且 Γ ⊢A，则 Γ ⊢B；如果 Γ ⊢A↔B 并且 Γ ⊢B，则 Γ ⊢A

这是等值消去律。

（↔⁺）如果 Γ, A ⊢B 并且 Γ, B ⊢A，则 Γ ⊢A↔B

这是等值引入律。

（∀⁻）如果 Γ ⊢∀xAx 则 Γ ⊢At（t 在 Ax 中不被约束）

这是全称量词消去律。

（∀⁺）如果 Γ ⊢At（t 不在 Γ 中出现），则 Γ ⊢∀xAx

这是全称量词引入律。

（∃⁻）Γ, At ⊢B（t 不在 Γ 或 B 中出现），则 Γ, ∃xAx ⊢B

这是存在量词消去律。

（∃⁺）如果 Γ ⊢At，则 Γ ⊢∃xAx（其中的 Ax 是在 At 中把 t 的某些（不一定全部）出现替换为 x 而得）

这是存在量词引入律。

定义 Γ ⊢A 是一个形式推演，当且仅当 Γ ⊢A 能由有限次使用推理规则生成；⊢A 是一个形式证明，当且仅当 ⊢A 在有限次使用推理规则后消去了所有假设公式（即前提）而生成，A 被称为形式定理。

本系统证明格式是将假设公式按梯形排列，在最后一个假设公式下加分层的竖线，从右到左按规则进行推演。

第二节 直言三段论在 ND 中的两种推演

一 在 ND 中的推演

我们按照直言命题的 4 种一阶逻辑的解释，在一阶逻辑系统 ND 中进行推演。首先证明 3 条定理，这 3 条定理可以推出亚里士多德直言三段论三个格的 36 个式（在证明过程中用到的一阶逻辑定理，这里略去证明）。

T1 $\quad \forall x(\neg Ux \vee \neg Vx)$

$\quad\quad \underline{\forall x(Vx \vee \neg Wx)}$

$\quad\quad \forall x(\neg Ux \vee \neg Wx)$

证明：

1.	$\forall x(\neg Ux \vee \neg Vx)$	假设前提
2.	$\forall x(Vx \vee \neg Wx)$	假设前提
3.	$\neg Ut \vee \neg Vt$	1，$(\forall^-)$
4.	$Vt \vee \neg Wt$	2，$(\forall^-)$
5.	$Vt \to \neg Ut$	3，定理 $\vdash (A \to B) \leftrightarrow \neg A \vee B$
6.	$Wt \to Vt$	4，定理 $\vdash (A \to B) \leftrightarrow \neg A \vee B$
7.	$Wt \to \neg Ut$	6，5，定理 $A \to B, B \to C \vdash A \to C$
8.	$Ut \to \neg Wt$	7，定理 $A \to B \vdash \neg B \to \neg A$，双重否定律
9.	$\neg Ut \vee \neg Wt$	8，定理 $\vdash (A \to B) \leftrightarrow \neg A \vee B$
10.	$\forall x(\neg Ux \vee \neg Wx)$	9，$(\forall^+)$

T2 $\quad \exists x(Ux \wedge Vx)$

$\quad\quad \underline{\forall x(\neg Vx \vee \neg Wx)}$

$\quad\quad \exists x(Ux \wedge \neg Wx)$

证明：

1.	$\forall x(\neg Vx \vee \neg Wx)$	假设前提
2.	$\exists x(Ux \wedge Vx)$	假设前提
3.	$Ut \wedge Vt$	假设前提
4.	Ut	3，$(\wedge^-)$
5.	Vt	3，$(\wedge^-)$
6.	$\neg Vt \vee \neg Wt$	1，$(\forall^-)$
7.	$\neg Wt$	5，6，定理 $A \vee B, \neg A \vdash B$ 和双重否定律
8.	$Ut \wedge \neg Wt$	4，7，$(\wedge^+)$
9.	$\exists x(Ux \wedge \neg Wx)$	8，$(\exists^+)$
10.	$\exists x(Ux \wedge \neg Wx)$	3，9，$(\exists^-)$

T3　　$\forall x(Ux\to Vx)$

　　　　$\underline{\exists xUx}$

　　　　$\exists x(Ux\wedge Vx)$

证明：1. $\forall x(Ux\to Vx)$　　　　　　　假设前提

　　　2.｜$\exists xUx$　　　　　　　　　　假设前提

　　　3.｜　｜Ut　　　　　　　　　　　假设前提

　　　4.｜　｜$Ut\to Vt$　　　　　　　1, $(\forall^{-})$

　　　5.｜　｜Vt　　　　　　　　　　　3, 4, $(\to^{-})$

　　　6.｜　｜$Ut\wedge Vt$　　　　　　　3, 5, $(\wedge^{+})$

　　　7.｜　｜$\exists x(Ux\wedge Vx)$　　　　6, $(\exists^{+})$

　　　8.｜$\exists x(Ux\wedge Vx)$　　　　　3, 7, $(\exists^{-})$

T1 是全称式的模式，T2 是特称式的模式，T3 是差等式的模式，从全称肯定命题$\forall x(Ux\to Vx)$推不出特称肯定命题$\exists x(Ux\wedge Vx)$，必须加上主词存在的条件$\exists xUx$。

现在我们从 3 个模式通过代入，导出直言三段论的 3 个格 36 个式。在证明中，有的需要前提交换，有时用到析取交换律 $A\vee B\leftrightarrow B\vee A$、合取交换律 $A\wedge B\leftrightarrow B\wedge A$、双重否定消去律 $\neg\neg A\leftrightarrow A$ 以及 $A\to B\leftrightarrow\neg A\vee B$ 和 $A\to B\leftrightarrow\neg B\to\neg A$ 等，我们不一一指明。

（一）T1 中的推导

1. 以 S 代 U，$\neg$M 代 V，$\neg$P 代 W 得到：

　　　　$\forall x(\neg Sx\vee\neg Mx)$

　　　　$\underline{\forall x(\neg Mx\vee\neg Px)}$

　　　　$\forall x(\neg Sx\vee\neg Px)$

前提交换后，据双重否定消去律 $\neg\neg A\leftrightarrow A$ 和定理 $(A\to B)\leftrightarrow\neg A\vee B$ 就得到：

（1）第一格 Barbara

　　　　$\forall x(Mx\to Px)$

　　　　$\underline{\forall x(Sx\to Mx)}$

$$\forall x(Sx\to Px)$$

2. 以 S 代 U，¬M 代 V，P 代 W 得到：

$$\forall x(\neg Sx\vee\neg Mx)$$
$$\underline{\forall x(\neg Mx\vee\neg Px)}$$
$$\forall x(\neg Sx\vee\neg Px)$$

由此式可得以下 2 个式：

（2）第一格 Celarent：

$$\forall x(Mx\to\neg Px)$$
$$\underline{\forall x(Sx\to Mx)}$$
$$\forall x(Sx\to\neg Px)$$

（3）第二格 Cesare：

$$\forall x(Px\to\neg Mx)$$
$$\underline{\forall x(Sx\to Mx)}$$
$$\forall x(Sx\to\neg Px)$$

（4）将 Cesare 的结论换位得第二格非标准式 EAE：

$$\forall x(Px\to\neg Mx)$$
$$\underline{\forall x(Sx\to Mx)}$$
$$\forall x(Px\to\neg Sx)$$

3. 以 S 代 U，M 代 V，P 代 W 得到：

$$\forall x(\neg Sx\vee\neg Mx)$$
$$\underline{\forall x(Mx\vee\neg Px)}$$
$$\forall x(\neg Sx\vee\neg Px)$$

由此式可得到以下 2 个式：

（5）第二格 Camestres：

$$\forall x(Px\to Mx)$$
$$\underline{\forall x(Sx\to\neg Mx)}$$
$$\forall x(Sx\to\neg Px)$$

（6）第一格非标准式 Celantes（即第四格 Camenes）：

$$\forall x（Mx\to\neg Sx）$$
$$\underline{\forall x（Px\to Mx）}$$
$$\forall x（Sx\to\neg Px）$$

就非标准式来说，$\forall x（Mx\to\neg Sx）$ 是大前提，S 是大词。

（7）将（5）的结论换位得第二格非标准式 AEE：

$$\forall x（Px\to Mx）$$
$$\underline{\forall x（Sx\to\neg Mx）}$$
$$\forall x（Px\to\neg Sx）$$

（二）T2 中的推导

1. 以 S 代 U，M 代 V，P 代 W 得到：

$$\exists x（Sx\wedge Mx）$$
$$\underline{\forall x（\neg Mx\vee\neg Px）}$$
$$\exists x（Sx\wedge\neg Px）$$

由此式可得以下 4 个式：

（8）第一格 Ferio

$$\forall x（Mx\to\neg Px）$$
$$\underline{\exists x（Sx\wedge Mx）}$$
$$\exists x（Sx\wedge\neg Px）$$

（9）第二格 Festino

$$\forall x（Px\to\neg Mx）$$
$$\underline{\exists x（Sx\wedge Mx）}$$
$$\exists x（Sx\wedge\neg Px）$$

（10）第三格 Ferison

$$\forall x（Mx\to\neg Px）$$
$$\underline{\exists x（Mx\wedge Sx）}$$
$$\exists x（Sx\wedge\neg Px）$$

（11）第一格非标准式 Frisesomorum（即第四格 Fresison）

$$\exists x（Mx \wedge Sx）$$
$$\underline{\forall x（Px \rightarrow \neg Mx）}$$
$$\exists x（Sx \wedge \neg Px）$$

就非标准式 Frisesomorum 来说，$\exists x（Mx \wedge Sx）$ 是大前提，S 是大词。由 Frisesomorum 可得以下 2 式：

（12）将 Frisesomorum 第一个前提的合取项交换，得第二格非标准式 IEO：

$$\exists x（Sx \wedge Mx）$$
$$\underline{\forall x（Px \rightarrow \neg Mx）}$$
$$\exists x（Sx \wedge \neg Px）$$

就非标准式来说，$\exists x（Sx \wedge Mx）$ 是大前提，S 是大词。

（13）将 Frisesomorum 第二个前提易位，得第三格非标准式 IEO：

$$\exists x（Mx \wedge Sx）$$
$$\underline{\forall x（Mx \rightarrow \neg Px）}$$
$$\exists x（Sx \wedge \neg Px）$$

2. 以 S 代 U，M 代 V，$\neg$P 代 W 得到：

$$\exists x（Sx \wedge Mx）$$
$$\underline{\forall x（\neg Mx \vee Px）}$$
$$\exists x（Sx \wedge Px）$$

由此式可得以下 2 式：

（14）第一格 Darii

$$\forall x（Mx \rightarrow Px）$$
$$\underline{\exists x（Sx \wedge Mx）}$$
$$\exists x（Sx \wedge Px）$$

（15）第三格 Datisi

$$\forall x（Mx \rightarrow Px）$$
$$\underline{\exists x（Mx \wedge Sx）}$$
$$\exists x（Sx \wedge Px）$$

（16）将 Datisi 的结论交换合取项，得第三格非标准式 AII：

$$\forall x（Mx \to Px）$$
$$\underline{\exists x（Mx \wedge Sx）}$$
$$\exists x（Px \wedge Sx）$$

结论以大词 P 作主词。

3. 以 S 代 U，¬M 代 V，P 代 W 得到：

$$\exists x（Sx \wedge \neg Mx）$$
$$\underline{\forall x（Mx \vee \neg Px）}$$
$$\exists x（Sx \wedge \neg Px）$$

由此得到：

（17）第二格 Baroco

$$\forall x（Px \to Mx）$$
$$\underline{\exists x（Sx \wedge \neg Mx）}$$
$$\exists x（Sx \wedge \neg Px）$$

（18）将上式 S 改名为 P，P 改名为 S，并交换前提，得第二格非标准式 OAO：

$$\exists x（Px \wedge \neg Mx）$$
$$\underline{\forall x（Sx \to Mx）}$$
$$\exists x（Px \wedge \neg Sx）$$

4. 以 P 代 U，M 代 V，¬S 代 W 得到：

$$\exists x（Px \wedge Mx）$$
$$\underline{\forall x（\neg Mx \vee \neg\neg Sx）}$$
$$\exists x（Px \wedge \neg\neg Sx）$$

由此式可得以下 2 式：

（19）第三格 Disamis

$$\exists x（Mx \wedge Px）$$
$$\underline{\forall x（Mx \to Sx）}$$
$$\exists x（Sx \wedge Px）$$

（20）第一格非标准式 Dabitis（即第四格 Dimaris）：

$$\forall x（Mx \to Sx）$$
$$\exists x（Px \wedge Mx）$$
$$\exists x（Sx \wedge Px）$$

这里，$\forall x（Mx \to Sx）$ 是大前提，S 是结论的主词。

（21）将 Disamis 的结论交换合取项，得第三格非标准式 IAI：

$$\exists x（Mx \wedge Px）$$
$$\forall x（Mx \to Sx）$$
$$\exists x（Px \wedge Sx）$$

5. 以 $\neg P$ 代 U，M 代 V，$\neg S$ 代 W 得到：

$$\exists x（\neg Px \wedge Mx）$$
$$\forall x（\neg Mx \vee \neg Sx）$$
$$\exists x（\neg Px \wedge \neg Sx）$$

由此式得到：

（22）第三格 Bocardo

$$\exists x（Mx \wedge \neg Px）$$
$$\forall x（Mx \to Sx）$$
$$\exists x（Sx \wedge \neg Px）$$

（23）将上式 S 改名为 P，P 改名为 S，并交换前提，得第三格非标准式 AOO：

$$\forall x（Mx \to Px）$$
$$\exists x（Mx \wedge \neg Sx）$$
$$\exists x（Px \wedge \neg Sx）$$

（三）由两个全称前提要得到特称结论，必须使用 T3

（24）第三格 Darapti

$$\forall x（Mx \to Px）$$
$$\forall x（Mx \to Sx）$$
$$\exists x Mx$$
$$\exists x（Sx \wedge Px）$$

证明：1. $\forall x(Mx\rightarrow Px)$　　　　　　前提

2. $\forall x(Mx\rightarrow Sx)$　　　　　　前提

3. ｜$\exists xMx$　　　　　　前提

4. ｜$\exists x(Mx\wedge Sx)$　　　　2,3,T3

5. ｜$\exists x(Sx\wedge Px)$　　　　1,4,Datisi

由 $\forall x(Mx\rightarrow Px)$ 和 $\forall x(Mx\rightarrow Sx)$ 推不出 $\exists x(Sx\wedge Px)$，要加上 $\exists xMx$。

（25）将上式结论交换合取项，得第三格非标准式 AAI：

$\forall x(Mx\rightarrow Px)$

$\forall x(Mx\rightarrow Sx)$

$\underline{\exists xMx}$

$\exists x(Px\wedge Sx)$

（26）第三格 Felapton

$\forall x(Mx\rightarrow \neg Px)$

$\forall x(Mx\rightarrow Sx)$

$\underline{\exists xMx}$

$\exists x(Sx\wedge \neg Px)$

证明：1. $\forall x(Mx\rightarrow \neg Px)$　　　　　　前提

2. $\forall x(Mx\rightarrow Sx)$　　　　　　前提

3. ｜$\exists xMx$　　　　　　前提

4. ｜$\exists x(Mx\wedge Sx)$　　　　2,3,T3

5. ｜$\exists x(Sx\wedge Mx)$　　　　4,合取交换律

6. ｜$\exists x(Sx\wedge \neg Px)$　　　1,5,Ferio

（27）第一格非标准式 Baralipton（即第四格 Bramantip）

$\forall x(Mx\rightarrow Px)$

$\forall x(Sx\rightarrow Mx)$

$\underline{\exists xSx}$

$\exists x(Px\wedge Sx)$

证明：1. $\forall x(Mx\rightarrow Px)$　　　　　　前提

2. $\forall x(Sx\rightarrow Mx)$　　　　　前提
3. ｜$\exists xSx$　　　　　　　前提
4. ｜$\forall x(Sx\rightarrow Px)$　　　　1,2,Barbara
5. ｜$\exists x(Sx\wedge Px)$　　　　3,4,T3
6. ｜$\exists x(Px\wedge Sx)$　　　　5,合取交换律

（28）第一格非标准式 Fapesmo（即第四格 Fesapo）

$\forall x(Mx\rightarrow Px)$

$\forall x(Sx\rightarrow\neg Mx)$

$\underline{\exists xMx}$

$\exists x(Px\wedge\neg Sx)$

证明：1. $\forall x(Mx\rightarrow Px)$　　　　前提
2. $\forall x(Sx\rightarrow\neg Mx)$　　　　前提
3. ｜$\exists xMx$　　　　　　前提
4. ｜$\exists x(Mx\wedge Px)$　　　1,3,T3
5. ｜$\exists x(Px\wedge\neg Sx)$　　　4,2,第一格非标准式 Frisesomorum

（29）将上式第二个前提易位得第三格非标准式 AEO：

$\forall x(Mx\rightarrow Px)$

$\forall x(Mx\rightarrow\neg Sx)$

$\underline{\exists xMx}$

$\exists x(Px\wedge\neg Sx)$

剩下还有 7 个差等式，都是从两个全称前提得出特称结论，加上结论主词存在的条件即可得出差等式，需用 T3：

（30）在上面的（27）第一格非标准式 Baralipton 的证明中，包含了第一格差等式 Barbari 的证明：$\forall x(Mx\rightarrow Px)$

$\forall x(Sx\rightarrow Mx)$

$\underline{\exists xSx}$

$\exists x(Sx\wedge Px)$

证明：1. $\forall x(Mx\rightarrow Px)$　　　　前提

2.　　∀x（Sx→Mx）　　　前提
3.　　∃xSx　　　　　　　前提
4.　　∀x（Sx→Px）　　　1，2，Barbara
5.　　∃x（Sx∧Px）　　　3，4，T3

现将余下的 6 个差等式列出，略去证明：

（31）第一格 Celaront

∀x（Mx→¬Px）

∀x（Sx→Mx）

∃xSx
_____

∃x（Sx∧¬Px）

（32）第一格非标准式 Celantop（即第四格 Camenop）

∀x（Mx→¬Px）

∀x（Sx→Mx）

∃xPx
_____

∃x（Px∧¬Sx），

（33）第二格 Cesaro

∀x（Px→¬Mx）

∀x（Sx→Mx）

∃xSx
_____

∃x（Sx∧¬Px）

（34）第二格 Camestrop

∀x（Px→Mx）

∀x（Sx→¬Mx）

∃xSx
_____

∃x（Sx∧¬Px）

（35）第二格非标准式 EAO

∀x（Px→¬Mx）

$\forall x（Sx\rightarrow Mx）$

$\exists xPx$

$\exists x（Px\wedge\neg Sx）$

（36）第二格非标准式 AEO

$\forall x（Px\rightarrow Mx）$

$\forall x（Sx\rightarrow\neg Mx）$

$\exists xPx$

$\exists x（Px\wedge\neg Sx）$

以上我们在一阶逻辑的自然演绎系统 ND 中将亚里士多德直言三段论 3 个格的 36 个有效式进行了证明，直言三段论系统构成了一阶逻辑的一个子系统。其中 13 个式（6 个从全称前提推出特称结论的式以及 7 个差等式）是从 3 个前提推出的，涉及全称前提的主词存在问题，需加上一个主词存在的前提，实际上变成了四段论，这是由于一阶逻辑对全称前提的解释与亚氏的解释不同所造成的。

二 在 ND 中的另一种推演

能否以我们对 4 种直言命题的新解释为基础构成三段论，在一阶逻辑系统 ND 中进行推演呢？能！但是要在一阶逻辑系统 ND 中做点扩充。

初始符号增加系词符号"—"（是），形成规则增加：如果 F 和 G 是不同的一元谓词变元，则 Fx—Gx[即（F—G）(x)]或¬（Fx—Gx）是合式公式，$\forall x$（Fx—Gx）或$\exists x$（Fx—Gx）或$\forall x\neg$（Fx—Gx）或$\exists x\neg$（Fx—Gx）是合式公式。推理规则增加 3 条：

（一）第一格 Barbara

$\forall x（Mx—Px）$

$\forall x（Sx—Mx）$

$\forall x（Sx—Px）$

（二）第一格 Celarent

$$\frac{\forall x \neg (Mx \rightarrow Px)}{\forall x (Sx \rightarrow Mx)}$$
$$\overline{\forall x \neg (Sx \rightarrow Px)}$$

（三）I 换位律

$$\frac{\exists x (Sx \rightarrow Px)}{\exists x (Px \rightarrow Sx)}$$

导出规则有：

（四）由 I 换位律可导出 E 换位律

$$\frac{\forall x \neg (Sx \rightarrow Px)}{\forall x \neg (Px \rightarrow Sx)}$$

在 ND 中，有以下定理：

$\forall x Fx \rightarrow \exists x Fx$，$\forall x \neg Fx \rightarrow \exists x \neg Fx$，

$\forall x Fx \leftrightarrow \neg \exists x \neg Fx$，$\forall x \neg Fx \leftrightarrow \neg \exists x Fx$，

$\neg \forall x Fx \leftrightarrow \exists x \neg Fx$，$\neg \forall x \neg Fx \leftrightarrow \exists x Fx$。

这些定理应用于 $\forall x (Sx \rightarrow Px)$、$\forall x \neg (Sx \rightarrow Px)$、$\exists x (Sx \rightarrow Px)$ 和 $\exists x \neg (Sx \rightarrow Px)$ 就有以下导出规则：

（五）AI 差等律

$$\frac{\forall x (Sx \rightarrow Px)}{\exists x (Sx \rightarrow Px)}$$

（六）EO 差等律

$$\frac{\forall x \neg (Sx \rightarrow Px)}{\exists x \neg (Sx \rightarrow Px)}$$

（七）矛盾关系置换律

$\forall x (Sx \rightarrow Px)$ 和 $\neg \exists x \neg (Sx \rightarrow Px)$、$\neg \forall x (Sx \rightarrow Px)$ 和 $\exists x \neg (Sx \rightarrow Px)$、$\forall x \neg (Sx \rightarrow Px)$ 和 $\neg \exists x (Sx \rightarrow Px)$、$\neg \forall x \neg (Sx \rightarrow Px)$ 和 $\exists x (Sx \rightarrow Px)$ 可以互相置换。

由 AI 差等律和 I 换位律可得 A 换位律：

$$\forall x（Sx\rightarrow Px）$$
$$\exists x（Px\rightarrow Sx）$$

在推演中，还要应用 ND 系统的反三段论律（由 A, B ⊢ C 可得 A, ¬C ⊢ ¬B，或 ¬C, B ⊢ ¬A）和假言三段论律。

有了这些准备，我们就可进行定理的推演了。在以下推演中未用到量词的引入和消去，我们将∀x（Sx→Px）、∀x¬（Sx→Px）、∃x（Sx→Px）和∃x¬（Sx→Px）缩写为∀（S—P）、∀¬（S—P）、∃（S—P）和∃¬（S—P）。这种缩写办法在构成必然的、可能的和偶然的模态三段论时仍然采用。只是在对上述系统构造模型时，需要恢复原来的形式，例如∀（S—P）恢复为∀x（Sx→Px）或∀x（S—P）(x)，□∀（S—P）恢复为□∀x（Sx→Px）或□∀x（S—P）(x)。

（1）第一格 Barbari

$$\forall（M—P）$$
$$\underline{\forall（S—M）}$$
$$\exists（S—P）$$

证明：

1. ∀（M—P）　　　前提
2. ｜∀（S—M）　　前提
3. ｜∀（S—P）　　1, 2, 第一格 Barbara
4. ｜∃（S—P）　　3, AI 差等律

（2）第一格 Celaront

$$\forall\neg（M—P）$$
$$\underline{\forall（S—M）}$$
$$\exists\neg（S—P）$$

证明：

    1. $\forall\neg$（M—P）　　　　前提

    2. │$\forall$（S—M）　　　　前提

    3. │$\forall\neg$（S—P）　　　1，2，第一格 Celarent

    4. │$\exists\neg$（S—P）　　　3，EO 差等律

（3）第一格非标准式 Baralipton（即第四格 Bramantip）

$$\forall（M—P）$$
$$\underline{\forall（S—M）}$$
$$\exists（P—S）$$

证明：

    1. $\forall$（M—P）　　　　前提

    2. │$\forall$（S—M）　　　　前提

    3. │$\forall$（S—P）　　　　1，2，第一格 Barbara

    4. │$\exists$（P—S）　　　　3，A 换位律

（4）第一格非标准式 Celantes（即第四格 Camenes）

$$\forall\neg（M—P）$$
$$\underline{\forall（S—M）}$$
$$\forall\neg（P—S）$$

证明：

    1. $\forall\neg$（M—P）　　　　前提

    2. │$\forall$（S—M）　　　　前提

    3. │$\forall\neg$（S—P）　　　1，2，第一格 Celarent

    4. │$\forall\neg$（P—S）　　　3，E 换位律

（5）第一格非标准式 Celantop（即第四格 Camenop）

$$\forall\neg（M—P）$$
$$\underline{\forall（S—M）}$$
$$\exists\neg（P—S）$$

证明：

  1. $\forall\neg$（M—P）   前提
  2. | $\forall$（S—M）   前提
  3. | $\forall\neg$（S—P） 1，2，第一格 Celarent
  4. | $\forall\neg$（P—S） 3，E 换位律
  5. | $\exists\neg$（P—S） 4，EO 差等律

（6）第二格 Cesare

$$\forall\neg（P—M）$$
$$\underline{\forall（S—M）}$$
$$\forall\neg（S—P）$$

证明：

  1. $\forall\neg$（P—M）   前提
  2. | $\forall$（S—M）   前提
  3. | $\forall\neg$（M—P） 1，E 换位律
  4. | $\forall\neg$（S—P） 3，2，第一格 Celarent

（7）第二格 Cesaro

$$\forall\neg（P—M）$$
$$\underline{\forall（S—M）}$$
$$\exists\neg（S—P）$$

这是第二格 Cesare 的差等式，用 EO 差等律从上式立即可得：

  1. $\forall\neg$（P—M）   前提
  2. | $\forall$（S—M）   前提
  3. | $\forall\neg$（M—P） 1，E 换位律
  4. | $\forall\neg$（S—P） 3，2，第一格 Celarent
  5. | $\exists\neg$（S—P） 4，EO 差等律

（8）第一格 Ferio

$$\forall\neg(M—P)$$
$$\exists(S—M)$$
$$\exists\neg(S—P)$$

证明用反三段论律和矛盾关系置换律化归为第二格 Cesare：

$\forall\neg(M—P)$ $\forall\neg(M—P)$

$\exists(S—M)$ $\neg\exists(S—P)[\forall(S—P)]$

$\exists\neg(S—P)$ $\neg\exists(S—M)[\forall\neg(S—M)]$

（9）第一格非标准式 Frisesomorum（即第四格 Fresison）

$$\exists(M—P)$$
$$\forall\neg(S—M)$$
$$\exists\neg(P—S)$$

两个前提换位，据第一格 Ferio 得结论。

（10）第一格非标准式 Fapesmo（即第四格 Fesapo）

$$\forall(M—P)$$
$$\forall\neg(S—M)$$
$$\exists\neg(P—S)$$

证明：

   1. $\forall(M—P)$ 前提
   2. $\forall\neg(S—M)$ 前提
   3. $\exists(P—M)$ 1，A 换位律
   4. $\forall\neg(M—S)$ 2，E 换位律
   5. $\exists\neg(P—S)$ 4，3，第一格 Ferio

（11）第二格 Camestres

$$\forall(P—M)$$
$$\forall\neg(S—M)$$
$$\forall\neg(S—P)$$

证明：

1. $\forall$（P—M）　　　　前提
2. $\forall\neg$（S—M）　　　前提
3. $\forall\neg$（M—S）　　　2，E 换位律
4. $\forall\neg$（P—S）　　　3，1，第一格 Celarent
5. $\forall\neg$（S—P）　　　4，E 换位律

（12）第二格 Camestrop

这是上式的差等式。

（13）第一格 Darii

$\forall$（M—P）

$\exists$（S—M）

$\exists$（S—P）

证明用反三段论律和矛盾关系置换律化归为第二格 Camestres：

$\forall$（M—P）　　　　　　$\forall$（M—P）

$\exists$（S—M）　　　　　　$\neg\exists$（S—P）[$\forall\neg$（S—P）]

$\exists$（S—P）　　　　　　$\neg\exists$（S—M）[$\forall\neg$（S—M）]

亚里士多德在原来构成三段论系统时，把第一格的 Barbara、Celarent、Darii 和 Ferio 4 个规则作为初始规则，他称之为"完善的式"，后来他把第二格 Cesare 和 camestres 化归为第一格 Celarent 之后，又把第一格 Ferio 和第一格 Darii 分别化归为第二格 Cesare 和 camestres，这样他得出结论说：所有的三段论都可以化归为 Barbara、Celarent。我们现在采用 Barbara、Celarent 作为初始规则。

以上我们从 Barbara、Celarent 出发，证明了 10 个直言三段论式，下面我们简要证明其余 24 个式。

（14）第一格非标准式 Dabitis（即第四格 Dimaris）

$\forall$（M—P）

$\exists$（S—M）

$\exists$（P—S）

将（13）的结论$\exists$（S—P）换位即得。

（15）第二格 Festino

$\forall\neg$（P—M）

$\exists$（S—M）

$\exists\neg$（S—P）

将第一个前提换位，据（8）第一格 Ferio 得结论。

（16）第二格 Baroco

$\forall$（P—M）

$\exists\neg$（S—M）

$\exists\neg$（S—P）

使用反三段论律和矛盾关系置换律化归为第一格 Barbara：

$\forall$（P—M）　　　　　　$\forall$（P—M）

$\exists\neg$（S—M）　⟷　$\neg\exists\neg$（S—P）[$\forall$（S—P）]

$\exists\neg$（S—P）　　　　　$\neg\exists\neg$（S—M）[$\forall$（S—M）]

（17）第二格非标准式 EAE

$\forall\neg$（P—M）

$\forall$（S—M）

$\forall\neg$（P—S）

将（7）第二格 Cesare 的结论换位即得。

（18）第二格非标准式 EAO

$\forall\neg$（P—M）

$\forall$（S—M）

$\exists\neg$（P—S）

这是（17）的差等式。

（19）第二格非标准式 AEE

$\forall$（P—M）

$\forall\neg$（S—M）

$\forall\neg$（P—S）

将（11）第二格 Camestres 的结论换位即得。

（20）第二格非标准式 AEO

$\forall$（P—M）

$\forall\neg$（S—M）

$\exists$（P—S）

这是（19）的差等式。

（21）第二格非标准式 IEO

$\exists$（P—M）

$\forall\neg$（S—M）

$\exists$（P—S）

将第二个前提换位，按（8）第一格 Ferio 即得。

（22）第二格非标准式 OAO

$\exists\neg$（P—M）

$\forall$（S—M）

$\exists\neg$（P—S）

在（16）第二格 Baroco 中，将 S 改为 P、P 改为 S 即得。

（23）第三格 Disamis

$\exists$（M—P）

$\forall$（M—S）

$\exists$（S—P）

证明：

1. $\exists$（M—P）
2. $\forall$（M—S）
3. $\exists$（P—M）　　1, I 换位律
4. $\exists$（P—S）　　2, 3, 第一格 Darii
5. $\exists$（S—P）　　4, I 换位律

（24）第三格 Darapti

$\forall$（M—P）

$\forall$（M—S）

∃（S—P）

证明：

    1.∀（M—P）

    2. ∀（M—S）

    3. ∃（M—S）   2，AI 差等律

    4. ∃（S—M）   3，I 换位律

    5. ∃（S—P）   1，4，第一格 Darii

（25）第三格 Datisi

    ∀（M—P）

    ∃（M—S）

    ∃（S—P）

将第二个前提换位为∃（S—M），按（13）第一格 Darii 得结论。

（26）第三格 Ferison

    ∀¬（M—P）

    ∃（M—S）

    ∃¬（S—P）

将第二个前提换位，按（8）第一格 Ferio 得结论。

（27）第三格 Felapton

    ∀¬（M—P）

    ∀（M—S）

    ∃¬（S—P）

证明：

    1.∀¬（M—P）

    2. ∀（M—S）

    3. ∃（S—M）   2，A 换位律

    4. ∃¬（S—P）   1，3，第一格 Ferio

（28）第三格 Bocardo

    ∃¬（M—P）

∀（M—S）

∃¬（S—P）

证明用反三段论律和矛盾关系置换律化归为第一格 Barbara：

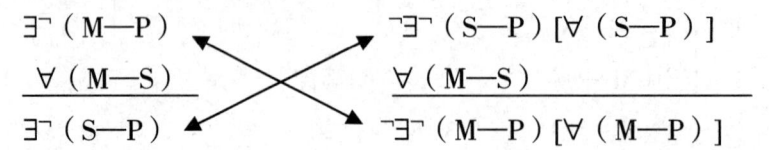

∃（M—P）　　　　　　¬∃（S—P）[∀（S—P）]

∀（M—S）　　　　　　∀（M—S）

∃（S—P）　　　　　　¬∃（M—P）[∀（M—P）]

（29）第三格非标准式 IAI

∃（M—P）

∀（M—S）

∃（P—S）

将（23）第三格 Disamis 的结论换位即得。

（30）第三格非标准式 AAI

∀（M—P）

∀（M—S）

∃（P—S）

将（24）第三格 Darapti 的结论换位即得。

（31）第三格非标准式 AII

∀（M—P）

∃（M—S）

∃（P—S）

将（25）第三格 Datisi 的结论换位即得。

（32）第三格非标准式 IEO

∃（M—P）

∀¬（M—S）

∃¬（P—S）

将第二个前提换位，按（8）第一格 Ferio 得结论。

（33）第三格非标准式 AEO

∀（M—P）

∀¬（M—S）

∃¬（P—S）

将第一个前提换位为∃（P—M），按（8）第一格 Ferio 得结论。

（34）第三格非标准式 AOO

∀（M—P）

∃¬（M—S）

∃¬（P—S）

在（28）第三格 Bocardo 中，将 S 改为 P、P 改为 S 即得。

综上所述，亚氏 3 个格的 36 个有效的直言三段论在上述扩张的一阶逻辑 ND 系统中都是可证的。在这个系统中，由于对直言命题的新解释解决了亚氏的预设主词存在的问题，因而不需要有四段论。

第六章 树枝形的直言三段论自然演绎系统

我们现在根据亚里士多德直言三段论的原来面貌,重新构建一个形式化的树枝形的自然演绎系统,把亚里士多德暗中使用但没有明确陈述的推理规则加以明确陈述,补充证明亚里士多德没有证明的有效式,并进行扩展的研究,用形式排斥方法建立排斥无效式的系统,证明整个系统的判定定理,并给出直言三段论系统的模型。

第一节 系统的出发点

(一)初始符号

1. 个体变元:x,y,z,…

2. 一元谓词变元:M,P,S,…

3. 命题联结词:¬(并非)

4. 系词:—(是)

5. 量词:∀(对所有…),∃(有一个…)

6. 括号:(,)

(二)形成规则

1. 如果π是个体变元,α是一元谓词变元,则α(π)是词项表达式。

2. 只有用以上方法构成的是词项表达式。

3. 如果α不同于β并且α(π)和β(π)是词项表达式,则(α(π)-β(π))[或(α-β)(x)]是合式公式(原子公式)。

4. 如果Γ是原子公式，则¬Γ是合式公式（否定的原子公式）。

5. 如果Γ是原子公式或否定的原子公式，则∀πΓ，∃πΓ是合式公式（直言公式）。

6. 如果Γ是直言公式，则¬Γ也是直言公式。

7. 只有用3—6构成的才是合式公式。

为简化起见，今后我们把原子公式（α(π)-β(π)）简记为（α-β），把直言公式∀π（α(π)-β(π)）等缩写为∀（α-β）等。待到在构造必然模态三段论的可能世界模型时再恢复。

（三）初始规则

1. $\underline{\forall（M—P），\forall（S—M）}$　（Barbara）
　　　∀（S—P）

2. $\underline{\forall¬（M—P），\forall（S—M）}$　（Celarent）
　　　∀¬（S—P）

（四）变形规则

1. I命题换位律：∃（S—P）
　　　　　　　　∃（P—S）

亚里士多德用显示法作了证明，但是显示法并不是严格的形式证明方法，我们把I命题换位律作为变形规则之一。

2. 矛盾关系置换律

（1）∀（S—P）与¬∃¬（S—P）可互相置换，¬∀（S—P）与∃¬（S—P）可互相置换。

（2）∀¬（S—P）与¬∃（S—P）可互相置换，¬∀¬（S—P）与∃（S—P）可互相置换。

3. 词项改名律（在三段论中词项变元可以改名，改名后词项之间的关系保持不变）

4. 前提交换律（即三段论的前提可以交换）

5. 反三段论律（即亚里士多德的归于不可能律）

$$\begin{array}{cc}\Gamma & \Gamma \\ \Phi \diagdown \neg\Psi \\ \Psi \diagup \neg\Phi\end{array}\quad(\Gamma,\Phi 等为直言公式)$$

6. 易位律：$\begin{array}{cc}\Gamma \diagdown \neg\Phi \\ \Phi \diagup \neg\Gamma\end{array}$

反三段论律和易位律是建立于矛盾关系之上的，在使用反三段论律和易位律时要使用矛盾关系置换律。

7. 假言三段论律

假言三段论律有几种形式，最主要的就是：如果 Γ 推出 Φ，Φ 推出 Ψ，那么 Γ 推出 Ψ。其他形式都可化归为这种形式。

（7.1）如果 Γ_1 推出 Γ_2，并且 Γ_2 推出 Φ，那么 Γ_1 推出 Φ。简记为：

$$\frac{\Gamma_1}{\Gamma_2}$$
$$\Phi$$

（7.2）如果 Γ_1 推出 Γ_2，Γ_2 和 Γ_3 推出 Φ，那么 Γ_1 和 Γ_3 推出 Φ。简记为：

$$\frac{\Gamma_1,\ \Gamma_3}{\Gamma_2}$$
$$\Phi$$

（7.3）如果 Γ_1 和 Γ_2 推出 Γ_3，Γ_3 推出 Φ，那么 Γ_1 和 Γ_2 推出 Φ。简记为：

$$\frac{\Gamma_1\quad\Gamma_2}{\Gamma_3}$$
$$\Phi$$

（7.4）如果 Γ_1 推出 Γ_3，Γ_2 推出 Γ_4，Γ_3 和 Γ_4 推出 Φ，那么 Γ_1 和 Γ_2 推出 Φ。简记为：

$$\frac{\Gamma_1\quad\Gamma_2}{\Gamma_3\quad\Gamma_4}$$
$$\Phi$$

假言三段论律体现在证明过程中，在注明理由时可以省去。

8.AI 差等律：

$$\frac{\forall（S—P）}{\exists（S—P）}$$

第二节　定理的推演

导出规则 1　E 换位律：

$$\frac{\forall\neg（S—P）}{\forall\neg（P—S）}$$

证：亚里士多德原来的证法是，假定¬∀¬（P—S），据矛盾关系置换律，可得∃（P—S），据 I 换位律可得∃（S—P），与∀¬（S—P）矛盾，所以假定不成立，即∀¬（P—S）。现在我们可用易位律把 E 换位律化归为 I 换位律，其中还用到矛盾关系置换律：

∀¬（S—P）　　　　∃（P—S）
∀¬（P—S）　　　　∃（S—P）易位律、矛盾关系置换律

导出规则 2　A 换位律：

$$\frac{\forall（S—P）}{\exists（P—S）}$$

亚里士多德在反证时使用了反对关系，这是不严格的。我们用以下方法来证：

$$\forall（S—P）$$
$$\exists（S—P）\text{ AI 差等律}$$
$$\exists（P—S）\text{ I 换位律，假言三段论律}$$

导出规则 3　EO 差等律

$$\frac{\forall\neg（S—P）}{\exists\neg（S—P）}$$

由 AI 差等律、易位律和矛盾关系置换律可得。

T₁　第一格 Barbari　$\dfrac{\forall(M—P),\ \forall(S—M)}{\exists(S—P)}$

证：$\forall(M—P),\ \forall(S—M)$
　　　$\dfrac{\forall(S—P)}{\exists(S—P)}$　Barbara
　　　　　　　　　　AI 差等律，假言三段论律

以下在注明理由时，我们省去"假言三段论律"。

T₂　第一格 Celaront　$\dfrac{\forall\neg(M—P),\ \forall(S—M)}{\exists\neg(S—P)}$

证：$\forall\neg(M—P),\ \forall(S—M)$
　　　$\dfrac{\forall\neg(S—P)}{\exists\neg(S—P)}$　Celarent
　　　　　　　　　　EO 差等律

T₃　第一格非标准式 Baralipton（即第四格 Bramantip）
　　　$\dfrac{\forall(M—P),\ \forall(S—M)}{\exists(P—S)}$

证：$\forall(M—P),\ \forall(S—M)$
　　　$\dfrac{\forall(S—P)}{\exists(P—S)}$　Barbara
　　　　　　　　　　A 换位律

T₄　第一格非标准式 Celantes（即第四格 Camenes）
　　　$\dfrac{\forall\neg(M—P),\ \forall(S—M)}{\forall\neg(P—S)}$

证：$\forall\neg(M—P),\ \forall(S—M)$
　　　$\dfrac{\forall\neg(S—P)}{\forall\neg(P—S)}$　Celarent
　　　　　　　　　　E 换位律

T₅　第一格非标准式 Celantop（即第四格 Camenop）
　　　$\dfrac{\forall\neg(M—P),\ \forall(S—M)}{\exists\neg(P—S)}$

据 T₄ 和 EO 差等律。

T₆　第二格 Cesare　$\dfrac{\forall\neg(P—M),\ \forall(S—M)}{\forall\neg(S—P)}$

证： $\forall\neg(P—M)$ $\forall(S—M)$
　　　$\underline{\forall\neg(M—P)\ E\ 换位律}$
　　　　　　$\forall\neg(S—P)$　　　　　Celarent

T₇　第二格 Cesaro　　$\underline{\forall\neg(P—M),\ \forall(S—M)}$
　　　　　　　　　　　$\exists\neg(S—P)$

据 T₆ 和 EO 差等律。

T₈　第一格 Ferio　$\underline{\forall\neg(M—P),\ \exists(S—M)}$
　　　　　　　　　$\exists\neg(S—P)$

证：　$\forall\neg(M—P)$　　　　$\forall\neg(M—P)$
　　　$\exists(S—M)$　　　　　$\forall(S—P)$
　　　$\underline{\exists(S—P)}$　　　　　$\underline{\forall\neg(S—M)}$ Cesare

据反三段论律和矛盾关系置换律，第一格 Ferio 化归为第二格 Cesare (T₆)。

T₉　第一格非标准式 Frisesomorum（即第四格 Fresison）
　　　$\underline{\exists(M—P),\ \forall\neg(S—M)}$
　　　　　　$\exists\neg(P—S)$

证：　$\exists(M—P)$　　　　$\forall\neg(S—M)$
　　　$\underline{\exists(P—M)}$ I 换位律　$\underline{\forall\neg(M—S)}$ E 换位律
　　　　　　$\exists\neg(P—S)$　　　　　前提交换律、Ferio

T₁₀　第一格非标准式 Fapesmo（即第四格 Fesapo）
　　　$\underline{\forall(M—P),\ \forall\neg(S—M)}$
　　　　　　$\exists\neg(P—S)$

证：　$\forall(M—P)$　　　　$\forall\neg(S—M)$
　　　$\underline{\exists(P—M)}$ A 换位律　$\underline{\forall\neg(M—S)}$ E 换位律
　　　　　　$\exists\neg(P—S)$　　　　　前提交换律、Ferio

T₁₁　第二格 Camestres　$\underline{\forall(P—M),\ \forall\neg(S—M)}$
　　　　　　　　　　　　$\forall\neg(S—P)$

证：　$\forall(P—M),\ \forall\neg(S—M)$

$$\frac{\forall\neg(M-S)}{\forall\neg(S-P)} \text{ E 换位律}$$
$$\frac{\forall\neg(P-S)}{\forall\neg(S-P)} \text{ Celarent}$$
$$\text{E 换位律}$$

此式也可用反三段论律加以证明。

T_{12} 第二格 Camestrop $\dfrac{\forall(P-M),\ \forall\neg(S-M)}{\exists\neg(S-P)}$

据 T_{11} 和 EO 差等律。

T_{13} 第一格 Darii $\dfrac{\forall(M-P),\ \exists(S-M)}{\exists(S-P)}$

证： $\forall(M-P)$ $\forall(M-P)$

  $\exists(S-M)$ $\forall\neg(S-P)$

  $\exists(S-P)$ $\forall\neg(S-M)$ T_{11} 第二格 Camestres

据反三段论律和矛盾关系置换律，第一格 Darii 化归为第二格 Camestres。

T_{14} 第一格非标准式 Dabitis（即第四格 Dimaris）

$$\frac{\forall(M-P),\ \exists(S-M)}{\exists(P-S)}$$

据 T_{13} 第一格 Darii 和 I 换位律。

T_{15} 第二格 Festino $\dfrac{\forall\neg(P-M),\ \exists(S-M)}{\exists\neg(S-P)}$

证： $\forall\neg(P-M)$ $\exists(S-M)$

  $\dfrac{\forall\neg(M-P)}{\exists\neg(S-P)}$ E 换位律

        T_8, Ferio

T_{16} 第二格 Baroco $\dfrac{\forall(P-M),\ \exists\neg(S-M)}{\exists\neg(S-P)}$

证： $\forall(P-M)$ $\forall(P-M)$

  $\exists\neg(S-M)$ $\forall(S-P)$

  $\exists\neg(S-P)$ $\forall(S-M)$ Barbara、词项改名律（中词为 P）

第六章 树枝形的直言三段论自然演绎系统

据反三段论律和矛盾关系置换律，第二格 Baroco 化归为第一格 Barbara。

T_{17} 第二格非标准式 EAE $\quad \dfrac{\forall\neg(P—M),\ \forall(S—M)}{\forall\neg(P—S)}$

据第二格 Cesare 和 E 换位律。由 T_{17} 和 EO 差等律可得：

T_{18} 第二格非标准式 EAO $\quad \dfrac{\forall\neg(P—M),\ \forall(S—M)}{\exists\neg(P—S)}$

T_{19} 第二格非标准式 AEE $\quad \dfrac{\forall(P—M),\ \forall\neg(S—M)}{\forall\neg(P—S)}$

据第二格 Camestres 和 E 换位律。

T_{20} 第二格非标准式 AEO $\quad \dfrac{\forall(P—M),\ \forall\neg(S—M)}{\exists\neg(P—S)}$

据 T_{19} 和 EO 差等律。

T_{21} 第二格非标准式 IEO $\quad \dfrac{\exists(P—M),\ \forall\neg(S—M)}{\exists\neg(P—S)}$

证： $\quad \dfrac{\exists(P—M)}{\exists(M—P)\ \text{I 换位律}} \qquad \forall\neg(S—M)$

$\dfrac{}{\exists\neg(P—S)} \qquad T_9,\ \text{Frisesomorum}$

T_{22} 第二格非标准式 OAO $\quad \dfrac{\exists\neg(P—M),\ \forall(S—M)}{\exists\neg(P—S)}$

证： 在上式中将词项 S、P 相互改名

为 $\dfrac{\exists\neg(S—M),\ \forall(P—M)}{\exists\neg(S—P)}$

前提交换为 $\dfrac{\forall(P—M),\ \exists\neg(S—M)}{\exists\neg(S—P)} \qquad$ 第二格 Baroco

以上把第二格非标准式 OAO 化归为第二格 Baroco。

T_{23} 第三格 Disamis $\quad \dfrac{\exists(M—P),\ \forall(M—S)}{\exists(S—P)}$

证：$\dfrac{\dfrac{\exists(M{-}P)\qquad\qquad \forall(M{-}S)}{\dfrac{\exists(P{-}M)\quad\text{I 换位律}}{\dfrac{\forall(M{-}S),\exists(P{-}M)}{\dfrac{\exists(P{-}S)}{\exists(S{-}P)}}}}}{}$ 前提交换律

第一格 Darii

I 换位律

这是把第三格 Disamis 化归为第一格 Darii。

T_{24} 第三格 Darapti $\dfrac{\forall(M{-}P),\forall(M{-}S)}{\exists(S{-}P)}$

证：$\dfrac{\forall(M{-}P)\qquad \forall(M{-}S)}{\dfrac{\exists(S{-}M)\quad\text{A 换位律}}{\exists(S{-}P)\qquad\text{Darii}}}$

T_{25} 第三格 Datisi $\dfrac{\forall(M{-}P),\exists(M{-}S)}{\exists(S{-}P)}$

证：$\dfrac{\forall(M{-}P),\exists(M{-}S)}{\dfrac{\exists(S{-}M)\quad\text{I 换位律}}{\exists(S{-}P)\qquad\text{Darii}}}$

T_{26} 第三格 Ferison $\dfrac{\forall\neg(M{-}P),\exists(M{-}S)}{\exists\neg(S{-}P)}$

证：$\dfrac{\forall\neg(M{-}P)\quad \exists(M{-}S)}{\dfrac{\exists(S{-}M)\quad\text{I 换位律}}{\exists\neg(S{-}P)\qquad\text{Ferio}}}$

T_{27} 第三格 Felapton $\dfrac{\forall\neg(M{-}P),\forall(M{-}S)}{\exists\neg(S{-}P)}$

证：$\dfrac{\forall\neg(M{-}P),\forall(M{-}S)}{\dfrac{\exists(S{-}M)\quad\text{A 换位律}}{\exists\neg(S{-}P)\qquad\text{Ferio}}}$

T_{28} 第三格 Bocardo $\dfrac{\exists\neg(M{-}P),\forall(M{-}S)}{\exists\neg(S{-}P)}$

证： ∃¬(M—P)　　　　∀(S—P)
　　　∀(M—S)　　　　∀(M—S)
　　　∃¬(S—P)　　　　∀(M—P)　Barbara、词项改名律（S 为中词）

据反三段论律和矛盾关系置换律，第三格 Bocardo 化归为 Barbara。

T_{29}　第三格非标准式 IAI　$\dfrac{∃(M—P),\ ∀(M—S)}{∃(P—S)}$

据 T_{23} 和 I 换位律。

T_{30}　第三格非标准式 AAI　$\dfrac{∀(M—P),\ ∀(M—S)}{∃(P—S)}$

据 T_{24} 和 I 换位律。

T_{31}　第三格非标准式 AII　$\dfrac{∀(M—P),\ ∃(M—S)}{∃(P—S)}$

据 T_{25} 和 I 换位律。

T_{32}　第三格非标准式 IEO　$\dfrac{∃(M—P),\ ∀¬(M—S)}{∃¬(P—S)}$

证：∃(M—P), ∀¬(M—S)
　　　　∀¬(S—M) E 换位律
　　　　∃¬(P—S)　T_9 第一格非标准式 Frisesomorum

T_{33} 第三格非标准式 AEO　$\dfrac{∀(M—P),\ ∀¬(M—S)}{∃¬(P—S)}$

证： ∀(M—P)　　∀¬(M—S)
　　　　　∀¬(S—M) E 换位律
　　　　∃¬(P—S)　T_{10} 第一格非标准式 Fapesmo

T_{34}　第三格非标准式 AOO　$\dfrac{∀(M—P),\ ∃¬(M—S)}{∃¬(P—S)}$

证：$\dfrac{∀(M—P),\ ∃¬(M—S)}{∃¬(P—S)}$　词项改名为　$\dfrac{∀(M—S),\ ∃¬(M—P)}{∃¬(S—P)}$

前提交换为 $\exists\neg$（M—P）, $\forall$（M—S）

$$\exists\neg（S—P） \quad \text{Bocardo}$$

以上把第三格非标准式 AOO 化归为 Bocardo。

综上所说，我们构造的系统从第一格的 Barbara 和 Celarent 两条初始规则使用变形规则推出了三个格的 34 个式，因此，共有 36 个有效式。直言三段论的总数为 384 [3×2×（4×4×4）]，无效式为 384-36=348。

第三节 无效式的形式排斥系统

现在我们要根据亚里士多德排斥无效式的思想，建立一些排斥规则来排斥一切无效式。亚里士多德主要是用具体词项来排斥无效式，但是前已指出，亚里士多德形式排斥了两个具体的第二格的式。

我们现在建立一个形式的排斥系统，这是亚里士多德未曾做到的。

一 初始规则

我从 348 个无效式中挑选出第一格的 7 个无效式，作为初始的排斥规则（"×"表示排斥）：

×1.第一格非标准式 AAA　$\forall$（M—P）, $\forall$（S—M）

$$\forall（P—S）$$

×2.第一格标准式 AAO　$\forall$（M—P）, $\forall$（S—M）

$$\exists\neg（S—P）$$

×3.第一格非标准式 AAO　$\forall$（M—P）, $\forall$（S—M）

$$\exists\neg（P—S）$$

×4.第一格标准式 AEI　$\forall$（M—P）, $\forall\neg$（S—M）

$$\exists（S—P）$$

×5.第一格标准式 AEO　$\forall$（M—P）, $\forall\neg$（S—M）

$$\exists\neg（S—P）$$

×6.第一格标准式 EEI　$\forall\neg$（M—P）, $\forall\neg$（S—M）

$$\exists（S—P）$$

×7.第一格标准式 OAO $\underline{\exists^{\neg}（M—P），\forall（S—M）}$
$\exists^{\neg}（S—P）$

二 排斥的变形规则

1.如果 $\underline{\Gamma，\forall\Phi}$ 被排斥，那么 $\underline{\Gamma，\exists\Phi}$ 被排斥。简记为：
      E   E

$\underline{×\Gamma，\forall\Phi/E}$
×Γ，∃Φ/E

这条规则是关于前提的，推广了亚里士多德上述的形式排斥思想，成为一条元规则，意思是：如果带有一个全称前提的三段论被排斥，那么把该前提换为较弱的特称前提，这个三段论就被排斥。

2. 如果 $\underline{\Gamma，E}$ 被排斥，那么 $\underline{\Gamma，E}$ 就被排斥。简记为：
    ∃Φ   ∀Φ

$\underline{×\Gamma，E/\exists\Phi}$
×Γ，E/∀Φ

这条规则是关于结论的，是本书新提出来的，意思是：如果带特称结论的三段论被排斥，那么把该结论换为较强的全称后，这个三段论就被排斥。

这两条规则实际上可以互推。在排斥无效式时，还需用反三段论律、矛盾关系置换律、I 换位律、E 换位律、词项改名律和前提交换律，用这些规则是为了对无效式做等价的变形，不改变无效式的性质。在证明中，无效式的推导也遵守假言三段论律。

我们不准备对 348 个无效式一一加以排斥，仅对第一格 116 个无效式（除去 7 个初始无效外还有 109 个）作简要的排斥证明。其余各式的排斥留给有兴趣的读者。

×T₁ $\underline{\forall（M—P），\forall（S—M）}$
$\forall^{\neg}（S—P）$

证：据一、2，×$\underline{\forall（M—P），\forall（S—M）}$
$\exists^{\neg}（S—P）$

所以，据二、2，$\times \underline{\forall (M—P), \forall (S—M)}$
$\qquad\qquad\qquad \forall\neg (S—P)$

简记为：$\times \underline{\forall (M—P), \forall (S—M)} /\exists\neg (S—P)$ 一、2

$\qquad\qquad \times \underline{\forall (M—P), \forall (S—M)} / \forall\neg (S—P)$ 二、2

以下类似的证明采用这种简记方法。

$\times T_2 \quad \underline{\forall (M—P), \forall (S—M)}$
$\qquad\qquad\quad \forall\neg (P—S)$

证：$\underline{\forall (M—P), \forall (S—M)}$
$\qquad\quad \forall\neg (S—P) \qquad\quad \times T_1$
$\qquad\quad \forall\neg (P—S) \qquad\quad E\text{ 换位律}$

$\times T_3 \quad \underline{\forall (M—P), \forall\neg (S—M)}$
$\qquad\qquad\quad \forall (S—P)$

证：$\times \underline{\forall (M—P), \forall\neg (S—M)} /\exists (S—P)$ 一、4

$\qquad\quad \times \underline{\forall (M—P), \forall\neg (S—M)}/\forall (S—P)$ 二、2

$\times T_4 \quad \underline{\forall (M—P), \forall\neg (S—M)}$
$\qquad\qquad\quad \exists (P—S)$

据一、4，I 换位律。

$\times T_5 \quad \underline{\forall (M—P), \forall\neg (S—M)}$
$\qquad\qquad\quad \forall (P—S)$

据 $\times T_4$，二、2。

$\times T_6 \quad \underline{\forall (M—P), \forall\neg (S—M)}$
$\qquad\qquad\quad \forall\neg (S—P)$

据一、5，二、2。

$\times T_7 \quad \underline{\forall (M—P), \forall\neg (S—M)}$
$\qquad\qquad\quad \forall\neg (P—S)$

据 $\times T_6$，E 换位律。

$\times T_8 \quad \underline{\forall (M—P), \exists (S—M)}$
$\qquad\qquad\quad \forall (S—P)$

证：×∃(M—P), ∀(S—M) /∃(S—P)　　一、7

　　　×¬∃(S—P), ∀(S—M) /¬∃(M—P)　反三段论律

　　　×∀¬(S—P), ∀(S—M) /∀¬(M—P)　矛盾关系置换律

　　　×∀(M—P), ∀(M—S) /∀(S—P)　　词项改名律（M改为S，S改为M）

　　　×∀(M—P), ∃(M—S) /∀(S—P)　　二、1

　　　×∀(M—P), ∃(S—M) /∀(S—P)　　I换位律

×T₉　∀(M—P), ∃(S—M)
　　　　∀(P—S)

据×一、1，二、1。

×T₁₀　∀(M—P), ∃(S—M)
　　　　∃¬(S—P)

据×一、2，二、1。

×T₁₁　∀(M—P), ∃(S—M)
　　　　∃(P—S)

据一、3，二、1。

×T₁₂　∀(M—P), ∃(S—M)
　　　　∀¬(S—P)

据×T₁₀，二、2。

×T₁₃　∀(M—P), ∃(S—M)
　　　　∀¬(P—S)

据×T₁₁，二、2。

×T₁₄　∀(M—P), ∃¬(S—M)
　　　　∃¬(S—P)

据一、5，二、1。由此据二、2可得：

×T₁₅　∀(M—P), ∃¬(S—M)
　　　　∀¬(S—P)

×T₁₆　∀(M—P), ∃¬(S—M)
　　　　∀¬(P—S)

据×T₁₅，E 换位律。

×T₁₇　$\dfrac{\forall(M\text{—}P),\ \exists\neg(S\text{—}M)}{\exists(S\text{—}P)}$

据一、4，二、1。

×T₁₈　$\dfrac{\forall(M\text{—}P),\ \exists\neg(S\text{—}M)}{\exists(P\text{—}S)}$

据×T₁₇，I 换位律。

×T₁₉　$\dfrac{\forall(M\text{—}P),\ \exists\neg(S\text{—}M)}{\forall(S\text{—}P)}$

据×T₁₇，二、2。

×T₂₀　$\dfrac{\forall(M\text{—}P),\ \exists\neg(S\text{—}M)}{\forall(P\text{—}S)}$

据×T₁₈，二、2。

×T₂₁　$\dfrac{\forall(M\text{—}P),\ \exists\neg(S\text{—}M)}{\exists\neg(P\text{—}S)}$

证：　×∀(M—P), ∀(S—M) / ∀(P—S)　　　一、1

　　　×∀(P—S), ∀(M—P) / ∀(S—M)　　词项改名律（M 改为 P，P 改为 S，S 改为 M）

　　　×∀(M—P), ∀(P—S) / ∀(S—M)　　前提交换律

　　　×∀(M—P), ¬∃(P—S) / ¬∃(S—M)　矛盾关系置换律

　　　×∀(M—P), ∃(S—M) / ∃(P—S)　　反三段论律

T₂₂　$\dfrac{\forall\neg(M\text{—}P),\ \forall(S\text{—}M)}{\exists(S\text{—}P)}$

证：　×∀(M—P), ∀¬(S—M) / ∃(S—P)　　　一、4

　　　×∀(M—P), ¬∃(S—P) / ¬∀(S—M)　　反三段论律

　　　×∀(M—P), ∀¬(S—P) / ∃(S—M)　　矛盾关系置换律

　　　×∀(S—M), ∀¬(P—M) / ∃(P—S)　　词项改名律（M 改为 S，P 改为 M，S 改为 P）

$$×\underline{\forall(S—M),\forall\neg(M—P)/\exists\neg(S—P)} \quad \text{E 换位律,I 换位律}$$

$$×\underline{\forall\neg(M—P),\forall(S—M)/\exists\neg(S—P)} \quad \text{前提交换律}$$

$$×T_{23} \quad \underline{\forall\neg(M—P),\forall(S—M)} \atop \exists\neg(P—S)$$

据 ×T$_{22}$，I 换位律。

$$×T_{24} \quad \underline{\forall\neg(M—P),\forall(S—M)} \atop \forall\neg(S—P)$$

据 ×T$_{22}$，二、2。

$$×T_{25} \quad \underline{\forall\neg(M—P),\forall(S—M)} \atop \forall\neg(P—S)$$

据 ×T$_{23}$，二、2。

$$×T_{26} \quad \underline{\forall\neg(M—P),\forall\neg(S—M)} \atop \exists\neg(P—S)$$

据一、6，I 换位律。

$$×T_{27} \quad \underline{\forall\neg(M—P),\forall\neg(S—M)} \atop \forall\neg(S—P)$$

据一、6，二、2。

$$×T_{28} \quad \underline{\forall\neg(M—P),\forall\neg(S—M)} \atop \forall\neg(P—S)$$

据 ×T$_{26}$，二、2。

$$×T_{29} \quad \underline{\forall\neg(M—P),\forall\neg(S—M)} \atop \exists\neg(S—P)$$

证：$×\ \underline{\forall\neg(M—P),\forall(S—M)/\exists\neg(S—P)}$ ×T$_{22}$

$×\ \underline{\forall\neg(M—P),\neg\exists\neg(S—P)/\forall\neg(S—M)}$ 反三段论律

$×\ \underline{\forall\neg(M—P),\forall(S—P)/\neg(S—M)}$ 矛盾关系置换律

$×\ \underline{\forall\neg(P—M),\forall(S—M)/\exists\neg(S—P)}$ 词项改名（M 改为 P，P 改为 M）

$×\ \underline{\forall\neg(M—P),\forall\neg(S—M)/\exists\neg(S—P)}$ E 换位律

×T$_{30}$ $\forall\neg(M\!-\!P),\ \forall\neg(S\!-\!M)$
/ $\exists\neg(P\!-\!S)$

据×T$_{23}$，使用×T$_{29}$的证法。

×T$_{31}$ $\forall\neg(M\!-\!P),\ \forall\neg(S\!-\!M)$
/ $\forall\neg(S\!-\!P)$

据×T$_{29}$，二、2。

×T$_{32}$ $\forall\neg(M\!-\!P),\ \forall\neg(S\!-\!M)$
/ $\forall\neg(P\!-\!S)$

据×T$_{30}$，二、2。

×T$_{33}$ $\forall\neg(M\!-\!P),\ \exists(S\!-\!M)$
/ $\exists(S\!-\!P)$

据×T$_{22}$，二、1。

×T$_{34}$ $\forall\neg(M\!-\!P),\ \exists(S\!-\!M)$
/ $\exists(P\!-\!S)$

据×T$_{33}$，I 换位律。

×T$_{35}$ $\forall\neg(M\!-\!P),\ \exists(S\!-\!M)$
/ $\forall(S\!-\!P)$

据×T$_{33}$，二、2。

×T$_{36}$ $\forall\neg(M\!-\!P),\ \exists(S\!-\!M)$
/ $\forall(P\!-\!S)$

据×T$_{34}$，二、2。

×T$_{37}$ $\forall\neg(M\!-\!P),\ \exists(S\!-\!M)$
/ $\exists\neg(P\!-\!S)$

证：× $\forall(M\!-\!P),\ \forall\neg(S\!-\!M)\ /\ \forall\neg(P\!-\!S)$ ×T$_7$
× $\neg\forall(P\!-\!S),\ \forall\neg(S\!-\!M)\ /\ \forall(M\!-\!P)$ 反三段论律
× $\exists(P\!-\!S),\ \forall\neg(S\!-\!M)\ /\ \exists\neg(M\!-\!P)$ 矛盾关系置换律
× $\exists(S\!-\!M),\ \forall\neg(M\!-\!P)\ /\ \exists\neg(P\!-\!S)$ 词项改名（P 改为 S，S 改为 M，M 改为 P）

×　∀¬（M—P），∃（S—M）/∃¬（P—S）　　前提交换律

×T₃₈　$\underline{\forall\neg（M—P），\exists（S—M）}$
　　　　　　∀¬（P—S）

据×T₃₇，二、2。

×T₃₉　$\underline{\forall\neg（M—P），\exists（S—M）}$
　　　　　　∀¬（S—P）

据×T₃₈，E换位律。

×T₄₀　$\underline{\forall\neg（M—P），\exists\neg（S—M）}$
　　　　　　∃（S—P）

据×一、6，二、1。

×T₄₁　$\underline{\forall\neg（M—P），\exists\neg（S—M）}$
　　　　　　∃（P—S）

据×T₄₀，I换位律。

×T₄₂　$\underline{\forall\neg（M—P），\exists\neg（S—M）}$
　　　　　　∀（S—P）

据×T₄₀，二、2。

×T₄₃　$\underline{\forall\neg（M—P），\exists\neg（S—M）}$
　　　　　　∀（P—S）

据×T₄₁，二、2。

×T₄₄　$\underline{\forall\neg（M—P），\exists\neg（S—M）}$
　　　　　　∃¬（S—P）

据×T₂₉，二、1。

×T₄₅　$\underline{\forall\neg（M—P），\exists（S—M）}$
　　　　　　∀¬（S—P）

据×T₄₄，二、2。

×T₄₆　$\underline{\forall\neg（M—P），\exists¬（S—M）}$
　　　　　　∃¬（P—S）

据×T₃₀，二、1。

×T₄₇ $\underline{\forall^\neg(M—P), \exists^\neg(S—M)}$
　　　　$\forall^\neg(P—S)$

据×T₄₆，二、2。

×T₄₈ $\underline{\exists(M—P), \forall(S—M)}$
　　　　$\exists(P—S)$

证：× $\underline{\forall^\neg(M—P), \exists(S—M)/\exists^\neg(P—S)}$　×T₃₇

　　× $\underline{\neg\exists^\neg(P—S), \exists(S—M)/\neg\forall^\neg(M—P)}$　反三段论律

　　× $\underline{\forall(P—S), \exists(S—M)/\exists(M—P)}$　矛盾关系置换律

　　× $\underline{\forall(S—M), \exists(M—P)/\exists(P—S)}$　词项改名律（P改为S，S改为M，M改为P）

　　× $\underline{\exists(M—P), \forall(S—M)/\exists(P—S)}$　前提交换律

×T₄₉ $\underline{\exists(M—P), \forall(S—M)}$
　　　　$\forall(P—S)$

据×T₄₈，二、2。

×T₅₀ $\underline{\exists(M—P), \forall(S—M)}$
　　　　$\exists(S—P)$

据×T₄₈，I换位律。

×T₅₁ $\underline{\exists(M—P), \forall(S—M)}$
　　　　$\forall(S—P)$

据×T₅₀，二、2。

×T₅₂ $\underline{\exists(M—P), \forall(S—M)}$
　　　　$\exists^\neg(S—P)$

据一、2，二、1，前提交换律。

×T₅₃ $\underline{\exists(M—P), \forall(S—M)}$
　　　　$\exists^\neg(P—S)$

据一、3，二、1，前提交换律。

×T₅₄ $\underline{\exists(M—P), \forall(S—M)}$
　　　　$\forall^\neg(S—P)$

据 ×T$_{52}$，二、2。

×T$_{55}$ $\underline{\exists(M—P), \forall(S—M)}$
　　　　　$\forall\neg(P—S)$

据 ×T$_{53}$，二、2。

×T$_{56}$ $\underline{\exists(M—P), \forall\neg(S—M)}$
　　　　　$\exists(S—P)$

据一、4，二、1，前提交换律。

×T$_{57}$ $\underline{\exists(M—P), \forall\neg(S—M)}$
　　　　　$\exists(P—S)$

据 ×T$_{56}$，I 换位律。

×T$_{58}$ $\underline{\exists(M—P), \forall\neg(S—M)}$
　　　　　$\forall(S—P)$

据 ×T$_{56}$，二、2。

×T$_{59}$ $\underline{\exists(M—P), \forall\neg(S—M)}$
　　　　　$\forall(P—S)$

据 ×T$_{57}$，二、2。

×T$_{60}$ $\underline{\exists(M—P), \forall\neg(S—M)}$
　　　　　$\exists\neg(S—P)$

据一、5，二、1。

×T$_{61}$ $\underline{\exists(M—P), \forall\neg(S—M)}$
　　　　　$\forall\neg(S—P)$

据 ×T$_{60}$，二、2。

×T$_{62}$ $\underline{\exists(M—P), \forall\neg(S—M)}$
　　　　　$\forall\neg(P—S)$

据 ×T$_{61}$，E 换位律。

×T$_{63}$ $\underline{\exists(M—P), \exists(S—M)}$
　　　　　$\exists(S—P)$

据 ×T$_{50}$，二、1。

×T₆₄　$\dfrac{\exists(M\text{—}P),\ \exists(S\text{—}M)}{\exists(P\text{—}S)}$

据×T₆₃，I 换位律。

×T₆₅　$\dfrac{\exists(M\text{—}P),\ \exists(S\text{—}M)}{\forall(S\text{—}P)}$

据×T₆₃，二、2。

×T₆₆　$\dfrac{\exists(M\text{—}P),\ \exists(S\text{—}M)}{\forall(P\text{—}S)}$

据×T₆₄，二、2。

×T₆₇　$\dfrac{\exists(M\text{—}P),\ \exists(S\text{—}M)}{\exists\neg(S\text{—}P)}$

据一、2，两次应用二、1。

×T₆₈　$\dfrac{\exists(M\text{—}P),\ \exists(S\text{—}M)}{\exists\neg(P\text{—}S)}$

据一、3，两次应用二、1。

×T₆₉　$\dfrac{\exists(M\text{—}P),\ \exists(S\text{—}M)}{\forall\neg(S\text{—}P)}$

据×T₆₇，二、2。

×T₇₀　$\dfrac{\exists(M\text{—}P),\ \exists(S\text{—}M)}{\forall\neg(P\text{—}S)}$

据×T₆₉，E 换位律。

×T₇₁　$\dfrac{\exists(M\text{—}P),\ \exists\neg(S\text{—}M)}{\exists(S\text{—}P)}$

据一、4，两次应用二、1。

×T₇₂　$\dfrac{\exists(M\text{—}P),\ \exists\neg(S\text{—}M)}{\exists(P\text{—}S)}$

据×T₇₁，I 换位律。

×T₇₃　$\dfrac{\exists(M\text{—}P),\ \exists\neg(S\text{—}M)}{\forall(S\text{—}P)}$

据 ×T$_{71}$，二、2。

×T$_{74}$　$\exists(M\text{—}P), \exists\neg(S\text{—}M)$
　　　　$\forall(P\text{—}S)$

据 ×T$_{72}$，二、2。

×T$_{75}$　$\exists(M\text{—}P), \exists\neg(S\text{—}M)$
　　　　$\exists\neg(S\text{—}P)$

据 ×T$_{60}$，二、1。

×T$_{76}$　$\exists(M\text{—}P), \exists\neg(S\text{—}M)$
　　　　$\exists\neg(P\text{—}S)$

据 ×T$_{21}$，二、1。

×T$_{77}$　$\exists(M\text{—}P), \exists\neg(S\text{—}M)$
　　　　$\forall\neg(S\text{—}P)$

据 ×T$_{75}$，二、2。

×T$_{78}$　$\exists(M\text{—}P), \exists\neg(S\text{—}M)$
　　　　$\forall\neg(P\text{—}S)$

据 ×T$_{77}$，E 换位律。

×T$_{79}$　$\exists\neg(M\text{—}P), \forall(S\text{—}M)$
　　　　$\exists(S\text{—}P)$

据 ×T$_{22}$，二、1。由此用 I 换位律可得：

×T$_{80}$　$\exists\neg(M\text{—}P), \forall(S\text{—}M)$
　　　　$\exists(P\text{—}S)$

×T$_{81}$　$\exists\neg(M\text{—}P), \forall(S\text{—}M)$
　　　　$\forall(S\text{—}P)$

据 ×T$_{79}$，二、2。

×T$_{82}$　$\exists\neg(M\text{—}P), \forall(S\text{—}M)$
　　　　$\forall(P\text{—}S)$

据 ×T$_{80}$，二、2。

×T$_{83}$　$\exists\neg(M\text{—}P), \forall(S\text{—}M)$

$$\forall\neg(S\text{—}P)$$

据一、7，二、2。

×T_{84} $\dfrac{\exists\neg(M\text{—}P),\ \forall(S\text{—}M)}{\forall\neg(P\text{—}S)}$

据×T_{83}，E 换位律。

×T_{85} $\dfrac{\exists\neg(M\text{—}P),\ \forall(S\text{—}M)}{\exists\neg(P\text{—}S)}$

证：×$\forall(M\text{—}P),\ \forall(S\text{—}M)\ /\ \forall(P\text{—}S)$ ——— 一、1

×$\forall(M\text{—}P),\ \neg\forall(P\text{—}S)\ /\ \neg\forall(S\text{—}M)$ ——— 反三段论律

×$\forall(M\text{—}P),\ \exists\neg(P\text{—}S)\ /\ \exists\neg(S\text{—}M)$ ——— 矛盾关系置换律

×$\forall(S\text{—}M),\ \exists\neg(M\text{—}P)\ /\ \exists\neg(P\text{—}S)$ ——— 词项改名律（M 改为 S，P 改为 M，S 改为 P）

×$\exists\neg(M\text{—}P),\ \forall(S\text{—}M)\ /\ \exists\neg(P\text{—}S)$ ——— 前提交换律

×T_{86} $\dfrac{\exists\neg(M\text{—}P),\ \forall\neg(S\text{—}M)}{\exists(S\text{—}P)}$

据一、6，二、1。

×T_{87} $\dfrac{\exists\neg(M\text{—}P),\ \forall\neg(S\text{—}M)}{\exists(P\text{—}S)}$

据×T_{86}，I 换位律。

×T_{88} $\dfrac{\exists\neg(M\text{—}P),\ \forall\neg(S\text{—}M)}{\forall(S\text{—}P)}$

据×T_{86}，二、2。

×T_{89} $\dfrac{\exists\neg(M\text{—}P),\ \forall\neg(S\text{—}M)}{\forall(P\text{—}S)}$

据×T_{87}，二、2。

×T_{90} $\dfrac{\exists\neg(M\text{—}P),\ \forall\neg(S\text{—}M)}{\exists(S\text{—}P)}$

据×T_{29}，二、1。

×T_{91} $\dfrac{\exists\neg(M\!-\!P),\ \forall\neg(S\!-\!M)}{\exists\neg(P\!-\!S)}$

据×T_{30}，二、1。

×T_{92} $\dfrac{\exists\neg(M\!-\!P),\ \forall\neg(S\!-\!M)}{\forall\neg(S\!-\!P)}$

据×T_{90}，二、2。

×T_{93} $\dfrac{\exists\neg(M\!-\!P),\ \forall\neg(S\!-\!M)}{\forall\neg(P\!-\!S)}$

据×T_{91}，二、2。

×T_{94} $\dfrac{\exists\neg(M\!-\!P),\ \exists(S\!-\!M)}{\exists(S\!-\!P)}$

据×T_{79}，二、1。

×T_{95} $\dfrac{\exists\neg(M\!-\!P),\ \exists(S\!-\!M)}{\exists(P\!-\!S)}$

据×T_{94}，I 换位律。

×T_{96} $\dfrac{\exists\neg(M\!-\!P),\ \exists(S\!-\!M)}{\forall(S\!-\!P)}$

据×T_{94}，二、2。

×T_{97} $\dfrac{\exists\neg(M\!-\!P),\ \exists(S\!-\!M)}{\forall(P\!-\!S)}$

据×T_{95}，二、2。

×T_{98} $\dfrac{\exists\neg(M\!-\!P),\ \exists(S\!-\!M)}{\exists\neg(S\!-\!P)}$

据一、7，二、1。

×T_{99} $\dfrac{\exists\neg(M\!-\!P),\ \exists(S\!-\!M)}{\exists\neg(P\!-\!S)}$

据×T_{85}，二、1。

×T₁₀₀ $\dfrac{\exists\neg(M{-}P),\ \exists(S{-}M)}{\forall\neg(S{-}P)}$

据×T₉₈，二、2。

×T₁₀₁ $\dfrac{\exists\neg(M{-}P),\ (S{-}M)}{\forall\neg(P{-}S)}$

据×T₉₉，二、2。

×T₁₀₂ $\dfrac{\exists\neg(M{-}P),\ \exists\neg(S{-}M)}{\exists(S{-}P)}$

据×T₈₆，二、1。

×T₁₀₃ $\dfrac{\exists\neg(M{-}P),\ \exists\neg(S{-}M)}{\forall(S{-}P)}$

据×T₁₀₂，二、2。

×T₁₀₄ $\dfrac{\exists\neg(M{-}P),\ \exists(S{-}M)}{\exists(P{-}S)}$

据×T₁₀₂，I 换位律。

×T₁₀₅ $\dfrac{\exists\neg(M{-}P),\ \exists\neg(S{-}M)}{\forall(P{-}S)}$

据×T₁₀₄，二、2。

×T₁₀₆ $\dfrac{\exists\neg(M{-}P),\ \exists\neg(S{-}M)}{\exists\neg(S{-}P)}$

据×T₉₀，二、1。

×T₁₀₇ $\dfrac{\exists\neg(M{-}P),\ \exists\neg(S{-}M)}{\exists\neg(P{-}S)}$

据×T₉₁，二、1。由×T₁₀₇，二、2，E 换位律可得以下 2 式：

×T₁₀₈ $\dfrac{\exists\neg(M{-}P),\ \exists\neg(S{-}M)}{\forall\neg(S{-}P)}$

×T₁₀₉ $\dfrac{\exists\neg(M{-}P),\ \exists\neg(S{-}M)}{\forall\neg(P{-}S)}$

第四节 算术模型、集合代数模型以及可靠性和语义完全性

一 算术模型

在西方逻辑史上,莱布尼茨在 1679 年第一次对自己建立的直言三段论系统给出了一个算术的语义解释。他的基本思想是:在词项变元与互素自然数的序偶之间建立对应关系。例如,对于词项变元 A,对应着两个互素的数 a_1 与 a_2;对于词项变元 B,对应着两个其他的互素数 b_1 与 b_2。"所有 A 是 B" 是真的,当且仅当 a_1 可被 b_1 整除,并且 a_2 可被 b_2 整除,这时 "有 A 不是 B" 为假。如果这些条件之一没有被满足,"所有 A 是 B" 是假的,从而 "并非所有 A 是 B" 是真的,即 "有 A 不是 B" 是真的。"有 A 是 B" 是真的,当且仅当 a_1 与 b_2 之间没有公因数,并且 a_2 与 b_1 之间没有公因数,这时 "无 A 是 B" 为假。如果这些条件之一没有被满足,"有 A 是 B" 就是假的,从而 "并非有 A 是 B" 是真的,即 "无 A 是 B" 是真的。[①]

例 1　Barbara $\forall(M\text{—}P),\ \forall(S\text{—}M)$
$$\forall(S\text{—}P)$$

我们给出:　S_1=36　　　M_1=12　　　P_1=3
　　　　　　S_2=125　　　M_2=25　　　P_2=5

按照这个解释,M_1 可被 P_1 整除,M_2 可被 P_2 整除,S_1 可被 M_1 整除,S_2 可被 M_2 整除,因此 S_1 可被 P_1 整除,S_2 可被 P_2 整除;这就是说,两个前提为真,结论亦为真,因此 Barbara 为真。这时,我们把有效的 Barbara 记为:
$\underline{\underline{\forall(M\text{—}P),\ \forall(S\text{—}M)}}$,双横线表示两个前提为真,结论一定为真,
　　$\forall(S\text{—}P)$

也就是说,结论是两个前提的逻辑后承。无效式在双横线前加 "×" 号。

[①] 参看《亚里士多德的三段论》,第 158 页。

例2　×∀（M—P），∀（S—M）
　　　　　　∀⌐（S—P）

仍用上例的数字，两个前提为真，而结论为假，因为 S_1 与 P_2 没有公因数，S_2 与 P_1 没有公因数，所以"有 S 是 P"为真，也就是说，"所有 S 不是 P"为假，因此这个推理形式为假。

前面我们预先使用了"有效性"这个概念，现在我们来定义。如果一个直言三段论式经过一个算术解释后，从真前提推出真结论，那么这个三段论式就是真的，否则就是假的。如果经过任何一个算术解释后都是真的，那么它就是有效的，否则就是无效的。

莱布尼茨的算术解释符合我们的直言三段论系统，因此有以下两个元定理。

（1）可靠性（语义一致性）定理：直言三段论系统的可证式都是有效的，被排斥的式都是无效的。这里的可靠性比一般所说的可靠性要强，多了后一项：被排斥的式都是无效的。语义完全性亦然。

（2）语义完全性定理：直言三段论系统的有效式都是可证的，无效式都是被排斥的。

下面我们进行证明。

（一）可靠性定理

先对系统的出发点进行一般的算术解释：

1. Barbara。

$$\frac{\forall（M—P），\forall（S—M）}{\forall（S—P）}$$

M_1 被 P_1 整除，M_2 被 P_2 整除，所以，∀（M—P）为真；S_1 被 M_1 整除，S_2 被 M_2 整除，所以，∀（S—M）为真；根据整除关系的传递性，S_1 被 P_1 整除，S_2 被 P_2 整除，即∀（S—P）为真。这是任意一种解释，我们就说 Barbara 是有效的。

2. Celarent。

$$\frac{\forall⌐（M—P），\forall（S—M）}{\forall⌐（S—P）}$$

∀¬（M—P）为真即∃（M—P）为假，这时按算术解释，M_1 与 P_2 之间有公因数或者 M_2 与 P_1 之间有公因数，设 M_1 与 P_2 之间有公因数，由于 ∀（S—M）为真，S_1 被 M_1 整除，S_2 被 M_2 整除，因此，S_1 与 P_2 之间有公因数，按算术解释，∀¬（S—P）为真。

3. I 换位律。

$$∃（S—P）\over ∃（P—S）$$

∃（S—P）为真，即 S_1 与 P_2 之间没有公因数并且 S_2 与 P_1 之间没有公因数，按合取交换律换一个说法就是：P_1 与 S_2 之间没有公因数并且 P_2 与 S_1 之间没有公因数，即 ∃（P—S）为真。

4. 按照算术解释的定义，矛盾关系置换律显然成立。例如，∀（S—P）为真，∃¬（S—P）为假，从而 ∀（S—P）与 ¬∃¬（S—P）等值。

5. 由于词项改名后与词项对应的素数偶之间的关系保持不变，因而词项改名律成立。

6. 由于前提交换不改变素数偶之间的关系，因而前提交换律成立。

7. 反三段论律和易位律是建立于矛盾关系之上的，由于矛盾关系置换律经过算术解释后成立，因而它们必定成立。

8. 上文说过，假言三段论律有几种形式，最主要的就是：如果 Γ 推出 Φ，Φ 推出 Ψ，那么 Γ 推出 Ψ。其他形式都可化归为这种形式。由于经过算术解释后，素数偶之间在连续推理过程中的关系可以传递，因而假言三段论律具有保真性。

例如，从 ∀（S—P）推出 ∃（S—P），从 ∃（S—P）推出 ∃（P—S），所以，从 ∀（S—P）推出 ∃（P—S），这是 A 换位律。∀（S—P）真，按照算术解释，S_1 和 S_2 互素，P_1 和 P_2 互素，S_1 被 P_1 整除，S_2 被 P_2 整除，因而 S_1 与 P_2 之间没有公因数并且 S_2 与 P_1 之间没有公因数，从而推出 ∃（S—P）为真。从 "S_1 与 P_2 之间没有公因数并且 S_2 与 P_1 之间没有公因数" 可以得到 "P_1 与 S_2 之间没有公因数并且 P_2 与 S_1 之间没有公因数"。因此，从 "S_1 和 S_2 互素，P_1 和 P_2 互素，S_1 被 P_1 整除，S_2 被 P_2 整除"，可以推出 "P_1 与

S_2 之间没有公因数并且 P_2 与 S_1 之间没有公因数"，这就是说，从 $\forall$（S—P）推出 $\exists$（P—S）。

9. AI 差等律的成立很显然。$\forall$（S—P）真，按照算术解释，S_1 和 S_2 互素，P_1 和 P_2 互素，S_1 被 P_1 整除，S_2 被 P_2 整除，可以推出：S_1 与 P_2 之间没有公因数并且 S_2 与 P_1 之间没有公因数，即 $\exists$（S—P）为真。同理，EO 差等律也成立。

至此，我们证明了算术解释适合于我们系统的出发点，从而必定适合于由此推出的所有定理，也就是说，所有可证式都是有效的。同理，所有被排斥的式是无效的。

例 1　×第一格非标准式 AAA，这是第一条排斥的初始规则：

$$\frac{\forall（M—P），\forall（S—M）}{\forall（P—S）}$$

M_1 被 P_1 整除，M_2 被 P_2 整除，所以，$\forall$（M—P）为真；S_1 被 M_1 整除，S_2 被 M_2 整除，所以，$\forall$（S—M）为真；根据整除关系的传递性，S_1 被 P_1 整除，S_2 被 P_2 整除，即 $\forall$（S—P）为真。但是，整除关系是不对称的，P_1 不被 S_1 整除，P_2 不被 S_2 整除，所以，$\forall$（P—S）为假。

例 2　×第一格标准式 AAO，这是第二条排斥的初始规则：

$$\frac{\forall（M—P），\forall（S—M）}{\exists\neg（S—P）}$$

M_1 被 P_1 整除，M_2 被 P_2 整除，所以，$\forall$（M—P）为真；S_1 被 M_1 整除，S_2 被 M_2 整除，所以，$\forall$（S—M）为真；根据整除关系的传递性，S_1 被 P_1 整除，S_2 被 P_2 整除，即 $\forall$（S—P）为真。这时，按照算术解释，$\exists\neg$（S—P）为假。

仿此，可以证明排斥的初始规则都是无效的。显然，排斥的变形规则保持从一个无效式推出另一个无效式，我们看规则 2：

如果 $\underline{\Gamma, E}$ 被排斥，那么 $\underline{\Gamma, E}$ 就被排斥。
　　　　$\exists\Phi$　　　　　　　　$\forall\Phi$

假定在第一个推理中，前提 Γ，E 是真的，而结论 $\exists\Phi$（设为特称肯定命题"有 S 是 P")为假。根据算术解释,"有 S 是 P"是假的,当且仅当"S_1 与 P_2 之间没有公因数并且 S_2 与 P_1 之间没有公因数"有一个条件未满足,设 S_1 与 P_2 之间有公因数而 S_2 与 P_1 之间没有公因数,由此可得 S_1 不能被 P_1 整除(若能整除,P_1 和 P_2 就不是互素),所以,"所有 S 是 P"是假的。这就是说,如果从 Γ,E 推不出特称命题,那么从它们就更加推不出全称命题。

规则 1 可由规则 2 导出,当然成立。根据以上勾画的方法,易证:从排斥的初始规则应用排斥的变形规则得出的被排斥的式都是无效的。

综上所说,我们证明了直言三段论系统的可靠性。

(二)语义完全性定理

任给一个有效式(α,β,γ 表示直言命题):

$$\frac{\alpha,\ \beta}{\gamma}$$

它在任一算术解释下皆真。这个有效式在直言三段论系统中的推理式,记为 $\frac{\alpha,\ \beta}{\gamma}$ 假定它是被排斥的即不是可证的,根据上述可靠性定理可得:$\frac{\alpha,\ \beta}{\gamma}$ 是无效的。这是不可能的,因此,原来给出的有效式是可证的。同理可证,无效式都是被排斥的。因此,直言三段论系统是语义完全的。

综合可靠性和语义完全性,直言三段论系统的可证性和有效性这两个概念是重合的;被排斥和无效性也是重合的。

二 集合代数模型

我们将建立的直言三段论的一个集合代数模型实际上就是把直言三段论变为一个"等于 0"和"不等于 0"的集合代数,按集合代数的规律进行运算。直言三段论的一个集合代数模型是一个满足以下条件的三元组 <D, K, V>:

1. D 是非空的个体域,称为论域。

2. K 是由个体集合 A,B,C 等（词项的外延）组成的集合{A，B，C，…，M，S，P，…}。

3. V 是一个赋值函数，对直言三段论系统中直言公式的词项变元指派 K 中的一个集合 S 等。

4. V（∀x（Sx—Px））为真，当且仅当 S⊆P（S 包含于 P）；也可表示为 S∩$\bar{P}$=∅（∩ 可省去），读为是 S 而不是 P 的集合为空。这里没有说 S 不空，在从全称前提推出特称结论时，我们规定与全称前提的主词相应的集合不空。

5. V（∀x⁻（Sx—Px））为真，当且仅当 SP=∅，读为既是 S 又是 P 的集合为空；也可表示为 S⊆$\bar{P}$，即 S 包含于非 P。

6. V（∃x（Sx—Px））为真，当且仅当 SP≠∅，读为既是 S 又是 P 的集合不空。

7. V（∃x⁻（Sx—Px））为真，当且仅当 S$\bar{P}$≠∅，读为既是 S 又不是 P 的集合不空。

8. 一个直言三段论式在一个模型中为真，当且仅当两个前提为真，结论一定为真。

9. 一个直言三段论式是有效的，当且仅当在所有模型中为真。

以下对第一格各式进行解释：

（1）Barbara

经过解释后两个前提变为：M⊆P，S⊆M，结论是 S⊆P。

此式可用文恩图表示，更为直观。我们先画一个方框表示论域，再画上 3 个两两相交的圆 M、P、S，每个圆代表一个集合。要画出 M⊆P 即 M$\bar{P}$=∅，就在图上看相交的 M 和 P，把 P 的外部、M 的内部用横线划去，这就表示是 M 而不是 P 的集合是空集，也就是说 M 包含于 P。同样，看相交的 S 和 M，用竖线划去 M 外部、S 内部，这就表示是 S 而不是 M 的集合是空集，也就是说，S 包含于 M，只要做好这两步，结论就必然地得出，在 P 外部的 S 内部全都被线条划去，也就是说，是 S 而不是 P 的集合是空集，即 S 包含于 P。

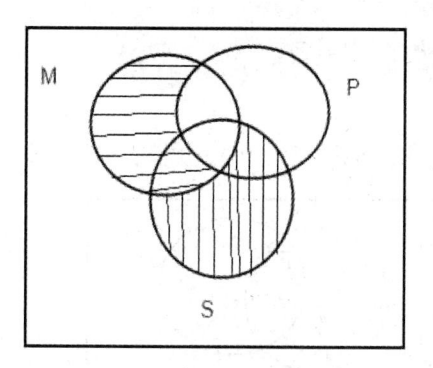

第六章 树枝形的直言三段论自然演绎系统 149

（2）Celarent

两个前提为：MP=∅，S⊆M，由此可得 SP=∅。

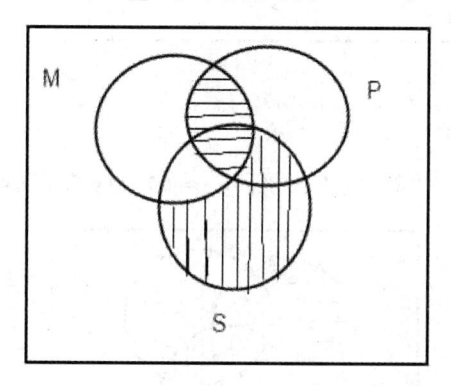

（3）Darii

两个前提为：M⊆P，SM≠∅，由此可得 SP≠∅。文恩图如下：

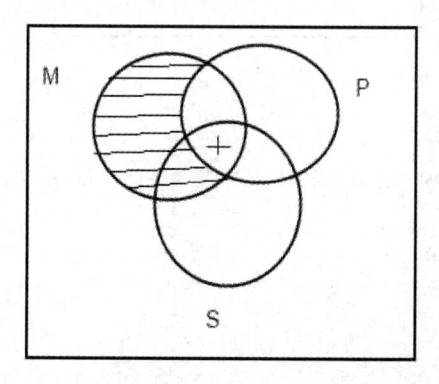

首先把 M 和 $\overline{P}$ 的交集画为阴影，在 S 和 M 的交集之处画"+"，表示

S 和 M 的交集不空，从而 SP≠∅。

（4）Ferio

两个前提为：M⊆$\bar{P}$，SM≠∅，由此可得 S$\bar{P}$≠∅。

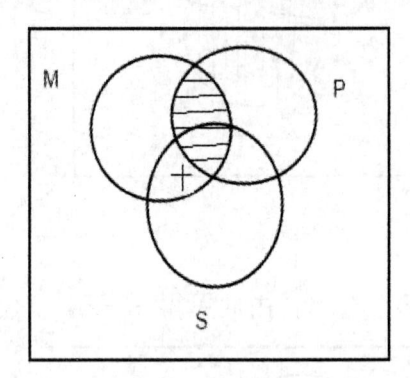

（5）Barbari

由 M⊆P，S⊆M，可得 S⊆P，加上 S≠∅，最终得到 SP≠∅。

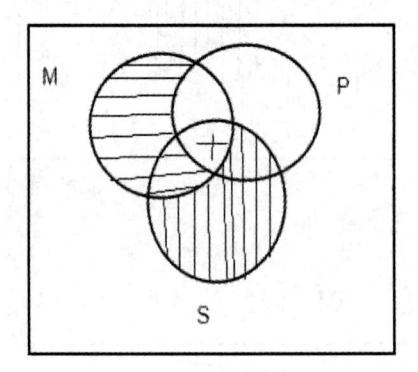

（6）Celaront

由前提 MP=∅ 和 S⊆M 可得 SP=∅ 即 S⊆$\bar{P}$，加上 S≠∅，得到 S$\bar{P}$≠∅。

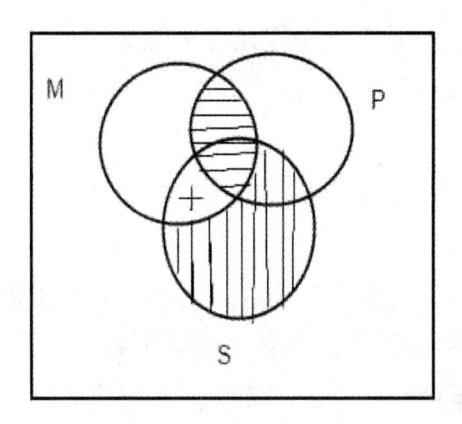

同理，我们可以列出其他格各式的集合代数运算，画出对应的文恩图。根据集合代数模型，可得直言三段论系统的可靠性和语义完全性。

（一）可靠性定理：直言三段论系统的可证式都是有效的，被排斥的式都是无效的。

先对系统的出发点进行一般的算术解释：

1. Barbara。

$$\frac{\forall（M—P），\forall（S—M）}{\forall（S—P）}$$

2. Celarent。

$$\frac{\forall\neg（M—P），\forall（S—M）}{\forall\neg（S—P）}$$

上面已给出这两个可证式的解释，分别记为 $\dfrac{M\subseteq P,\ S\subseteq M}{S\subseteq P}$，$\dfrac{MP=\varnothing,\ S\subseteq M}{SP=\varnothing}$

3. I 换位律。

$$\frac{\exists（S—P）}{\exists（P—S）}$$

由 $SP\neq\varnothing$ 可得 $PS\neq\varnothing$，记为 $\dfrac{SP\neq\varnothing}{PS\neq\varnothing}$。

4. 按照集合代数，矛盾关系置换律显然成立。例如，SP=∅ 的矛盾式是 ¬（SP=∅），即 SP≠∅，因此，SP=∅ 与 ¬（SP≠∅）等值，¬（SP=∅）与（SP≠∅）等值。

5. 由于词项改名之后的代数式之中的关系保持不变，因而词项改名律成立。

6. 由于前提交换不改变两个代数式之间的关系，因而前提交换律成立。

7. 反三段论律和易位律是建立于矛盾关系之上的，由于矛盾关系置换律经过集合代数运算后成立，因而它们必定成立。

8. 假言三段论律经过集合代数运算后，代数式之间在连续推理过程中的关系可以传递，因而假言三段论律具有保真性。

例如，从 ∀（S—P）推出 ∃（S—P），从 ∃（S—P）推出 ∃（P—S），所以，从 ∀（S—P）推出 ∃（P—S），这是 A 换位律。相应的集合代数运算是：由 S⊆P 并且 S≠∅ 可得 SP≠∅，由 SP≠∅ 可得 PS≠∅，因此，由 S⊆P 并且 S≠∅ 可得 PS≠∅。

9. AI 差等律成立，上面已解释。同理，EO 差等律也成立。

至此，我们证明了集合代数适合于我们系统的出发点，从而必定适合于由此推出的所有定理，也就是说，所有可证式都是有效的。

同理，所有被排斥的式是无效的。

例1　×第一格非标准式 AAA：

$$\frac{\forall（M—P），\forall（S—M）}{\forall（P—S）}$$

对应的集合代数式是：从 M⊆P，S⊆M，不能得到 P⊆S。

例2　×第一格标准式 AAO：

$$\frac{\forall（M—P），\forall（S—M）}{\exists^{\neg}（S—P）}$$

对应的集合代数式是：从 M⊆P，S⊆M，不能得到 S$\bar{P}$≠∅。

仿此，可以证明排斥的初始规则都是无效的。显然，排斥的变形规则保持从一个无效式推出另一个无效式，我们看规则2：

如果 Γ，E 被排斥，那么 Γ，E 就被排斥。
　　　∃Φ　　　　　　　　∀Φ

假定在第一个推理中，前提 Γ，E 是真的，而结论 ∃Φ（设为特称肯定命题"有 S 是 P"）为假。根据集合代数，"有 S 是 P"是假的，即 ¬(SP≠∅)，根据矛盾关系置换律，可得 SP=∅，因此，¬(S⊆P)，即"所有 S 是 P"是假的。这就是说，如果从 Γ，E 推不出 SP≠∅，那么从它们就更加推不出 S⊆P。

规则 1 可由规则 2 导出，当然成立。根据以上勾画的方法，易证：从排斥的初始规则应用排斥的变形规则得出的被排斥的式都是无效的。

综上所说，我们证明了直言三段论系统的可靠性。

（二）语义完全性定理：直言三段论系统的有效式都是可证的，无效式都是被排斥的。

证法同算术模型中的方法。

第五节　判定程序与简单完全性

一　前提数、词项数和结论数的判定程序

我们先研究一下亚里士多德在《前分析篇》第 1 卷第 25 章中关于词项、命题与前提的数目之间关系的论述，罗斯对这一章的主要内容作了以下评注："简单三段论（即直言三段论——引者）的规则：对两个前提有一个结论（42b4—5）。复合三段论的规则是：如果增加一个词项，那么增加的结论比原来的词项少一个。亚里士多德举出情况（1）（42b19—23）：我们从'所有 B 是 A，所有 C 是 B，所以，所有 C 是 A'开始，增加词项 D，即前提'所有 D 是 C'。这时我们不能得到一个以 C 作谓词的新结论（42b19—20）。但我们得到一个以 B 作谓词的新结论（所有 D 是 B）和一个以 A 作谓词的新结论（所有 D 是 A）。[同样，如果我们增加另一个词项 E，即前提'所有 E 是 D'，那么我们就得到三个新结论：所有 E 是 C，所有 E 是 B，所有 E 是 A（42b23）]。此外（42b23—25）假设我们从'所

有 B 是 A，所有 C 是 B，所以,所有 C 是 A'开始，并引入（2）在 B 和 A 之间的或（3）在 C 和 B 之间的第四个词项。在情况（2）中我们有前提'所有 D 是 A，所有 B 是 D，所有 C 是 B'，我们得到一个以 A 作谓词的新结论（所有 B 是 A）和一个以 D 作谓词的新结论（所有 C 是 D），但没有得到以 B 作谓词的结论。在情况（3）中，我们有前提'所有 B 是 A，所有 D 是 B，所有 C 是 D'，我们得到一个以 A 作谓词的新结论（所有 D 是 A）和一个以 B 作谓词的新结论（所有 C 是 B），但没有得到一个以 C 作谓词的结论。因此在复合三段论中，结论的数目比词项或前提的数目多得多（42b25—6）。其规则是：

前提数	词项数	结论数
2	3	1
3	4	1＋2
4	5	1＋2＋3
一般地 n	n+1	$n(n-1)\times 1/2$。"[①]

我们要注意的是，复合三段论的多个结论都是通过简单三段论得到的。在多个结论中，只有一个结论的主词和谓词分别在前提中仅出现过一次，我们称它为"最终结论"，其余的结论（其主词或谓词,在前提中出现两次）再与其他前提组合可得到最终结论,具有同形式的结论算为一个。前提数为 n、词项数为 n＋1、结论数为 $n(n-1)\times 1/2$ 的复合三段论是由可证的简单三段论组成的，因此整个复合三段论是可证的。

在上面的引文中，亚里士多德从简单的三段论"所有 B 是 A，所有 C 是 B，所以,所有 C 是 A"开始，举了 3 个前提、4 个词项的复合三段论例子："所有 B 是 A，所有 C 是 B，所有 D 是 C"、"所有 D 是 A，所有 B 是 D，所有 C 是 B"、"所有 B 是 A，所有 D 是 B，所有 C 是 D"以及 4 个前提、5 个词项的例子"所有 B 是 A，所有 C 是 B，所有 D 是 C，所有 E 是 D"，现逐一分析如下：

---

① Ross W.D. *Aristotle's Prior and Posterior Analytics*,oxford ,1949,p.381.

情况（1）：

所有 B 是 A，所有 C 是 B，所有 D 是 C　　　所有 B 是 A，所有 C 是 B，所有 D 是 C
────────────────────────　　　　　────────────────────────
　　　所有 C 是 A　　　　　　　　　　　　　　　　　所有 D 是 B

　　　所有 D 是 A　　　　　　　　　　　　　　　　　所有 D 是 A

这个例子是在 2 个前提和 3 个词项的基础上，增加 1 个前提和 1 个词项，因而增加了 2 个结论"所有 D 是 B"和"所有 D 是 A"，最终结论是"所有 D 是 A"。（2）和（3）是类似的。

情况（2）：

所有 D 是 A，所有 B 是 D，所有 C 是 B　　　所有 D 是 A，所有 B 是 D，所有 C 是 B
────────────────────────　　　　　────────────────────────
　　　所有 B 是 A　　　　　　　　　　　　　　　　　所有 C 是 D

　　　所有 C 是 A　　　　　　　　　　　　　　　　　所有 C 是 A

情况（3）：

所有 B 是 A，所有 D 是 B，所有 C 是 D　　　所有 B 是 A，所有 D 是 B，所有 C 是 D
────────────────────────　　　　　────────────────────────
　　　所有 D 是 A　　　　　　　　　　　　　　　　　所有 C 是 B

　　　所有 C 是 A　　　　　　　　　　　　　　　　　所有 C 是 A

在情况（1）的基础上，增加另一个词项 E，以及前提"所有 E 是 D"，可得：

所有 B 是 A，所有 C 是 B，所有 D 是 C，所有 E 是 D
────────────────────────────
　　　　　所有 C 是 A
────────────────────────────
　　　　　　所有 D 是 A

　　　　　　所有 E 是 A

所有 B 是 A，所有 C 是 B，所有 D 是 C，所有 E 是 D
────────────────────────────
　　　　　　所有 D 是 B
────────────────────────────
　　　　　　所有 D 是 A

　　　　　　所有 E 是 A

所有 B 是 A，所有 C 是 B，所有 D 是 C，所有 E 是 D
────────────────────────────
　　　　　　所有 E 是 C
────────────────────────────
　　　　　　所有 E 是 B

所有 E 是 A

上例是在 3 个前提和 4 个词项的基础上，再增加 1 个前提和 1 个词项，因而增加 3 个结论：所有 E 是 C，所有 E 是 B，所有 E 是 A。最终结论是：所有 E 是 A。

根据以上思想，直言三段论系统有以下判定定理：

任给一个复合三段论式：$\Gamma_1, \Gamma_2, \cdots, \Gamma_n / \Gamma_{n+1}$，前提数为 n，词项数为 n+1，最终结论为 Γ_{n+1}。它在我们的系统中是可证的当且仅当它可证得的结论数为 $n(n-1) \times 1/2$。

上面分析的复合三段论都是可证的。但"所有 B 是 A，所有 C 是 B，有 D 是 C，所以，所有 D 是 A"是不可证的，它能证的结论数只有两个，最终结论实际上是推不出的：

所有 B 是 A，所有 C 是 B，有 D 是 C 所有 B 是 A，所有 C 是 B，有 D 是 C

所有 C 是 A   有 D 是 B

所有 D 是 A？   所有 D 是 A？

以上两个三段论："所有 C 是 A，有 D 是 C，所以，所有 D 是 A"和"所有 B 是 A，有 D 是 B，所以，所有 D 是 A"是被排斥的，见上面排斥系统的 ×T_8。

由上可见，按照前提数为 n、词项数为 n+1 构成的复合三段论的可证性可以化归为简单三段论的可证性。同理，复合三段论的有效性也可以化归为简单三段论的有效性。

二 一般的判定程序

以上所说的判定程序只能适用于按照规定给出的简单的和复合的三段论，首先要给定前提（前提数是 n，词项数是 n+1），然后要给定最终结论（其主词和谓词在诸前提中只出现一次），在此基础上进行推理，确定结论的数目。但是，有很多有意义的由两个直言前提和两个以上直言前提组成的推理表达式，并不符合这样的要求，例如：

$\underline{\exists(A-B), \neg\forall(A-B),}$
　　$\forall(B-A)$
$\underline{\exists(A-B), \neg\forall(A-B),}$
　　$\exists(B-A)$
$\underline{\forall(C-A), \forall(B-C), \exists(A-C),}$
　　　$\forall(A-B)$
$\underline{\forall(C-A), \forall(B-C), \exists(A-C),}$
　　　$\exists(A-B)$

等等，不能用已有的证明系统和排斥系统来确定是否可证或被排斥，第一个和第二个推理形式有 2 个前提但只有 2 个词项，第三个和第四个推理形式有 3 个前提但只有 3 个词项，它们的结论也不符合要求，不能称为简单三段论或复合三段论，它们是非三段论的推理形式。

我们现在建立以下一般的判定程序，既能判定简单的和复合的三段论，又能判定像上述任意给定的有意义的推理形式。

任给一个有意义的推理表达式：

1. $\underline{\alpha_1, \alpha_2, \cdots, \alpha_{n-1}}$
　　　α_n

其中 α_i（$i=1, \cdots, n$）是以下 4 种公式之一：

$\forall(A-B), \exists(A-B), \forall\neg(A-B)[\neg\exists(A-B)], \exists\neg(A-B)[\neg\forall(A-B)]$。

前两种是肯定的，后两种是否定的。在这种扩展的直言三段论系统中，有一种机械的方法在有穷步骤内可以判定 1 式或者被证明，或者被排斥。

我们在证明中要用到 3 个排斥规则，这 3 个规则来自卢卡西维茨的《亚里士多德的三段论》[①]，是用于蕴涵式的，我们现在作了修改，应用于推理式。第一，排斥的分离规则：如果从一个推理式得出另一个推理式，那么后一个被排斥，前一个也被排斥；第二，斯卢派斯基的排斥规则：如

---

① 《亚里士多德的三段论》，第 120、130 页。

果一个命题不能从一个否定命题 A 及其他一些前提推出或者不能从一个否定命题 B 及其他一些前提推出，那么它也不能从 A、B 两者及其他一些前提推出；第三，排斥的代入规则：如果一个推理式是从另一个推理式经过代入得到的，而且代入后的推理式被排斥，那么原推理式就被排斥。在以下讨论关于必然的和偶然的模态三段论系统判定程序时也要使用这 3 个规则。首先讨论 1 中带否定命题的 4 种情况。

情况 1 α_n 是否定的，所有前提是肯定的。在这种情况下，1 被排斥。

首先将原子公式变为（A–B）。把所有前提变为最强的命题，即 $\forall$（A—B）；把结论变为最弱的命题，即 $\exists\neg$（A—B）。这样由 1 得到：

2. $\forall$（A—B）

 $\exists\neg$（A—B）

但从 $\forall$（A—B）根据矛盾关系置换律可得 $\neg\exists\neg$（A—B），与 2 的结论矛盾，因此，2 式被排斥。根据排斥的分离规则，从而 1 式也被排斥。

情况 2 α_n 是否定的，α_1，…，α_q，…，α_{n-1} 中仅有一个（α_q）是否定的。这一情况可化归为以下的前提和结论全是肯定的情况，以下将证明这是可判定的。

从 1 交换前提得到：

3. $\underline{\alpha_1, \cdots, \alpha_{q-1}, \alpha_{q+1}, \cdots, \alpha_{n-1}, \alpha_q}$
 α_n

根据反三段论律得：

4. $\underline{\alpha_1, \cdots, \alpha_{q-1}, \alpha_{q+1}, \cdots, \alpha_{n-1}, \neg\alpha_n}$
 $\neg\alpha_q$

$\neg\alpha_n$ 和 $\neg\alpha_q$ 均是肯定的。

情况 3 α_n 是否定的，α_1，…，α_{n-1} 中多于一个前提是否定的。这情况可化归为情况 2。

设 α_j，α_q 是两个否定的前提。

从 1 式交换前提得到：

5. $\underline{\alpha_1, \cdots, \alpha_{j-1}, \alpha_{j+1}, \cdots, \alpha_{q-1}, \alpha_{q+1}, \cdots, \alpha_{n-1}, \alpha_j, \alpha_q}$
α_n

由 5 式可得到以下二式：

6. $\underline{\alpha_1, \cdots, \alpha_{n-1}, \alpha_j}$
α_n

7. $\underline{\alpha_1, \cdots, \alpha_{n-1}, \alpha_q}$
α_n

6 和 7 只有一个否定前提，可化归为情况 2 的全是肯定的情况。假定 6（或 7）有一个被证明，则 5 被证明从而 1 也被证明。如果两式均被排斥，则据斯卢派斯基的排斥规则，5 式被排斥，从而 1 式被排斥。

两个以上否定前提的情况可类似处理。例如，前提中有 3 个否定的（α_{n-1}, α_j, α_q）：

5.1 $\underline{\alpha_1, \cdots, \alpha_{j-1}, \alpha_{j+1}, \cdots, \alpha_{q-1}, \alpha_{q+1}, \cdots, \alpha_{n-2}, \alpha_{n-1}, \alpha_j, \alpha_q}$
α_n

则从 5.1 得到以下 2 个式：

6.1 $\underline{\alpha_1, \cdots, \alpha_{n-2}, \alpha_{n-1}, \alpha_j}$
α_n

7.1 $\underline{\alpha_1, \cdots, \alpha_{n-2}, \alpha_{n-1}, \alpha_q}$
α_n

由 6.1 得到以下 2 个式：

6.11 $\underline{\alpha_1, \cdots, \alpha_{n-2}, \alpha_{n-1}}$
α_n

6.12 $\underline{\alpha_1, \cdots, \alpha_{n-2}, \alpha_j}$
α_n

由 7.1 得到以下 2 个式：

7.11 $\underline{\alpha_1, \cdots, \alpha_{n-2}, \alpha_{n-1}}$
α_n

7.12 $\underline{\alpha_1, \cdots, \alpha_{n-2}, \alpha_q}$
α_n

6.11—7.12 前提中只有一个否定的，可化归为情况 2。如果 6.11 可证，则 6.1 可证，从而 5.1 可证，这样 1 式就可证。其他情况同样。如果 6.11 和 6.12、（7.11 和 7.12）均被排斥，连续两次使用斯卢派斯基的排斥规则，可得 6.1 和 7.1 均被排斥，从而 5.1 被排斥，最终得到 1 式被排斥。

情况 4　α_n 是肯定的，有的（或所有）前提是否定的。这一情况可化归为情况 3。

设 α_i 是否定的。在 1 中交换前提得到：

8. $\underline{\alpha_1, \cdots, \alpha_{i-1}, \alpha_{i+1}, \cdots, \alpha_{n-1}, \alpha_i}$
α_n

根据反证法可得：

9. $\underline{\alpha_1, \cdots, \alpha_{n-1}, \alpha_i, \neg \alpha_n}$
F

这里 α_i，$\neg \alpha_n$ 都是否定的。"F"表示恒假命题。

以上已穷尽了带否定命题的情况，全都化归为前提和结论全是肯定的情况。

情况 5　α_n 是 $\forall$（A—B）。

（1）如果前提中有 $\forall$（A—B）联锁[指 $\forall$（A—C_1），$\forall$（C_2—C_3），$\cdots$，$\forall$（C_{i-1}—C_i），$\forall$（C_i—B），C_i 不同于 B，$\forall$（A—B）联锁的最简情况就是 $\forall$（A—B）]，则 1 式成立。

（2）如果前提中无 $\forall$（A—B）联锁，则 1 式被排斥。

（3）假定前提中无 $\forall$（A—B）联锁，也没有 $\forall$（A—C_i）联锁[$\forall$（A—C_i）是一个联锁，指 $\forall$（A—C_1），$\forall$（C_2—C_3），$\cdots$，$\forall$（C_{i-1}—C_i），C_i 不同于 B]。在 1 中进行词项改名，将 A、B 以外的变元等同于 B，如果出现 $\forall$（B—B）[例如前提中有 $\forall$（C—B）]，立即舍去，前提中有以下公式：

$\exists$（A—B），$\forall$（B—A），$\exists$（B—A）

1 式可化归为：

第六章 树枝形的直言三段论自然演绎系统

$$\frac{\exists(A-B), \forall(B-A), \exists(B-A)}{\forall(A-B)}$$

由于 $\exists(A-B)$ 与 $\exists(B-A)$ 等值，上式可化为：

$$\frac{\exists(A-B), \forall(B-A)}{\forall(A-B)}$$

此式被排斥，据排斥的代入规则，从而 1 式被排斥。

情况 6 α_n 是 $\exists(A-B)$。

（1）前提中有 1）$\forall(A-B)$，2）$\exists(A-B)$，3）$\exists(B-A)$，4）$\exists(A-C_j)$ 和 $\forall(C_j-B)$ 联锁，则 1 式可证。以下假定 4 者不出现。

（2）前提中无 $\forall(C_i-A)$，也无 $\forall(D_i-B)$，则 1 式被排斥。

将不同于 A、B 的变元都等于 C。这样，前提中仅有：

$\forall(A-C), \forall(B-C)$。显然，这是被排斥的第二格 AAI，可由排斥的初始规则 5 导出。

（3）前提中有 $\forall(C_i-A)$，无 $\forall(D_i-B)$。

1）这时如果有 $\forall(B-F)$ 和 $\forall(F-A)$ 联锁，据 Baralipton 可得 $\exists(A-B)$。

2）如果有 $\exists(B-F)$ 和 $\forall(F-A)$ 联锁，据 Dabitis 可得 $\exists(A-B)$。在 1) 和 2) 两种情况下，1 式被证明。

3）如果 1)、2) 的条件不被满足，我们可将 $\forall(C_i-A)$（将 C_i 等同于 A）除去，化归为（2），这时 1 式被排斥。

（4）前提中有 $\forall(E_i-B)$，无 $\forall(D_i-A)$，可将此情况化归为（3），因为在 $\exists(A-B)$ 中，A、B 可简单换位。

（5）前提中有 $\forall(C_i-A)$ 和 $\forall(D_i-B)$。

这时如果（3）中的条件 1) 和 2) 被满足，则 1 式被证明。现假定上述条件不被满足：

1）如果前提中有 $\forall(C-A)$ 和 $\forall(C-B)$ 联锁，据 Darapti 得到 $\exists(A-B)$。

2）如果前提中有 $\forall(D-B)$ 和 $\forall(D-A)$ 联锁，据 Darapti 得到 $\exists(A-B)$。

3）如果前提中有 $\exists(C-D)$ 或 $\exists(D-C)$，$\forall(C-A)$ 联锁和 $\forall(D-B)$ 联锁，则由 $\exists(C-D)$ 和 $\forall(C-A)$ 联锁可得 $\exists(D-A)$ [Datisi]，加上 $\forall$

（D—B）联锁可得∃（A—B）[Datisi]。在1）、2）和3）的情况下，1式被断定。

4）如果1）、2）和3）的条件不被满足，我们可消去∀（C$_i$—A）与∀（D$_i$—B）[令C$_i$ = A，D$_i$=B]，化归为（2），这样一来，1式就被排斥。

情况6的证明至此完成，对任给的一个推理形式1，判定程序得到解决。

我们对上面给出的4个例子进行分析：

（1）$\dfrac{∃（A—B），¬∀（A—B）}{∀（B—A）}$

这属于情况4，将它化归为情况3：

$$\dfrac{∃（A—B），¬∀（A—B），¬∀（B—A）}{F}$$

再将它化归为情况2：

$$\dfrac{∃（A—B），¬∀（A—B）}{F}$$

$$\dfrac{∃（A—B），¬∀（B—A）}{F}$$

再化归为前提和结论全是肯定的情况：

$$\dfrac{∃（A—B），T（恒真命题）}{∀（A—B）}$$

$$\dfrac{∃（A—B），T（恒真命题）}{∀（B—A）}$$

将恒真命题T去掉得到：

$$\dfrac{∃（A—B）}{∀（A—B）}$$

$$\dfrac{∃（A—B）}{∀（B—A）}$$

此2式据情况5（2）均被排斥，由此倒回去，得到原先给出的式

$$\frac{\exists(A-B), \neg\forall(A-B)}{\forall(B-A)}$$

被排斥。

(2) $\dfrac{\exists(A-B), \neg\forall(A-B)}{\exists(B-A)}$

仿造上例的步骤,最后得到:

$$\exists(A-B)$$
$$\forall(A-B)$$
$$\exists(A-B)$$
$$\exists(B-A)$$

后式是 I 换位律,是可证的,由此倒回去,得到原先给出的式

$$\frac{\exists(A-B), \neg\forall(A-B)}{\exists(B-A)}$$

是可证的。

(3) $\dfrac{\forall(C-A), \forall(B-C), \exists(A-C),}{\forall(A-B)}$

这属于情况 5 中的(3),最后得到被排斥的

$$\frac{\exists(A-B), \forall(B-A),}{\forall(A-B)}$$

从而上例被排斥。

(4) $\dfrac{\forall(C-A), \forall(B-C), \exists(A-C),}{\exists(A-B)}$

这属于情况 6(3) 中的 1),因此可证。

根据上面的判定程序,我们有下面的判定定理:

对任给的由两个和两个以上直言前提组成的推理表达式

$$\frac{\alpha_1, \alpha_2, \cdots, \alpha_{n-1}}{\alpha_n}$$

其中 α_i ($i=1, \cdots, n$) 是 4 种直言命题之一,

存在一种机械程序，在有穷步骤内可以判定它或是被证明，或是被排斥。

在判定定理的意义上，我们说，扩展的直言三段论系统具有简单完全性。这里，判定定理把"证明"和"排斥"的概念推广到非三段论的推理表达式。相应地，"有效"和"无效"的概念也推广到这些推理表达式。根据我们建立的算术模型或集合代数模型容易证明，可靠性定理和语义完全性定理也适用于扩展的直言三段论系统。

卢卡西维茨说，他构造的蕴涵式直言三段论系统的顶峰是判定问题的解决。同样，笔者所构造的树枝形的直言三段论自然演绎系统的顶峰当然也是判定问题的解决。

第七章　偏好逻辑

第一节　何谓"偏好"

"偏好"的概念出现在很多不同的研究领域，譬如，决策论、博弈论以及关于行为选择的哲学理论。偏好的实质在于对事物的比较，而比较的想法在逻辑语义理论中有着广泛的应用。所以，不难理解，偏好的概念自然得到了逻辑学家的青睐，从冯莱特1963年的《偏好逻辑》开始，已经有很多关于偏好的逻辑著作和论文。例如，2001年出版的《哲学逻辑手册》就有一章专门介绍偏好逻辑，由汉森（Hasson）撰写。2008年还有一些最新的文献，这些著作主要是为偏好提出新的模型，研究偏好改变、以及偏好与其他认知概念之间的关系。本章的主旨不是要接着发展这些最新的逻辑理论，而是希望能够回到亚里士多德，探讨他对偏好的一些阐述。这样做的目的一方面要揭示对"偏好"的研究本身是很古老的；另一方面我也希望能为偏好的现代研究提供一些参考素材。

亚里士多德在《工具论》中的《论辩篇》和《前分析篇》中提出了关于偏好关系[①]的理论。关于这种理论的对象，他说："我们所做的考察并不涉及那些有着很大不同，而且彼此之间有极大差别的东西（因为无人不知

---

① "偏好"一词在罗斯主编的《亚里士多德全集英译本第一卷〈工具论〉》中，由于《前分析篇》和《论辩篇》的译者不同，因而有不同的译法，前者译为"A is preferable to B"，后者译为"A is more desirable than B"。本文均译为"偏好"。事实上，在技术的层面上说，二者之间的差别不大。本书中的亚里士多德原文主要根据英译本翻译，引文按惯例只在文中注明希腊标准页码。

幸福和健康两者中哪一个更是我们偏好的），而是涉及那些密切相关的东西，并且关于它们，由于我们看不出在两者比较时一方优于另一方，因而我们通常讨论在两者中，我们更应该选择哪一方。"（116a5—6）这就说明，偏好关系是主体对两种事物情况的一种选择，是一种特殊的关系，我们在本章专门讨论。

与偏好关系相联系，有一种更好（A is better than B）关系，两者之间有何联系与区别呢？亚里士多德说："离善更近的东西即更相似于善的东西是更好的并且是更加偏好的。例如，公正比公正的人更好。"（117b10—12）"如果一物是为了自身而来选择，另一物是为了某种看法而选择，前者就是更加偏好的。例如，健康之于美丽。……无论什么东西，只要它是为了自身而更珍贵的，就是更好的和更加偏好的。"（118b20—25）"如果更珍贵的东西是更加偏好的，那么珍贵的东西也就是偏好的；如果更有用的东西是更加偏好的，那么有用的东西也就是偏好的。"（119a1—5）

由这三段话可以看出，所谓"更好"是从两种事物情况的效用来说的，效用大的事物情况比效用小的事物情况就更好，就更是我们偏好的。这样，偏好关系就与更好关系融为一体，我们在两种事物情况中，偏好的一方是效用更好的一方，是更值得选择的一方。因此，我们也可以把"preference"译为"值得选择"。这种偏好关系就是现代偏好逻辑中所说的"强偏好"或"严格偏好"，亚里士多德首先提出了这种偏好关系。

如果不是从效用的角度，比如说从生活目的来说，"更好"与"偏好"会不一致，正如亚里士多德所说："有时候，更好的东西却不是更偏好的；因为不能从如果它更好必然地推出它是更偏好的。例如，当哲学家比挣钱更好，但对于一个缺少生活必需品的人来说，它就不是更偏好的。"（118a10—15）因此我们研究偏好关系应当从效用的角度出发。

第二节　关于偏好的基本原理

下面，我们看看亚里士多德提出了哪些偏好关系的原理。

亚里士多德说："如果 A 无 B 是我们偏好的，而 B 无 A 则不是我们偏好的，那么 A 比 B 更是我们偏好的。例如，能力如无谨慎就不是我们偏好的，但谨慎如无能力则是我们偏好的。在两种事物中，如果我们否认其一，以便我们被认为拥有另一个，那么，那个我们希望被认为拥有的东西就更是我们偏好的，例如，我们否认自己的勤勉，以便被人认为是天才。"（118a16—23）

这里，亚里士多德从形式上提出了以下原理：

原理 1　$((A\wedge\neg B)\gg(\neg A\wedge B))\rightarrow(A\gg B)$（"$\gg$"表强偏好关系，"$A\gg B$"读为"偏好 A 而不是 B"或"偏好 A 胜过偏好 B"，"$\wedge$"表合取，"$\neg$"表否定，"$\rightarrow$"表蕴涵）。这实际上是冯莱特在 1963 年的著作《偏好逻辑》中关于偏好的一个基本定义，即，"偏好 A 胜于偏好 B"意味着我们喜欢有 A 没有 B 的情形胜过有 B 没有 A 的情形。反过来，不难理解，以下的原理 2 也成立。下文将说明，亚里士多德是知道这一点的：

原理 2　$(A\gg B)\rightarrow((A\wedge\neg B)\gg(\neg A\wedge B))$。

原理 1 和原理 2 现在被称为"强偏好的合取扩展原理"。

现在，我们来分析亚里士多德提出的一种复杂的偏好推理，他说："如果在 A、B 这两个相对立的选择项中，偏好 A 而不是 B，同样，偏好 D 而不是 C，那么，如果偏好 A 加 C 而不是 B 加 D，则必定偏好 A 而不是 D。偏好 A 的程度与厌恶（不偏好）B 的程度相同（因为它们是对立的），C 和 D 的情况也同样（因为它们也是对立的）。因而，如果偏好 A 的程度与偏好 D 的程度相等，则厌恶 B 的程度与厌恶 C 的程度相等（因为每一个都同每一个有同样程度，一个是厌恶的对象，另一个是偏好的对象）。所以，AC 与 BD 是同等偏好的或厌恶的。但是由于偏好 AC 而不是 BD，A 不能与 D 同等偏好，否则 BD 与 AC 是同等偏好的。但如果偏好 D 而不是

A，则 B 一定成为比 C 较少厌恶的对象，因为这个较少与那个较少相反。偏好较大的善与较小的恶而不是较小的善与较大的恶，因而偏好 BD 而不是 AC。但先前的假设并非如此。这样，偏好 A 而不是 D，因而 C 成为比 B 较少厌恶的对象。"（68a27—39）亚里士多德所谓"对立选择项"是指 A 的效用与 B 的无效用对立、D 的效用与 C 的无效用对立，这个推理形式是：

原理 3 $(A \gg B) \wedge (D \gg C) \rightarrow ((A \wedge C) \gg (B \wedge D) \rightarrow (A \gg D))$

证明 亚里士多德采用反证法，我们分析如下：

第一，假定偏好 A 与偏好 D 的程度相同。

根据对立选择项的设定可得：厌恶 B 与厌恶 C 的程度相同，因此，偏好或厌恶 AC 的程度等于偏好或厌恶 BD 的程度（AC 就是 A 并且 C，BD 就是 B 并且 D）。可是已设定偏好 AC 而不是 BD，所以，"偏好 A 与偏好 D 的程度相同"这个假定是错误的。

亚里士多德在这里提出了"同等偏好"的概念，这就是现代偏好逻辑的"indifference"概念，即用"~"表示的"无差别偏好"概念。

第二，假定偏好 D 而不是 A。

根据对立选择项的设定可得：厌恶 C 较多于厌恶 B，因而偏好 BD 而不是 AC，这与偏好 AC 而不是 BD 的设定相矛盾，因此偏好 D 而不是 A 的假定是错误的。亚里士多德在证明中举了一个例子：偏好较大的善与较小的恶而不是偏好较小的善与较大的恶，令 B 代表较小的恶，D 代表较大的善，A 代表较小的善，C 代表较大的恶，这样，偏好 BD 而不是 AC。

由以上第一步和第二步，两个假定是错误的，由于 A 与 D 之间只有 3 种情况，排除了以上两种，只能得到"偏好 A 而不是 D"的结论。

整个证明过程可以总结为：

或者偏好 A 的程度等于偏好 D 的程度，或者偏好 D 而不是 A，或者偏好 A 而不是 D；

既非偏好 A 的程度等于偏好 D 的程度，又非偏好 D 而不是 A（使用反证法）；

所以，偏好 A 而不是 D。

这里我们补充说明一点。亚里士多德在以上的证明中不但证明了"如果偏好 AC 而不是 BD，那么偏好 A 而不是 D"，而且证明了"如果偏好 D 而不是 A，那么偏好 BD 而不是 AC"。根据他的证明方法，显然可以证明"如果偏好 A 而不是 D，那么偏好 AC 而不是 BD"和"如果偏好 BD 而不是 AC，那么偏好 D 而不是 A"，这就是说，"偏好 AC 而不是 BD"当且仅当"偏好 A 而不是 D"、"偏好 BD 而不是 AC"当且仅当"偏好 D 而不是 A"。我们可以把亚里士多德的例子改变一下，"偏好较大的善（A）与较小的恶（C）而不是较小的善（D）与较大的恶（B）"当且仅当"偏好较大的善（A）而不是较小的善（D）"；"偏好较大的善（D）与较小的恶（B）而不是较小的善（A）与较大的恶（C）"当且仅当"偏好较大的善（D）而不是较小的善（A）"。由于 A、B、C、D 是变项，上述两条原理可化归为一条："偏好 AC 而不是 BD"当且仅当"偏好 A 而不是 D"：

原理 4 （A》B）∧（D》C）→（(A∧C)》(B∧D)↔(A》D)）

原理 3 和原理 4 可称之为关于对立选择项的偏好原理。实际上，在 A 和 B、D 和 C 是对立选择项的假设下，原理 3 和 4 可以肯定前件，得到：

原理 5 （A∧C）》（B∧D）→（A》D）

原理 6 （A∧C）》（B∧D）↔（A》D）

由于 A 与 B、D 与 C 是对立选择项，在原理 6 中我们可以用 ¬D 代 C，¬A 代 B 得到：

原理 7 （A∧¬D）》（¬A∧D）↔（A》D）

这就是以上的原理 1 和原理 2。

亚里士多德在以上的证明过程中还提出了以下原理：

原理 8 （A》D）∨（A~D）∨（D》A）

这是说，或者偏好 A 而不是 D，或者对 A 与 D 的偏好无差别，或者偏好 D 而不是 A。这是强偏好关系的完全性原理，说的是，任意两个选择项都可以进行比较。

原理 9 ¬（A~D）∧¬（D》A）→（A》D）

这是说，如果既非对 A 与 D 的偏好无差别，又非偏好 D 而不是 A，那么偏好 A 而不是 D。

容易看出，原理 9 是可以从原理 8 直接得到的。下面的原理 10 也是属于这一类型的原理。

原理 10 ¬（A～D）→（D》A）∨（A》D）

这是说，如果并非对 A 与 D 的偏好无差别，那么或者偏好 D 而不是 A，或者偏好 A 而不是 D。

原理 11 （A∧C）》（B∧D）→¬（（B∧D）》（A∧C））

原理 12 A》D→¬（D》A）

以上两条是强偏好关系的不对称原理。

原理 13 A》D→¬（A～D）

这是偏好与无差别偏好的不相容原理，如果偏好 A 而不是 D，那么就并非对 A 与 D 的偏好无差别。

亚里士多德在《论辩篇》中说："在不出现状态中，偏好那些对于陷入烦恼的人来说较少受非难的东西。"（118a24—25）这里需要解释，这段话说的是：如果在出现状态中，偏好 A 而不是 B，那么在不出现状态中，对于陷入烦恼的人来说，就偏好 ¬B 而不是 ¬A；¬B 是较少受非难的，¬A 不是较少受非难的东西。亚里士多德曾说，偏好追求友谊而不是追求金钱，这是一种出现状态，在不出现状态中就应该是：偏好不追求金钱而不是不追求友谊。不追求金钱比不追求友谊对于陷入烦恼的人来说是较少受非难的，而不追求友谊比不追求金钱更令人烦恼并且不是较少受非难的。以上原理可表述为：

原理 14 （A》B）→（¬B》¬A）

这是强偏好关系的换质位原理。这一原理也可从以上的原理 2 或原理 7 得出。

由原理 7 （A》B）↔（（A∧¬B）》（¬A∧B）），这里 ¬A 是 A 的对立选择项，¬B 是 B 的对立选择项，根据亚里士多德的论证，偏好 A 的程度等于厌恶¬A 的程度，偏好 B 的程度等于厌恶¬B 的程度，由于偏好 A 的程度大于偏好 B 的程度，因而厌恶¬A 的程度大于厌恶¬B 的程度，即厌恶 ¬B

的程度小于厌恶¬A 的程度，这样，我们考虑在¬B 和¬A 两个选择项中哪一个值得选择时，应偏好那个厌恶程度小的¬B 而不是厌恶程度大的¬A，因此可得：

原理 15 （A》B）↔（¬B》¬A）

亚里士多德说："如果 A 绝对地比 B 更好（A be without qualification better than B），那么 A 中最好的成员也就比 B 中最好的成员更好；例如，如果人比马更好，那么最好的人就比最好的马更好。反过来，如果 A 中最好的成员比 B 中最好的成员更好，那么 A 就绝对地比 B 更好；例如，最好的人比最好的马更好，那么人就绝对地比马更好。"（117b35—39）这段话提出了一种"绝对地更好"关系，从前后文来看，这是一种值得选择的关系即偏好关系。A 和 B 都是可能选择的东西的类，设 A*和 B*分别是两类中最好的成员，我们当然偏好绝对地更好的东西，以上原理可以写成：

原理 16 （A》B）↔（A*∈A》B*∈B）

这是说，偏好 A 而不是 B 当且仅当偏好 A 中最好的成员而不是 B 中最好的成员。这一原理可称之为关于两类事物的偏好原理。事实上，这里涉及一个十分关键的问题，即关于集合或类的偏好如何从对它们的个体的比较中得到。亚里士多德这里提出的是对两个类中最好的成员做比较。当然，不难想象，我们也可以对最差的成员进行比较。更进一步，我们还可以让量词介入比较。譬如，一个可选的方案是，我们说偏好 A 胜过偏好 B 当且仅当对 B 中任意的成员，总能在 A 中找到一个更好的成员。

亚里士多德的"更好"概念对现代偏好逻辑的建立是有影响的，哈尔登（Halden）在 1957 年的《关于"更好"的逻辑》中，为"更好"这一概念提供了一个逻辑系统。亚里士多德把"偏好"与"更好"结合的做法对冯莱特也有影响。冯莱特在 1963 年的《偏好逻辑》中认为，偏好这一概念与价值论概念"更好"相关，又与人类学概念"选择"相关，当考虑偏好与更好之间的关系时，他区分了两种偏好关系：外在的偏好与内在的偏好。如果由于某些外在方面 p 比 q 更好而被偏爱，这种偏好就是外在的；如果不存在这样的原因，偏好就是内在的。冯莱特以"内在偏好"为初始概念，提出了一个偏好逻辑形式系统。①

亚里士多德说："在两个具有产生能力的东西中，我们偏好一个有更好目的具有产生能力的东西。在一个产生者和一个目的之间，我们能通过比例数来判定：一个超过另一个大于后者超过产生自己的手段。例如，假定幸福超过健康大于健康超过产生健康的东西，则产生幸福的东西比健康更好。因为产生幸福的东西超过产生健康的东西，正如幸福超过健康。但健康超过产生健康的东西，其数量较小，因此，产生幸福的东西超过产生健康的东西大于健康超过产生健康的东西。显然，我们偏好产生幸福的东西而不是健康。"（116b25—35）

令 A 为幸福，B 为健康，A'为产生幸福的东西，B'为产生健康的东西，这里，A、B 是目的，A'、B'分别是达到 A、B 的手段，整个推理过程为：

假定 A 超过 B 大于 B 超过 B'，则 A'比 B 更好，因为 A'超过 B' = A 超过 B，但 B 超过 B'的数量较小，所以 A'超过 B'大于 B 超过 B'，这样，偏好 A'而不是 B。

我们引进效用函数 u，所要证明的是：

原理 17 $(u(A):u(B)>u(B):u(B'))\wedge(u(A'):u(B')=u(A):u(B))\rightarrow(A'\gg B)$

这是说，如果 A、B 两者的效用之比大于 B、B'两者的效用之比，并且 A'、B'的两者效用之比等于 A、B 两者的效用之比，那么就偏好 A'而不是 B。这一原理可称之为关于目的和手段的偏好原理。亚里士多德分三步加以证明，现分析如下。

证明：

1. $(u(A):u(B)>u(B):u(B'))\wedge(u(A'):u(B')=u(A):u(B))\rightarrow(u(A'):u(B')>u(B):u(B'))$

这是说，如果 A、B 两者的效用之比大于 B、B'两者的效用之比，并且 A'、B'的两者效用之比等于 A、B 两者的效用之比，那么 A'、B'的两者

---

① 刘奋荣：《动态偏好逻辑》，科学出版社 2010 年版，第 2—3 页，附录 A 和 B。

效用之比大于 B、B'两者的效用之比。

2. $(u(A'):u(B')>u(B):u(B'))\rightarrow(u(A')>u(B))$

如果 A'、B'的两者效用之比大于 B、B'两者的效用之比，那么 A' 的效用大于 B 的效用。

3. $(u(A')>u(B))\rightarrow(A'》B)$

如果 A'的效用大于 B 的效用，那么就偏好 A'而不是 B。

由以上三步根据假言三段论律可得原理 17。

另外，我们看到，引进效用函数可以把偏好关系表示得更清楚，而这也正是决策论和博弈论通常采用的表示偏好的方法。

第三节　组合选择项的偏好问题

以下我们来讨论亚里士多德关于组合选择项的偏好问题。亚里士多德说："数量上更大的善的东西比更小的善的东西更是我们偏好的，这又或者是绝对的，或者是一个包含在另一个之中，即更小的包含在更大的之中。可能会有人反驳：在某个特殊场合，一个事物的价值是为了另一个事物；因为这样，把两个合在一起并不比一个更是我们偏好的。例如，恢复健康加健康，并不比健康更是我们偏好的，因为我们选择恢复健康乃是为了健康。……同一个东西伴随着愉悦比不伴随愉悦，伴随着无痛苦比伴随着痛苦是更有价值的。"（117a16—24）"你必须注意，共同语词使用于或以某种其他的方式结合于被添加的某物，而不是使用于或结合于另一物。例如，如果你把锯子和镰刀同木工技术结合；因为在组合中的锯子才是我们偏好的，并非绝对地是我们偏好的。"（118b11—19）这里，我们根据亚里士多德的原意列出以下 3 个原理：

原理 18　$(A\sim A)\rightarrow\neg((B\wedge A)》A)$

这是说，如果对 A 的偏好无差别，那么并非偏好（B 且 A）的组合而不是其中的 A。

例如，A 为健康，B 为恢复健康。这说明在 B 是为了 A 的情况下，"偏好整个组合而不是其中的一项"不成立。

原理 19 （B 》¬B）→ （(A∧B)》(A∧¬B)）

这是说，如果我们偏好 B 而不是 ¬B，那么我们就偏好 A 和 B 而不是 A 和 ¬B。

例如，B 是愉悦或无痛苦，¬B 是不愉悦或痛苦，正如亚里士多德所说：同一个东西伴随着愉悦比不伴随愉悦，伴随着无痛苦比伴随着痛苦是更有价值的。

原理 20 （A ~ B）→ （(A'∧A)》(A'∧B)）

这是说，如果对 A 和 B 的偏好无差别，那么"偏好 A 和同类 A'的组合而不是 A'和 B″只是相对地成立而不是绝对地成立。

例如，A、A'为两种锯子，B 为木工技术。这表明"（A ~ B）→ （(A'∧A)》(A'∧B)）″并不总是成立的。

亚里士多德没有更多地讨论组合项的偏好问题，他提出的问题值得进一步研究。

以上我们详细考察了亚里士多德关于偏好的一些阐述和研究。我们看到，亚里士多德早在两千多年前就认识到偏好概念的重要性，并提出了关于偏好的一些基本原理。并且，他对这些原理的合理性给出了论证，这与现代逻辑学家们对偏好属性的探讨如出一辙。他提出的很多具体原理和想法即使在今天仍具有重要的意义，值得我们进一步思考。

第八章 关系理论

第一节 关系的一般特点

第七章研究了一种特殊的关系——偏好关系，此外，亚里士多德还提出了其他类型的关系理论，本章论述这个问题。

关于关系这一范畴，亚里士多德主要提出以下4点一般的看法：

一 关系的比较性

亚里士多德说："有些东西由于它们是别的东西'的'，或者以任何方式与别的东西有关，因此不能离开这别的东西而加以说明，我们就称之为关系（词）。例如'更高'一词乃是借与别一个东西比较而说明的，因为它所指的乃是比某一其他东西更高。同样地，'两倍'一词，也有一个外在东西作比较，因为它的意思是指某一其他东西的两倍。"（6a35—6b1）亚里士多德所说的关系实际上是指关系词，包含两种：一种是关系本身，如"大于"、"小于"、"相似""两倍"等；另一种是涉及关系者的关系词，如"主人"、"奴隶"等。亚里士多德没有明确区分。亚里士多德初步认识到，关系与性质是不同的，关系至少存在于两个事物之间，他主要考察了二元关系，但他还考察了三元关系，"说知识时我们的意思是指关于认识的东西的知识；说可认识的东西，我们的意思是指那被知识所认识的东西；说知觉，是指可知觉的东西的知觉；说可知觉的东西，是指那被知觉所知觉的东西"。（6b31—35）这就是说知识活动是知识对象、进行认知的主体和作为认知结果的知识之间的关系，知觉活动是知觉对象、进行知觉的主体和作为知觉结果的知觉之间的关系。由此可见，亚里士多德认识到，性质是一元谓词，关系是多元谓词。

二 关系与关系词

有的关系词有与它相关的东西。例如，"奴隶"是指一个主人的奴隶，"主人"是指一个奴隶的主人。"两倍"是指它的一半的两倍，"一半"是它的两倍的一半。"较大"是指比那较小的为大，"较小"是指比那较大的为小。（6b25—30）亚里士多德实际考察了二元关系及其逆关系，所谓"相关的东西"就是这个意思。我们用现代逻辑的工具稍加分析可清楚这一点。设"R"表示二元关系，"xRy"表示"x 对 y 有 R 关系"，则"yRx"就是"y 对 x 有 R 的逆关系"。x 对 y 有主奴关系，则 y 对 x 就有奴主关系（"奴主"是"主奴"的逆）。x 对 y 有两倍关系，则 y 对 x 就有一半关系了（"一半"是"两倍"的逆）。x 大于 y，则 y 小于 x（"小于"是"大于"的逆）。由上可见，亚里士多德不但在逻辑上最早提出了"关系"概念，而且最早有了"逆关系"概念，虽然他没有用这个词。此外，亚里士多德还认为，关系和逆关系是同时存在的。例如，"一半"存在也就同时意味着"两倍"存在，没有"两倍"便没有"一半"，没有"一半"也就没有"两倍"。"主人"和"奴隶"的情况是类似的。

三 关系词的恰当性

确切说明相互关联的词，使它们有适当的名称。亚里士多德举例说，如果我们规定"奴隶"这个词不是与"主人"相联系，而是与"人"或"两足动物"相联系，那么便不会有相互关联，因为这里所关联的事物是不确切的。如果与"奴隶"相关的是"主人"，我们撇开所说的主人的所有不相干的属性如"两足的"、"能获得知识的"、"有人性的"等，而只保留"主人"这个属性，那么"奴隶"便会有相关联的事物，因为正是由于属于一个主人所有，一个奴隶才被称为奴隶。亚里士多德认为，只要我们用词恰当，一切相对的关系词，如"奴隶"和"主人"，都会互相依存。它之所以十分重视对相对的关系词的表达，是因为这些关系词是表达关系的一种常用方法。人们在日常生活中，往往不说"主奴关系"，而简单说成"主人"或"奴隶";不说"夫妻关系",而说成"丈夫"或"妻子";如此等等。亚里士多德还讨论了从一个实体词形成与它相关联的、含有关系的新词。例如,从"翼"引申出"有翼者",从"舵"引申出"有舵之物",从"头"引申出"有头者",等等。"有翼者"、"有舵之物"、"有头者"等是一种复杂概念,其中含有关系。我们可用现代逻辑加以分析。设 P 表示谓词"___是翼",Q 表示"___是生物",R 表示二元关系"___被__所具有",e_1 和 e_2 是表示第一空位和第二空位的符号,∧表示"并且",这样,"有翼者"或"有羽翼的生物"便可表示为:

$$P(e_1) \wedge Q(e_2) \wedge R(e_1, e_2)。$$

四　关系者的密切联系

"确切地知道一事物为关系的人,也一定会知道和它相关的事物是什么。"(8b15—16)例如,"假如有人确切地知道某一这个是'两倍',那么他也一定同时知道它是什么的两倍。假如他不知道它是某个确定事物的两倍,他也就不可能知道它是'两倍'。再者,如若他确切地知道某一这个更美丽,那么他也就必然同时知道,它比什么东西更美丽。"(8b1—10)亚里士多德在这里说的是,知道了一个二元关系和一个关系者,就同时知道另一个关系者。亚里士多德提出的这一思想十分重要,预示着皮尔士在 19 世纪 80 年代提出的"二元关系是对象偶的类"的思想。皮尔士认为,"两倍"关系是所有具有此关系的对象偶(2,1)、(4,2)、(8,4)、(16,8)等所组成的类。如果我们知道了其中一个对象偶(8,4)的关系者 8,就可知道被关系者 4。对于"___比___更美丽"这种二元关系可以作同样分析。

第二节　后范畴

《范畴篇》最后六章(第 10—15 章)论述的后范畴对现代逻辑来说有价值的是涉及关系。

一 相关者

相关者是后范畴"对立者"之一,亚里士多德说:"属于关系范畴的各种对立者,是借一方对另一方的关系加以说明的;这种关系是用'的'这个介词或其他介词来指示。比如,两倍是一个相对的名词,因为成为两倍的东西,要由某物的两倍才能予以说明。再者,在同样的意义上,知识是被认识的事物的对立者,被认识的事物也是借它同它的对立者(即知识)的关系而得到说明的,因为被认识的事物是作为某事物所认识(即知识)而得到说明的。因此,这些东西,作为相关者意义上的彼此对立者,是借彼此的关系而得到说明的。"(11b25—30)

二 先于

这种关系主要指:

1. 时间上在先,如一事物比另一事物更年长或者更古老。

2. 当两事物的次序不能颠倒时,另一事物所依赖的一个事物就被认为"先于"另一事物。亚里士多德举例说:"'1'先于'2',因为如果'2'存在,就可以直接推定'1'的存在;但如果'1'存在却不一定推出'2'的存在。由此可见,存在的次序是不能颠倒的。"(14a30—35)这是说,2的存在依赖1的存在,但1的存在不依赖2的存在,因此,1先于2,但不是2先于1。我们可以把这种关系理解为"小于"关系,1小于2,但不是2小于1。亚里士多德的这种"次序不能颠倒"的概念,预示着现代集合论的"有序对"概念,<1,2>是一个有序对,次序不能颠倒,它是"小于"关系的有序对集合{<1,2>,<2,3>,<3,4>,…}中的一个元素,<1,2> ≠ <2,1>。

此外,亚里士多德认为属先于种,这个次序不能颠倒,因为属的存在不依赖种的存在,种的存在要依赖属的存在,例如,如果存在"水栖动物"这个种,就会有"动物"这个属。但如果假定有"动物"这个属,却未必能推定有"水栖动物"这个种。

3. 排列在前的事物,例如在几何学中,点、线先于面、体;在语法中，字母先于音节；在讲话中，开场白先于内容叙述。

4. 原因先于结果，例如，一个人存在是借以断定他存在的命题为真的原因，因而前者就先于后者。

三 同时

"同时"关系主要指：

在同一时间产生的那些事物。亚里士多德指出，同时的事物没有一个在时间上先于或后于另一个。

互相依存而任何一个都不是另一个的原因的那些事物。例如，两倍和一半，如果有两倍就有一半；如果有一半就有两倍；但一方不是另一方存在的原因。

同一个属的不同的种。例如，"动物"这个属之下有"会飞的"、"陆生的"、"水栖的"等各个种，其中没有一个是先于或后于另一个种的，它们在性质方面都是同时的。

第三节 其他类型的关系理论

一 更大与更小、同等程度以及更多与更少

在亚里士多德的关系理论中，关于较大（较多）、较小（较少）的论证颇具特色，值得探讨。在逻辑史上，亚里士多德的这种关系推理被称为"更强（a fortiori）推理"。亚里士多德在《论辩篇》第 2 卷第 10 章中说："再有就是从更大与更小程度出发考察。考察更大与更小程度有四种普通规则。首先，谓词的更大程度是否跟随着主词的更大程度，例如，如果欢悦是善，更大的欢悦是否就是更大的善；如果做错事是恶，做更大的错事是否就是更大的恶。……其次，当一个谓词属于两个主词时，如果它不属于更应属于的那个主词，它也就不会属于更不应属于的那个主词；反之，如果它属于更不应属于的那个主词，它也就一定属于更应属于的那个主词。再有，当两个谓词属于一个主词时，如果公认为更应属于主词的那个

谓词不属于，那么，更不应属于主词的另一个谓词就一定不会属于；反之，如果公认为更不应属于主词的那个谓词属于了，另一个更应属于主词的谓词也就一定会属于。最后，当两个谓词属于两个主词时，如果谓词 P_1 公认为更应属于主词 S_1 但却没属于，谓词 P_2 就一定不会属于主词 S_2；相反，如果谓词 P_2 虽被公认为更不应属于主词 S_2 但却属于了，谓词 P_1 就一定会属于主词 S_1。"（114b36—115a15）。这里，亚里士多德考察了以下 4 种关于更大与更小程度的推理：

（一）设 S 表示"是欢悦"，P 表示"是善"，a、b 为个体常项。从"S(a) 是 P(a)，S(b) 大于 S(a)，P(b) 大于 P(a)"可得"S(b) 是 P(b)"。这里，"大于"指性质程度。

（二）设谓词 P 属于两个主词 S_1 和 S_2，P 属于 S_1 的程度大于 P 属于 S_2 的程度（"P 属于 S_1"就是"S_1 是 P"）。由"P 不属于 S_1"，可得"P 不属于 S_2"；由"P 属于 S_2"可得"P 属于 S_1"。亚里士多德举了一个例子，如果某种能力（S_2）比知识（S_1）具有更少的善（P），而这种能力是善，知识也当然就是善；但是没有一种能力是善，就不能必然地推出没有一种知识是善。(119b26—30) 亚里士多德在这里把"更少"作为"更多"的逆关系来考察，并指出从更少角度出发的推理只能用于立论而不能用于驳论。

（三）设两个谓词 P_1 和 P_2 属于一个主词 S，P_1 属于 S 的程度大于 P_2 属于 S 的程度。由"P_1 不属于 S"可得"P_2 不属于 S"；由"P_2 属于 S"可得"P_1 属于 S"。

（四）设两个谓词 P_1，P_2 分别属于两个主项 S_1 和 S_2，P_1 属于 S_1 的程度大于 P_2 属于 S_2 的程度。由"P_1 不属于 S_1"可得"P_2 不属于 S_2"；由"P_2 属于 S_2"可得"P_1 属于 S_1"。

与上述后三种更大程度的情况相应，亚里士多德还从"同等程度"出发来考察。他说："假如某一谓词同等地属于或被认为属于两个主词，那么，如果它不属于其中的一个，它也就不会属于另一个；相反，如果它属于其中的一个，也就属于其余的另一个。此外，假如两个谓词同等地属于同一个主词，那么，如果一个谓词不属于，剩下的另一个谓词也不会属于；

反之，如果一个属于，其余的另一个也会属于。再有，假如两个谓词同等地属于两个主词，情形也一样；因为如果谓词 P_1 不属于主词 S_1，谓词 P_2 也不会属于主词 S_2；相反，如果谓词 P_1 属于主词 S_1，谓词 P_2 也会属于主词 S_2。"（115a17—24）

我们只分析其中的第一种情况就够了，其余情况是一样的：设谓词 P 属于两个主词 S_1 和 S_2，P 属于 S_1 的程度与 P 属于 S_2 的程度是同等的。这样，不但由"P 不属于 S_1"可得"P 不属于 S_2"，而且由"P 不属于 S_2"可得"P 不属于 S_1"；同样，不但由"P 属于 S_2"可得"P 属于 S_1"，而且由"P 属于 S_1"可得"P 属于 S_2"。亚里士多德举的例子是，如果某种能力（S_1）和知识（S_2）都是同等的善（P），而且某种能力是善，知识也就是善；如果没有一种能力是善，知识也就不是善。（119b24—26）亚里士多德指出，从同等的角度出发，既可驳论又可立论。

由上可见，亚里士多德充分认识到，"更大或更小程度"和"同等程度"是两种不同的关系，以它们为基础的推理具有不同的形式。亚里士多德进一步考察了与以上有所不同的推理：

（一）"从更多、更少和同等的角度来考察。如若另外的属中有某物比所说东西具有更多的某种性质，而那个属下的其余事物又都无一具有这种性质，那么，所说的这东西也就不会具有这种性质。例如，如若某种知识比欢愉具有更多的善，而其余的知识又都无一具有这种善，那么，欢愉也就不会是善。"（119b17—21）设所说的东西为 x，另外的属为 B，a 是 B 中的某物，F 是某种性质，上述推理是说：从"a 是 F 多于 x 是 F，B 中除 a 之外的其余事物都不是 F"可得"x 不是 F"。

（二）"如果要推翻一个观点，那么就要考察是否一个属容纳更大的程度，而种自身或按种称谓的事物却不如此。例如，如果德性能容纳更大程度，公正和公正的人也应如此，因为一个人能被说成比另一个人更公正。如若被设定的属能容纳更大的程度，但种自身或按种称谓的事物却不能，那么，被设定的词就不会是属。"（127b18—25）这里讲得很清楚，属容纳了更大的程度，种就一定如此。

（三）"如果具有更大程度 P 的东西不是具有更大程度 S 的特性，则具有更小程度 P 的东西就不是更小程度 S 的特性，具有最小程度 P 的东西就不是具有最小程度 S 的东西的特性，具有最大程度 P 的东西也就不是具有最大程度 S 的东西的特性，一般说来，P 就不是 S 的特性。例如，既然更大范围的着色不是更大范围的物体的特性，更小范围的着色也就不会是更小范围的物体的特性，一般说来，着色就不会是物体的特性。如果具有更大程度 P 的东西是具有更大程度 S 的特性，则具有更小程度 P 的东西就是更小程度 S 的特性，具有最小程度 P 的东西就是具有最小程度 S 的东西的特性，具有最大程度 P 的东西也就是具有最大程度 S 的东西的特性，一般说来，P 就是 S 的特性。例如，既然愈高级的感觉是愈高级的生命的特性，愈低级的感觉就应是愈低级的生命的特性，最高级的感觉就会是最高级生命的特性，最低级的感觉就会是最低级生命的特性，一句话，感觉就应是生命的特性。"（137b19—28）这段话讨论了主词 S 和谓词 P 的较大和较小程度的各种情况，分为两大段，前一段是反驳；后一段是立论。前提是"具有更大程度 P 的东西是（不是）具有更大程度 S 的特性"，可以推出多个结论：具有更小程度 P 的东西就是更小程度 S 的特性，具有最小程度 P 的东西就是具有最小程度 S 的东西的特性，具有最大程度 P 的东西也就是具有最大程度 S 的东西的特性，一直到 P 就是 S 的特性。简单来说，从"更大程度"可以推出"更小程度"、"最小程度"、"最大程度"直到原级。我们分析一个从"更大"到"更小"的推理："愈高级的感觉是愈高级的生命的特性，所以，愈低级的感觉就应是愈低级的生命的特性"。设 F 是"是感觉"，G 是"是生命"，P 表示"……是……的特性"，上述推理可表示如下：

Fa 比 Fb 高级，

Gc 比 Gd 高级，

$Fa \wedge Gc \rightarrow Pac$，

所以 $Fb \wedge Gd \rightarrow Pbd$。

可见上述是一种新的更大（小）程度的推理。亚里士多德还详细列举了与上述推理同类型的一些推理：

（四）谓词 P 是（或不是）主词 S 的特性，则更大程度的 P 就是（或不是）更大程度 S 的特性，更小程度的 P 就是（或不是）更小程度 S 的特性，最小程度的 P 就是（或不是）最小程度 S 的特性，最大程度的 P 就是（或不是）最大程度 S 的特性。例如，符合本性地向上升腾是火的特性，那么，愈符合本性地向上升腾就愈是火的特性。施善不是人的特性，那么更施善就不会更是人的特性。（见 137b29—138a3）这段话的推理过程与上述推理的过程正好相反，从原级"谓词 P 是（或不是）主词 S 的特性"出发，推出"更大程度"、"更小程度"、"最小程度"和"最大程度"。

（五）如果更大程度的特性不是更大程度主体的特性，则更小程度的特性就不是更小程度主体的特性。例如，与知识是人的特性相比，感觉更是动物的特性，但感觉不是动物的特性，所以，知识也就不应是人的特性。如果更小程度的特性是更小程度主体的特性，那么更大程度的特性也就是更大程度主体的特性。例如，本性上文明比起生命是动物的特性来更少是人的特性，如果本性上文明是人的特性，那么生命也就应是动物的特性。（见 138a4—12）

（六）如果一个谓词不是在更大程度上是特性的东西的特性，它就不会是在更小程度上是特性的东西的特性。如果它是前者的特性，它就不是后者的特性。例如，如果被着色在更大程度上是表面的特性而不是物体的特性，但被着色不是表面的特性，那么，被着色就不应是物体的特性；并且，即使它是表面的特性，它也不应是物体的特性。（见 138a13—20）

（七）如果在更大程度上是一个给定主体的特性的东西不是其特性，那么在更小程度上是它的特性的东西就不是它的特性。例如，能感觉比起能分割更是动物的特性，而能感觉却不是动物的特性，那么，能分割就不是动物的特性。如果在更小程度上是它的特性的东西是其特性，那么在更大程度上是它的特性的东西就是它的特性。例如，感觉与生命相比更不会是动物的特性，但感觉却是动物的特性，那么，生命就应是动物的特性。（见 138a21—29）

在《论辩篇》中，还有其他类型的关系推理，以下加以论述。

二 等同关系

（一）亚里士多德在《前分析篇》第 2 卷第 16 章和第 2 卷第 22 章中，谈到三段论中一个全称肯定命题的两个词项外延相等的问题，这就涉及等同关系，出现了带等词的三段论，下面我们来进行考察。

1. 三段论中的乞求论题

关于乞求论题或预期理由，亚里士多德是在《前分析篇》第 2 卷第 16 章中论述的，他说："乞求和假定原来的论题是一种未证明所提问题的错误；但它可以有多种方式发生。一个人也许根本没有用三段论进行推理，或者他进行论证的前提比所要证明之点更少知道或同属未知，或者他可以通过后件来证明前件；因为证明总是从更确实、先在的前提出发的。"（64b28—33）典型的乞求论题是："如果 A 是通过 B 来证明的，B 是通过 C 来证明的，而 C 自然可为 A 所证明；这样，进行这种推理的人就是通过 A 自身而证明 A。"（65a1—4）但在三段论中，如果有两个词项等同因而可以简单换位，那么在三个格中就会遇到乞求论题，这不是逻辑错误。亚里士多德所说的"乞求论题"实际上与在第 3 章所讲的循环论证类似，不同的是，亚里士多德提出了在一个全称肯定命题中"主词和谓词的相等"这个概念，也就是主谓词可以简单换位，从而可以证明并非自明的东西。（65a10—20）

（1）第一格中的乞求论题

例如，第一格 AAA：

所有 B 是 A

所有 C 是 B

所以，所有 C 是 A

在大前提不确实的情况下，结论的主词与大前提的主词是相等的，即 C = B，我们就有以下的三段论来证明大前提：

所有 C 是 A

所有 B 是 C（小前提"所有 C 是 B"的简单换位命题，B=C）

所以，所有 B 是 A

在小前提不确实的情况下，结论的谓词与小前提的谓词是相等的，即 A = B，我们就有以下的三段论来证明小前提：

所有 A 是 B（大前提"所有 B 是 A"的简单换位命题，A=B）

所有 C 是 A

所以，所有 C 是 B

（2）在第二格三段论中，只有当肯定命题的各词项相等并且所要证明的是否定命题时，才有乞求论题发生。例如：

所有 B 是 A

没有 C 是 A

所以，没有 C 是 B

在小前提不确实的情况下，结论的谓词与大前提的谓词同一即 B = A，由结论和大前提的简单换位命题可以证明小前提：

所有 A 是 B（A=B）

没有 C 是 B

所以，没有 C 是 A

（3）在第三格中，如：

有 C 是 A

所有 C 是 B

所以，有 B 是 A

在大前提不确实的情况下，结论的主词与小前提的主词是相等的即 B = C，我们可以用结论与换位的小前提来证明大前提：

有 B 是 A

所有 B 是 C（B=C）

所以，有 C 是 A

2. 端词可换位与中词可换位之间的关系

亚里士多德说："当端词可换位时，中词也必然随着两个端词可换位。"

（67b27—28），例如第一格 AAA：

  所有 B 是 A

  所有 C 是 B

  所以，所有 C 是 A

在这个三段论中，如果小词 C 与大词 A 可换位即 C = A，结论"所有 C 是 A"可换位为"所有 A 是 C"，那么中词 B 与每个端词也可以换位，即两个前提可以简单换位：

  所有 A 是 C

  所有 B 是 A

  所以，所有 B 是 C

  所有 C 是 B

  所有 A 是 C

  所以，所有 A 是 B

以上两个三段论可以写成：

  A = C

  所有 B 是 A

  所以，所有 B 是 C

  所有 C 是 B

  A = C

  所以，所有 A 是 B

3. 如果 A 和 B、C 和 D 可换位即 A = B、C = D，而且如果一切事物或具有 A 或具有 C，那么一切事物也一定具有 B 或具有 D。因为所有具有 A 的东西具有 B、所有具有 C 的东西具有 D，并且如果一切事物或具有 A 或具有 C 但不能同时具有两者，所以，一切事物或具有 B 或具有 D 但不能同时具有两者。这里可以形成两个三段论：

  所有具有 A 的东西具有 B（A = B）

一切事物是具有 A 的

所以，一切事物是具有 B 的

所有具有 C 的东西具有 D（C＝D）

一切事物是具有 C 的

所以，一切事物是具有 D 的

4. 如果每一事物具有 A 或 B 并且每一事物具有 C 或 D，但不能同时具有 A、B，也不能同时具有 C、D，那么当 A、C 可换位则 B、D 可以换位。

这个推理形式可分析为：

每一事物要么具有 A 要么具有 B（"要么……要么"表示不相容析取）

每一事物要么具有 C 要么具有 D

A＝C

所以，B＝D

亚里士多德用反证法加以证明：

如果 D 不是 B，则 D 就是 A，而 A、C 可互换，因此 D 就是 C，而这是不可能的。

5. 如果 A 只属于所有的 B 和所有的 C，而且 B 属于所有的 C，则 A 和 B 是可换位的。亚里士多德说："当 A 属于 B 的全部也属于 C 的全部，而不述说其他事物时，B 也属于全部 C，那就必然得到 A 和 B 是可换位的：因为 A 仅仅述说 B 和 C，B 既述说自身又述说 C，显然，B 就述说 A 所述说的一切事物，除 A 自身而外。"（68a15—20）

我们可把亚里士多德的证明分析如下：

所有 B 是 A

所有 C 是 A

（由此得到 B+C=A）

所有 B 是 B

所有 C 是 B

（由此得到 B+C=B）

所以，A=B

值得我们注意的是，亚里士多德在这个证明中提到"所有 B 是 B"，这是在《工具论》中唯一提到全称同一律的地方，但从整个三段论的理论和三段论的定义来看，亚里士多德是从来不用这个同一律做前提的，亚里士多德要求三段论中直言命题的主谓项是不同的，两个前提必须有三个词项。

亚里士多德提出的全称同一律，对于莱布尼茨用第二格和第三格来证明换位律有启发作用。莱布尼茨证明换位律的方法如下：

（1）E 命题的换位

在第二格 EAE 中：

  没有 B 是 A

  所有 C 是 A

  所以，没有 C 是 B

如果结论的主词与小前提的谓词同一即 C = A，那么以上的三段论就变为：

  没有 B 是 A

  所有 A 是 A

  所以，没有 A 是 B

（2）I 命题的换位

在第三格 AII 中：

  所有 C 是 A

  有 C 是 B

  所以，有 B 是 A

如果结论的谓词与大前提的主词同一即 A = C，那么三段论就具有以下形式：

  所有 C 是 C

  有 C 是 B

  所以，有 B 是 C

（3）A 命题的换位

在第三格 AAI 中：

所有 C 是 A

所有 C 是 B

所以，有 B 是 A

如果结论的谓词与大前提的主词同一即 A = C，那么三段论就变为：

所有 C 是 C

所有 C 是 B

所以，所有 B 是 C

6. 如果 A 和 B 属于所有的 C，而 C 与 B 可互换，那么 A 属于所有的 B。

所有 C 是 A

所有 C 是 B

（B=C）

所以，所有 B 是 A

（二）亚里士多德说："要考察相同双方的一方与某物相同，另一方否也与它相同。因为如果它们二者不与同一个事物相同，它们自己显然也就不彼此相同。"（152a31—33）这实际上表述了同一关系的传递律（"="表示同一关系）：

如果 a=b 并且 b=c，则 a=c。同时还表达了以下原理：如果∃c（a≠c 并且 b≠c），则 a≠b。

（三）亚里士多德紧接着上文说："再有，要从它们的那些偶性以及从它们作为偶性所属的那些事物出发来考察。因为一物的任何偶性必定也是另一物的偶性，而且，如若它们中的一个是某物的偶性，另一个也必定是某物的偶性。如果在这些方面有某种不一致，它们显然就不是相同的。"（152a34—38）这里表述了以下原理：

（a=b）→（F（a）→F（b））。

这条原理是说：如果 a 和 b 同一，则 a 有 F 性质，b 就有 F 性质。这在数理逻辑中称为"同一物的不可分辨原理"，是带等词的一阶逻辑的一条公理。

亚里士多德还表述了这条原理的逆原理即"不可分辨物的同一原理"："所有同样的属性只是属于不能区分的，在本质上是同一的事物。"（179a37—38）在二阶逻辑中，这一原理就是等词的定义：

$$(a=b) =_{def} \forall F (F(a) \leftrightarrow F(b))$$

三　相似关系

亚里士多德把相似关系也称为"类似关系"或"相同关系"。他认为，相同关系与同等程度是有区别的。从具有相同关系出发进行考察的方式依据类似来把握，不考虑所属的属性是什么，而从同等程度地属于某物的属性出发的考察方式是通过所属属性的综合比较进行的。他把研究相似性看成是进行推理的一种手段。相似关系存在于两个个体之间，也存在于两种关系之间，如"健康的东西和健康之间的关系，与强壮的东西和强壮之间的关系是相似的"。两个个体之间的相似是一阶关系，而两种关系之间的相似则是二阶关系。亚里士多德主要研究后者。下面我们看一看他考察的相似关系推理。

1."要考察不同属的事物之间的相似情况。一个表述是'A：B＝C：D'，例如，假定知识与知识的对象相关，那么感觉就与感觉的对象相关。另一个表述是'假设A在B中，则C在D中'，例如，假定视觉在眼睛中，那么理智在灵魂中；假定浪静在海中，则风平在空中。"（108a7—11）这里包含两个相似关系推理：第一个，从"A与B相关相似于C与D相关，A与B相关"可得"C与D相关"；第二个，从"A在B中相似于C在D中，A在B中"可得"C在D中"。这两个推理是以关系的相似为基础的，亚里士多德已有了这个概念，但对"关系的相似"作出严格定义是由两千多年后的罗素完成的。罗素用一对一的关系（即此关系的一个前项仅仅有一个后项与之对应）定义了P和Q这两个关系之间的相似：

如果有一个一对一的关系S，它的前域是P关系的场（即前域和后域的和），后域是Q关系的场，并且如果一项对另一项有P关系，则此项的对应者与另一项的对应者有Q关系；反之，如果一项对另一项有Q关系，则此项的对应者与另一项的对应者有 P 关系。罗素用下图说明了这个定义：

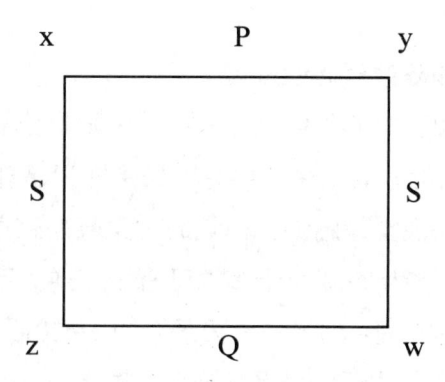

```
   x      P      y
   ┌─────────────┐
   │             │
 S │             │ S
   │             │
   └─────────────┘
   z      Q      w
```

由此可见，关系之间的相似是一种关系的关系，是二阶关系，现在我们称之为同构。

2. 如果具有相同关系的东西是（或不是）具有相同关系的事物的特性，则具有相同关系的东西就是（或不是）具有相同关系的事物的特性。例如，既然医生能造成健康与教练对于能造就良好体质具有相同关系，而造就良好体质是教练的特性，那么，能造成健康也就应是医生的特性；既然建筑者对于建筑房屋的行为与医生对于造成健康的行为二者之间具有相同的关系，而造成健康的行为不是医生的特性，那么，建筑房屋的行为也就不应是建筑者的特性。(136b33—137a5)以上两个推理也是建立在"关系的相似"这个概念基础之上的。

亚里士多德认为，考察相似性有三方面的作用：(1)对归纳论证有用，因为只有通过对若干相似的个别情况的归纳，才能得到一般性的结论。(2)对假设性推理有用，这是因为当相似物中的某一个东西具有真实性时，其余的也如此。(3)对定义有用，这是因为当我们能看出每一个别事物中是什么东西相同时，我们就把一切事物都共有的东西归之于属。例如，海中的浪静与空中的风平是相同的，因为每种状态都是静止，"静止（状态）"就是属，浪静是海中的静止状态，风平是空中的静止状态。再如，线段上的点和数目中的 1 也是相同的，因为每种情况都是一个起点，起点就是属，我们在下定义时可以说，1是数目的起点，点是线段的起点。亚里士多德对相似关系及其推理的论述十分精辟。

四 逆关系和复杂概念的推理

亚里士多德说："如果3/1是倍数，1/3则是分数。如果3/1被说成与1/3相关，倍数也与分数相关。再有，如果知识是理解，知识的对象就是理解的对象。如果视觉是感觉，视觉的对象就是感觉的对象。"（114a15—19）我们在第二章指出，亚里士多德已有了"逆关系"概念。这里，他作出了关于逆关系的推理：如果一个关系（3/1）推出另一关系（倍数），则前一关系的逆（1/3）推出后一关系的逆（分数）。这个推理可写成以下形式：

如果a和b有u关系，则a和b有s关系，可得：如果b和a有u的逆关系，则b和a有s的逆关系。写成符号公式就是：

从 aub→asb 可得：bǔa→bša（ǔ，š表示相应的逆关系）

"如果视觉是感觉，视觉的对象就是感觉的对象"是一个含有"视觉的对象"等复杂概念的关系推理，设F表示"是视觉"，G表示"是感觉"，H表示"……是……的对象"，上述推理可表示为：

$$\forall x（Fx\to Gx）$$

所以，$\forall x[\exists y（Fy\wedge Hxy）\to\exists y（Gy\wedge Hxy）]$。

亚里士多德提出的这种复杂概念的关系推理比德摩根提出的著名推理"所有马是动物，所以，所有马头是动物头"早了两千多年。可是，关系逻辑的创始人德摩根却认为亚里士多德没有关系理论，认为用"所有马是动物，所以，所有的马头都是动物头"这个推理就可证明亚里士多德逻辑理论的局限性，这种错误观点使国内外的一些逻辑学者对亚里士多德的逻辑理论产生了诸多误解，其实，亚里士多德早已提出了德摩根的许多关系概念。

这个推理可以在一阶逻辑的自然演绎系统ND中证明：

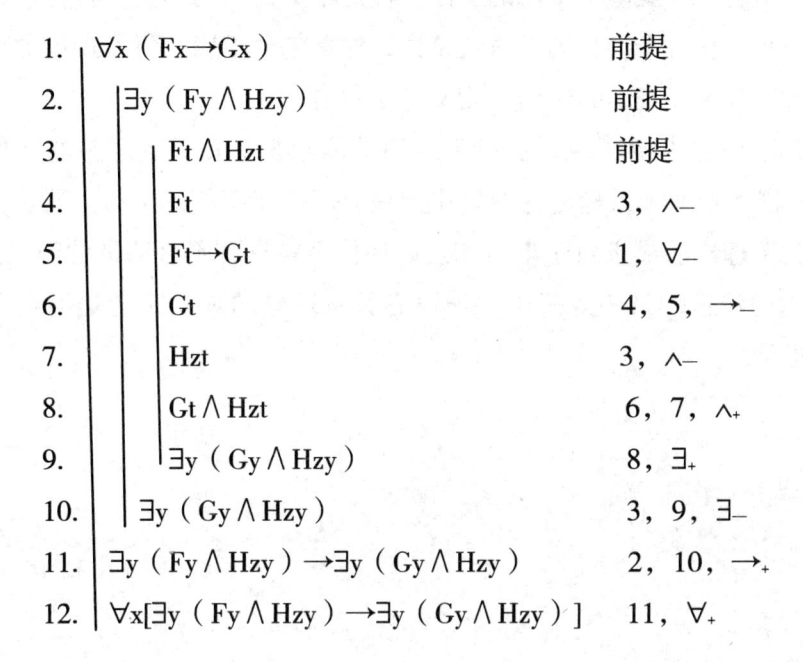

1.	∀x（Fx→Gx）	前提
2.	∃y（Fy∧Hzy）	前提
3.	Ft∧Hzt	前提
4.	Ft	3，∧−
5.	Ft→Gt	1，∀−
6.	Gt	4，5，→−
7.	Hzt	3，∧−
8.	Gt∧Hzt	6，7，∧+
9.	∃y（Gy∧Hzy）	8，∃+
10.	∃y（Gy∧Hzy）	3，9，∃−
11.	∃y（Fy∧Hzy）→∃y（Gy∧Hzy）	2，10，→+
12.	∀x[∃y（Fy∧Hzy）→∃y（Gy∧Hzy）]	11，∀+

与逆关系有关，亚里士多德还提出了以下两种推理：

1. "虽然倍被说成与半相关，超过与被超过相关，但是，既然超过不是倍的特性，被超过也就不可能是半的特性。"（135b20—21）这是说，给定关系 u 和逆关系 ǔ，关系 s 和逆关系 š，由 "u 不是 s 的特性" 可得 "ǔ 不是 š 的特性"。

2. "既然倍被说成与半相关，2∶1 与 1∶2 相关，那么，如若 2∶1 是倍的特性，1∶2 就是半的特性"（135b23—25）给定关系 u 和逆关系 ǔ，关系 s 和逆关系 š，由 "u 是 s 的特性" 可得 "ǔ 是 š 的特性"。

五 关系之间的包含关系

关系之间的包含关系是由罗素在 20 世纪初在《数学原理》中提出的，并在关系演算中作了形式处理。但是，我们应该承认，亚里士多德已初步认识到这种关系。他说："关系的属自身也应该是关系，就像两倍一样；因为作为两倍之属的倍自身也是关系。"（121a1—5），"两倍" 关系是种，

"倍"关系是属。按亚里士多德的看法，种是小类，属是大类，属的外延大于种，而属中有若干种并列，这就是说，种真包含于属。两倍真包含于倍，就是说，如果 x 是 y 的两倍，则 x 是 y 的倍。

综合第七章与本章所说，亚里士多德是偏好逻辑和关系逻辑的开拓者，他以丰富多彩的关系理论在逻辑史上建立了一座不朽的丰碑。吸取亚里士多德关系理论的成果对于丰富和发展现代逻辑具有不可估量的作用。那种在国内外流行的认为亚里士多德没有关系理论的观点完全是不实之词，应予推倒。

第九章 模态命题逻辑

第一节 模态命题逻辑的基本内容

亚里士多德不但是形式逻辑的创始人，而且是模态命题逻辑的创始人。他使用了四个模态词："必然"（necessary）、"不可能"（impossible）、"可能"（possible）和"偶然"（contingent）。并认为只有命题才是必然的、不可能的、可能的或偶然的，他说："我们必须来考察那些断言或否认可能性或偶然性、不可能性或必然性的肯定命题和否定命题之间的相互关系，因为这个问题不是没有困难的。"（Aristotle，21a34—37）"因为正如在前面的例子中动词'是'和'不是'被加到句子的材料'白的'和'人'上面一样，在这里句子的材料乃是'有这件事'（that it should be）和'没有这件事'，而所加上去的乃是'是可能的'、'是偶然的'等。这些词表明某事是可能的或不是可能的，正如在前面的例子中'是'和'不是'表示某些事物是事实或不是事实一样。"（21b26—32）"我们必须像已指出的那样把短句'有这件事'和'没有这件事'规定为命题的基本材料，而在将这些词造成肯定命题和否定命题的时候，我们必须把它们分别和'可能'（possible）、'偶然'（contingent）等词结合起来。"（22ª8—13）

由上可见，亚里士多德是从"从言模态"（de dicto）的角度来处理模态命题的。此外，在《解释篇》中模态词"偶然"与"可能"具有同样的含义，亚里士多德说："从命题'可能有这件事'就可以推论出偶然有这

件事，而反过来也一样。"（22a15）他列了一张表来考察模态命题：①

A、	B、
可能有这件事。（It may be）	不能有这件事。（It cannot be）
偶然有这件事。（It is contingent）	并非偶然有这件事。（It is not coningent）
并非不可能有这件事。（It is not impossible that it should be）	不可能有这件事。（It is impossible that it should be）
并非必然没有这件事。（It is not necessary that it should not be）	必然没有这件事。（It is necessary that it should not be）
C、	D、
可能没有这件事。（It may not be）	不能没有这件事。（It cannot not be）
偶然没有这件事。（It is contingent that it should not be）	并非偶然没有这件事。（It is not coningent that it should not be）
并非不可能没有这件事。（It is not impossible that it should not be）	不可能没有这件事。（It is impossible that it should not be）
并非必然有这件事。（It is not necessary that it should be）	必然有这件事。（It is necessary that it should be）

根据以上所引的话，"It may be"（可能有这件事）即是"It is possible that it should be"；"It cannot be"（不能有这件事），即是"It is not possible that it should be"；"It is contingent"、"It is not contingent"、"It may not be"、"It cannot not be"等可作同样分析。亚里士多德在《解释篇》第12章、第13章中讨论了以上各种命题之间的关系，A 和 B 中相对应的命题、C 和 D 中相对应的命题是矛盾命题，A 和 C 以及 B 和 D 中相应的命题不是矛盾命题。

---

① 亚里士多德在列出 A、B、C、D 四个表时，其中有一个错误，A 中第 4 个命题（"并非必然有这件事"）和 C 中第 4 个命题（"并非必然没有这件事"）应当对调，他在 22b14—27 中作了改正。我们在下面列出的表已改正。

在 A、B、C、D 四个系列中，每个系列从前两个命题可推出后两个命题。在各系列中的后两个命题是什么关系呢？亚里士多德指出，它们是等值关系；"命题不可能［有这件事］(It is impossible [that it should be])当用于一个相反的主词上时，①就等值于命题'必然［没有这件事］ (It is necessary [that it should not be])'因为，当不可能有一事物时，就必然不是有它而是没有它；而当不可能没有一事物，就必然有该事物。所以，如果说那些该事物的不可能性或非不可能性的命题，不必改变主词就可以从那些该事物的可能性或非可能性的命题推出来，那些该必然性的命题则就要改为相反的主词才能推出来；因为由'不可能'和'必然'这两个词形成的命题并不是相等的，而是如上所指，颠倒地联结着的。"（22b1—9）这就是说，在 B 中"不可能有这件事"等值于"必然没有这件事"；在 D 中，"不可能没有这件事"等值于"必然有这件事"。关于在 A 和 C 中，后两个命题的等值，亚里士多德没有明确的陈述，但从 A 和 B 中、C 和 D 中相应的命题是矛盾命题，显然可以得出：在 A 中，"并非不可能有这件事"等值于"并非必然没有这件事"；在 C 中，"并非不可能没有这件事"等值于"并非必然有这件事"。

我们要问：在 A、B、C、D 四个表中，第一个命题（等值于第二个命题）是否等值于第三个命题，从而等值于第四个命题呢？亚里士多德考察了 A 和 B："现在，命题'不可能有这件事'和'并非不可能有这件事'是可以从命题'可能有这件事'、'偶然有这件事'和'不能有这件事'、'并非偶然有这件事'推论出来的——即矛盾命题从矛盾命题推论出来。但其中有戾换法。命题'不可能有这件事'的否定命题可以从命题'可能有这件事'推论出来，而第一个命题的相应的肯定命题则可以从第二个命题的否定命题推论出来。因为'不可能有这件事'是一个肯定命题，而'并非不可能有这件事'是一个否定命题（按：'不可能'是一个模态词）。"（22a32—36）"命题'并非必然没有这件事'是那个从命题'不能有这件

---

① 亚里士多德是从从言模态的观点来考察模态命题的，在"不可能［有这件事］"中，主词是"有这件事"(that it should be)，相反的主词是指"没有这件事"(that it should not be)。

事'推出来的命题的矛盾命题;因为从'不能有这件事'可以推出'不可能有这件事'和'必然没有这件事',而后者的矛盾命题是命题'并非必然没有这件事'。这样,在这种场合,矛盾命题也以所指出的方式从矛盾命题推出来,并且,当它们被这样排列时,并没有逻辑上不可能的事情发生。"(22b25—27)这段话是说,"不可能有这件事"的矛盾命题"并非不可能有这件事"可以从命题"可能有这件事"(它也是"不可能有这件事"的矛盾命题)推论出来,同理,"不可能有这件事"可以从"可能有这件事"的矛盾命题"不能有这件事"推论出来,这就是亚里士多德所说的"矛盾命题从矛盾命题推论出来",即"戾换法"。按照同样的方式,"可能有这件事"的两种形式的矛盾命题"不能有这件事"和"不可能有这件事",可以互相推出;"并非必然没有这件事"的两种形式的矛盾命题"不能有这件事"和"必然没有这件事"可以互相推出。亚里士多德没有考察 C 和 D 的"戾换法",但很显然,"矛盾命题从矛盾命题推论出来"的原则是完全适用的。

综上所说,在以上四个系列中,各系列的 4 个命题是等值的。亚里士多德在《解释篇》中没有引进命题变项,为方便起见,我们把模态命题的基本材料"有这件事"("it should be")用命题变项"p"来表示,"没有这件事"("it should not be")用"¬p"(读为"非 p")来表示。在 4 个模态词中,去掉"偶然",我们用"□"表示"必然","◇"表示"可能","¬◇"表示"不可能",这样,我们就可以得到以下原理("↔"表示"等值"):

1. $\Diamond p \leftrightarrow \neg\neg\Diamond p \leftrightarrow \neg\Box\neg p$。
2. $\neg\Diamond p \leftrightarrow \Box\neg p$。
3. $\Diamond\neg p \leftrightarrow \neg\neg\Diamond\neg p \leftrightarrow \neg\Box p$。
4. $\neg\Diamond\neg p \leftrightarrow \Box p$。
5. $\neg\Diamond p$($\Box\neg p$)与 $\Diamond p$($\neg\neg\Diamond p$、$\neg\Box\neg p$)是矛盾关系。
6. $\Diamond\neg p$($\neg\neg\Diamond\neg p$、$\neg\Box p$)与 $\neg\Diamond\neg p$($\Box p$)是矛盾关系。

此外,亚里士多德陈述了一个重要原理:必然命题蕴涵可能命题,他说:"当必然有一事物的时候,就可能有它。"(When it necessary that a thing should be , it is possible that it should be。)(22b11）关于"可能"（possible，亚里士多德有时也用 potential 作为同义词）这个模态词，亚里士多德作了说明："显然事实上并非常常是凡可能有或可能步行的东西也就具有另一方向的可能性。例外是有的。首先，必须作为例外的，是那些不是按照理性原则而具备一种可能性的东西，像火具有发热的可能性，即一种非理性的能力。那些牵涉一个理性原则的可能性，乃是具有一个以上结果的可能性或者说相反结果可能性的；那些非理性的，就不是永远如此的。如上所说，火不能既发热又不发热，任何永远是显示的东西，也没有什么双重的可能性。但即使在那些非理性的可能性中间，有些也允许对立的结果。不过，上面所说的话已足够强调指出这个真理：即并非每种可能性都允许对立的结果，即使当'可能'一词永远以同一的意义被使用的时候。"（22b35—23a6）这段话是说，牵涉一个理性原则的可能性以及有些非理性的可能性，允许对立的结果，即"可能有这件事"允许"可能没有这件事"，但并非每种可能性都允许对立的结果。亚里士多德进一步指出："但有时'可能'一词是同名异义地来使用的。因为'可能'一词是有歧义的；在一种情况之下，它被用来指事实，指那已现实化了的，例如说一个人发觉步行是可能的，因为它实际上是在步行着；一般来说，当我们因为一种能力实际上已现实化了而把该种能力赋予一件事物的时候，我们就是在使用这个意义上的'可能'一词。在别的场合，它是指某一能力，这种能力在一定条件之下是能现实化的，例如我们说一个人发觉步行是可能的，因为在某种条件之下他会步行。这后一种可能性，只属于那能够运动的东西，前一种可能性也能存在于那没有这种运动能力的东西那里。对于那是在步行着并且是现实的东西，以及对于那有这种能力虽然不一定现实化了这种能力的东西，都能正确地说它并非不可能步行（或者，在别种情况，并非不可能有这件事）；我们虽然不能把后一种可能性用来述说那不加限制意义上的必然事物，我们却能把前一种可能性用来述说它。"（23a7—15）由上所说，亚里士多德得出结论："当必然有一事物的时候就可能有它"（22b11），"必然的事物也是可能的"（23a17）。我们可用公式表示为：

7. □p→◇p。这是现代模态命题逻辑 D 系统的公理。

"必然没有这件事"与"并非必然有这件事"是什么关系呢？亚里士多德说："命题'并非必然有这件事'并不是'必然没有这件事'的否定命题，因为这两个命题对于同一个主词而言可能都是正确的；因为，当一事物必然没有时，就并非必然有。"（22b1）这就是说（"→"表示"蕴涵"）：

8. □¬p→¬□p，

而 ¬□p↔◇¬p，因此：

9. □¬p→◇¬p。

7 和 9 表明，□p 与 ◇p、□¬p 与 ◇¬p 之间是等差关系。

"可能有这件事"和"可能没有这件事"是什么关系呢？亚里士多德说："'可能没有这件事'的矛盾命题不是'不能有这件事'，而是'不能没有这件事'；而'可能有这件事'的矛盾命题不是'可能没有这件事'，而是'不能有这件事'。这样，命题'可能有这件事'和'可能没有这件事'就显出是互相蕴涵的：因为，既然这两个命题不是互相矛盾的，那么同一件事物就可能有也可能没有。"（21b32—35）这就是说，◇p 和 ◇¬p 不是矛盾关系，两者可以同真。两者能否同假呢？不能。亚里士多德说："可能有人会提出这样的疑问：命题'可能有这件事'是否能够从命题'必然有这件事'推出来？如果不能，则必须推论出它的矛盾命题，即不能有这件事；或者，如果人们认为这并非它的矛盾命题，那么，则必须推论出命题'可能没有这件事'。但对于那必须有的东西，这两个命题都是假的。"（22b29—32）这是说，□p 可推出 ◇p，从 □p 不能推出 ¬◇p（□¬p）和 ◇¬p，当 □p 真时，¬◇p 和 ◇¬p 都是假的。因此，当 □p 真时，◇p 为真而 ◇¬p 为假，它们不同假。由此可得：

10. ◇p 和 ◇¬p 之间是下反对关系。

"必然有这件事"和"必然没有这件事"是什么关系呢？亚里士多德说："'必然有这件事'的矛盾命题不是'必然没有这件事'而是'并非必然有这件事'；而'必然没有这件事'的矛盾命题是'并非必然没有这件事'。"（22a3—5）这就是说，□p 和 □¬p 之间不是矛盾关系，它们的矛盾命题分别是¬□p 和¬□¬p，根据上述的 1 和 3，就是◇¬p 和◇p，根据 10，◇¬p 和◇p 是下反对关系，可以同真而不同假，因此，同它们相矛盾的命题□p 和□¬p 就可以同假而不同真；另外，从上面所引的 22b29—32 的一段话，可以看出：当□p 真时，◇¬p 为假从而据以上的 9，□¬p 为假，也就是说□p 和□¬p 不能同真，因此：

11. □p 和□¬p 之间是反对关系。

综上所说，亚里士多德实际上已提出了以下的模态对当方阵：

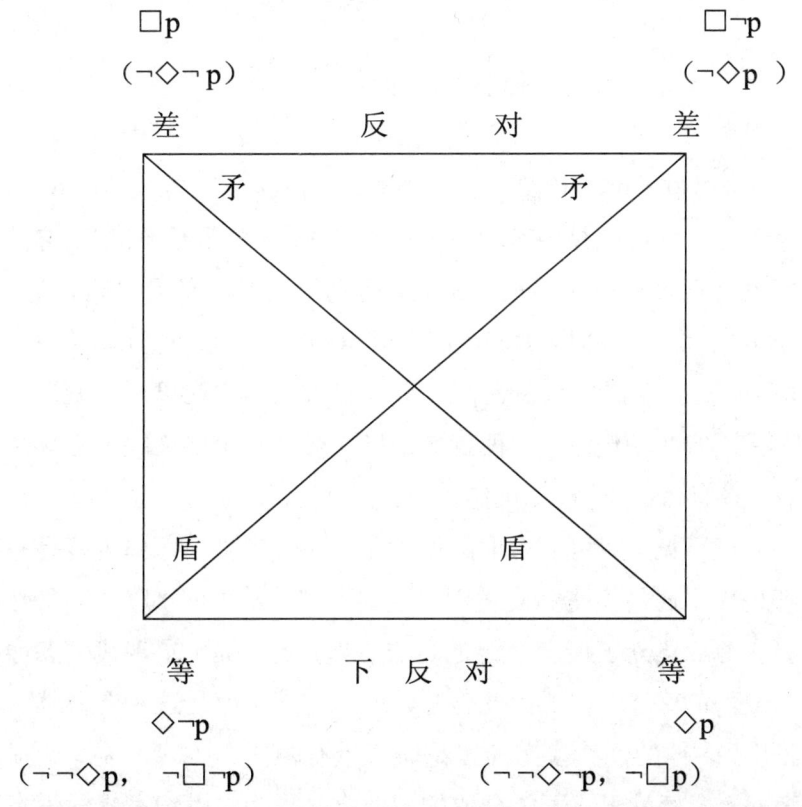

```
        □p                          □¬p
      （¬◇¬p）                     （¬◇p）
            差      反    对      差
                ┌─────────────┐
                │  矛       矛  │
                │    ╲   ╱    │
                │      ╳      │
                │    ╱   ╲    │
                │  盾       盾  │
                └─────────────┘
            等      下 反 对      等
        ◇¬p                          ◇p
   （¬¬◇p，¬□¬p）              （¬¬◇¬p，¬□p）
```

关于模态命题之间的关系，亚里士多德还说："必然性的东西就是现实的东西。所以，如果永恒的事物是在先的，则现实性也就先于可能性。"（23a21—25）

亚里士多德在这段话中，提出了两条原理，即"必然的东西是现实的东西"和"现实性先于可能性"，我们可用符号公式表示为：

12. □p→p，这是现代模态命题逻辑 T 系统的公理。

13. $p \to \Diamond p$。

由此也可得到以上的 7：

$$\Box p \to \Diamond p。$$

综上所说，亚里士多德提出了模态对当方阵，提出了现代模态命题逻辑的 T 系统和 D 系统的雏形，为现代模态逻辑的发展开了先河。

第二节 包含偶然算子的模态命题逻辑

一 亚里士多德关于"偶然"的定义

"偶然"这一模态词的希腊文为 ενδεχομενον。亚里士多德在《解释篇》中，有时也在《前分析篇》的一些地方，把这个词与 δυνατον（可能）当作同义词，这种可能是一种单可能，说"可能 p"并不意味"可能非 p"。另外，他在《前分析篇》中把"命题 p 是偶然的"定义为"既非不可能 p 也非必然 p"（32a18—20）即"可能 p **并且** 可能非 p"，这种偶然是"双可能"。这表明上述希腊词 ενδεχομενον 是有歧义的，亚里士多德说："'是偶然的'一语有两种用法。一种意义是指一般地发生但又缺少必然性的情况。……另一种意义是指不确定的情况，它可能如此，也可能不如此。"（32b5—10）可见，双可能合取的偶然是一种强偶然，而单可能是一种弱偶然。亚里士多德的模态命题逻辑研究弱偶然（单可能）以及同必然和实然之间的关系，建立了模态命题之间的对当方阵，提出了现代模态命题逻辑的 D 公理和 T 公理；现代模态逻辑的可能算子就是这种弱偶然（单可能）。亚里士多德的偶然模态三段论研究带有强偶然（双可能）前提的三段论。亚里士多德关于双可能合取的偶然定义也为中世纪逻辑学家奥康的威廉（William of Occam）所采用，他提出了一条模态逻辑的原理：从偶然推出可能。这种偶然性完全符合日常生活中的直观，例如，当我们抛一枚硬币时，在抛出到出结果这一时段之内，我们说"正面向上是偶然的"，这等于说，可能正面向上，但是也有可能不是正面向上，按可能世界语义学，"正面向上是偶然的"在可能世界 w 为真当且仅当 w 有一个可及世

w_1，在其中是正面向上，也有一个可及世界 w_2，在其中不是正面向上。这表明"偶然"是双可能合取。当然，在实际抛出硬币之后，总会有一个结果，或者到 w_1，正面向上，或者到 w_2，不是正面向上，不会在同一个世界中，既正面向上又不是正面向上。这就是说，原来的偶然性或双可能性就转化为单一的现实性了。

在《工具论》的英译本中，将偶然模态三段论前提中的"偶然的"译为"Problematic"或"possible"，将结论中的"偶然的"和"可能的"都译为"possible"，而中译本则将前提中的"偶然的"译为"可能的"或者"或然的"或者"真假未定的"，将结论中的"偶然的"和"可能的"都译为"可能的"。亚里士多德没有研究带可能前提的模态三段论。这给我们研究《工具论》带来很大的困难，我们在读《工具论》时必须根据罗斯和其他国际逻辑学者研究亚里士多德模态三段论的成果仔细加以区别。

二 包含偶然算子的模态命题逻辑

现在我们进行扩展研究，把亚里士多德的偶然算子引入现代正规的模态命题逻辑系统中，讨论偶然同必然和可能的关系。

模态命题逻辑系统是在经典命题演算的基础上加进算子 □（必然）和 ◇（可能）而构成的。K 系统由经典命题演算增加以下公理和初始变形规则而构成：

K 公理 $\Box(A \to B) \to (\Box A \to \Box B)$

初始变形规则 N（必然化规则） 如果 A 是定理，则 □A 也是定理。

K 系统是最小的正规系统。一个正规系统 S 是指包含 K 公理和 N 规则的系统。在 K 系统的基础上可构成许多正规系统。

在 K 系统中引入定义：$\Delta A =_{\text{def}} \Diamond A \wedge \Diamond \neg A$。据 ΔA 的定义可得：

定理 1 $\Delta A \leftrightarrow \Delta \neg A$

这是说，A 是偶然的，等值于它的矛盾命题 ¬A 也是偶然的。

定理 2 $\neg \Delta A \leftrightarrow \neg \Delta \neg A$

A 不是偶然的，等于说 ¬A 不是偶然的。定理 1 和定理 2 是偶然模态的特点，必然和可能模态没有这种特点。

定理 3　$\triangle A \to \Diamond A$

如果 A 是偶然的，那么 A 就是可能的；即是说，偶然强于可能。

定理 4　$\triangle A \to \Diamond \neg A$

如果 A 是偶然的，那么 $\neg A$ 就是可能的。由定理 3 可得：

定理 5　$\neg \Diamond A \to \neg \triangle A$

如果 A 是不可能的，那么 A 就不是偶然的。由定理 5 和 K 系统定理 $\Box \neg A \leftrightarrow \neg \Diamond A$ 可得：

定理 6　$\Box \neg A \to \neg \triangle A$

如果 $\neg A$ 是必然的，那么 A 就不是偶然的。由定理 4 可得：

定理 7　$\neg \Diamond \neg A \to \neg \triangle A$

如果 $\neg A$ 是不可能的，那么 A 就不是偶然的。由定理 7 和 K 系统定理 $\Box A \leftrightarrow \neg \Diamond \neg A$ 可得：

定理 8　$\Box A \to \neg \triangle A$

如果 A 是必然的，那么 A 就不是偶然的。据 $\triangle A$ 的定义和 K 系统定理 $\neg \Box \neg A \leftrightarrow \Diamond A$ 可得：

定理 9　$\triangle A \leftrightarrow \neg \Box \neg A \land \neg \Box A$

A 是偶然的，等于说 A 和 $\neg A$ 都不是必然的。由定理 9 和德摩根律可得：

定理 10　$\neg \triangle A \leftrightarrow \Box \neg A \lor \Box A$

A 不是偶然的，等于说 A 和 $\neg A$ 至少有一个是必然的。由定理 10 可得：

定理 11　$\neg \triangle \neg A \leftrightarrow \Box A \lor \Box \neg A$

$\neg A$ 不是偶然的，等于说 A 和 $\neg A$ 至少有一个是必然的。在 K 系统中有定理 $\Diamond (A \land B) \to \Diamond A \land \Diamond B$，据 $\triangle A$ 的定义可得：

定理 12　$\Diamond (A \land \neg A) \to \triangle A$

这是说，如果一个自相矛盾的命题是可能的，那么它就是偶然的。但是定理 12 的逆命题不成立，我们不能说，如果一个命题是偶然的，那么它就可能自相矛盾。由定理 12 可得：

定理 13　$\neg \triangle A \to \neg \Diamond (A \land \neg A)$

如果一个命题不是偶然的，那么它就不可能自相矛盾。

在命题演算中有定理（A→B）∧（C→D）→（A∧C→B∧D），据ΔA的定义可得：

定理 14　（◇A→◇B）∧（◇¬A→◇¬B）→（ΔA→ΔB）

如果可能 A 蕴涵可能 B 并且可能¬A 蕴涵可能¬B，那么若 A 是偶然的则 B 是偶然的。同样，据命题演算定理（A→B）∧（A→C）→（A→B∧C）可得：

定理 15　（A→◇B）∧（A→◇¬B）→（A→ΔB）

这是说，如果一个命题 A 既蕴涵可能 B 又蕴涵可能¬B，那么它就蕴涵 B 是偶然的。

我们还可以有同时出现必然、可能和偶然的定理，在 K 系统中有定理□A∧◇B→◇（A∧B）和◇（A∧B）→◇A∧◇B，并据ΔA 定义可得：

定理 16　□A∧◇¬A→ΔA

这是说，如果 A 是必然的并且¬A 是可能的，那么 A 是偶然的。在 K 系统中据定理□（A→B）∧◇（A∧C）→◇（B∧C）以及◇（B∧C）→◇B∧◇C，可得：

□（A→B）∧◇（A∧C）→◇B∧◇C，再据ΔA 定义得到：

定理 17　□（A→B）∧◇（A∧¬B）→ΔB

这是说，如果（A→B）是必然的并且（A∧¬B）是可能的，那么 B 就是偶然的。

由 K 系统中定理□A∧◇（B→C）→（□（A→B）→◇（A∧C）），据定理12可得：

定理 18　□A∧◇（B→¬A）→（□（A→B）→ΔA）

这是说，如果 A 是必然的并且（B→¬A）是可能的，那么若（A→B）是必然的则 A 是偶然的。

D 系统是 K 系统增加以下公理的扩张系统：

D公理　　□A→◇A。

在 D 系统中有规则：如果 A 是定理，那么◇A 也是定理。在以上十八条定理前加上◇也是定理。此外，由 **D** 公理、定理 12 和 ΔA 定义可得：

定理 19　□（A∧¬A）→ΔA

这是说，如果一个命题自相矛盾是必然的，那么它就是偶然的。由于必然算子对合取可等值分配，由定理 19 得到：

定理 20　□A∧□¬A→ΔA

将定理 19 易位可得：

定理 21　¬ΔA→¬□（A∧¬A）

如果一个命题不是偶然的，那么它就不必然是自相矛盾的。由 D 公理和定理 3（ΔA→◇A），据命题演算定理（A→C）∧（B→C）→（A∨B→C）可得：

定理 22　□A∨ΔA→◇A

如果一个命题是必然的或者是偶然的，那么它就是可能的。由定理 22 和命题演算定理 A∧B→A∨B 可得：

定理 23　□A∧ΔA→◇A

现在我们转到 T 系统（K 系统 + **T** 公理）：

T 公理　□A→A。

T 系统中有定理 A→◇A，从而推出 D 公理，所以 T 系统也是 D 系统的扩张系统。

由定理 A→◇A 和定理 12 可得：

定理 24　（A∧¬A）→ΔA

如果一个命题是自相矛盾的，那么它就是偶然的。由定理 24 可得：

定理 25　¬ΔA→¬（A∧¬A）

如果一个命题不是偶然的，那么它就不是自相矛盾的。T 系统中有定理（A→B）→（□A→◇B），据定理 12 可得：

定理 26　（A→B∧¬B）→（□A→ΔB）

这是说，如果 A 蕴涵 B 且¬B，那么必然 A 就蕴涵偶然 B。

T 系统有如下的对当方阵：

必然蕴涵实然，实然蕴涵可能，必然蕴涵可能，对角线是矛盾关系，上面一条边是反对关系，下面一条边是下反对关系，中间一条边是矛盾关系，偶然同必然、实然的关系要复杂一些。

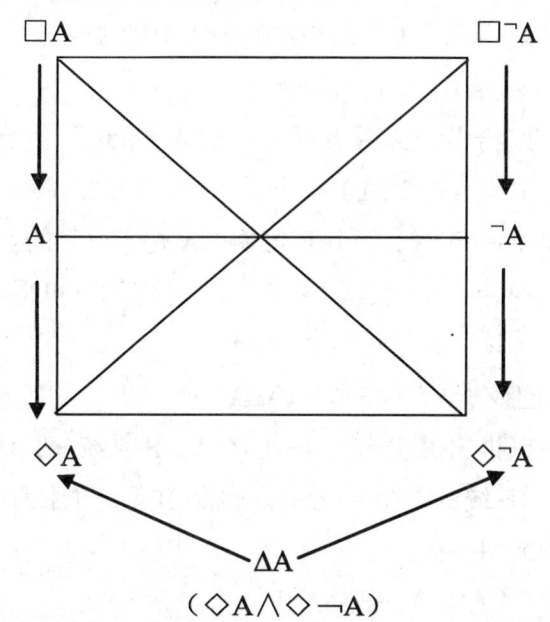

```
        □A                    □¬A
         ┌─────────────────────┐
         │╲                   ╱│
         │ ╲                 ╱ │
         ↓  ╲               ╱  ↓
         │   ╲             ╱   │
        A├────╲───────────╱────┤¬A
         │     ╲         ╱     │
         │      ╲       ╱      │
         ↓       ╲     ╱       ↓
         │        ╲   ╱        │
         └─────────╲ ╱─────────┘
        ◇A         ╳         ◇¬A
         ↖                   ↗
            ↖             ↗
                 ΔA
            （◇A∧◇¬A）
```

S4 系统是在 T 系统的基础上增加以下公理而得到的扩张系统：

4 公理　　$\Box A \to \Box\Box A$。

在 S4 中有定理 $\Diamond\Diamond A \leftrightarrow \Diamond A$，因此有 $\Diamond\Diamond(A\land\neg A)\leftrightarrow\Diamond(A\land\neg A)$，据定理 12 可得：

定理 27　　$\Diamond\Diamond(A\land\neg A)\to\Delta A$，

这是说，如果 $\Diamond(A\land\neg A)$ 是可能的，那么 A 就是偶然的。由于重叠的 ◇ 算子可以归约，定理 27 就可归约为定理 12。

最后我们在 S5 系统中来讨论有关偶然的定理，S5 是在 T 系统的基础上增加以下公理而得到的扩张系统：

5 公理　　$\Diamond A \to \Box\Diamond A$。

由于 4 公理是 S5 的定理，因此 S5 系统也是 S4 系统的扩张系统。

以上所有定理都是 S5 的定理，由 5 公理可得 $\Diamond(A\land\neg A)\to\Box\Diamond(A\land\neg A)$，由定理 12 可得：

定理 28　　$\Diamond(A\wedge\neg A)\to\Box\Delta A$

这是说，如果一个自相矛盾的命题是可能的，那么它的偶然性就是必然的。

S5 有定理 $\Diamond(A\wedge\Diamond B)\leftrightarrow\Diamond A\wedge\Diamond B$，因此有：

定理 29　　$\Diamond(A\wedge\Diamond\neg A)\leftrightarrow\Delta A$

A 是偶然的等于说，A 并且可能 $\neg$A 是可能的。由定理 29 可得：

定理 30　　$\neg\Diamond(A\wedge\Diamond\neg A)\leftrightarrow\neg\Delta A$

A 不是偶然的等于说，A 并且可能 $\neg$A 是不可能的。

据定理 $\Diamond\Diamond A\leftrightarrow\Diamond A$，$\Box\Diamond A\leftrightarrow\Diamond A$，由定理 29 可得：

定理 31　　$\Diamond\Diamond(A\wedge\Diamond\neg A)\leftrightarrow\Delta A$

定理 32　　$\Box\Diamond(A\wedge\Diamond\neg A)\leftrightarrow\Delta A$

在 S5 中可以推出 **B** 公理：A$\to\Box\Diamond$A。B 系统 = T 系统 + **B** 公理。因此，B 系统是 T 系统的扩张系统，S5 也是 B 系统的扩张系统。由 **B** 公理仿照定理 28 的证明可得：

定理 33　　$(A\wedge\neg A)\to\Box\Delta A$

以上 33 条定理是在正规模态命题逻辑中有关偶然同必然、实然和可能关系的主要定理，提供了对这些关系的主要方面的刻画。

第三节　模态命题逻辑的哲学意义

模态命题逻辑是对客观事物情况或事件的必然性、实然性、可能性和偶然性及其相互之间关系的逻辑抽象，为研究这些问题提供了逻辑工具。

一个事件的必然性是指这个事件在发展中由本质因素决定的、合乎规律的、一定要发生的、确定不移的趋势。一个事件的偶然性是指这个事件在发展中由非本质因素决定的、可以出现也可以不出现的、可以这样出现也可以那样出现的、不确定的趋势。

一个事件的实然性是指它现实的实际存在。可能性是现实事件包含的预示事件发展前途的种种趋势。相对于实然性来说，可能性是潜在的尚未实现的东西。当某种事件还没有成为现实之前，只是某种可能。

  我们在模态命题逻辑系统中引进偶然模态来描述偶然事件，这在哲学上具有重要意义。在现实世界中，偶然事件大量存在，必然性总是要通过大量的偶然性表现出来，没有纯粹的必然性。只承认必然性而否认偶然性，这就混淆了非本质因素的影响和本质因素的作用，把非本质因素等同于本质因素，陷入机械的决定论和宿命论。只承认偶然性的作用，否认事物具有规律性、必然性和因果联系，主张绝对的意志自由，就会导致非决定论。我们在第二部分所讨论的偶然同必然、实然和可能之间关系的种种原理，一方面，反驳了机械的决定论和宿命论；另一方面，也反驳了非决定论，为从哲学上辩证地处理必然性和偶然性、可能性和实然性的关系提供了逻辑根据。

第十章　模态三段论

亚里士多德的模态三段论是在直言三段论的基础上构成的。模态算子加在直言命题之前构成模态直言命题，模态三段论系统与直言三段论系统一样是树枝形演绎系统。下面我们分三节概述。

第一节　必然三段论概述

所谓"必然三段论"是指前提中至少有一个必然命题而结论为必然命题的三段论。我们已经论述过直言三段论（与模态三段论相对，亦称为实然三段论）。必然三段论的有效式是在此基础上，对一个前提或两个前提加上必然算子后得出必然结论。亚里士多德研究了3种必然三段论：带两个必然前提的三段论，带必然大前提、实然小前提的三段论和带实然大前提、必然小前提的三段论。下面我们分别加以论述。

一　带两个必然前提的三段论

亚里士多德说："必然前提与实然前提的三段论两者之间几乎没有什么差别。如果词项间的联系方式相同，那么无论是某物属于另外某物或某物必然地属于另外某物（或不属于），在两种情况下，三段论将以同样方式成立或不成立。唯一的差异是词项要带上'必然地'这个字样。"（29b35—30a4）这里先说明一个问题，亚里士多德混用了从言模态和从物模态，说"A属于所有B"是必然的，这是从言的模态，说"A必然属于所有B"，这是从物的模态。亚里士多德经常混用，我们把从物的模态改为从言的模态，一律用从言的模态。

上一段话指明，带两个必然前提的三段论，除了对前提和结论都必须加上必然性字样以外，其余跟实然（直言）三段论都相同。按照亚里士多德的论述，带两个必然前提的三段论如同直言三段论一样是一个自然演绎系统，第一格的各式是完善的、不需证明的，这就是说，第一格的各式是初始推理规则。在所有其他格中，结论跟实然三段论的情况一样，通过转换，以同样方式被证明是必然的。"在中间格中，当全称前提是肯定的，特称前提是否定的；再者，在第三格中当全称前提是肯定的，特称前提是否定的时，则证明方式便不相同，以特称否定命题的主词的一部分（不为谓词所属于的那部分）作为显示词项构成的三段论，乃是必然的；带有这样选用的几个词项，将必然地得出结论。"（30a5—15）这就是说，第二格和第三格的各式，除 Baroco 和 Bocardo 外，都要按实然三段论的证明方法从第一格各式导出。亚里士多德在实然三段论中用反三段论律证明 Baroco 和 Bocardo，但在带两个必然前提的三段论中必须要用"显示法"证明 Baroco—□□□和 Bocardo—□□□，这两个式无法用反三段论律证明。以下是根据亚里士多德的显示法对 Baroco—□□□[①]的证明：

$$\frac{□∀（P—M）\quad □∃¬（S—M）}{□∀¬（Q—P）}\quad \begin{array}{l}□∀¬（Q—M）\text{ 取 }Q⊂S\\ \text{根据 Camestres—}□□□\end{array}$$
$$□∃¬（S—P）\quad Q⊂S$$

这里的 Q 是"显示词项"，就是"不为谓词所属于的那部分主词"，是从特称否定的小前提[□∃¬（S—M）]主词 S 中取出来的一部分，使得 Q 真包含于 S（记为 Q⊂S），这样就把特称否定变为全称否定的□∀¬（Q—M），从而 Baroco—□□□化归为 Camestres—□□□。

Bocardo—□□□的证明是类似的：

[①] "□"表示"必然"，在 Baroco 后加 3 个必然记号表示两个前提 A、O 和结论 O 均为必然命题，Barbara—□○□表示大前提 A 为必然命题、小前提 A 为实然命题（记为"○"）而结论 A 为必然命题。其他各式记法同此。为清晰起见，在推理过程中使用本书对模态命题的记法。

□∃⁻（M—P）□∀（M—S）
□∀⁻（Q—P）□∀（Q—S） 取 Q⊂S
　　□∃⁻（S—P）　　　　根据 Felapton—□□□

这里的显示词项是特称否前提 □∃⁻（M—P）中的主词 M，取 Q 真包含于 M，这样就把两个前提都变为全称的，从而 Bocardo—□□□ 化归为 Felapton—□□□。

由于显示法不是严格的形式证明方法，我们在重新构造必然三段论系统时把这两个式列为初始规则。

我们在第二章曾说亚里士多德的直言三段论只有 3 个格，共有 36 个有效式。因此，带两个必然前提和一个必然结论的三段论也应当有 3 个格 36 个有效式。

二　带必然大前提、实然小前提和必然结论的三段论

现在我们来考察带有必然大前提、实然小前提和必然结论的有效式。在第一格中，亚里士多德说："有时也出现这样的情况，即使只有一个前提是必然的，当然，不能两个前提中的任意一个，只能是大前提，我们也能获得必然的三段论。"（30a15—20）他首先列出两个式：A 必然属于（或不属于）所有 B，B 只是属于 C（C 是 B 的一部分），所以，A 必然属于（或不属于）C。这两个式就是 Barbara—□○□（"○"代表"实然"）和 Celarent—□○□。

接着，亚里士多德列出了两个特称的式："让我们首先设定，全称前提是必然的，A 必然属于所有 B，B 仅属于有的 C。由此可得的结论必然是：A 必然属于有的 C，因为 C 归于 B，而根据设定，A 必然属于所有 B。如果三段论是否定的，情况亦同样，因为证明是相同的。"（30a35—30b2）这两个特称式就是：Darii—□○□ 和 Ferio□○□。根据亚里士多德的论述，这 4 个第一格□○□构成了□○□系统的初始推理规则。

亚里士多德陈述了第二格 2 个有效的□○□式。

1. "A 不可能属于所有 B，A 仅属于 C。因为否定前提是可以换位的，

所以 B 也不可能属于任何 A。但 A 属于所有 C，则 B 不可能属于任何 C，因为 C 归于 A。"（30b10—15）"A 不可能属于所有 B"就是"A 必然不属于所有 B"即"必然无 B 是 A"，以后遇到这种不可能命题，要把它变为必然命题。上述的证明把 Cesare—□○□ 化归为 Celarent—□○□：

$$\frac{□\forall\lnot (B—A) \quad \forall (C—A)}{□\forall\lnot (A—B)}$$
$$\overline{□\forall\lnot (C—B)} \qquad \text{Celarent}—□○□$$

在证明过程中，亚里士多德应用了必然全称否定命题的换位律和以下的假言三段论律：

如果 $\underline{\Gamma_1}$， $\underline{\Gamma_2}$，$\underline{\Gamma_3}$，则 $\underline{\Gamma_1, \Gamma_3}$
　　　Γ_2　 $\triangle$　　　　$\triangle$

这条规则可简写成 $\dfrac{\Gamma_1 \ \Gamma_3}{\Gamma_2}$
$$\triangle$$

由于前提可交换，也可写成 $\dfrac{\Gamma_3, \Gamma_1}{\Gamma_2}$
$$\triangle$$

2."否定前提是全称必然的，A 不可能属于任何 B，但属于有的 C。由于否定前提是可以换位的，B 也不可能属于任何 A。但 A 属于有的 C，因此 B 必然不属于有的 C。"（31a6—10）这里，亚里士多德把 Festino—□○□ 的有效性化归为 Ferio—□○□：

$$\frac{□\forall\lnot (B—A), \exists (C—A)}{□\forall\lnot (A—B)}$$
$$\overline{□\exists\lnot (C—B)} \qquad \text{Ferio}—□○□$$

但在第二格中，Camestres—□○□ 和 Baroco—□○□ 二式是无效的。亚里士多德看到 Camestres—□○□ 的无效性可以化归为 Cesare—○□□ 的无效性，而后者化归为第一格 Celarent—○□□ 的无效性，但是他说得不是很明确；他对 Camestres—□○□ 的无效性通过词项的例子证明，结论并非无条件地是必然的，而只是在某些条件下是必然的。例如设定中词 A 表示"动物（A）"，大词 B 表示"人"，小词 C 表示"白色的"，亚里士多德认为，从"必然所有人是动物"和"所有白色的事物不是动物"可以得到实然的"所有白色的事物不是人"，但不能得出必然的"所有白色的事物不是人"，因为有可能人生来就是白的，然而在"必然所有白色的事物不是动物"的条件下就没有可能了，才可得出"必然所有白色的事物不是人"。（参看 30b32—40）这是 Camestres—□□□。

关于 Baroco—□○□的无效性，亚里士多德是用举例法加以排斥，设 A 表示"动物"，B 表示"人"，C 表示"白色的"，由"必然所有 B（人）是 A（动物）"和"有的 C（白色的事物）不是 A（动物）"可得"有的 C（白色的事物）不是 B（人）"，但不能得"必然有的 C（白色的事物）不是 B（人）"。（参看 31a10）

由上可见，亚里士多德在排斥 Camestres—□○□和 Baroco—□○□时承认了 Camestres—□○○和 Baroco—□○○的有效性。这是很显然的，因为亚里士多德说："必然的也是现实的。"（23a23）这就是说，他承认模态从属律：从□P 可推出 P。据此，上述两式的有效性可化归为相应的实然三段论的有效性。事实上，亚里士多德凡是在有效的实然三段论中，有一个前提改为必然的，即前提组合为□○或○□，结论为○，三段论式仍是有效的。

第三格有效式的□○□式有 4 个。

1. "A 和 B 都属于所有 C，AC 是必然的。由于 B 属于所有 C，C 属于有的 B，因为全称命题可以换位成特称命题；所以，如果 A 必然属于所有 C，C 属于有的 B，那么，A 属于有的 B 就是必然的了；因为 B 归于 C。这样，第一格就产生了。如果前提 BC 是必然的，则证明方式亦相同；因为通过换位，C 属于有的 A，所以，如果 B 必然属于所有 C，那么它也必然属于有的 A。"（31a25）这里把 Darapti—□○□的有效性化归为 Darii—□○□：

$$\frac{\Box\forall(C\!-\!A),\ \forall(C\!-\!B)}{\exists(B\!-\!C)}$$
$$\Box\exists(B\!-\!A) \qquad Darii\!-\!\Box\bigcirc\Box$$

若∀（C—B）是必然的，证法相同。在证明过程中，使用了全称肯定命题的换位律和假言三段论律：

$$\frac{\forall(C\!-\!A),\ \Box\forall(C\!-\!B)}{\exists(A\!-\!C)}$$
$$\Box\exists(A\!-\!B) \qquad Darii\!-\!\Box\bigcirc\Box$$

2."设定 AC 是否定的，BC 是肯定的。否定前提是必然的，既然通过换位，C 属于有的 B，A 必然不属于任何 C，那么，A 也必然不属于有的 B；因为 B 归于 C。"（31a34—36）这是把 Felapton—□○□的有效性化归为 Ferio—□○□：

$$\frac{\Box\forall\neg(C\!-\!A),\ \forall(C\!-\!B)}{\exists(B\!-\!C)}$$
$$\Box\exists\neg(B\!-\!A) \qquad Ferio\!-\!\Box\bigcirc\Box$$

3."如果一个前提是全称的，另一个前提是特称的，两个前提都是肯定的，那么，如果全称前提是必然的，则结论也是必然的。证明的方式与以前相同；因为特称前提是可以换位的。因此，如果 B 属于所有 C 是必然的，A 归于 C，那么 B 属于有的 A 就是必然的。如果 B 属于有的 A，则 A 必然属于有的 B，因为特称命题是可以换位的。如果 AC 是全称必然的，情况亦相同；因为 B 归于 C。"（31b15—20）这里，亚里士多德在同一个证明模式里把 Datisi—□○□和 Disamis—○□□归为一类，并且都把它们化归为 Darii—□○□：

$$\frac{\Box\forall(C\!-\!B),\ \exists(C\!-\!A)}{\exists(A\!-\!C)}$$
$$\underline{\Box\exists(A\!-\!B)} \qquad Darii\!-\!\Box\bigcirc\Box$$
$$\Box\exists(B\!-\!A) \qquad \Box I\ 换位律$$

在此式的证明过程中，与以前的证明相比使用了另一种形式的假言三段论律：

如果从 Γ_2 推出 Γ_3，Γ_1 和 Γ_3 推出 $\triangle_1$，$\triangle_1$ 推出 $\triangle_2$，则 Γ_1 和 Γ_2 推出 $\triangle_2$。

另一种证明如下：

∃（C—B），　　　□∀（C—A）
∃（B—C）I 换位
　　□∃（B—A）　　　　Darii—□○□
　　□∃（A—B）　　　　□I 换位律

4."如果一个前提是肯定的，另一个前提是否定的，当全称前提为必然否定时，结论也是必然的。因为 A 属于任何 C 是不可能的，B 属于有的 C，A 不属于有的 B 就是必然的。"（31b34—36）"A 属于任何 C 是不可能的"就是"所有 C 必然不是 A"。这个式是 Ferison—□○□，亚里士多德没有陈述证明过程，其实可以化归为 Ferio—□○□。

第三格 □○□ 的无效式有两个：（1）Disamis—□○□ 和（2）Bocardo—□○□，亚里士多德用例子加以排斥。

综上所说，在 □○□ 式中，亚里士多德列出了第一格的 4 个完善式，证明了第二格和第三格的 6 个有效式；排斥了 4 个无效式，主要用举例法，个别用化归为另一个无效式的办法。

三　带实然大前提、必然小前提和必然结论的三段论

当大前提实然、小前提必然能否得必然结论呢？这里的情况比较复杂。

我们已经看到，Barbara—□○□ 是一个完善式，Barbara—○□□ 也是一个完善式吗？不是！亚里士多德说："如果大前提不是必然的，小前提是必然的，那么结论就不是必然的。如果它是必然的，则可以根据第一格和第三格推出，A 必然属于有的 B。然而这是虚假的。因为 B 可能是 A 不属于它的任何部分。而且，根据词项例子也可明显地看到，结论不是必然的。例如，设定 A 表示"运动"，B 表示"动物"，C 表示"人"，那么，

人必然是动物，但动物却不必然是在运动的；人也不必然是在运动的。如果前提大前提是否定的，情况亦相同，因为证明是相同的。"（30a24—34）

这段话列出了两个无效式：Barbara—○□□ 和 Celarent—○□□，并说明了前者无效的理由：（1）从∀（B—A）和□∀（C—B）不能得出□∀（C—A），若得出了此结论，则它和前提之一的□∀（C—B），根据第一格 Darii—□□□ 和第三格 Darapti—□□□ 可得：□∃（B—A），但这是虚假的，因为可能 A 不属于任何 B。（2）用举例法说明∀（C—A）不是必然的。

关于两种 Barbara 有效性的问题，亚里士多德学派的著名逻辑学家泰奥弗拉斯多和欧德谟斯坚持认为"结论永远由最弱的前提规定"，反对 Barbara—○□□ 的有效性，主张两种 Barbara 均无效。现代著名数理逻辑学家卢卡西维茨认为，两种 Barbara 均有效，在他的 4 值模态逻辑系统中证明了两种 Barbara。[①]

我对以上争论的看法是：（1）泰奥弗拉斯多否定 Barbara—□○□，看来是很难站住脚的；（2）卢卡西维茨主张两种 Barbara 的有效性是有道理的，并从他的模态逻辑系统中推出了这两个式，在这一方面，他的系统强于亚里士多德的模态逻辑系统。（3）亚里士多德排斥 Barbara—○□□ 也是正确的。逻辑系统是相对的，不是绝对的、凝固不变的，它可大可小。事实证明，亚里士多德的必然三段论系统虽然排斥了 Barbara—○□□，但仍不失为一个优美的系统，对现代模态逻辑的发展具有重要意义。我们应当承认，不但卢卡西维茨构造包含 Barbara—○□□ 的系统是合理的，而且亚里士多德构造排斥这个式的系统也是合理的。

亚里士多德在第一格○□□中排斥了前 4 个式，而且也排斥了第二格的 Cesare—○□□、Baroco—○□□ 和 Festino—○□□。

但 Camestres—○□□ 是有效的，亚里士多德说："如果 A 不可能属于所有 C，则 C 也不可能属于所有 A。但 A 属于所有 B，所以 C 不可能

[①] 卢卡西维茨：《亚里士多德的三段论》，商务印书馆 1981 年版，第 225—235 页。

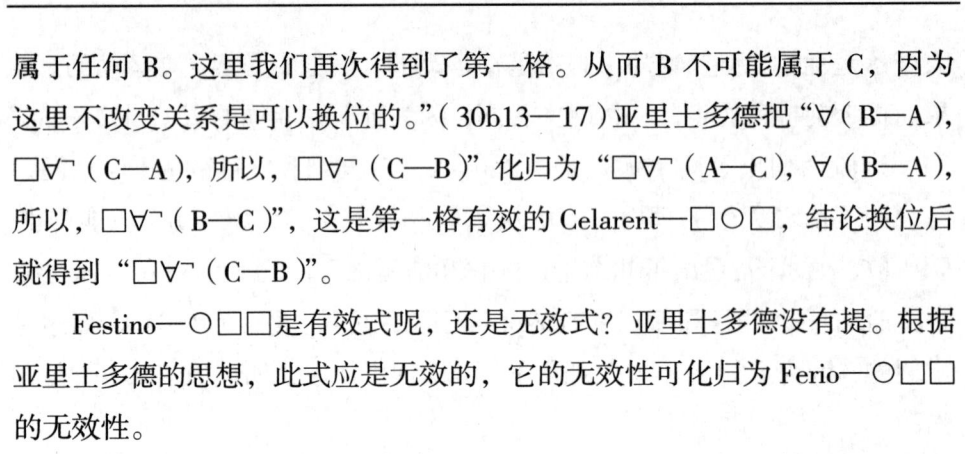

属于任何 B。这里我们再次得到了第一格。从而 B 不可能属于 C，因为这里不改变关系是可以换位的。"（30b13—17）亚里士多德把"∀（B—A），□∀⌐（C—A），所以，□∀⌐（C—B）"化归为"□∀⌐（A—C），∀（B—A），所以，□∀⌐（B—C）"，这是第一格有效的 Celarent—□○□，结论换位后就得到"□∀⌐（C—B）"。

Festino—○□□是有效式呢，还是无效式？亚里士多德没有提。根据亚里士多德的思想，此式应是无效的，它的无效性可化归为 Ferio—○□□的无效性。

在第三格中，○□□的有效式除 Camestres—○□□之外还有几个呢？在上面我们已经说过，亚里士多德把 Datisi—□○□和 Disamis—○□□归为一类，并且都把它们化归为 Darii—□○□。在第三格有效式中除 Disamis—○□□外，还有 Darapti—○□□，此式与 Darapti—□○□属于一类，亚里士多德把这两种有效式概括成以下规则："在最后格中，当端词与中词的关系是全称的，并且两个前提都为肯定时，如若其中有一个是必然的，则结论也是必然的。"（31a20—21）这段话可用以下的推理形式表示出来：

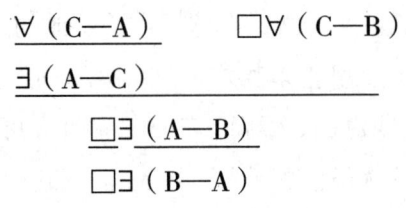

∀（C—A）　　□∀（C—B）
∃（A—C）
　　□∃（A—B）
　　□∃（B—A）

"∀（C—A），□∀（C—B），所以，□∃（A—B）"，这是 Darapti—□○□，亚里士多德已经作了证明；把结论换位就得到"∀（C—A），□∀（C—B）所以，□∃（B—A）"，这就是 Darapti—○□□，亚里士多德没有明确列出这个具体形式，这是因为他认为特称肯定命题的换位是显然的，可以略而不说。

第三格的无效的○□□式有：Felapton—○□□、Datisi—○□□、Bocardo—○□□、Ferison—○□□。亚里士多德把 Datisi—○□□的无效性化归为 Darii—○□□的无效性。

综上所述，在○□□式中，亚里士多德证明了 3 个有效式，把它们化归为第一格完善的□○□式；他排斥了 11 个式，有的是用化归为另一个无效式来排斥，有的是用举例法。

现在我们将以上的讨论作一个小结：

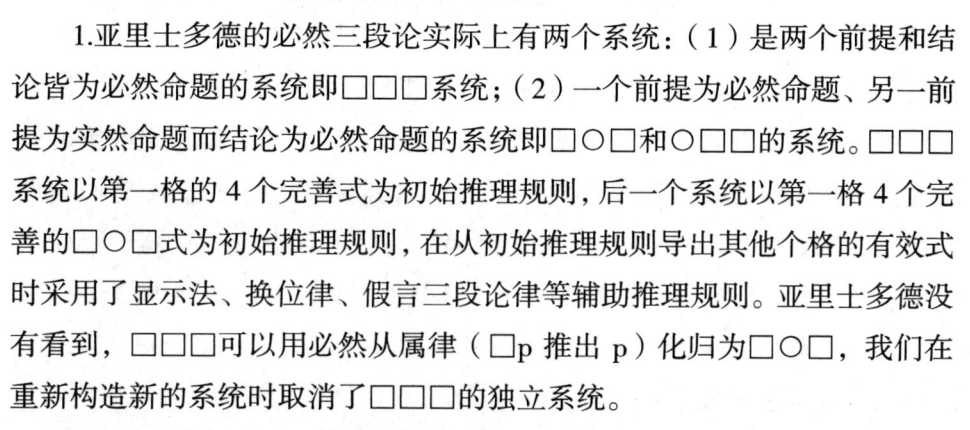

1.亚里士多德的必然三段论实际上有两个系统：（1）是两个前提和结论皆为必然命题的系统即□□□系统；（2）一个前提为必然命题、另一前提为实然命题而结论为必然命题的系统即□○□和○□□的系统。□□□系统以第一格的 4 个完善式为初始推理规则，后一个系统以第一格 4 个完善的□○□式为初始推理规则，在从初始推理规则导出其他个格的有效式时采用了显示法、换位律、假言三段论律等辅助推理规则。亚里士多德没有看到，□□□可以用必然从属律（□p 推出 p）化归为□○□，我们在重新构造新的系统时取消了□□□的独立系统。

2.亚里士多德对无效式的排斥采用了两种方法：一是将一式的无效性化归为另一式的无效性；二是用举例法。前一种方法是一种形式排斥思想的萌芽。

亚里士多德在排斥无效的□○□和○□□各式的过程中，肯定了相应的□○○和○□○的有效性，但他没有专门讨论这些式。实际上这种带一个必然前提而结论却为实然命题的三段论式，其有效性同于实然三段论，只要加上模态从属律（从□P 推出 P）和假言三段论律，立即可以化归为实然三段论。严格说来，它们不属于必然三段论。

3.亚里士多德没有讨论带有可能前提的各式，但是这些式可以从□□□式、□○□式和○□□式导出，这在我们以下构造的系统中加以论述。

第二节　亚里士多德在偶然命题方面的
　　　　严重错误及其纠正方案

亚里士多德在构建偶然三段论系统时提出了两条原理，他说："使用偶然模态的所有前提，可以通过转换互相推得。我并不是说肯定前提可以转换为否定前提，而是说那些形式上为肯定的前提容许转换为与它们对立的命题。例如，'偶然属于'可以转换为'偶然不属于'；'A 属于所有 B 是偶然的'可以转换为'A 不属于任何 B 是偶然的'，并且'A 属于有的 B 是偶然的，可以转换为'A 不属于有的 B 是偶然的'。"（32a30—35），上述两条原理可表示如下：

1.$\Delta(\forall(B—A))\leftrightarrow\Delta\forall\neg(B—A)$，

2.$\Delta\exists(B—A)\leftrightarrow\Delta\exists\neg(B—A)$。

英国亚里士多德研究专家罗斯（D.Ross）称这种转换为"补转换"（complementary conversion），以便与偶然命题的换位（conversion）相区别。这两条补转换律实际上给出了偶然性的另一种定义。

亚里士多德的这两条补转换律与他的双可能合取的偶然定义是不一致的，证明如下（"$\diamond$"表示可能算子，"$\wedge$"表示合取）：

$\Delta\forall(B—A)\leftrightarrow\diamond\forall(B—A)\wedge\diamond\neg\forall(B—A)\leftrightarrow\diamond\forall(B—A)\wedge\diamond\exists\neg(B—A)$；

$\Delta\forall\neg(B—A)\leftrightarrow\diamond\forall\neg(B—A)\wedge\diamond\neg\forall\neg(B—A)\leftrightarrow\diamond\forall\neg(B—A)\wedge\diamond\exists(B—A)$。

由上可见，$\Delta\forall(B—A)$ 和 $\Delta\forall\neg(B—A)$ 是不等值的，可是根据补转换律，它们是等值的。再看第二条补转换律：

$\Delta\exists(B—A)\leftrightarrow\diamond\exists(B—A)\wedge\diamond\neg\exists(B—A)\leftrightarrow\diamond\exists(B—A)\wedge\diamond\forall\neg(B—A)$；

$\Delta\exists\neg(B—A)\leftrightarrow\diamond\exists\neg(B—A)\wedge\diamond\neg\exists\neg(B—A)\leftrightarrow\diamond\exists\neg(B—A)\wedge\diamond\forall(B—A)$。

显然，$\Delta\exists$（B—A）和$\Delta\exists\neg$（B—A）是不等值的，可是根据补转换律，它们是等值的。

由上所说，亚里士多德关于偶然的两条补转换律是与双可能合取的偶然定义不相容的，应当抛弃。但是，由以上 4 个等值式可以得到：

（1）$\Delta\forall$（B—A）$\leftrightarrow\Delta\exists\neg$（B—A）（简记为：$\Delta$AO），

（2）$\Delta\forall\neg$（B—A）$\leftrightarrow\Delta\exists$（B—A）（简记为：$\Delta$EI）。

我们仍称这两个等值式为"新补转换律"，它们完全符合双可能合取的偶然定义。我们应当用这两条补转换律来代替亚里士多德原来的两条补转换律，重新改造亚里士多德的偶然模态三段论，取消偶然模态三段论中依赖原来补转换律的一切有效式，增加依赖（1）、（2）两条新补转换律的一切有效式。

亚里士多德的补转换律的谬误还表现在另一个方面。他在《前分析篇》第一卷第三章考察换位律时提出，肯定命题的换位对单可能和双可能是一样的：

1.$\Diamond\forall$（B—A）换位成$\Diamond\exists$（A—B），2.$\Delta\forall$（B—A）限制换位成$\Delta\exists$（A—B），

3.$\Diamond\exists$（B—A）与$\Diamond\exists$（A—B）可互换，4.$\Delta\exists$（B—A）与$\Delta\exists$（A—B）可互换。

但是，在否定命题的换位的情况下，单可能和双可能不一样：

5.$\Diamond\forall\neg$（B—A）换位成$\Diamond\forall\neg$（A—B），6.$\Delta\forall\neg$（B—A）不能换位，

7.$\Diamond\exists\neg$（B—A）不能换位，8.$\Delta\exists\neg$（B—A）可以换位。（25a37—25b20）

关于双可能 E 命题不能换位，他的证明思路是，如果$\Delta\forall\neg$（B—A）与$\Delta\forall\neg$（A—B）可以互换，那么根据补转换律，$\Delta\forall$（B—A）与$\Delta\forall$（A—B）也可以互换，从而$\Delta\forall$（B—A）与$\Delta\forall$（A—B）就是等值的，这是不正确的，因此，偶然全称否定命题不能换位。（36b35）但是，根据偶然性定义，$\Delta\forall\neg$（B—A）等值于$\Diamond\forall\neg$（B—A）$\wedge\Diamond\neg\forall\neg$（B—A）等值于$\Diamond\forall\neg$（A—B）$\wedge$$\Diamond\exists$（B—A）等值于$\Diamond\forall\neg$（A—B）$\wedge\Diamond\exists$（A—B）等值于$\Delta\forall\neg$（A—B），这表明$\Delta\forall\neg$（B—A）与$\Delta\forall\neg$（A—B）是可以互换的。关于偶然特称否定命

题可以换位，这也是根据补转换律，Δ∃⌐（B—A）等值于Δ∃（B—A）等值于Δ∃（A—B）等值于Δ∃⌐（A—B）。但是，根据偶然性定义，Δ∃⌐（B—A）等值于◇∃⌐（B—A）∧◇⌐∃⌐（B—A）等值于◇∃⌐（B—A）∧◇∀（B—A），但不等值于◇∃⌐（A—B）∧◇∀（A—B），即不等值于Δ∃⌐（A—B），这就表明，偶然特称否定命题不能换位。此外，关于Δ∀（B—A）换位成Δ∃（A—B），根据偶然性定义，Δ∀（B—A）↔◇∀（B—A）∧◇⌐∀（B—A）↔◇∀（B—A）∧◇∃⌐（B—A），而Δ∃（A—B）↔◇∃（A—B）∧◇⌐∃（A—B）↔◇∃（A—B）∧◇∀⌐（A—B），由此可见，由Δ∀（B—A）不能必然推出Δ∃（A—B），因而偶然全称肯定命题是不可以限制换位的。在以上 8 条换位律中，关于可能命题的换位律是正确的，我们可以用"如果（A→B）是定理，则◇A→◇B 也是定理"这条规则加以证明。关于偶然命题的换位律，亚里士多德说错了 3 条（即 2、6、8），说对了 1 条（即 4）。根据偶然性定义，偶然命题的换位律有如下 2 条：

（1）Δ∃（B—A）换位成Δ∃（A—B）（简记为：ΔI 换位律），

（2）Δ∀⌐（B—A）换位成Δ∀⌐（A—B）（简记为：ΔE 换位律）。

由上所说，亚里士多德的偶然模态三段论还需要根据上述换位律加以改造。

现在我们从另一方面证明两条补转换律的谬误。假定它们是正确的，就会有这样的结果：补转换的偶然是双可能析取即ΔA 是◇A∨◇⌐A。在 K 系统中有定理◇A∨◇⌐A↔◇（A∨⌐A），由此可得：

ΔA↔◇A∨◇⌐A↔◇（A∨⌐A）↔◇T（"T"为命题常项（逻辑真）），

Δ∀（B—A）↔◇∀（B—A）∨◇⌐∀（B—A）↔◇（∀（B—A）∨⌐∀（B—A））↔◇T，

Δ∀⌐（B—A）↔◇∀⌐（B—A）∨◇⌐∀⌐（B—A）↔◇（∀⌐（B—A）∨⌐∀⌐（B—A））↔◇T

同理，Δ∃（A—B）和Δ∃⌐（A—B）均等值于◇T，其结果是，不但两条补转换律成立，而且 4 个偶然命题均可以补转换。这就产生了一个严重的后果：所有偶然命题均等值，而且等值于逻辑真是可能的。这种补转换的"偶然"完全背离了人们对偶然的直观理解，因此必须抛弃。值得注意的是，在 K 的扩张系统 D 中有定理◇A∨◇¬A 和◇（A∨¬A），因而ΔA 也是定理，这就导致两个后果：不但所有偶然命题均等值，而且所有命题都是偶然的。用双可能析取的偶然来为补转换律辩护是不成功的，这样的偶然是没有意义的。

由于引进双可能合取的偶然定义，偶然命题的差等律也不成立。Δ∀（B—A）↔◇∀（B—A）∧◇¬∀（B—A）↔◇∀（B—A）∧◇∃¬（B—A），而Δ∃（B—A）↔◇∃（B—A）∧◇¬∃（B—A）↔◇∃（B—A）∧◇∀¬（B—A），比较两个合取项可见，由Δ∀（B—A）推不出Δ∃（B—A）。同理，由ΔE 推不出ΔO。因此，在偶然三段论中，要取消一切偶然命题的差等式。

由上所说，我们的发现对亚里士多德的偶然三段论系统将会产生重大影响。以下我们来看看亚里士多德的偶然模态三段论系统。

第三节　偶然模态三段论概述

亚里士多德的偶然三段论式的前提和结论的组合有 11 种情况，但前提中至少有一个是偶然命题。每一种组合分 3 个格。卢卡西维茨指出，亚里士多德的偶然模态三段论充满着严重的错误。[①]下面我们分别对 11 种情况加以分析和评论，指出亚里士多德的错误，并指出哪些式在我们重新构造的偶然模态三段论系统中是有效的，哪些是无效的。

一　齐一的偶然三段论

亚里士多德认为，第一格的 4 个△△△式是完善的，还讨论了通过补转换而有效的 3 个式。

我们认为，△△△系统是不能成立的。在必然模态三段论系统中，并

---

① 《亚里士多德的三段论》，商务印书馆 1981 年版，第 243 页。

没有导出◇◇◇式，这些式从初始规则是得不出来的。我们已经采用了双可能合取的偶然定义，既然没有◇◇◇式，也就不会有△△△式。我们在重建偶然模态三段论系统时，取消亚里士多德的△△△系统。

二　带一个偶然前提和一个实然前提的三段论

这些三段论有△○△、○△△、△○◇和○△◇等形式。

1.第一格

亚里士多德将第一格的4个式：Barbara—△○△、Celarent—△○△、Darii—△○△和 Ferio—△○△列为完善的式。在第一格中，亚里士多德没有陈述○△△和△○◇的有效式。

他证明了以下几个○△◇式。

（1）Barbara—○△◇

关于这个式，亚里士多德说："让我们设定 A 属于所有 B，B 可能属于所有 C，那么，必然地，A 可能属于所有 C。假设 A 属于所有 C 是不可能的，让 B 属于所有 C（这是假的，但不是不可能的）。如果 A 属于所有 C 是不可能的，B 属于所有 C，那么 A 属于所有 B 就是不可能的。我们通过第三格获得了这个三段论。但根据假定，A 可能属于所有 B。因而必然可以推出，A 可能属于所有 C。从一个虽然不是不可能的但却是假的设定中，所推得的结论是不可能的。"（34a34—34b1）今将这个证明用符号表示如下：

$\forall$（B—A）　　　　　　　　¬◇$\forall$（C—A）[□∃¬（C—A）]
△$\forall$（C—B）　　　　　　　　$\forall$（C—B）
◇$\forall$（C—A）　　　　　　　　¬◇$\forall$（B—A）[□∃¬（B—A）]Bocardo—□○□
　　　　　　　　　　　　　　　∃¬（B—A）　　　　　　　　□Γ 推出 Γ

亚里士多德时常氢前提中的"可能"用来指双可能，结论中的可能显然是单可能，他要对这个结论使用归于不可能法，把 Barbara—○△◇化归为第三格 Bocardo—□○□，从而化归为 Bocardo—□○○，但是他在化归时把偶然前提△$\forall$（C—B）改为实然前提$\forall$（C—B），他的理由是后者虽然是假的但不是不可能的。亚里士多德的这个证明是不成立的。

亚里士多德还证明了以下几个式：

（2）Celarent—○△◇

（3）Darii—○△◇

（4）Ferio—○△◇。

他用的方法与证明 Barbara—○△◇的方法是一样的，是不能成立的。这4个式在我们重新构造的偶然模态三段论系统中是不成立的。

2.第二格

在第二格的△○△、○△△、△○◇和○△◇式中，亚里士多德陈述了以下几个式：

（1）Cesare—○△◇

（2）Camestres—△○◇

关于这两个式，亚里士多德说："设定 A 不属于任何 B，但可能属于所有 C。那么，如果否定命题可以换位，B 就不属于任何 A，但已经设定 A 可能属于所有 C。因而，三段论便可通过第一格而产生，结论是：B 可能不属于任何 C。如果小前提是否定的，情况也相同。"（37b24—29）根据亚里士多德的论述，Cesare—○△◇的化归过程如下：

$$\underline{\forall\neg（B—A）\qquad\qquad △\forall（C—A）}$$
$$\underline{\forall\neg（A—B）E 换位律\qquad\qquad\qquad\qquad}$$
$$\qquad◇\forall\neg（C—B）\qquad\qquad Celarent—○△◇$$

亚里士多德把 Cesare—○△◇的有效性化归为 Celarent—○△◇的有效性，由于 Celarent—○△◇在我们的新系统中不成立，因而 Cesare—○△◇也不成立。

Camestres—△○◇的化归过程如下：

$$\underline{△\forall（B—A）\qquad \forall\neg（C—A）}$$
$$\qquad\qquad\underline{\forall\neg（A—C）E 换位律}$$
$$\qquad◇\forall\neg（B—C）\qquad\qquad Celarent—○△◇$$
$$\qquad◇\forall\neg（C— B）\qquad\qquad ◇E 换位律$$

由于 Celarent—○△◇在我们的新系统中不成立，因而 Camestres—△○◇不成立。

（3）Festino—○△◇

亚里士多德将它化归为 Ferio—○△◇。

由于 Ferio—○△◇在我们的新系统中不成立，因而 Festino—○△◇不成立。

亚里士多德在第二格中还提出了补转换的 3 个式：EEE—○△◇、EEE—△○◇和 EOO—○△◇，这些式按照我们的新补转换律都是无效的。以下不再提及亚里士多德的补转换式。

3.第三格

第三格的式，亚里士多德陈述了 11 个：

（1）Darapti—△○△

（2）Felapton—△○△

（3）Datisi—△○△

（4）Disamis—○△△

（5）Ferison—△○△

以上 5 个式在我们的新系统中均成立。

（6）Bocardo—△○◇

"如果肯定的前提是全称的，否定的前提是特称的时，则证明将通过归于不可能法而进行。设定 B 属于所有 C，A 可能不属于有的 C，那么必然可以推出，A 可能不属于有的 B，因为如果 A 必然属于所有 B，B 仍然属于所有 C，则 A 必然属于所有 C，（这在以前已经被证明了）。但已经设定，它可能不属于有的 C。"（39b31—39）

这个式的化归过程是：

$$\frac{\triangle \exists \neg (C-A)}{\diamond \exists \neg (B-A)} \quad \frac{\Box \forall (B-A)}{\Box \forall (C-A)} \text{Barbara}—\Box○\Box$$

此式的证明将必然全称肯定命题与偶然特称否定命题视为矛盾命题，

这是不能成立的，此式在我们的系统中不成立。

（7）darapti—○△◇

"设定前提是肯定的，让 A 属于所有 C，B 可能属所有 C，则通过 BC 的换位，我们就能得到第一格。结论是，A 可能属于有的 B。"（39b10—14）其化归过程如下：

$$
\begin{array}{ll}
\forall（C—A） & △\forall（C—B） \\
\hline
 & △\exists（B—C）\quad △A 换位律 \\
\diamond\exists（B—A） & Darii—○△◇
\end{array}
$$

由化归过程可见，这个式结论中的"可能"是指单纯的可能，因为所化归的第一格是 Darii—○△◇。亚氏的两个证明根据均不能成立，但此式在我们的新系统中是有效的,由我们新系统中的定理 Darapti—○△△对结论使用偶然从属律得出。

（8）Felapton—○△◇

亚里士多德没有证明，此式在我们的系统中是无效的。

（9）Datisi—○△◇

（10）Disamis—△○◇

（11）Ferison—○△◇

这三个式在我们的新系统中是无效的。

三　带一个必然前提和一个偶然前提的三段论

这些三段论有△□△、□△△、△□○、□△○、△□◇和□△◇等形式,由一个必然前提和一个偶然前提,结论可以是偶然命题,实然命题,或可能命题。下面我们看一看在 3 个格中，有哪些有效式，是怎样化归的。

1.第一格

亚里士多德取第一格的 4 个△□△式作为完善的式：

（1）Barbara—△□△

（2）Celarent—△□△

（3）Darii—△□△

（4）Ferio——△□△

亚里士多德没有看到，上述 4 个△□△式可化归为第一格的 4 个完善的△○△，例如，Barbara——△□△可化归为 Barbara——△○△：

△∀（B—A）　　□∀（C—B）
_____∀（C—B）　　由□p 推出 p
　　　　△∀（C—A）　　Barbara——△○△

因此，上述的 4 个式可作为定理。

（5）Celarent——□△○

"设定 A 不可能属于任何 B，而 B 可能属于所有 C，那么必然可以推出，A 不属于任何 C。设定它属于有的或所有的 C，它不可能属于所有 B，由于否定前提可以换位，所以 B 也不可能属于任何 A。但已经设定 A 属于有的或所有的 C，所以 B 不可能属于任何或有的 C，但我们原来设定它可能属于所有 C"。（36a8—15）这个式可化归为 Ferio——□○□：

　　□∀¬（B—A）□E 换位律→　□∀¬（A—B）
　　△∀（C—B）　　　　　　∃（C—A）
　　∀¬（C—A）　　　　　　□∃¬（C—B）　Ferio——□○□

此式的证明是错误的，把偶然全称肯定命题与必然特称否定命题当作矛盾命题。此式在我们的新系统中可以用别的方法证明，是有效的。

（6）Ferio——□△○

（7）Barbara——□△◇

（8）Darii——□△◇

（9）Ferio——△□◇

亚里士多德用同样的方法来证明以上 4 式，证明是错误的。（6）、（7）、（8）在我们的新系统中是无效的，（9）是有效的，由 Ferio——△□△对结论用偶然从属律导出。

（10）Celarent——□△◇

（11）Ferio——□△◇

这两个式，可以用"由 p 推出◇p"化归为（5）和（6）。

（5）和（6）是"否定实然式的三段论"，而（10）和（11）是"否定或然式的三段论"，亚里士多德说："很清楚，我们能得到一个否定的或然的结论，因为我们也有一个否定的实然的结论。"（36a15—17）Celarent—□△◇在我们的新系统中有效，而Ferio—□△◇是无效的。

2.第二格

在第二格中，由一个必然前提和一个偶然前提组成的三段论，亚里士多德陈述了以下一些式：

（1） Cesare—□△O

（2） Camestres—△□O

"设定 A 必然不属于任何 B，但可能属于所有 C。……很显然，B 也不属于任何 C。设定它属于有的 C，那么，如果 A 不可能属于任何 B，B 属于有的 C，则 A 不可能属于有的 C。但已设定它可能属于所有 C。设定小前提是否定的，则证明也能通过同样方式获得。"（38a16—18，21—26）

Cesare—□△O的证明如下：

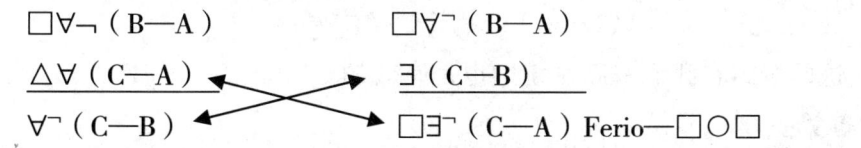

□∀¬（B—A）　　　　　□∀¬（B—A）
△∀（C—A）　　　　　∃（C—B）
∀¬（C—B）　　　　　□∃¬（C—A）Ferio—□O□

这里，亚里士多德认为□∃¬（C—A）与△∀（C—A）是矛盾的，上述证明不成立。Camestres—△□O的证明"能通过同样方式获得"。以上2式虽然证明不正确，但它们在我们的系统中可证。

（3）Festino—□△◇

（4）Festino—□△O

亚里士多德是根据 Ferio—□△◇和 Ferio—□△O来证明（3）、（4）两式的，这两个根据在我们的新系统中都不成立，所以（3）、（4）两式无效。

亚里士多德还列出了 3 个无效的补转换的式 EEE—□△O、EEE—△□O和 EOO—□△O。

（5）Cesare—□△◇

（6）Camestres——△□△

关于这两个式，亚里士多德说："设定 A 必然不属于任何 B，但可能属于所有 C。则通过否定前提的换位，B 也不属于所有 A；已经设定 A 可能属于所有 C，这样，我们再次通过第一格得到了一个三段论，结论是，B 可能不属于任何 C。……设小前提是否定的，则证明也能通过同样方式获得。"（38a16—18，21—26）

（5）的证明如下：

$$\frac{□\forall\neg（B—A）}{□\forall\neg（A—B）□E \text{ 换位律}} \qquad △\forall（C—A）$$
$$\diamond\forall\neg C—B） \qquad\qquad Celarent——□△\diamond$$

（6）的证明如下：

$$△\forall（B—A） \qquad \frac{□\forall\neg（C—A）}{□\forall\neg（A—C）□E \text{ 换位律}}$$
$$\frac{\diamond\forall\neg（B—C）}{\diamond\forall\neg（C—B）\diamond E \text{ 换位律}} \qquad Celarent——□△\diamond$$

这两个式在我们的新系统中也是有效的。

3.第三格

亚里士多德陈述了第三格的△□或□△的 13 个式。

亚里士多德证明了以下 6 个式，这 6 个式在我们的新系统中是有效的：

（1）Darapti——△□△

（2）Felapton——△□△

（3）Datisi——△□△

（4）Ferison——△□△

（5）Disamis——□△△

（6）Darapti——□△◇。

亚里士多德对以下 7 个式的证明充满错误，有的是使用了无效的偶然全称肯定命题的换位律，或者把偶然特称否定命题与必然全称肯定命题作为矛盾命题，或者化归为无效式，这 7 个式在我们的新系统中均是无效的：

（7）Felapton—□△◇

（8）Felapton—□△○

（9）Bocardo—△□◇

（10）Ferison—□△○

（11）Bocardo—□△○

（12）Datisi—□△◇

（13）Disamis—△□◇。

以上我们对亚里士多德关于偶然模态三段论格和式的论述进行了解释，并从形式上按亚里士多德的原文列出了一些有效式的化归过程。可以看到，亚里士多德关于偶然模态三段论的论述有很多错误，我们作了说明。我们略去了许多通过补转换的式，略去了他用举例法所排斥的式。在他所排斥的无效式中有些实际上是有效的，这给后人研究他的偶然模态三段论带来很大困难。尽管有这样的缺点，他的偶然模态三段论学说仍是逻辑史上的伟大成果，值得从现代逻辑观点认真整理研究。

我们在第十一章介绍两位著名的现代逻辑学家构造的模态三段论系统，包括必然三段论和偶然三段论。

第十一章 模态三段论的现代研究

亚里士多德的模态三段论为现代的逻辑学家提供了丰富的资料,成为现代逻辑的一个重要研究课题,对现代逻辑的发展具有重要意义。

卢卡西维茨对亚里士多德的模态三段论评价不高。他说:"亚里士多德的模态三段论跟他的实然三段论或者他在模态命题逻辑方面的贡献相比,意义要小得多。这系统看来好似一个逻辑练习,它虽然表面上很精密,却充满了粗心的错误,并且对科学问题没有任何适用之处。"①他的方法是"另起炉灶",建立自己的模态逻辑系统。在他的系统中可证明两种必然式的 Barbara □○□ 和 ○□□ 的有效性,他的系统否定了亚里士多德的偶然定义,用两种不同的可能性的"成对"的可能性来定义"偶然";该系统不允许偶然前提的补转换,不允许带有偶然结论的论式。因此,他的系统是完全非亚里士多德式的。这里,我们不作进一步的介绍。下面我们介绍用现代逻辑的方法所构造的两种模态三段论系统。

第一节 麦考尔的蕴涵式公理系统

加拿大逻辑学家麦考尔(S.McCall)与卢卡西维茨的观点相反,认为亚式的模态三段论是一个优雅的系统。令人感兴趣的是,他采用的方法恰恰是卢卡西维茨研究亚氏直言三段论系统的方法,符号体系也一样。②

---

① 《亚里士多德的三段论》第 223 页。

② Storrs McCall: *Aristotle's Modal Syllogisms*, North-Holland Publishing Company, Amsterdam, 1963.

他构造了两个形式演算：L—X—M 演算和 Q—L—X—M 演算，即必然式的形式演算和偶然式的形式演算,在国际逻辑界有很大影响。

一 L—X—M 演算

1.初始符号

变元：a,b,c,…

一元函项：N，L

二元函项：C，A，I

（N 是否定词，L 是必然算子，C 是蕴涵词，A 和 I 分别是传统逻辑中的全称肯定和特称肯定的符号）

2.形成规则

（1）任意的公式 Aαβ 或 Iαβ（这里，α 和 β 是变元）是合式的。它们被称为直言表达式。

（2）如果 α 是合式的，则 Nα 是合式的。如果 α 是直言表达式，则 Nα 也是直言表达式。

（3）如果 α 是直言表达式，则 Lα 是合式的。

（4）如果 α 和 β 是合式的，则 Cαβ 是合式的。

（5）没有其他公式是合式的。

3.定义

DfE=NI

DfO=NA

DfM=NLN

DfKαβ=NCαNβ

我在这里解释一下，E 是合称否定，O 是特称否定，M 是可能算子，"可能"等于"不必然不"，K 是合取词，Kαβ（即 α 并且 β）等于"并非（如果 α 则非 β）"。

4.推理规则

（1）变元代入规则

（2）分离规则：从 α 和 Cαβ 推出 β。

5.公理

前 4 条与卢卡西维茨的 4 条公理相仿，只是第二条公理加强了：

（1）Aaa

（2）LI aa

（3）CKAbcIbaIac（BarbaraXXX）[①]

（4）CKAbcIbaIac（DatisiXXX）

（5）CKLAbaAabLAac（BarbaraLXL）

（6）CKLEcbAabLEac（CesareLXL）

（7）CKLAbcIabLIac（DariiLXL）

（8）CKLEbcIabLOac（FerioLXL）

（9）CKLAcbLOabLOac（BarocoLLL）

（10）CKLObcLAbaLOac（BocardoLLL）

（11）CLIabLIba（必然 I 前提的换位律）

（12）CLAabAab（模态从属律，以下也是）

（13）CLIabIab

（14）CLOabOab

6.辅助理论。

（1）CCKpqrCpCqr

（2）CCpCqrCqCpr

（3）CCpqCNqNp

（4）CCpqCCqrCpr

（5）CCKpqrCKNrqNp

（6）CCKpqrCKpNrNq

（7）CpCqp

以上都是命题演算中的定理，其中的 p，q 等是命题变元，现在可用

[①] "X" 代表实然或直言，BarbaraXXX 表示前提和结论均为直言的全称肯定命题。

任一合式公式去代入。

7.双重否定规则。

任一和式公式 α 与 NNα 可互相替换。

麦考尔共证明了 333 个有效的 L—X—M 式,其中包括亚里士多德的 LLL 式、LXL 式、XLL 式。他用形式的方法排斥一切无效式,并解决了这个系统的判定问题:任给一个表达式 $C\alpha C\alpha_2$—$C\alpha_{n-1}\alpha_n$,可以由一种程序决定它是一条定理,或者是被排斥的。麦考尔说,这一系统具有 100% 的"亚里士多德性":即包括亚里士多德所承认的一切有效式,排斥了亚里士多德所排斥的一切无效式。下面介绍他的第二个系统。

二 Q—L—X—M 演算

麦考尔将 L—X—M 演算进行扩张,增加了偶然算子 Q 作为初始符号,对 Q 不加定义。

增加 Q 作初始符号之后,还要加上决定 Q 用法的形式规则(与决定 L 用法的规则相似)。原来的公理 LIaa 用 Iaa 替换。此外增加以下的公理。

7 个三段论式(编号从 200 开始):

200. CKQAbcQAabQAac(BarbaraQQQ)

201. CKQAbcQIabQIac(DariiQQQ)

202. CKQAbcAabQEac(第一格 AAE—QXQ)

203. CKQAbcIabQIac(DariiQXQ)

204. CKAbcQAabMAac(BarbaraXQM)

205. CKEbcQAabMEac(CelarentXQM)

206. CKEbcQIabMOac(FerioXQM)

第二组是关于补转换的 3 个推导:

207. CQEabQAab

208. CQIabQOab

209. CQOabQIab

加上以下的普通换位律：

210.　CQIabQIab

最后一组是三条模态从属律：

211.　CQEabMEab

212.　CQIabMIab

213.　CQOabMOab

从以上公理出发进行推演，可以推出亚里士多德承认的一切带偶然前提的有效式（154 个），也推出了他确实认为或可能认为是无效式的偶然式（24 个）。因此，麦考尔说，Q—L—X—M 系统的"亚里士多德性"降低到 85%。

对麦考尔的系统，我们提出以下几点讨论。

1.模态直言命题的结构

正确地表示出模态直言命题的形式结构是研究亚氏模态三段论的关键。麦考尔指出，把模态的直言命题解释成"$\forall x（Ax \rightarrow \Box Bx）$"、"$\Box \forall x（Ax \rightarrow Bx）$"等都是不能令人满意的。他作了令人信服的论证，说明这些解释与亚氏模态三段论系统是不一致的。[①]麦考尔本人是如何解释的呢？他采用了卢卡西维茨的解释，先用二元函子来解释直言命题，然后将模态词置于直言命题之前，如 LAab（必然所有 a 是 b），LEab（必然没有 a 是 b）等。我们前已论证，卢卡西维茨把直言三段论变成了带二元函子的命题逻辑系统，与亚氏的本意大相径庭。麦考尔沿用卢卡西维茨的办法，把模态三段论变成带二元函子的模态命题逻辑系统，这也背离了亚里士多德的原意。我们的解释是在我们所解释的直言命题的基础上加模态词：

$\Box \forall x（Ax － Bx）$，$\Box \forall ^{\neg}（A － B）$，$\Box \exists（A － B）$，$\Box \exists ^{\neg}（A － B）$。与此类似，可在直言命题上加可能算子（$\Diamond$）和偶然算子（$\triangle$）。

我们的解释使亚氏模态三段论系统变为一种特殊的模态一元谓词逻辑系统，与亚氏的原意相一致，符合预设主词存在的含义。

2.模态三段论的格和式

[①] *Aristotle's Modal Syllogisms*, pp.18-22.

前已详细论证，亚氏直言三段论有 3 个格 36 个有效式，后来的第四格就是第一格的非标准式。模态三段论由于前提和结论的不同组合而分成好多种，如大前提必然、小前提实然（即直言）、结论必然的模态三段论（□○□）等。亚氏把每一种模态三段论分 3 个格来讨论。第一格的非标准有效式就是后来的第四格的有效式。由于在模态三段论中，前提或结论带有模态词，因而每一种模态三段论有效式数目是各不相同的，有多有少，不必然是 36 个。

麦考尔采用 4 格 24 式的模式是不符合亚氏模态三段论的原面貌的。麦考尔说：第四格和差等式"当然没有为亚里士多德所讨论"[①]。我们不能同意麦考尔的这种观点。亚氏的直言三段论和模态三段论是有机地联系在一起的，我们在第一章已经阐明，亚氏对模态三段论的研究晚于对直言三段论的研究，因此弄清了直言三段论的真面貌也就弄清了模态三段论的真面貌。我对亚氏模态三段论格式的真面貌所作的结论就是用这种方法得到的，与麦考尔的结论迥然不同。

3.模态三段论是蕴涵式还是推理规则？

解决这个问题十分重要，因为它涉及亚里士多德模态三段论系统如何构造的问题，是把它构造成为蕴涵式公理系统还是规则式的自然演绎系统呢？麦考尔认为，模态三段论式是蕴涵式，因此模态三段论系统是蕴涵式的公理系统。我们不能同意这种没有根据的看法。前已论证，直言三段论式决不是现代的蕴涵式，而是推理规则；模态三段论式也是如此。我们在上面论述亚氏模态三段论的证明格式时可以清楚地看到树枝形结构的特征。

4.关于公理和基本规则的选择

上文说过，麦考尔采用卢卡西维茨的方法把亚氏模态三段论系统变为带二元函子的蕴涵式公理系统，背离了亚里士多德创建模态三段论的初衷。特别成问题的是，麦考尔用 "Aaa"、（所有 A 是 A）"LIaa"（必然有 a 是 a）和 "Iaa"（有 a 是 a）作为公理，在麦考尔的系统中，NEaa（并非无

---

① *Aristotle's Modal Syllogisms*, p. 43.

a 是 a）、CKLAbbAabLAab（写成中置式就是：□Abb∧Aab→□Aab）等等都成了定理，完全背离了亚氏的三段论定义：每一个三段论式都是仅仅通过三个词项进行的。另外，采用"Aaa"、"LIaa"和"Iaa"作为公理使得系统的复杂性大大增加，使证明的长度和难度大大增加，离亚氏系统的简洁性非常远。

5.亚里士多德的补转换律是正确的吗？

麦考尔虽然对偶然没有下定义，把偶然作为初始算子，但是他仍然使用亚氏的补转换律和换位律。我们已经证明，亚氏的补转换律实际上也是对偶然算子的定义，即把偶然定义为双可能析取，这种偶然定义是完全错误的，导致一切命题都是偶然的。此外，麦考尔在公理中有：偶然命题蕴涵可能命题，可是从亚氏的补转换律导出的双可能析取的偶然命题是不能蕴涵可能命题的。另外，在麦考尔系统的公理中，偶然特称肯定命题可以换位，根据补转换律，偶然特称否定命题等值于偶然特称肯定命题，因而也是可以换位的，这是很错误的。总之，麦考尔的偶然模态三段论系统是不一致的，必须要重新构造。我们也应该看到，麦考尔对必然模态三段论系统做了扩展的研究，构建了形式排斥系统，解决了系统的判定问题，对偶然模态三段论系统进行了整理，这些对用现代逻辑研究亚里士多德的模态三段论具有重要意义。

在麦考尔之后，弗雷德·约翰逊（Fred Johnson）在 1989 年发表论文《模态三段论的模型》，对麦考尔的必然式系统给出了一种集合论语义解释。①

约翰逊为构造模型方便，对麦考尔的 L—X—M 系统稍作修改称为 LXM 系统，这是一个自足的系统，实质未变。LXM 系统的模型是一个 5 元组<W, V^e, V^a, V^e_c, V^a_c>，其中 V^e, V^a, V^e_c, V^a_c 都是函项，把词项变元映射到集合 W 的子集合。约翰逊说，可以把 W 看成是世界，$V^e(x)$ 是本质地是 x 的事物,$V^a(x)$ 是偶性地是 x 的事物,$V^e_c(x)$ 是本质地是非 x 的事物,$V^a_c(x)$

---

① Fred Johnson: *Models for Modal Syllogisms*, *Notre Dame Journal of Formal Logic*, Vol.30, No.2, 1989.

是偶性地是非 x 的事物。V 定义为：V（x）=V^e（x）∪V^a（x）。4 个函项满足以下条件：

（1）V^e（x）不空；

（2）对每一 x，V^j_k（x）∩V^m_n（x）=∅,如果 j≠m 或者 k≠n，对每一 x，V^e（x）∪V^a（x）∪V^e_c（x）∪V^a_c（x）=W；

（3）如果 V（z）⊂V^e_c（y）并且 V（x）⊂V（y）,那么 V（x）⊂V^e_c（z）；

（4）如果 V（y）⊂V^e（z）并且 V（x）∩V（y）≠∅,那么 V^e（x）∩V^e（y）≠∅；

（5）如果 V（y）⊂V^e_c（z）并且 V（x）∩V（y）≠∅,那么 V^e（x）∩V^e_c（z）≠∅；

（6）如果 V（z）⊂V^e（y）并且 V^e（x）∩V^e_c（y）≠∅,那么 V^e（x）∩V^e_c（z）≠∅。

函项 V 把合式公式映射为以下的真值 t 和 f：

（i）V（Axy）=t 当且仅当 V（x）⊂V（y），

（ii）V（Ixy）=t 当且仅当 V（x）∩V（y）≠∅，

（iii）V（Nx）=t 当且仅当 V（x）=f，

（iv）V（LAxy）=t 当且仅当 V（x）⊂V^e（y），

（v）V（LIxy）=t 当且仅当 V^e（x）∩V^e（y）≠∅，

（vi）V（LNAxy）=t 当且仅当 V^e（x）∩V^e_c（y）≠∅，

（vii）V（LNIxy）=t 当且仅当 V（x）⊂V^e_c（y），

（viii）V（LNNx）=t 当且仅当 V（Lx）=t，

（ix）V（Cxy）=t 当且仅当 V（x）=f 或者 V（y）=t。

一个合式公式 x 的有效性定义是:在每一个模型中，V（x）=t。

约翰逊给出了完全性证明：被接受的合式公式是有效的，被排斥的合式公式是无效的；有效的合式公式是被接受的，无效的合式公式是被排斥的。他还给出了一个语义判定程序。

我们举 2 个例子，稍作说明。

1.公理 CKLAbcAabLAac,由（iv）V（b）⊂V^e（c）和（i）V（a）⊂V

（b），据集合论原理可以推出 V（a）⊂V^e（c）即 V（LAac）=t。

2.被排斥的公式 CLAaaMOaa,其模型为 W={1}，V^e（a）={1}，V^a（a）= V^e_c（a）=V^a_c（a）=∅。

在此情况下，V（LAaa）即 V（a）⊂V^e（a），而 V（a）=V^e（a）∪V^a（a），所以 V（LAaa）=t；MOaa 即 NLAaa，据（iii）和（iv），V（NLAaa）与 V（LAaa）的真值相反，V（LAaa）=t，所以，V（NLAaa）即 V（MOaa）=f，因此，CLAaaMOaa 被排斥。

约翰逊注意到麦考尔的偶然模态三段论系统的问题，没有能构造出它的语义模型。

第二节　托姆的自然演绎系统

澳大利亚逻辑学家托姆（P.Thom）在《本质主义的逻辑》一书中对直言命题、模态直言命题和模态三段论式的记法与麦考尔的记法基本相同，只是把谓词放在主词之前，二元函子记为上标。例如，全称肯定命题记为 ab^a,a 是谓词，b 是主词，读为"a 属于每一个 b"即"所有 b 是 a"；必然全称肯定命题记为 Lab^a。其余 3 个命题的记法是类似的。托姆对模态三段论采用了自然演绎系统，比较符合亚里士多德的原意。在必然式的模型方面，托姆改进了约翰逊的模型。[①]托姆的专著比麦考尔的成果的影响更为巨大，下面我们介绍两个系统。

一　AL 系统

（一）公理

1.e 换位律：$\dfrac{ab^e}{ab^e}$

2.Celarent：$\dfrac{ab^e\ bc^a}{ac^e}$

[①] P. Thom, *The Logic of Essentialist·An interpretation of Aristotle's Modal syllogistic,* Kluwer Academic Publishers, 1996.

3.Lo 重复律：$\dfrac{Lab^o}{Lab^o}$

4.Li 换位律：$\dfrac{Lab^i}{Lba^i}$

5.Le 换位律

6.BarbaraLXL　$\dfrac{Lab^a\ bc^a}{Lac^a}$

7.CelarentLXL

8.DariiLXL

9.FerioLXL

（二）规则

1.U　如果 x 是一个定理（托姆称之为论题），y 是在 x 中的一个代入，那么 y 是一个定理。实际上，这是把一个三段论式加以变形，把词项变元进行改名。

2.C

$$\dfrac{p\ R}{q} \rightarrow \dfrac{\tilde{} q\ R}{\tilde{} p}$$

p、q 是直言公式，R 是直言公式序列，p 与 ˜p 是矛盾关系。这一规则就是反三段论律。

3.K

$$\dfrac{p\ R}{q} \rightarrow \dfrac{\bar{}q\ R}{\tilde{} p}$$

q 与 ¯q 是反对关系。

4.M

$$\dfrac{R}{p} \rightarrow \dfrac{R'}{p}$$

R 和 R' 可能为空，区别只在其中的公式顺序不同。

5.T

$$\left.\begin{array}{c}\dfrac{R}{q}\\[2ex]\dfrac{q\ S}{r}\end{array}\right\} \longrightarrow \dfrac{R\ S}{r}$$

实际上，这是假言三段论律。

6.o 显示法

$$\dfrac{R\ ad^e\ bd^a}{p} \longrightarrow \dfrac{R\ ab^o}{p}$$

7.Lo 显示法 A

$$\dfrac{R\ Lad^e\ bd^a}{p} \longrightarrow \dfrac{R\ Lab^o}{p}$$

由上可导出 i 换位律、a 换位律等。

以下举 2 个推导的例子：

1.CesareLXL：

$$\text{La 换位律}\ \dfrac{\dfrac{Lab^e}{Lba^e}\ ac^a}{Lbc^e}\quad \text{CelarentLXL}$$

这是把第二格 CesareLXL 化归为 CelarentLXL。

2.DisamisXLL：

$$\text{i 换位律}\ \dfrac{\dfrac{ac^i}{ca^i}\ Lbc^a}{\dfrac{Lba^i}{Lab^i}\ \begin{array}{l}\text{DariiLXL}\\ \text{Li 换位律}\end{array}}$$

这是把第三格 DisamisXLL 化归为 DariiLXL。

在 AL 中加上 L 从属律，就可导出 LLL 式，也就是把 LLL 式化归为 LXL 式。例如 BarbaraLLL：

$$\frac{\dfrac{Lbc^a}{Lab^a \quad bc^a}}{Lac^a} \quad \text{L 从属律}$$

BarbaraLXL

（三）AL 系统的形式语义

托姆指出，对模态直言命题应采取从物模态（de re）的解释，约翰逊的模型就是从物模态的解释，对一个词项 a 可以指派几个类：所有 a 的类，所有本质的 a 的类，所有本质的非 a 的类。托姆发展了约翰逊的方法，区别有两点：（1）不要求本质的类非空；（2）不单独规定本质的非 a 的类。

一个 AL 模型是一个有序四元组 $<D, V, F, F^*>$，个体 $d, d_1, d_2 \cdots$ 属于 D，V 把由 F 和 F^* 的分子组成的有序对指派给 AL 合式公式的词项变元，真假的赋值条件如下：

1. F^* 是一个非空集合，其分子是由 D 的分子所组成的集合（可能为空）。F^* 的分子被称为星集合，这是一个由必然的东西组成的集合。

2. 把 F 和 F^* 的分子组成的有序对赋值给在一个合式公式中与每个词项变元相关的变元。$f_1, f_2, f_3 \in F, f_1^*, f_2^*, f_3^* \in F^*$。有序对集合 $<f_1, f_1^*>$ 被指派给 a，$<f_2, f_2^*>$ 被指派给 b，$<f_3, f_3^*>$ 被指派给 c。

3. 如果有序对 $<\alpha_1, \alpha_2>$ 被指派给一个变元，那么 $\alpha_2 \subseteq \alpha_1$。

4. 定义一个太阳集合，它是本质的非 a 的集合，或不可能的 a 的集合。给定一个集合 f，太阳集合 f^π 就是 f 补集的星集合，$f^\pi = \overline{f}^*$。

5. Lab^a 是真的当且仅当 $f_2 \subseteq f_1^*$，即 a 的星集合包含所有 b 组成的集合，也就是说，b 组成的集合在必然的 a 组成的集合之中。

6. Lab^e 是真的当且仅当 $f_2 \subseteq f_1^\pi \wedge f_1 \subseteq f_2^\pi$，即 b 集合在 a 的太阳集合之中，并且 a 集合在 b 的太阳集合之中，也就是说，b 是不可能的 a，并且 a 是不可能的 b。

7. Lab^i 是真的当且仅当 $f_2 \cap f_1^* \neq \emptyset \vee f_1 \cap f_2^* \neq \emptyset$，即 a 的星集合与 b 集合交叉，或者 b 的星集合与 a 集合交叉，也就是说，有的 a 是必然的 b，或者有的 b 是必然的 a。

8. Lab^o 是真的当且仅当 $f_2 \cap f_1^\pi \neq \emptyset$，即有的 b 是在 a 的太阳集合之中，

也就是说，有的 b 是不可能的 a。

9.AL 的有效性被定义为在所有 AL 模型中为真。

例如，BarbaraLXL： $\underline{L ab^a \quad bc^a}$
$\qquad\qquad\qquad\qquad\quad Lac^a$

如果 $f_3 \subseteq f_2$ 并且 $f_2 \subseteq f_1^*$，则 $f_3 \subseteq f_1^*$。

DariiLXL：

如果 $f_3 \cap f_2 \neq \varnothing$ 并且 $f_2 \subseteq f_1^*$，则 $f_3 \cap f_1^* \neq \varnothing$。

二 AQ 系统

（一）公理和规则

公理除 AL 外，加上 Qa 换位律，Qi 换位律，Q 补转换律，BarbaraQXQ，DariiQXQ，CesareQLX。规则与 AL 相同。

我们举 DaraptiQXQ 的推导为例：

$$\dfrac{Lbc^a}{Qac^a \quad cb^i}\ \text{a 换位律}$$

DariiQXQ $\qquad\qquad\qquad Qab^i$

QLQ 式可化归为 QXQ 式，例如 BarbaraQLQ：

$$\dfrac{Lbc^a}{Qab^a \quad bc^a}\ \text{L 从属律}$$

BarbaraQXQ $\qquad\qquad Qac^a$

这是把 BarbaraQLQ 化归为 BarbaraQXQ。

可能式的形式语义需定义一个单剑集合，它是太阳集合的补集，即是由可能的东西组成的集合：

$\overline{f^+} =_{def} f^¤$。

各可能式的具体语义这里不赘。

（二）AQ 的形式语义

以 AL 的形式语义为基础，AQ 的模型和有效性定义与 AL 中的定义类似。增加以下的规定：

1.定义一个双剑集合：

$f^{\ddagger}=_{def}\overline{f^*\cup f^{¤}}$。

它是原来集合的星集合和太阳集合的并集合之补集合，也就是除去必然 a 的集合与必然非 a 的集合的并集合之外的部分，即由偶然的东西组成的集合。

2.Qab^a 是真的当且仅当 $f_2\subseteq f_1^{\ddagger}$，即 b 集合包含在 a 的双剑集合之中。

3.Qab^i 是真的当且仅当 $f_2\cap f_1^{\ddagger}\neq\varnothing \lor f_1\cap f_2^{\ddagger}\neq\varnothing$，即有的 b 在 a 的双剑集合之中，或者有的 a 在 b 的双剑集合之中。

以下看 3 条公理的有效性：

1.Q 补转换律，即 Qab^e 和 Qab^o 分别等值于 Qab^a 和 Qab^i，根据双剑集合的定义成立。

2.BarbaraQXQ：

如果 $f_2\subseteq f_1^{\ddagger}$ 并且 $f_3\subseteq f_2$，则 $f_3\subseteq f_1^{\ddagger}$。

3.DariiQXQ：

如果 $f_2\subseteq f_1^{\ddagger}$ 并且 $f_2\cap f_3\neq\varnothing$，则 $f_3\cap f_1^{\ddagger}\neq\varnothing$。

托姆对 AQ 系统的形式语义值得进一步研究。AQ 的语形系统对模态直言命题是采用从言模态的解释，可是形式语义对模态命题实际上是采用从物模态的解释。前已证明，QAab 按照偶然算子 Q 的双可能合取的定义，应当等值于 QOab，不能等值于 QEab。笔者认为，AQ 系统把亚里士多德的 Q 补转换律作为公理是不正确的。

由 $f^{\ddagger}=_{def}\overline{f^*\cup f^{¤}}=\overline{f^*}\cap\overline{f^{¤}}=\overline{f^*}\cap f^{¤}$，这就是说，偶然的 a 组成的集合等于不必然的 a（即可能非 a）组成的集合与可能的 a 组成的集合之交集。

f 的补集合的双剑集合 $\overline{f}^{\ddagger}=\overline{\overline{f}^*\cup\overline{f}^{¤}}=\overline{\overline{f}^*}\cap\overline{\overline{f}^{¤}}=f^*\cap\overline{f^{¤}}$，由此可见，$\overline{f}^{\ddagger}$ 与 $f^{\ddagger}$ 是相等的。

这就表明，托姆是把偶然集合定义为双可能合取。本来在从言模态中的偶然命题使用双可能合取的定义，推翻了亚里士多德的补转换律，但是在托姆的形式语义中双可能合取应用于词项，实际上对偶然命题采用从物的解释，把 Qab^a 解释为"所有 b 是偶然的 a"，把 Qab^e 解释为"所有 b 是偶然的非 a",这样一来，Qab^a就等值于 Qab^c,亚氏补转换律成立。

由上可见，对偶然的模态命题采用从言模态和从物模态是不同的。托姆对 AQ 系统的形式语义是有问题的，需要另辟蹊径。在必然模态命题的情况下，两种解释虽有不同，但没有影响真值，这是由于必然模态是单一的，"必然所有 b 是 a"与"所有 b 是必然的 a"的真值相同，而"必然的 a"这个集合同"必然的非 a"不相等，不会产生"所有 b 是必然的 a"等值于"所有 b 是必然的非 a"这种情形。与补转换律有关，AQ 系统还有另一个问题，就是把 Qa 换位律列为公理；按照从言模态，Qab^a是不能换位。另外，与麦考尔的两个系统比较，AL 和 AQ 系统虽然按照 3 个格进行推理，但没有讨论 3 个格有效式和无效式的总数，没有构造形式的排斥系统，只用语义排斥，也没有判定问题等。第十二章笔者构造与他们的系统不同的两个系统，力图避免他们的系统中存在的问题。

第十二章　树枝形的必然三段论自然演绎系统

第一节　必然式系统

一　必然三段论系统

由于必然三段论系统与直言三段论系统有密切联系，我们在以前构造的直言三段论系统的基础上进行扩张，来构造必然三段论系统。

（一）系统的出发点

1.初始符号增加：

模态词：□（必然）

2.形成规则增加：

如果Γ是直言公式，则□Γ是合式公式。

3.定义

◇Γ = ¬□¬Γ

4.初始规则增加第一格 4 个 □○□ 式和 2 个 □□□ 式：

（1）□∀（C—B），∀（A—C）

　　　　□∀（A—B）　　　，简记为 Barbara—□○□。

（2）□∀¬（C—B），∀（A—C）

　　　　□∀¬（A—B）　　　，简记为 Celarent—□○□。

（3）□∀（C—B），∃（A—C）

　　　　□∃（A—B）　　　，简记为 Darii—□○□。

（4）$\Box\forall\neg$（C—B），∃（A—C）
　　　　$\Box\exists\neg$（A—B）　　，简记为 Ferio—□○□。

（5）Baroco—□□□ 和（6）Bocardo—□□□。

5.变形规则增加：

（1）T 规则：$\dfrac{\Box\Gamma}{\Gamma}$

由 T 规则可以导出：

T1 规则：$\dfrac{\Box\Gamma}{\Diamond\Gamma}$

T2 规则：$\dfrac{\Gamma}{\Diamond\Gamma}$

（2）□AI 差等律和 □EO 差等律：

$\dfrac{\Box\forall（A—B）}{\Box\exists（A—B）}$，　$\dfrac{\Box\forall\neg（A—B）}{\Box\exists\neg（A—B）}$。

（3）□A、E、I 命题的换位律：

$\dfrac{\Box\forall（A—B）}{\Box\exists（B—A）}$，　$\dfrac{\Box\forall\neg（A—B）}{\Box\forall\neg（B—A）}$，　$\dfrac{\Box\exists（A—B）}{\Box\exists（B—A）}$。

（二）定理的推演

必然模态三段论有三种类型：□□□、□○□ 和 ○□□。关于前提和结论都是必然命题的三段论，前已指出，带两个必然前提的三段论，除了对前提和结论都必须加上"必然性"字样以外，其余跟实然（直言）三段论都相同。按照亚里士多德的论述，带两个必然前提的三段论如同直言三段论一样是一个自然演绎系统，第一格的 4 个式是完善的、不需证明的；Baroco 和 Bocardo 用显示法加以证明，由于显示法并不是严格形式的方法，我们不加以使用，把 Baroco 和 Bocardo 与第一格 4 个式一起作为初始规则。第二格和第三格的各式，除 Baroco 和 Bocardo 外，都要按实然三段论的证明方法从第一格 4 个式导出。亚里士多德把 □□□ 式作为单独一个系统，他不知道 □□□ 式可以从 □○□ 式导出。

第十二章 树枝形的必然三段论自然演绎系统

1. □○□

T1—4 Barbara—□○□、Celarent—□○□、Darii—□○□ 和 Ferio—□○□。

T5 第一格 Barbari—□○□：

□∀（C—B） ∀（A—C）
　　　　□∀（A—B）　　　　Barbara—□○□
　　　　□∃（A—B）　　　　□AI 差等律，假言三段论律

T6 第一格 Celaront—□○□：

□∀¬（C—B） ∀（A—C）
　　　　□∀¬（A—B）　　　Celaront—□○□
　　　　□∃¬（A—B）　　　□AI 差等律，假言三段论律

T7 第一格非标准式 Baralipton—□○□：

□∀（C—B） ∀（A—C）
　　　　□∃（A—B）　　　　Barbari—□○□
　　　　□∃（B—A）　　　　□I 换位律，假言三段论律

T8 第一格非标准式 Celantes—□○□：

□∀¬（C—B） ∀（A—C）
　　　　□∀¬（A—B）　　　Celarent—□○□
　　　　□∀¬（B—A）　　　□E 换位律，假言三段论律

T9 第一格非标准式 Dabitis—□○□：

□∀（C—B） ∃（A—C）
　　　　□∃（A—B）　　　　Darii—□○□
　　　　□∃（B—A）　　　　□I 换位律，假言三段论律

T10 第一格非标准式 Celantop—□○□，由 T8 将结论按□EO 差等律即得。

T11 第二格 Cesare—□○□化归为 Celarent—□○□：

□∀¬（B—A）　　　　　∀（C—A）
□∀¬（A—B） □E 换位律
　　　　□∀¬（C—B）　　　Celarent—□○□，假言三段论律

假言三段论律使用在整个证明的结构中，以下在注明理由时，我们将它省去。

T12　Cesaro—□○□ 由 T11 将结论按□EO 差等律即得。

T13　第二格 Festino—□○□的有效性化归为 Ferio—□○□：

□∀¬（B—A）,　　　∃（C—A）
□∀¬（A—B）□E 换位律
　　　　□∃¬（C—B）　　　　　　　Ferio—□○□

T14　第二格非标准式 EAE—□○□：

□∀¬（B—C）　　　　∀（A—C）
□∀¬（C—B）△E 换位律
　　　　□∀¬（A—B）　　　　　Celarent—□○□
　　　　□∀¬（B—A）　　　　　□E 换位律

T15　第二格非标准式 EAO—□○□，由 T14 将结论按□EO 差等律即得。

T16　第三格 Darapti—□○□的有效性化归为 Darii—□○□：

□∀（C—A），∀（C—B）
　　　　∃（B—C） A 换位律
　　　□∃（B—A）　　　Darii—□○□

T17　第三格 Felapton—□○□的有效性化归为 Ferio—□○□：

□∀¬（C—A），∀（C—B）
　　　　∃（B—C） A 换位律
　　　□∃¬（B—A）　　Ferio—□○□

T18　第三格 Datisi—□○□化归为 Darii—□○□：

□∀（C—B），∃（C—A）
　　　　∃（A—C） I 换位律
　　　□∃（A—B）　　　Darii—□○□

T19　第三格 Ferison—□○□的有效性化归为 Ferio—□○□的有效性：

□∀¬（C—A），∃（C—B）
─────────────────
　　　　　∃（B—C）I 换位律
　　　　□∃¬（B—A）　　Ferio—□○□

T20　第三格非标准式 AAI—□○□：
□∀（C—A），∀（C—B）
─────────────────
　　　　　∃（B—C）A 换位律
　　　　□∃（B—A）　　Darii—□○□
　　　　□∃（A—B）　　□I 换位律

T21　第三格非标准式 AII—□○□：
□∀（C—B），∃（C—A）
─────────────────
　　　　　∃（A—C）I 换位律
　　　　□∃（A—B）　　Darii—□○□
　　　　□∃（B—A）　　□I 换位律

2.○□□

T22　第一格非标准式 Frisesomorum—○□□：
∃（C—B）　　　　　□∀¬（A—C）
∃（B—C）I 换位律　□∀¬（C—A）□E 换位律
　　　　□∃¬（B—A）　　Ferio—□○□

T23　第一格非标准式 Fapesmo—○□□：
∀（C—B）　　　　　□∀¬（A—C）
∃（B—C）I 换位律　□∀¬（C—A）□E 换位律
　　　　□∃¬（B—A）　　Ferio—□○□

T24　第二格 camestres—○□□：
∀（B—C）　　□∀¬（A—C）
　　　□∀¬（C—A）　□E 换位律
　　　　□∀¬（B—A）　　Celarent—□○□
　　　　□∀¬（A—B）　　　　　　□E 换位律

T25　第二格 camestrop—○□□，由上将结论按□EO 差等律即得。

T26　第二格非标准式 IEO—○□□：

∃（B—C）　　□∀¬（A—C）
　　　　　　　□∀¬（C—A）　□E 换位律
　　　　　　　□∃¬（B—A）　　　　　Ferio—□○□

T27　第二格非标准式 AEE—○□□：

∀（B—C）　　□∀¬（A—C）
　　　　　　　□∀¬（C—A）　□E 换位律
　　　　　　　□∀¬（B—A）　　　　　Celarent—□○□

T28　第二格非标准式 AEO—○□□

由上将结论按□EO 差等律即得。

T29　第三格 Disamis—○□□：

∃（C—B）　　　□∀（C—A）
∃（B—C）I 换位律
　　　　　　　□∃（B—A）　　　Darii—□○□
　　　　　　　□∃（A—B）　　　□I 换位律

T30　第三格 Darapti—○□□：

∀（C—B）　　　□∀（C—A）
∃（B—C）A 换位律
　　　　　　　□∃（B—A）　　　Darii—□○□
　　　　　　　□∃（A—B）　　　□I 换位律

T31　第三格非标准式 AAI—○□□：

　　证明见上。

T32　第三格非标准式 IAI—○□□：

∃（C—B）　　　□∀（C—A）
∃（B—C）I 换位律
　　　　　　　□∃（B—A）　　　Darii—□○□

T33　第三格非标准式 IEO—○□□：

∃（C—B）　　　　□∀¬（C—A）
∃（B—C）I 换位律
　　　　　□∃¬（B—A）　　　Ferio—□○□

T34　第三格非标准式 AEO—○□□：
∀（C—B）　　　　□∀¬（C—A）
∃（B—C）A 换位律
　　　　　□∃¬（B—A）　　　Ferio—□○□

上面推导出 21 个有效的□○□式，13 个有效的○□□式，下面我们将□□□化归为□○□和○□□。

3.□□□

例如，Barbara—□□□：
□∀（C—B），□∀（A—C）
　　　　∀（A—C）　T 规则
　　　　□∀（A—B）　　Barbara—□○□

camestres—□□□：
□∀（B—C）　　□∀¬（A—C）
∀（B—C）
　　　□∀¬（A—B）　　camestres—○□□

同理可证除 Baroco 和 Bocardo 外的 32 个式。Baroco—□□□和 Bocardo—□□□是初始规则，当然也是定理。这样，□□□的 3 个格 36 个式都是可证的。按□□□、□○□和○□□来处理，共 108 个式，其中 70 个式是有效的（亚里士多德论述过 27 个），无效式共 38 个。□○○和○□○严格说来不能算是必然模态三段论，它们的前提中有一个必然命题，但结论是实然的。如果遇到这样的三段论式，用 T 规则把它们的有效性化归为直言三段论的有效性就行了，这些有效式共 72 个。例如，Darapti—□○○：

$\Box\forall(C-A)$ $\forall(C-B)$
─────────────────────────────────
$\forall(C-A)$ T规则 $\exists(B-C)$ I换位律
          $\exists(B-A)$ Darii—○○○

今将□□□、□○□和○□□各式总结为下页的表格（"√"代表有效，"×"代表无效）。

第二节 可能式

亚里士多德没有齐一的带可能前提和可能结论（◇◇◇）的模态三段论，我们从必然模态三段论可以导出带可能前提和可能结论的模态三段论。根据◇的定义和反三段论律，从□□□可得◇□◇和□◇◇，从□○□可得◇○◇和□◇○，从○□□可得○◇◇和◇□○。

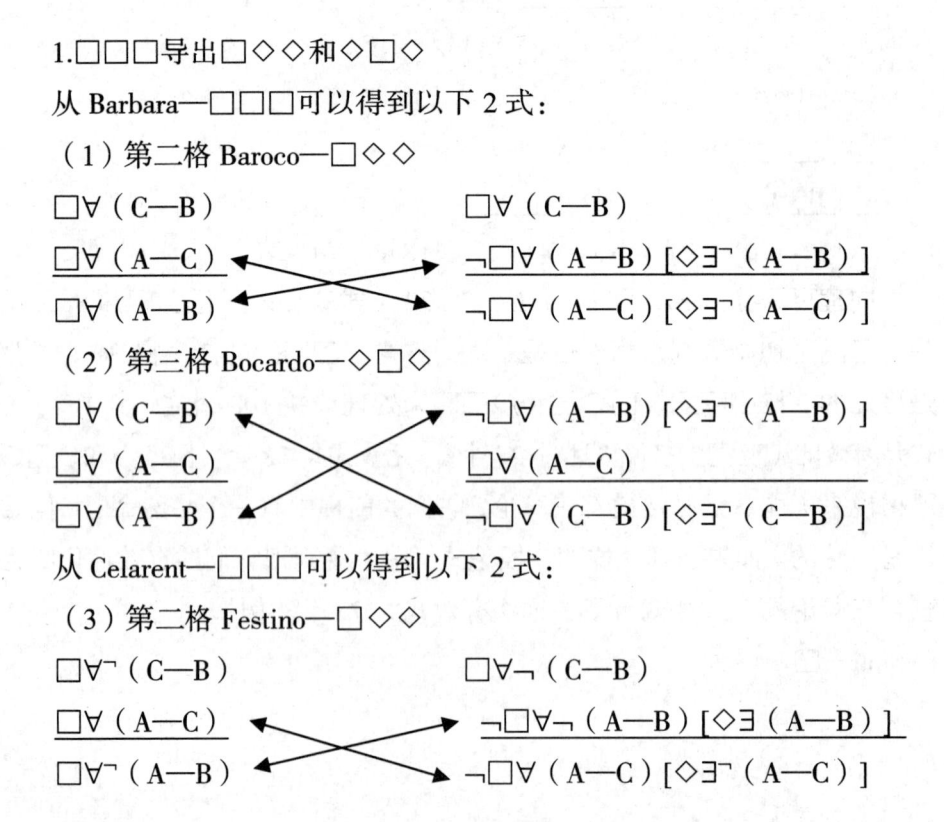

1. □□□导出□◇◇和◇□◇

从 Barbara—□□□可以得到以下2式：

（1）第二格 Baroco—□◇◇

$\Box\forall(C-B)$ $\Box\forall(C-B)$
$\underline{\Box\forall(A-C)}$ ⟷ $\underline{\neg\Box\forall(A-B)[\Diamond\exists\neg(A-B)]}$
$\Box\forall(A-B)$ $\neg\Box\forall(A-C)[\Diamond\exists\neg(A-C)]$

（2）第三格 Bocardo—◇□◇

$\Box\forall(C-B)$ $\neg\Box\forall(A-B)[\Diamond\exists\neg(A-B)]$
$\underline{\Box\forall(A-C)}$ ⟷ $\underline{\Box\forall(A-C)}$
$\Box\forall(A-B)$ $\neg\Box\forall(C-B)[\Diamond\exists\neg(C-B)]$

从 Celarent—□□□可以得到以下2式：

（3）第二格 Festino—□◇◇

$\Box\forall\neg(C-B)$ $\Box\forall\neg(C-B)$
$\underline{\Box\forall(A-C)}$ ⟷ $\underline{\neg\Box\forall\neg(A-B)[\Diamond\exists(A-B)]}$
$\Box\forall\neg(A-B)$ $\neg\Box\forall(A-C)[\Diamond\exists\neg(A-C)]$

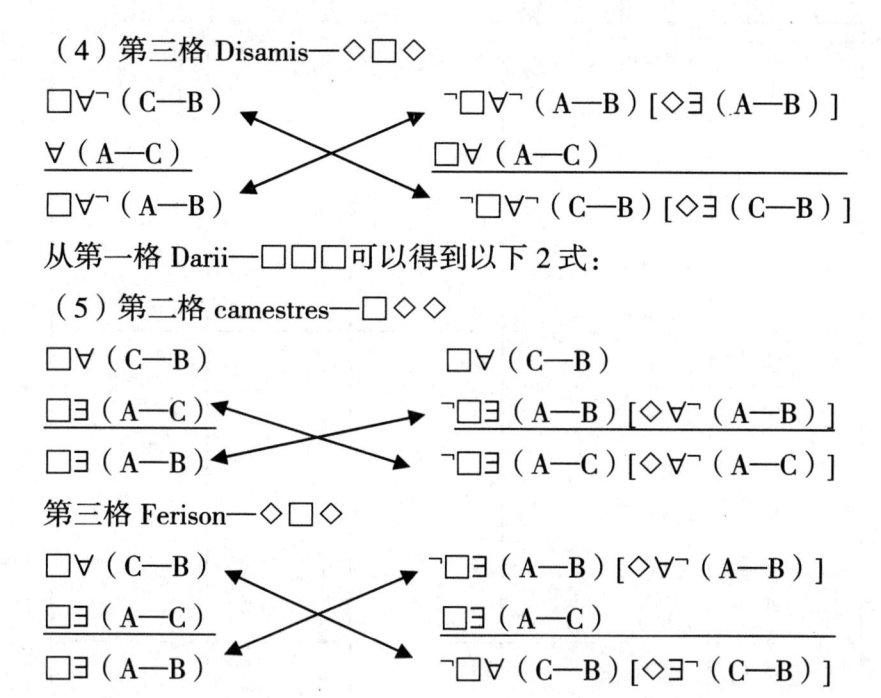

第十二章 树枝形的必然三段论自然演绎系统　255

（4）第三格 Disamis—◇□◇

$$\frac{\Box\forall\neg(C-B)\quad\quad\quad\quad\quad\neg\Box\forall(A-B)[◇\exists(A-B)]}{\forall(A-C)\quad\quad\quad\quad\quad\quad\quad\Box\forall(A-C)}$$
$$\Box\forall\neg(A-B)\quad\quad\quad\quad\neg\Box\forall(C-B)[◇\exists(C-B)]$$

从第一格 Darii—□□□可以得到以下 2 式：

（5）第二格 camestres—□◇◇

$$\frac{\Box\forall(C-B)\quad\quad\quad\quad\quad\Box\forall(C-B)}{\Box\exists(A-C)\quad\quad\quad\quad\quad\neg\Box\exists(A-B)[◇\forall\neg(A-B)]}$$
$$\Box\exists(A-B)\quad\quad\quad\quad\quad\neg\Box\exists(A-C)[◇\forall\neg(A-C)]$$

第三格 Ferison—◇□◇

$$\frac{\Box\forall(C-B)\quad\quad\quad\quad\quad\neg\Box\exists(A-B)[◇\forall\neg(A-B)]}{\Box\exists(A-C)\quad\quad\quad\quad\quad\quad\Box\exists(A-C)}$$
$$\Box\exists(A-B)\quad\quad\quad\quad\quad\neg\Box\forall(C-B)[◇\exists\neg(C-B)]$$

		□□□	□○□	○□□
第一格 标准式	Barbara	√	√	×
	Celarent	√	√	×
	Darii	√	√	×
	Ferio	√	√	×
	Barbari	√	√	×
	Celaront	√	√	×
第一格 非标准式	Baralipton	√	√	×
	Celantes	√	√	×
	Dabitis	√	√	×
	Frisesomorum	√	×	√
	Fapesmo	√	×	√
	Celantop	√	√	×

第二格标准式	Cesare	√	√	×
	camestres	√	×	√
	Festino	√	√	×
	Baroco	√	×	×
	Cesaro	√	√	×
	camestrop	√	×	√
第二格非标准式	IEO	√	×	√
	EAE	√	√	×
	AEE	√	×	√
	OAO	√	×	×
	EAO	√	√	×
	AEO	√	×	√
第三格标准式	Disamis	√	×	√
	Darapti	√	√	√
	Datisi	√	√	×
	Ferison	√	√	×
	Felapton	√	√	×
	Bocardo	√	×	×
第三格非标准式	AAI	√	√	√
	IAI	√	×	√
	AII	√	√	×
	IEO	√	×	√
	AEO	√	×	√
	AOO	√	×	×

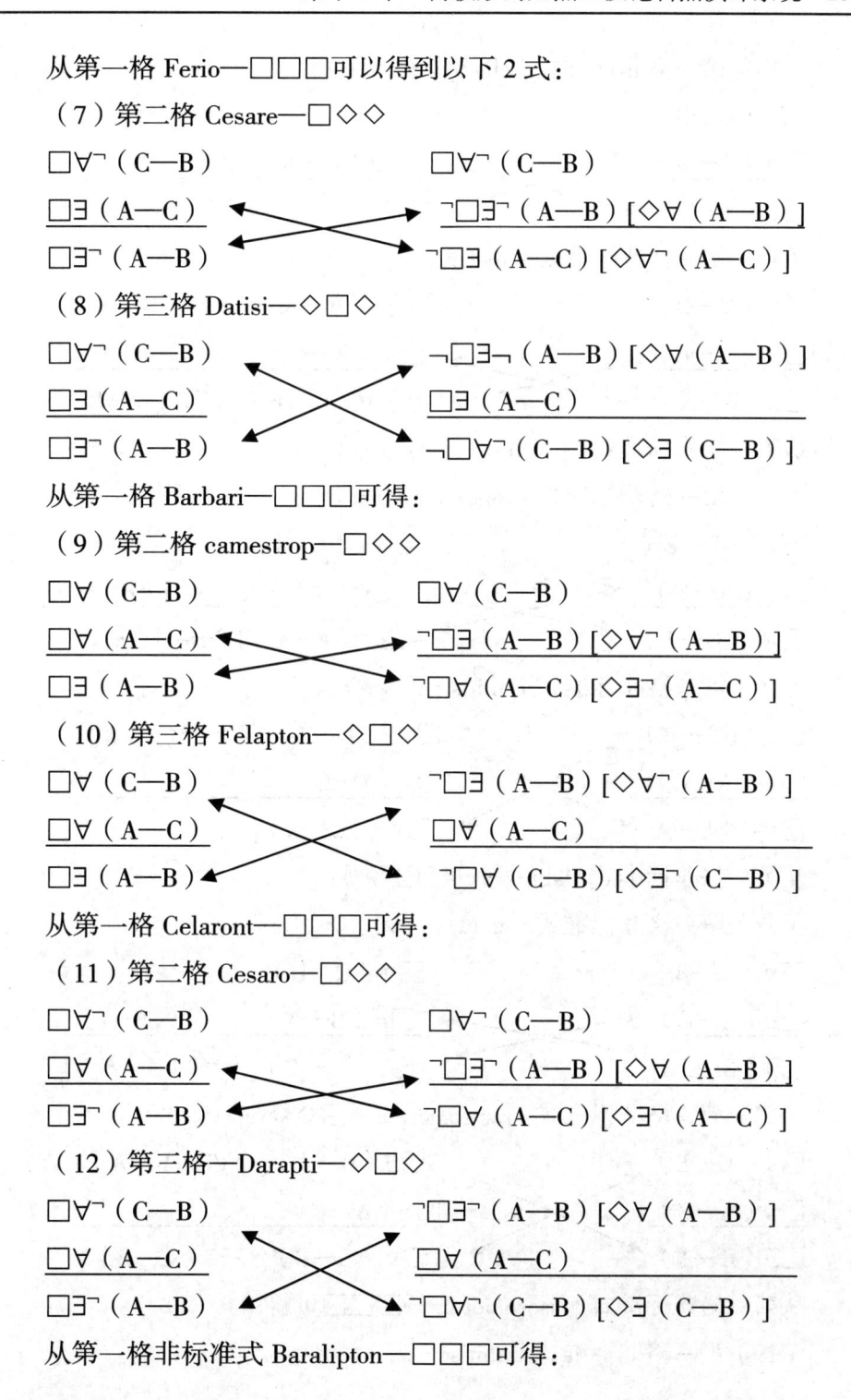

从第一格 Ferio—□□□可以得到以下 2 式：

（7）第二格 Cesare—□◇◇

□∀¬（C—B）　　　　　　　　□∀¬（C—B）
□∃（A—C）　　　　　　　　¬□∃¬（A—B）[◇∀（A—B）]
─────────　　　　　　　　───────────────────
□∃¬（A—B）　　　　　　　¬□∃（A—C）[◇∀¬（A—C）]

（8）第三格 Datisi—◇□◇

□∀¬（C—B）　　　　　　　　¬□∃¬（A—B）[◇∀（A—B）]
□∃（A—C）　　　　　　　　□∃（A—C）
─────────　　　　　　　　───────────────────
□∃¬（A—B）　　　　　　　¬□∀¬（C—B）[◇∃（C—B）]

从第一格 Barbari—□□□可得：

（9）第二格 camestrop—□◇◇

□∀（C—B）　　　　　　　　□∀（C—B）
□∀（A—C）　　　　　　　　¬□∃（A—B）[◇∀¬（A—B）]
─────────　　　　　　　　───────────────────
□∃（A—B）　　　　　　　　¬□∀（A—C）[◇∃¬（A—C）]

（10）第三格 Felapton—◇□◇

□∀（C—B）　　　　　　　　¬□∃（A—B）[◇∀¬（A—B）]
□∀（A—C）　　　　　　　　□∀（A—C）
─────────　　　　　　　　───────────────────
□∃（A—B）　　　　　　　　¬□∀（C—B）[◇∃¬（C—B）]

从第一格 Celaront—□□□可得：

（11）第二格 Cesaro—□◇◇

□∀¬（C—B）　　　　　　　　□∀¬（C—B）
□∀（A—C）　　　　　　　　¬□∃（A—B）[◇∀（A—B）]
─────────　　　　　　　　───────────────────
□∃¬（A—B）　　　　　　　¬□∀（A—C）[◇∃¬（A—C）]

（12）第三格—Darapti—◇□◇

□∀¬（C—B）　　　　　　　　¬□∃¬（A—B）[◇∀（A—B）]
□∀（A—C）　　　　　　　　□∀（A—C）
─────────　　　　　　　　───────────────────
□∃¬（A—B）　　　　　　　¬□∀¬（C—B）[◇∃（C—B）]

从第一格非标准式 Baralipton—□□□可得：

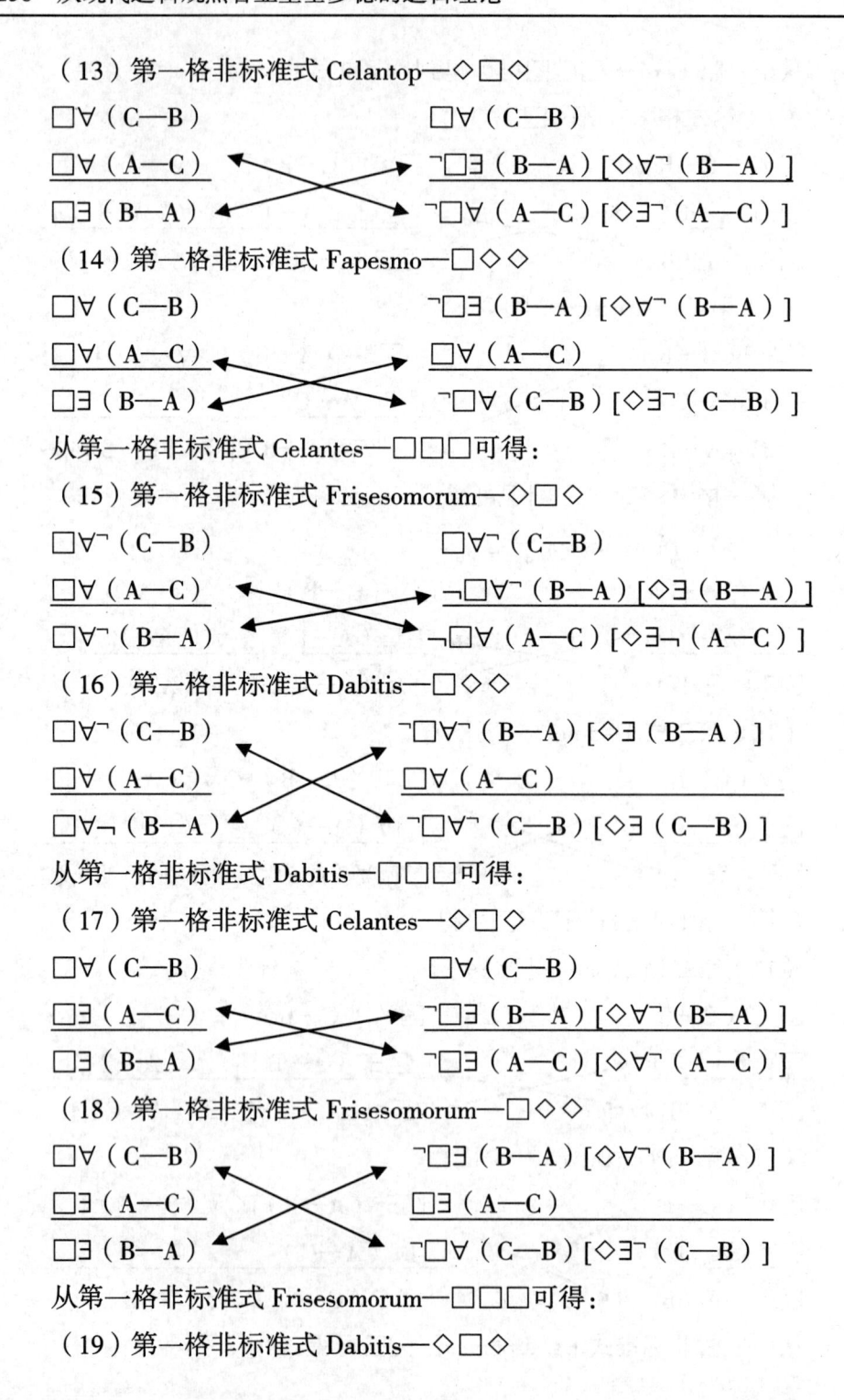

（13）第一格非标准式 Celantop——◇□◇

$\Box\forall$（C—B）　　　　　　　　$\Box\forall$（C—B）

$\underline{\Box\forall（A—C）}$　　　　　　$\neg\Box\exists$（B—A）[◇$\forall\neg$（B—A）]

$\Box\exists$（B—A）　　　　　　　$\neg\Box\forall$（A—C）[◇$\exists$（A—C）]

（14）第一格非标准式 Fapesmo——□◇◇

$\Box\forall$（C—B）　　　　　　　$\neg\Box\exists$（B—A）[◇$\forall\neg$（B—A）]

$\underline{\Box\forall（A—C）}$　　　　　　$\underline{\Box\forall（A—C）}$

$\Box\exists$（B—A）　　　　　　　$\neg\Box\forall$（C—B）[◇$\exists\neg$（C—B）]

从第一格非标准式 Celantes——□□□可得：

（15）第一格非标准式 Frisesomorum——◇□◇

$\Box\forall\neg$（C—B）　　　　　　$\Box\forall\neg$（C—B）

$\underline{\Box\forall（A—C）}$　　　　　　$\neg\Box\forall\neg$（B—A）[◇$\exists$（B—A）]

$\Box\forall\neg$（B—A）　　　　　　$\neg\Box\forall$（A—C）[◇$\exists\neg$（A—C）]

（16）第一格非标准式 Dabitis——□◇◇

$\Box\forall\neg$（C—B）　　　　　　$\neg\Box\forall\neg$（B—A）[◇$\exists$（B—A）]

$\underline{\Box\forall（A—C）}$　　　　　　$\underline{\Box\forall（A—C）}$

$\Box\forall\neg$（B—A）　　　　　　$\neg\Box\forall\neg$（C—B）[◇$\exists$（C—B）]

从第一格非标准式 Dabitis——□□□可得：

（17）第一格非标准式 Celantes——◇□◇

$\Box\forall$（C—B）　　　　　　　$\Box\forall$（C—B）

$\underline{\Box\exists（A—C）}$　　　　　　$\neg\Box\exists$（B—A）[◇$\forall\neg$（B—A）]

$\Box\exists$（B—A）　　　　　　　$\neg\Box\exists$（A—C）[◇$\forall\neg$（A—C）]

（18）第一格非标准式 Frisesomorum——□◇◇

$\Box\forall$（C—B）　　　　　　　$\neg\Box\exists$（B—A）[◇$\forall\neg$（B—A）]

$\underline{\Box\exists（A—C）}$　　　　　　$\underline{\Box\exists（A—C）}$

$\Box\exists$（B—A）　　　　　　　$\neg\Box\forall$（C—B）[◇$\exists\neg$（C—B）]

从第一格非标准式 Frisesomorum——□□□可得：

（19）第一格非标准式 Dabitis——◇□◇

□∃（C—B）　　　　　　　　□∃（C—B）
□∀¬（A—C）　　　　　　¬□∃（B—A）[◇∀（B—A）]
□∃（B—A）　　　　　　　¬□∀（A—C）[◇∃（A—C）]

（20）第一格非标准式 Celantes—□◇◇

□∃（C—B）　　　　　　　¬□∃（B—A）[◇∀（B—A）]
□∀¬（A—C）　　　　　　□∀¬（A—C）
□∃¬（B—A）　　　　　　¬□∃（C—B）[◇∀¬（C—B）]

从第一格非标准式 Fapesmo—□□□可得：

（21）第一格非标准式 Baralipton—◇□◇

□∀（C—B）　　　　　　　□∀（C—B）
□∀¬（A—C）　　　　　　¬□∃（B—A）[◇∀（B—A）]
□∃¬（B—A）　　　　　　¬□∀¬（A—C）[◇∃（A—C）]

（22）第一格非标准式 Celantop—□◇◇

□∀（C—B）　　　　　　　¬□∃（B—A）[◇∀（B—A）]
□∀¬（A—C）　　　　　　□∀¬（A—C）
□∃¬（B—A）　　　　　　¬□∀（C—B）[◇∃¬（C—B）]

从第一格非标准式 Celantop—□□□可得：

（23）第一格非标准式 Fapesmo—◇□◇

□∀¬（C—B）　　　　　　□∀¬（C—B）
□∀（A—C）　　　　　　　¬□∃（B—A）[◇∀（B—A）]
□∃（B—A）　　　　　　　¬□∀（A—C）[◇∃（A—C）]

（24）第一格非标准式 Baralipton—□◇◇

□∀¬（C—B）　　　　　　¬□∃（B—A）[◇∀（B—A）]
□∀（A—C）　　　　　　　□∀（A—C）
□∃（B—A）　　　　　　　¬□∀¬（C—B）[◇∃（C—B）]

同理可证其余从第二格和第三格导出的可能式，以下简要写出结果。

从第二格 Cesare—□□□可得：

（25）第一格 Ferio—□◇◇

（26）第三格非标准式 IAI—◇□◇

从第二格 camestres—□□□可得：

（27）第一格 Darii—□◇◇

（28）第三格非标准式 IEO—◇□◇

从第二格 Festino—□□□可得：

（29）第一格 Celarent—□◇◇

（30）第三格非标准式 AII—◇□◇

从第二格 Baroco—□□□可得：

（31）第一格 Barbara—□◇◇

（32）第三格非标准式 AOO—◇□◇

从第二格 Cesaro—□□□可得：

（33）第一格 Celaront—□◇◇

（34）第三格非标准式 AAI—◇□◇

从第二格 camestrop—□□□可得：

（35）第一格 Barbari—□◇◇

（36）第三格非标准式 AEO—◇□◇

从第二格非标准式 IEO—□□□可得：

（37）第三格 Disamis—□◇◇

（38）第一格 Celarent—□◇◇，与（29）相同

从第二格非标准式 EAE—□□□可得：

（39）第三格 Ferison—□◇◇

（40）第一格 Darii—□◇◇，与（27）相同

从第二格非标准式 AEE—□□□可得：

（41）第三格 Datisi—□◇◇

（42）第一格 Ferio—□◇◇，与（25）相同

从第二格非标准式 OAO—□□□可得：

（43）第三格 Bocardo—□◇◇

（44）第一格 Barbara—□◇◇，与（31）相同

从第二格非标准式 EAO—□□□可得：

（45）第三格 Felapton—□◇◇

（46）第一格 Barbari—□◇◇，与（35）相同

从第二格非标准式 AEO—□□□可得：

（47）第三格 Darapti—□◇◇

（48）第一格 Celaront—□◇◇，与（33）相同

从第三格 Disamis—□□□可得：

（49）第二格非标准式 IEO—□◇◇

（50）第一格 Celarent—◇□◇

从第三格 Darapti—□□□可得：

（51）第二格非标准式 AEO—□◇◇

（52）第一格 Celaront—◇□◇

从第三格 Datisi—□□□可得：

（53）第二格非标准式 AEE—□◇◇

（54）第一格 Ferio—◇□◇

从第三格 Ferison—□□□可得：

（55）第二格非标准式 EAE—□◇◇

（56）第一格 Darii—◇□◇

从第三格 Felapton—□□□可得：

（57）第二格非标准式 EAO—□◇◇

（58）第一格 Barbari—◇□◇

从第三格 Bocardo—□□□可得：

（59）第二格非标准式 OAO—□◇◇

（60）第一格 Barbara—◇□◇

从第三格非标准式 AAI—□□□可得：

（61）第一格 Celaront—◇□◇，与（52）相同

（62）第二格 Cesaro—◇□◇

从第三格非标准式 IAI—□□□可得：

（63）第一格 Ferio—◇□◇，与（54）相同

（64）第二格 Cesare—◇□◇

从第三格非标准式 AII—□□□可得：

（65）第一格 Celarent—◇□◇，与（50）相同

（66）第二格 Festino—◇□◇

从第三格非标准式 IEO—□□□可得：

（67）第一格 Darii—◇□◇，与（56）相同

（68）第二格 camestres—◇□◇，

从第三格非标准式 AEO—□□□可得：

（69）第一格 Barbari—◇□◇，与（58）相同

（70）第二格 camestrop—◇□◇

从第三格非标准式 AOO—□□□可得：

（71）第一格 Barbara—◇□◇，与（60）相同

（72）第二格 Baroco—◇□◇

由上可见，□□□派生出来的◇□◇和□◇◇的有效式 72 个中，有 12 个相同。原因何在呢？举以上证明过程中的一个例子（29）第一格 Celarent—□◇◇就可清楚。它从第二格 Festino—□□□可得：

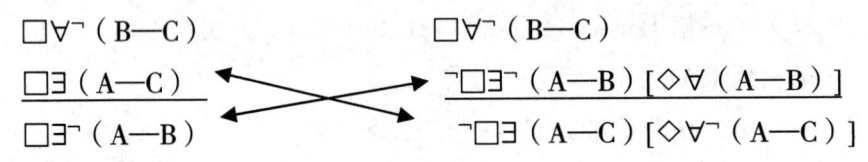

□∀¬（B—C）　　　　　　□∀¬（B—C）

<u>□∃（A—C）</u>　　　　　　<u>¬□∃（A—B）[◇∀（A—B）]</u>

□∃¬（A—B）　　　　　　¬□∃（A—C）[◇∀¬（A—C）]

从第二格非标准式 IEO—□□□可得（38）第一格 Celarent—□◇◇，与（29）相同：

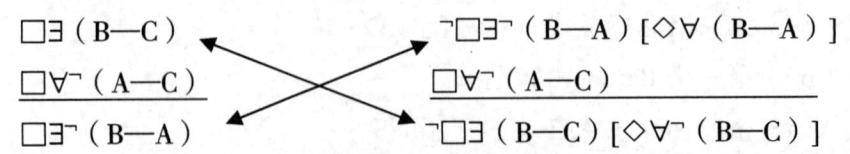

□∃（B—C）　　　　　　¬□∃（B—A）[◇∀（B—A）]

<u>□∀¬（A—C）</u>　　　　　<u>□∀¬（A—C）</u>

□∃¬（B—A）　　　　　　¬□∃（B—C）[◇∀¬（B—C）]

前面已说过，第二格和第三格的非标准式同相应的第二格和第三格各个标准式由于大小前提的交换使得大词和小词也交换了位置，实质上是同一个式，但是产生了以大词做主词的结论，我们把它们看作两个式。第二

格标准式 Festino—□□□是：

□∀¬（B—C）

□∃（A—C）

□∃¬（A—B），这里大词是 B，小词是 A。交换前提，变为第二格非标准式 IEO—□□□：

□∃（A—C），

□∀¬（B—C）

□∃¬（A—B），这里大词是 A，小词是 B，结论以大词 A 做主词。我们将 A 改名为 B，B 改名为 A，仍以 B 为大词，A 为小词，第二格非标准式 IEO—□□□就变为：

□∃（B—C）

□∀¬（A—C）

□∃¬（B—A）

这在形式上与第二格标准式 Festino—□□□有所不同。但是，把反三段论律应用于第二格 Festino—□□□的小前提和结论（IO）和第二格非标准式 IEO—□□□的大前提和结论（IO）就都化归为第一格 Celarent—□◇◇，但是其中的谓词变元不同，(29) 的中词是 B，(38) 的中词是 A，我们可以通过改名变为同一个形式。其余 11 种情况类似。

此外，第二格的 6 个标准式□◇◇都是有效的，交换前提后，就得到相应的第二格的 6 个非标准式◇□◇也都是有效的；同理，第三格的 6 个标准式◇□◇都是有效的，交换前提后，就得到相应的第三格的 6 个非标准式□◇◇也都是有效的。因此，从□□□导出的□◇◇和◇□◇的有效式数目仍为 72 个。

2.□○□导出◇◇◇、○◇◇，也可以得到□◇○和◇□○。

从 Barbara—□○□可以得到以下 2 式：

（1）第二格 Baroco—□◇○

□∀（C—B）　　　　　□∀（C—B）

∀（A—C）　　　　　　　¬□∀（A—B）[◇∃¬（A—B）]
□∀（A—B）　　　　　　¬∀（A—C）[∃¬（A—C）]

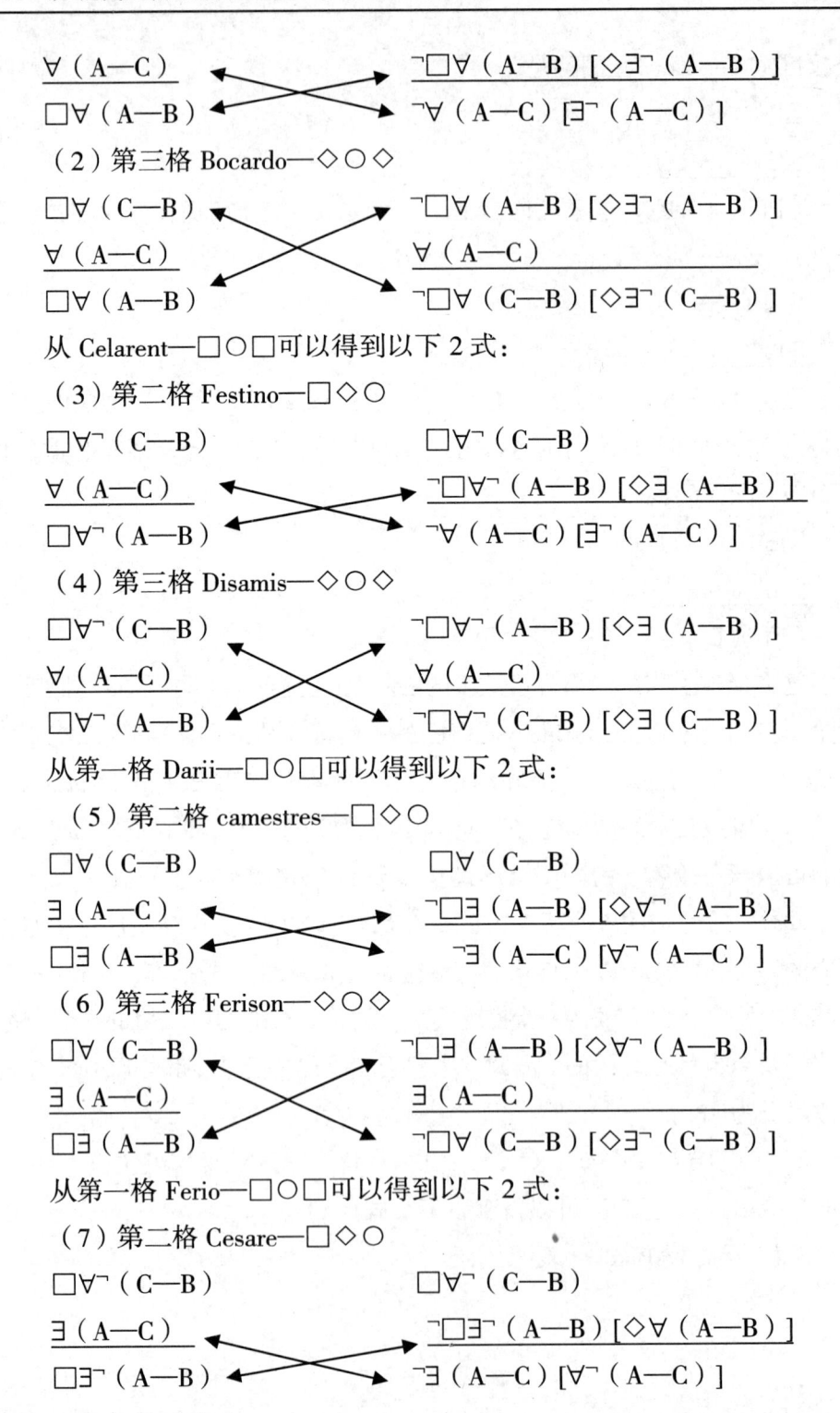

（2）第三格 Bocardo—◇○◇

□∀（C—B）　　　　　　¬□∀（A—B）[◇∃¬（A—B）]
∀（A—C）　　　　　　　∀（A—C）
□∀（A—B）　　　　　　¬□∀（C—B）[◇∃¬（C—B）]

从 Celarent—□○□可以得到以下 2 式：

（3）第二格 Festino—□◇○

□∀¬（C—B）　　　　　　□∀¬（C—B）
∀（A—C）　　　　　　　¬□∀¬（A—B）[◇∃（A—B）]
□∀¬（A—B）　　　　　　¬∀（A—C）[∃¬（A—C）]

（4）第三格 Disamis—◇○◇

□∀¬（C—B）　　　　　　¬□∀¬（A—B）[◇∃（A—B）]
∀（A—C）　　　　　　　∀（A—C）
□∀¬（A—B）　　　　　　¬□∀¬（C—B）[◇∃（C—B）]

从第一格 Darii—□○□可以得到以下 2 式：

（5）第二格 camestres—□◇○

□∀（C—B）　　　　　　　□∀（C—B）
∃（A—C）　　　　　　　¬□∃（A—B）[◇∀¬（A—B）]
□∃（A—B）　　　　　　¬∃（A—C）[∀¬（A—C）]

（6）第三格 Ferison—◇○◇

□∀（C—B）　　　　　　　¬□∃（A—B）[◇∀¬（A—B）]
∃（A—C）　　　　　　　∃（A—C）
□∃（A—B）　　　　　　¬□∀¬（C—B）[◇∃¬（C—B）]

从第一格 Ferio—□○□可以得到以下 2 式：

（7）第二格 Cesare—□◇○

□∀¬（C—B）　　　　　　□∀¬（C—B）
∃（A—C）　　　　　　　¬□∃¬（A—B）[◇∀（A—B）]
□∃¬（A—B）　　　　　　¬∃（A—C）[∀¬（A—C）]

（8）第三格 Datisi—◇○◇

□∀¬（C—B）　　　　　¬□∃（A—B）[◇∀（A—B）]
∃（A—C）　　　　　　∃（A—C）
─────────　　　　　─────────────────
□∃（A—B）　　　　　¬□∀（C—B）[◇∃（C—B）]

从第一格 Barbari—□○□可得：

（9）第二格 camestrop—□◇○

□∀（C—B）　　　　　□∀（C—B）
∀（A—C）　　　　　　¬□∃（A—B）[◇∀¬（A—B）]
─────────　　　　　─────────────────
□∃¬（A—B）　　　　　¬∀（A—C）[∃¬（A—C）]

（10）第三格 Felapton—◇○◇

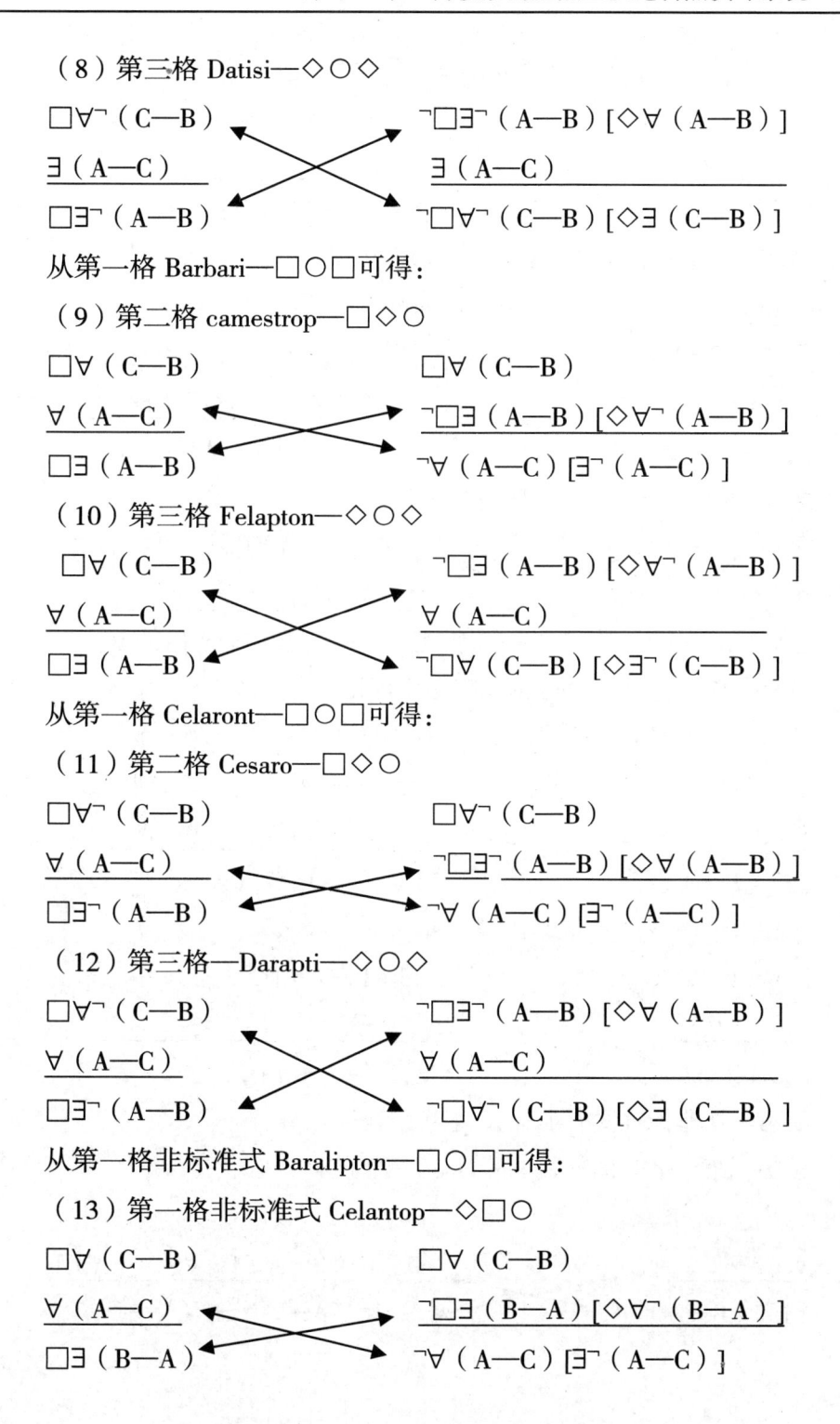

□∀¬（C—B）　　　　　¬□∃（A—B）[◇∀¬（A—B）]
∀（A—C）　　　　　　∀（A—C）
─────────　　　　　─────────────────
□∃¬（A—B）　　　　　¬□∀¬（C—B）[◇∃（C—B）]

从第一格 Celaront—□○□可得：

（11）第二格 Cesaro—□◇○

□∀¬（C—B）　　　　　□∀¬（C—B）
∀（A—C）　　　　　　¬□∃（A—B）[◇∀（A—B）]
─────────　　　　　─────────────────
□∃¬（A—B）　　　　　¬∀（A—C）[∃¬（A—C）]

（12）第三格—Darapti—◇○◇

□∀¬（C—B）　　　　　¬□∃（A—B）[◇∀（A—B）]
∀（A—C）　　　　　　∀（A—C）
─────────　　　　　─────────────────
□∃¬（A—B）　　　　　¬□∀¬（C—B）[◇∃（C—B）]

从第一格非标准式 Baralipton—□○□可得：

（13）第一格非标准式 Celantop—◇□○

□∀（C—B）　　　　　□∀（C—B）
∀（A—C）　　　　　　¬□∃（B—A）[◇∀¬（B—A）]
─────────　　　　　─────────────────
□∃（B—A）　　　　　¬∀（A—C）[∃¬（A—C）]

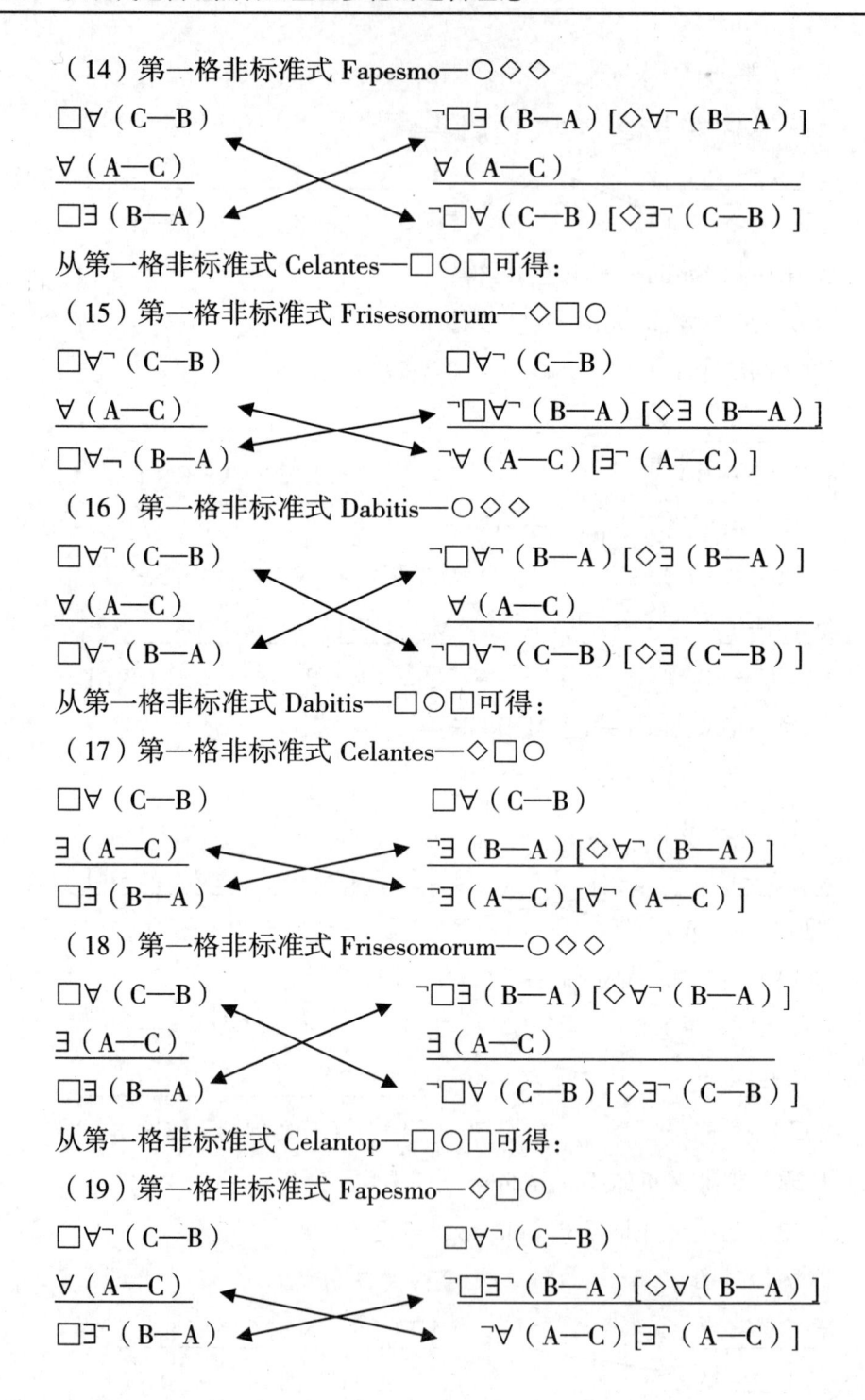

（14）第一格非标准式 Fapesmo—○◇◇

□∀（C—B）　　　　　　　¬□∃（B—A）[◇∀¬（B—A）]
∀（A—C）　　　　　　　　∀（A—C)
□∃（B—A）　　　　　　　¬□∀（C—B）[◇∃（C—B）]

从第一格非标准式 Celantes—□○□可得：

（15）第一格非标准式 Frisesomorum—◇□○

□∀¬（C—B）　　　　　　□∀¬（C—B）
∀（A—C）　　　　　　　¬□∀¬（B—A）[◇∃（B—A）]
□∀¬（B—A）　　　　　　¬∀（A—C）[∃¬（A—C）]

（16）第一格非标准式 Dabitis—○◇◇

□∀¬（C—B）　　　　　　¬□∀¬（B—A）[◇∃（B—A）]
∀（A—C）　　　　　　　∀（A—C）
□∀¬（B—A）　　　　　　¬□∀¬（C—B）[◇∃（C—B）]

从第一格非标准式 Dabitis—□○□可得：

（17）第一格非标准式 Celantes—◇□○

□∀（C—B）　　　　　　　□∀（C—B）
∃（A—C）　　　　　　　　¬∃（B—A）[◇∀¬（B—A）]
□∃（B—A）　　　　　　　¬∃（A—C）[∀¬（A—C）]

（18）第一格非标准式 Frisesomorum—○◇◇

□∀（C—B）　　　　　　　¬□∃（B—A）[◇∀¬（B—A）]
∃（A—C）　　　　　　　　∃（A—C）
□∃（B—A）　　　　　　　¬□∀（C—B）[◇∃（C—B）]

从第一格非标准式 Celantop—□○□可得：

（19）第一格非标准式 Fapesmo—◇□○

□∀¬（C—B）　　　　　　□∀¬（C—B）
∀（A—C）　　　　　　　¬□∃（B—A）[◇∀（B—A）]
□∃（B—A）　　　　　　　¬∀（A—C）[∃¬（A—C）]

（20）第一格非标准式 Baralipton—○◇◇

$$□∀¬(C—B) \qquad\qquad ¬□∃(B—A)[◇∀(B—A)]$$
$$∀(A—C) \qquad\qquad ∀(A—C)$$
$$\overline{□∃(B—A)} \qquad\qquad \overline{¬□∀¬(C—B)[◇∃(C—B)]}$$

从第二格 Cesare—□○□可得：

（21）第一格 Ferio—□◇○

（22）第三格非标准式 IAI—◇○◇

从第二格 Festino—□○□可得：

（23）第一格 Celarent—□◇○

（24）第三格非标准式 AII—◇○◇

从第二格 Cesaro—□○□可得：

（25）第一格 Celaront—□◇○

（26）第三格非标准式 AAI—◇○◇

从第二格非标准式 EAE—□○□可得：

（27）第三格 Festino—□◇○

（28）第一格 Darii—○◇◇

从第二格非标准式 EAO—□○□可得：

（29）第三格 Felapton—□◇○

（30）第一格 Barbari—○◇◇

从第三格 Darapti—□○□可得：

（31）第二格非标准式 AEO—□◇○

（32）第一格 Celaront—◇○○

从第三格 Datisi—□○□可得：

（33）第二格非标准式 AEE—□◇○

（34）第一格 Ferio—◇○○

从第三格 Ferison—□○□可得：

（35）第二格非标准式 EAE—□◇○

（36）第一格 Darii—◇○○

从第三格 Felapton—□○□可得：

（37）第二格非标准式 EAO—□◇○

（38）第一格 Barbari—◇○◇

从第三格非标准式 AAI—□○□可得：

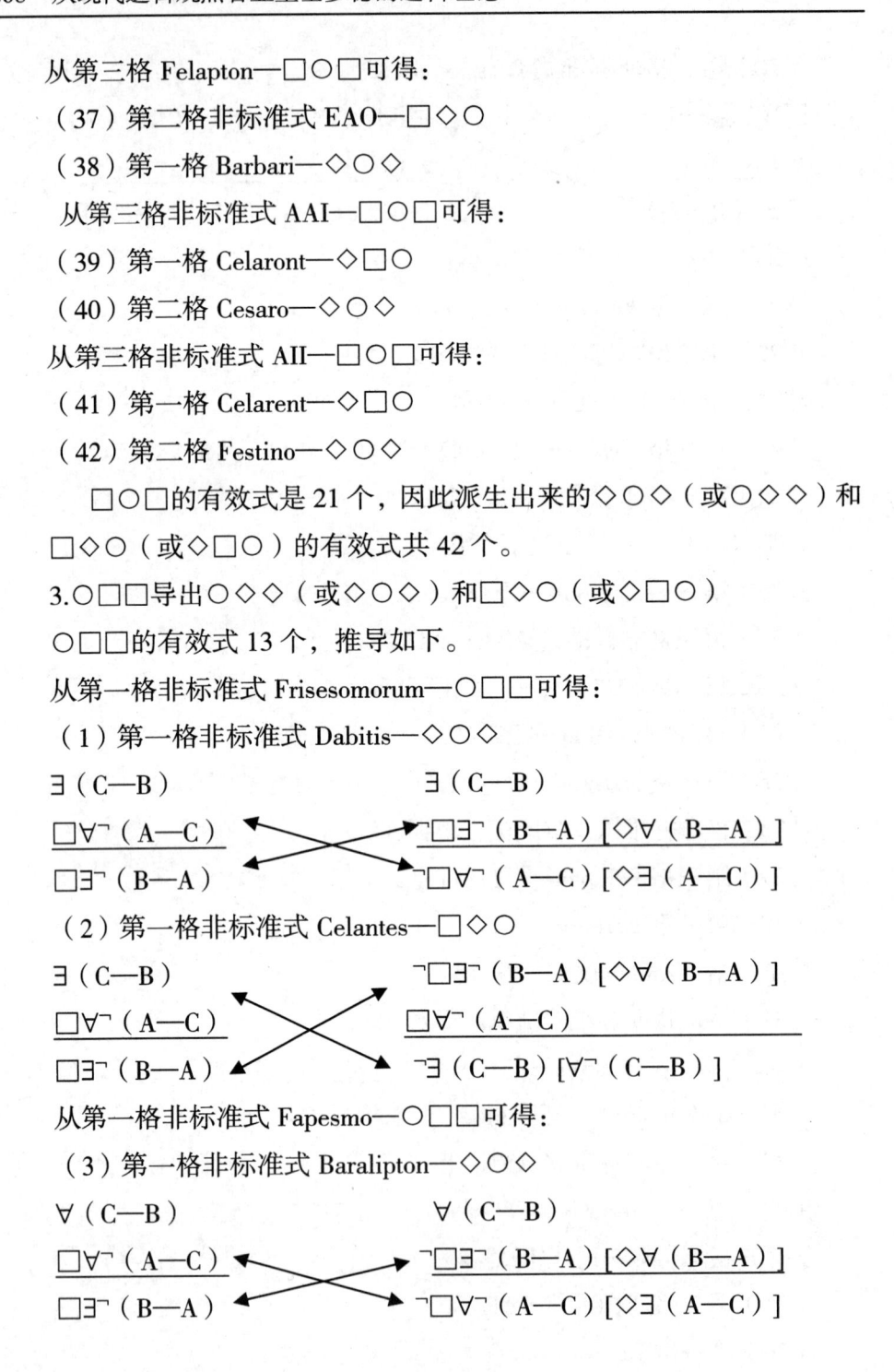

（39）第一格 Celaront—◇□○

（40）第二格 Cesaro—◇○○

从第三格非标准式 AII—□○□可得：

（41）第一格 Celarent—◇□○

（42）第二格 Festino—◇○○

□○□的有效式是 21 个，因此派生出来的◇○◇（或○◇◇）和□◇○（或◇□○）的有效式共 42 个。

3.○□□导出○◇◇（或◇○◇）和□◇○（或◇□○）○□□的有效式 13 个，推导如下。

从第一格非标准式 Frisesomorum—○□□可得：

（1）第一格非标准式 Dabitis—◇○◇

∃（C—B）　　　　　　∃（C—B）

□∀¬（A—C）　　　　¬□∃（B—A）[◇∀（B—A）]
□∃（B—A）　　　　　¬□∀（A—C）[◇∃（A—C）]

（2）第一格非标准式 Celantes—□◇○

∃（C—B）　　　　　　¬□∃（B—A）[◇∀（B—A）]

□∀¬（A—C）　　　　□∀¬（A—C）
□∃（B—A）　　　　　∃（C—B）[∀¬（C—B）]

从第一格非标准式 Fapesmo—○□□可得：

（3）第一格非标准式 Baralipton—◇○◇

∀（C—B）　　　　　　∀（C—B）

□∀¬（A—C）　　　　¬□∃（B—A）[◇∀（B—A）]
□∃¬（B—A）　　　　¬□∀（A—C）[◇∃（A—C）]

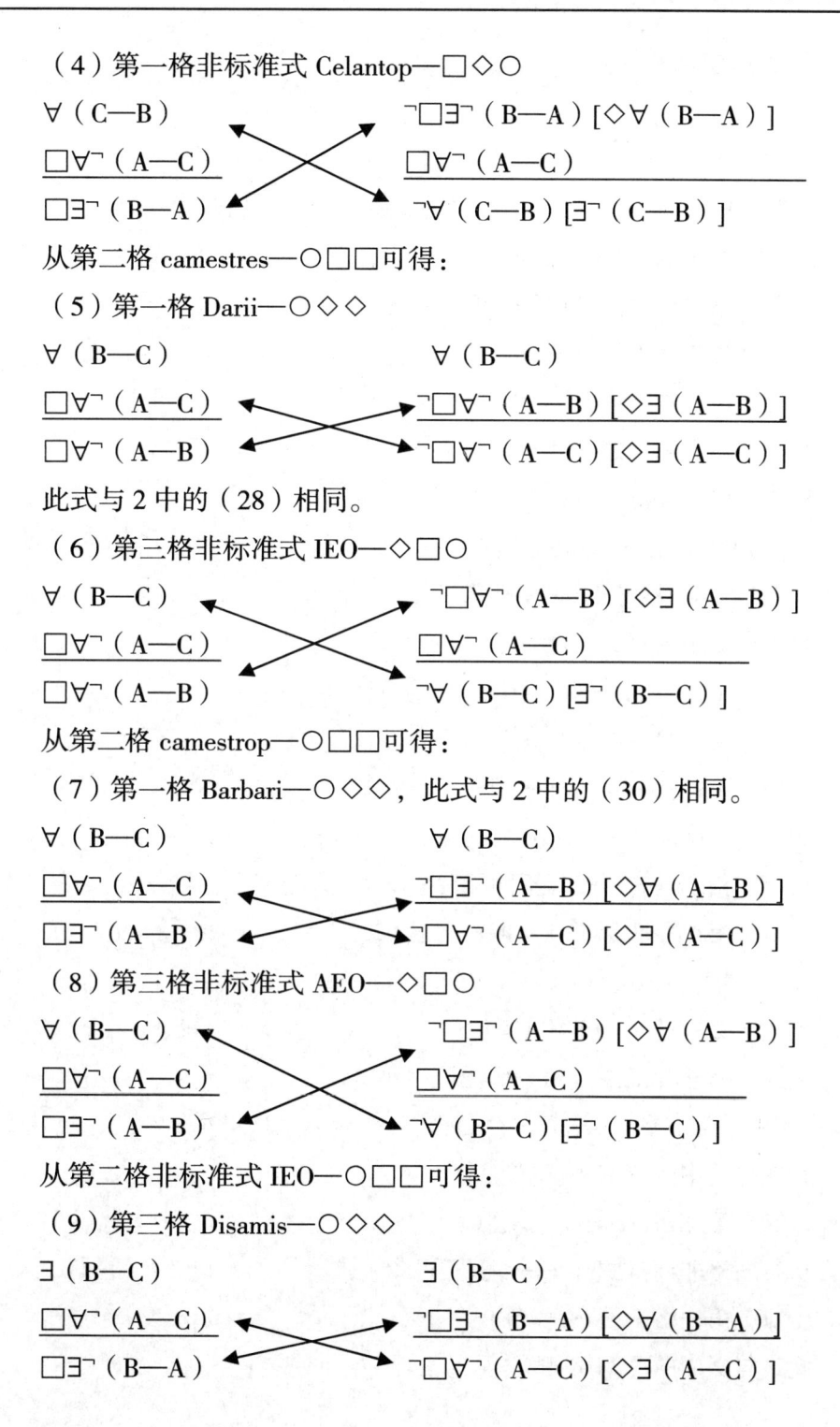

（4）第一格非标准式 Celantop—□◇〇

$\forall$（C—B）   ¬□∃¬（B—A）[◇$\forall$（B—A）]
□$\forall$¬（A—C）   □$\forall$¬（A—C）
────────   ────────
□∃¬（B—A）   ¬$\forall$（C—B）[∃¬（C—B）]

从第二格 camestres—〇□□可得：

（5）第一格 Darii—〇◇◇

$\forall$（B—C） $\forall$（B—C）
□$\forall$¬（A—C）   ¬□$\forall$¬（A—B）[◇∃（A—B）]
────────   ────────
□$\forall$¬（A—B）   ¬□$\forall$¬（A—C）[◇∃（A—C）]

此式与 2 中的（28）相同。

（6）第三格非标准式 IEO—◇□〇

$\forall$（B—C）   ¬□$\forall$¬（A—B）[◇∃（A—B）]
□$\forall$¬（A—C）   □$\forall$¬（A—C）
────────   ────────
□$\forall$¬（A—B）   ¬$\forall$（B—C）[∃¬（B—C）]

从第二格 camestrop—〇□□可得：

（7）第一格 Barbari—〇◇◇，此式与 2 中的（30）相同。

$\forall$（B—C） $\forall$（B—C）
□$\forall$¬（A—C）   ¬□∃¬（A—B）[◇$\forall$（A—B）]
────────   ────────
□∃¬（A—B）   ¬$\forall$（A—C）[◇∃（A—C）]

（8）第三格非标准式 AEO—◇□〇

$\forall$（B—C）   ¬□∃¬（A—B）[◇$\forall$（A—B）]
□$\forall$¬（A—C）   □$\forall$¬（A—C）
────────   ────────
□∃¬（A—B）   ¬$\forall$（B—C）[∃¬（B—C）]

从第二格非标准式 IEO—〇□□可得：

（9）第三格 Disamis—〇◇◇

∃（B—C）   ∃（B—C）
□$\forall$¬（A—C）   ¬□∃¬（B—A）[◇$\forall$（B—A）]
────────   ────────
□∃¬（B—A）   ¬□$\forall$¬（A—C）[◇∃（A—C）]

（10）第一格 Celarent—□◇○

∃（B—C）　　　　　　　¬□∃¬（B—A）[◇∀（B—A）]
□∀¬（A—C）　　　　　　□∀¬（A—C）
□∃¬（B—A）　　　　　　∃（B—C）[∀¬（B—C）]

此式与 2 中的（23）相同。

从第二格非标准式 AEE—○□□可得：

（11）第三格 Datisi—○◇◇

（12）第一格 Ferio—□◇○

此式与 2 中的（21）相同。

从第二格非标准式 AEO—○□□可得：

（13）第三格 Darapti—○◇◇

（14）第一格 Celaront—□◇○

此式与 2 中的（25）相同。

从第三格 Disamis—○□□可得：

（15）第二格非标准式 IEO—○◇◇

（16）第一格 Celarent—◇□○

此式与 2 中的（41）相同。

从第三格 Darapti—○□□可得：

（17）第二格非标准式 AEO—○◇◇

（18）第一格 Celaront—◇□○

此式与 2 中的（39）相同。

从第三格非标准式 AAI—○□□可得：

（19）第一格 Celaront—◇○◇

此式与 2 中的（32）相同。

（20）第二格 Cesaro—◇□○

从第三格非标准式 IAI—○□□可得：

（21）第一格 Ferio—◇○◇

此式与 2 中的（34）相同。

(22）第二格 Cesare—◇□○

从第三格非标准式 IEO—○□□可得：

(23）第一格 Darii—◇○◇

此式与 2 中的（36）相同。

(24）第二格 camestres—◇□○

从第三格非标准式 AEO—○□□可得：

(25）第一格 Barbari—◇○◇

此式与 2 中的（38）相同。

(26）第二格 camestrop—◇□○

在以上 26 个有效式中，有 11 个式相同，因此从○□□式导出的有效式为 15 个。

综合起来，带可能前提的模态三段论，从□□□导出 72 个有效式，从□○□导出 42 个有效式，从○□□导出 15 个有效式，合计 129 个有效式。另外，由上面的各式可以看出，第二格 6 个标准式□◇○都有效，交换前提后变为相应的第二格 6 个非标准式◇□○，也是有效的；同理，第三格 6 个标准式◇○◇都有效，交换前提后变为相应的第三格 6 个非标准式○◇◇，也是有效的。这样一来，又增加了 12 个有效式。因此可能模态三段论有效式总数为 141。严格说来，□◇○和◇□○这两种式不算是可能三段论式，一共 35 个，为完整起见，我们把它们放在可能式的总表之中了。这些可能模态三段论反过来也可化归为必然模态三段论，因此我们在进行形式排斥和构造模型时只考虑必然模态三段论就行了。

现将可能模态三段论总结为后面的图表，"√"表示有效式（粗黑体"√"表示导出时得出的相同式），"×"表示无效式。

第三节　必然式的形式排斥系统

我们从必然三段论的 38 个无效式中，挑出 6 个作为初始规则，构建形式的排斥系统。

1.初始排斥规则

（1）× Barbari—○□□

（2）× Celaront—○□□

（3）× Fapesmo—□○□

（4）× camestrop—□○□

（5）× 第二格非标准式 OAO—□○□

（6）× Bocardo—□○□

2.排斥的变形规则

（1）如果 $\underline{\Gamma, \Box\forall\Phi}$ 被排斥，那么 $\underline{\Gamma, \Box\exists\Phi}$ 被排斥。简记为
Ψ Ψ

× $\Gamma, \Box\forall\Phi/\Psi$

× $\Gamma, \Box\exists\Phi/\Psi$

这个规则是说，如果带有必然全称前提的式被排斥，那么必然全称前提变为必然特称前提后的式就被排斥。必然全称前提强于必然特称前提，这就是说，前提强的式被排斥，当强前提变为相应的弱前提后的式就被排斥。

（2）如果 $\underline{\Gamma_1, \Gamma_2}$ 被排斥，那么 $\underline{\Gamma_1, \Gamma_2}$ 被排斥。简记为
$\Box\exists\Phi$ $\Box\forall\Phi$

× $\Gamma_1, \Gamma_2/\Box\exists\Phi$

× $\Gamma_1, \Gamma_2/\Box\forall\Phi$

这个规则是说，如果推出一个必然特称结论的式被排斥，那么当这个特称结论变为相应强的全称结论后的式就被排斥。在排斥的过程中，需要用到必然的和实然的 E 命题和 I 命题的换位律、前提交换律等进行等值变形。

3.被排斥的式的推演

6 个初始规则当然就是定理，记为 T1—T6。

T7　× Barbara—○□□，这是一个无效式，是亚里士多德必然模态三段论系统的一个特点。

据初始规则

（1）×Barbari—○□□:

$$\frac{×∀（C—B），□∀（A—C）}{□∃（A—B）}$$

此式被排斥，再据排斥的变形规则2（2）得到

$$\frac{×∀（C—B），□∀（A—C）}{□∀（A—B）}$$

简记为：×∀（C—B），□∀（A—C）/□∃（A—B）　1（1）×Barbari—○□□

　　　　　×∀（C—B），□∀（A—C）/□∀（A—B）　2（2）

T8　×Celarent—○□□

×∀¬（C—B），□∀（A—C）/□∃¬（A—B）　1（2）×Celaront—○□□

×∀¬（C—B），□∀（A—C）/□∀¬（A—B）　2（2）

T9　×Darii—○□□

×∀（C—B），□∀（A—C）/□∃（A—B）　1（1）×Barbari—○□□

×∀（C—B），□∃（A—C）/□∃（A—B）　2（1）

		□◇	◇□◇	□◇○	◇○○	◇□○	○◇◇
第一格标准式	Barbara	√	√	×	×	×	×
	Celarent	√	√	√	×	√	×
	Darii	√	√	×	√	×	√
	Ferio	√	√	√	√	√	×
	Barbari	√	√	√	√	×	√
	Celaront	√	√	√	√	√	×
第一格非标准式	Baralipton	√	√	×	√	×	√
	Celantes	√	√	√	×	√	×
	Dabitis	√	√	×	√	×	√
	Frisesomorm	√	√	×	×	√	×
	Fapesmo	√	√	×	√	×	√
	Celantop	√	√	√	×	√	×

第二格标准式	Cesare	√	√	√	×	√	×
	camestres	√	√	√	×	√	×
	Festino	√	√	√	√	×	×
	Baroco	√	√	√	×	×	×
	Cesaro	√	√	√	√	√	×
	Camestrop	√	√	√	×	√	×
第二格非标准式	IEO	√	√	×	×	√	√
	EAE	√	√	√	×	√	×
	AEE	√	√	√	×	√	×
	OAO	√	√	×	×	√	×
	EAO	√	√	√	×	√	×
	AEO	√	√	√	×	√	√
第三格标准式	Disamis	√	√	×	√	×	√
	Darapti	√	√	×	√	×	√
	Datisi	√	√	×	√	×	√
	Ferison	√	√	√	√	×	×
	Felapton	√	√	√	√	×	×
	Bocardo	√	√	×	√	×	×
第三格非标准式	AAI	√	√	×	√	×	√
	IAI	√	√	×	√	×	√
	AII	√	√	×	√	×	√
	IEO	√	√	×	×	√	√
	AEO	√	√	×	×	√	√
	AOO	√	√	×	×	×	√

T10 ×Ferio—○□□

×∀¬（C—B），□∀（A—C）/□∃¬（A—B） 1（2） ×Celaront—○□□

×∀¬（C—B），□∃（A—C）/□∃¬（A—B） 2（1）

T11 ×Frisesomorum—□○□

×∀¬（C—B），□∃（A—C）/□∃¬（A—B）　T10

×□∃（A—C），∀¬（C—B）/□∃¬（A—B）　前提交换律

×□∃（C—A），∀¬（C—B）/□∃¬（A—B）　□I 换位律

×□∃（C—A），∀¬（B—C）/□∃¬（A—B）　E 换位律

T12 ×Camestres—□○□

×∀（B—C），□∀¬（A—C）/□∃¬（A—B） 1（4） ×camestrop—□○□

×∀（B—C），□∀¬（A—C）/□∀¬（A—B） 2（2）

T13 ×Baroco—□○□

×□∀（B—C），∀¬（A—C）/□∃¬（A—B） 1（4） ×camestrop—□○□

×□∀（B—C），∃（A—C）/□∃¬（A—B） 2（1）

T14 ×第二格非标准式 IEO—□○□

×□∃（C—A），∀¬（B—C）/□∃¬（A—B）　T11

×□∃（A—C），∀¬（B—C）/□∃¬（A—B）　□I 换位律

T15 ×第二格非标准式 AEE—□○□

×∀¬（C—B），□∀（A—C）/□∃¬（A—B） 1（2） ×Celaront—○□□

×∀¬（B—C），□∀（A—C）/□∃¬（A—B）　E 换位律

×□∀（A—C），∀¬（B—C）/□∃¬（A—B）　前提交换律

×□∀（A—C），∀¬（B—C）/□∀¬（A—B） 2（2）

T16 ×第二格非标准式 AEO—□○□

×∀¬（C—B），□∀（A—C）/□∃¬（A—B） 1（2） ×Celaront—○□□

×∀¬（B—C），□∀（A—C）/□∃¬（A—B）　E 换位律

×□∀（A—C），∀¬（B—C）/□∃¬（A—B）　前提交换律

T17 ×第三格非标准式 IAI—□○□

×∀（C—B），□∃（A—C）/□∃（A—B）　T9
×□∃（A—C），∀（C—B）/□∃（A—B）　前提交换律
×□∃（C—A），∀（C—B）/□∃（A—B）　□I 换位律

T18　×Disamis—□○□

由上将结论换位即得。

T19　×第三格非标准式 IEO—□○□
×∀⁻（C—B），□∃（A—C）/□∃⁻（A—B）　T10
×□∃（A—C），∀⁻（C—B）/□∃⁻（A—B）　前提交换律
×□∃（C—A），∀⁻（C—B）/□∃⁻（A—B）　□I 换位律

T20　×第三格非标准式 AEO—□○□
×□∀（C—B），∀⁻（A—C）/□∃⁻（B—A）　1（3）×Fapesmo—□○□
×□∀（C—B），∀⁻（C—A）/□∃⁻（B—A）　E 换位律

T21　×第三格非标准式 AOO—□○□
×□∀（C—B），∀⁻（C—A）/□∃⁻（B—A）　T20
×□∀（C—B），∃⁻（C—A）/□∃⁻（B—A）　2（1）

下面我们转到排斥○□□。

T22　×Baralipton—○□□
×∀（C—B），□∀（A—C）/□∃（A—B）　1（1）×Barbari—○□□
×∀（C—B），□∀（A—C）/□∃（B—A）　□I 换位律

T23　×Celantes—○□□
×∀⁻（C—B），□∀（A—C）/□∀⁻（A—B）　T8
×∀⁻（C—B），□∀（A—C）/□∀⁻（B—A）　□E 换位律

T24　×Dabitis—○□□
×∀（C—B），□∃（A—C）/□∃（A—B）　T9
×∀（C—B），□∃（A—C）/□∃（B—A）　□I 换位律

T25　×Celantop—○□□
×□∀（B—C），∀⁻（A—C）/□∃⁻（A—B）　1（4）×camestrop—□○□
×∀⁻（A—C），□∀（B—C）/□∃⁻（A—B）　前提交换律

×∀¬（C—A），□∀（B—C）/□∃¬（A—B）　□E 换位律

T26　×Cesare—○□□

×∀¬（C—B），□∀（A—C）/□∀¬（A—B）　T8

×∀¬（B—C），□∀（A—C）/□∀¬（A—B）　E 换位律

T27　×Festino—○□□

×∀¬（C—B），□∃（A—C）/□∃¬（A—B）　T10

×∀¬（B—C），□∃（A—C）/□∃¬（A—B）　E 换位律

T28　×Baroco—○□□

×□∃¬（A—C），∀（B—C）/□∃¬（A—B）　1（5）×第二格非标准式 OAO
　　　　　　　　　　　　　　　　　　　　　　—□○□

×∀（B—C），□∃¬（A—C）/□∃¬（A—B）　前提交换律

T29　×Cesaro—○□□

×∀¬（C—B），□∀（A—C）/□∃¬（A—B）　1（2）×Celaront—○□□

×∀¬（B—C），□∀（A—C）/□∃¬（A—B）　前提交换律

T30　×第二格非标准式 EAE—○□□

由 T26 将结论换位即得。

T31　×第二格非标准式 OAO—○□□

×□∀（B—C），∃¬（A—C）/□∃¬（A—B）　T13

×∃¬（A—C），□∀（B—C）/□∃¬（A—B）　前提交换律

T32　×第二格非标准式 EAO—○□□

×□∀（B—C），∀¬（A—C）/□∃¬（A—B）　1（4）×camestrop—□○□

×∀¬（A—C），□∀（B—C）/□∃¬（A—B）　前提交换律

T33　×Datisi—○□□

×∀（C—B），□∃（A—C）/□∃（A—B）　T9

×∀（C—B），□∃（C—A）/□∃（A—B）　□I 换位律

T34　×Ferison—○□□

×∀¬（C—B），□∃（A—C）/□∃¬（A—B）　T10

×∀¬（C—B），□∃（C—A）/□∃¬（A—B）　□I 换位律

T35　×Felapton—○□□

　　×□∀（C—B），∀¬（C—A）/□∃¬（B—A）　T20

　　×∀¬（C—A），□∀（C—B）/□∃¬（B—A）　前提交换律

T36　×Bocardo—○□□

　　×□∀（C—B），∃¬（C—A）/□∃¬（B—A）　T21

　　×∃¬（C—A），□∀（C—B）/□∃¬（B—A）　前提交换律

T37　第三格非标准式 AII—○□□

　　×∀（C—B），□∃（A—C）/□∃（A—B）　T9

　　×∀（C—B），□∃（C—A）/□∃（A—B）　□I 换位律

T38　第三格非标准式 AOO—○□□

　　×□∃¬（C—B），∀（C—A）/□∃¬（A—B）　1（6）

　　×∀（C—A），□∃¬（C—B）/□∃¬（A—B）　前提交换律

至此，我们用 6 个初始的排斥规则排斥了必然式的 38 个无效式。

第四节　可能世界模型、集合代数模型以及可靠性和语义完全性

一　可能世界模型

亚里士多德必然式系统有一个根本的特点，即 Barbara—□○□ 有效，而 Barbara—○□□ 无效。亚里士多德的大弟子德奥弗拉斯多提出了"结论的模态从弱前提"的原则，不同意他的老师的观点，认为两种 Barbara 式均无效。现代的国际知名学者卢卡西维茨则提出两者均有效，这实际上是"结论的模态从强前提"。还有不少学者（罗斯，辛迪加等）也参加了争论。对于逻辑史上的这一著名争论，我赞成亚里士多德，不同意德奥弗拉斯多和卢卡西维茨的观点。下面我们用可能世界语义学来构造必然式系统的模型，以支持亚里士多德的观点。一个模型 M 是以下的 7 元组：

M=<W, R, D, d, Ext, Ref, w*>

（1）W 是可能世界的非空集合。

（2）R 是可能世界之间可及的关系，由于必然式系统中有 T 规则，因而在这里 R 是自返的。

（3）D 是可能对象的非空集合，称为论域。

（4）d 是 W 到 D 的函项，它对 W 中的每一世界 w 指派 D 的一个子集合 d(w)。D 中的每一个 x 存在于至少一个可能世界中。d(w) 被称为 w 的内域。

（5）Ext 是二元函项，它对谓词加以解释，使谓词的外延包含于 D 中。现在我们将原子公式 S—P 恢复为 S(x)—P(x)，记为 (S—P)(x)，把 S—P 处理为一个复合的一元谓词。S—P 在 w 的外延记为 Ext(S—P, w)。谓词的外延与内域不是等同的，当某一个体 a 不在 d(w) 中，但是处于某个原子谓词 S—P 在 w 的外延中，这时我们允许 (S—P)(a) 在 w 中成立。另外，Ext(S—P, w) 和 Ext(P—S, w) 至少有一个共同分子，Ext(S—P, w) 和 Ext(¬(S—P), w) 全异。

（6）Ref 是一个一元函项。对 D 中的某个分子 x 而言，Ref(t)=x，这里 t 是个体常项，等式是说，t 的所指是 x。一个个体常项的所指在每一世界是同样的，并且个体常项在某一世界 w 的所指不一定出现于 d(w) 中。我们采用自名的记法，即 Ref(a)=a。

（7）w* 是 W 中一个特殊的 w，即现实世界，我们取 w_1=w*。

下面我们来定义在模型 M 中，命题 P(A—B)(v) [(A—B) 是原子谓词，P 代表量词或者量词加否定号] 在可能世界 w_i 的真值，记为 M ⊨$_{w_i}$ P(A—B)(v)：

1. M ⊨$_{w_i}$ (A—B)(t) ⇔ Ref(t) ∈ Ext(A—B, w_i)。这是说，原子公式 (A—B)(t) 为真，当且仅当 t 的所指在 A—B 的外延中。

2. M ⊨$_{w_i}$ ¬P(A—B)(v) ⇔ 并非 M ⊨$_{w_i}$ P(A—B)(v)。这是说，¬P(A—B)(v) 为真当且仅当并非 P(A—B)(v) 为真。

3. M ⊨$_{w_i}$ □P(A—B)(v) ⇔ 对 W 中的一切 w_j，如果 w_iRw_j，则

M ⊦w_j P（A—B）（v）。这是说，□P（A—B）（v）真当且仅当 P（A—B）（v）在一切世界为真。

4. M ⊦w_i ◇P（A—B）（v）⇔ 对 W 中有的 w_j，w_iRw_j 并且 M ⊦w_j P（A—B）（v）。这是说，◇P（A—B）（v）真当且仅当 P（A—B）（v）在某一世界为真。

5. M ⊦w_i（∃v）（A—B）（v）⇔ 对有的 a∈d（w_i），M ⊦w_i（A—B）（a/v）["（A—B）（a/v）"表示在（A—B）（v）中以 a 代变元 v 的每一自由出现的结果]。这个定义是说，（∃v）（A—B）（v）为真当且仅当在 d（w_i）中有某个 a，使得（A—B）（a）为真；在此情况下，我们说，d（w_i）与 Ext（A—B，w_i）有一个分子相同。M ⊦w_i（∃v）¬（A—B）（v）⇔ 对有的 a∈d（w_i），M ⊦w_i¬（A—B）（a/v），即（∃v）¬（A—B）（v）为真，当且仅当 a 属于 d（w_i），使得¬（A—B）（a/v）为真；在此情况下，我们说，d（w_i）与 Ext（A—B，w_i）有一个分子不同。

6. M ⊦w_i（∀v）（A—B）（v）⇔ 对所有的 a∈d（w_i），M ⊦w_i（A—B）（a/v）；在此情况下，我们说，d（w_i）与 Ext（A—B，w_i）全同。M ⊦w_i（∀v）¬（A—B）（v）⇔ 对所有的 a∈d（w_i），M ⊦w_i¬（A—B）（a/v）；在此情况下，我们说，d（w_i）与 Ext（A—B，w_i）全异。

根据以上的真值定义，我们有以下关于公式之间真值关系的规则：

7. 根据 5 和 6，差等律成立，即 M ⊦w_i（∀v）（A—B）（v）可得 M ⊦w_i（∃v）（A—B）（v），M ⊦w_i（∀v）¬（A—B）（v）可得 M ⊦w_i（∃v）¬（A—B）（v）。由于 Ext（S—P，w）和 Ext（P—S，w）至少有一个共同分子，因而 I 换位律成立，即 M ⊦w_i（∃v）（A—B）（v）可得 M ⊦w_i（∃v）（B—A）（v）。由上可得：A 换位律成立，即 M ⊦w_i（∀v）（A—B）（v）可得 M ⊦w_i（∃v）（B—A）（v）。当 t 不属于 Ext（A—B，w_i）和 Ext（B—A，w_i）时，由 M ⊦w_i¬（A—B）（t）可得 M ⊦w_i¬（B—A）（t）。由此可得，当 d（w_i）与 Ext（A—B，w_i）和 Ext（B—A，w_i）全异时，E 换位律成立，即 M ⊦w_i（∀v）¬（A—B）（v）可得 M ⊦w_i（∀v）¬（B—A）（v）。显然，其他变形规则如假言三段论律、反三段论律

等成立。

8.如果 $M \vdash_{w_i} (B—C)(t)$ 并且 $M \vdash_{w_i} (A—B)(t)$，则 $M \vdash_{w_i} (A—C)(t)$。

9.如果 $M \vdash_{w_i} \neg (B—C)(t)$ 并且 $M \vdash_{w_i} (A—B)(t)$，则 $M \vdash_{w_i} \neg (A—C)(t)$。

10.在 w_i 中，为使直言三段论的 36 个式成立，我们规定 $d(w_i)$ 与全称肯定前提的原子谓词的外延全同，与全称否定前提的原子谓词的外延全异，与特称肯定前提的原子谓词的外延有一个分子相同，与全称否定前提的原子谓词的外延有一个分子不同。

麦考尔在《亚里士多德的模态三段论》一书中，发展了美国逻辑学家雷斯彻（Rescher）对必然式有效性所做的直观解释，提出：一、把必然式中的前提划分为一般规则和特殊情况。二、结论的模态随一般规则的模态。三、中项在其中周延的前提是一般规则，另一前提是特殊情况；这里有两点限制：（1）全称前提不能是特称前提的特殊情况；（2）否定前提不能是肯定前提的特殊情况。①受这种解释方法的启发，我们在下面陈述包含必然和实然前提的三段论形式语义条件时也借用了周延等术语。

11.在 w_i 中，设包含周延中项的前提是 $\Box P(A—B)(v)$ [代表必然命题，$(A—B)$ 是原子谓词，P 代表量词或者量词加否定号]；另一前提是 $P'(A'—B')(v)$ [代表直言命题，其中的中项可以周延，也可以不周延。在 A、B、A' 和 B' 中有一个词项相同，是中项]。

（1）两前提均为全称肯定命题：当 $i > 1$ 时，$d(w_i) = Ext(A—B, w_i) = Ext(A'—B', w_i)$；如果其中 $P'(A'—B')(v)$ 为特称肯定命题，则 $d(w_i)$ 与 $Ext(A'—B', w_i)$ 有一个分子相同。

（2）两前提中有一个是否定的：

①$\Box P(A—B)(v)$ 是全称否定的，当 $i > 1$ 时，$d(w_i)$ 与 $Ext(A—B, w_i)$ 全异，当 $P'(A'—B')(v)$ 为全称肯定命题时，$d(w_i)$ 与 $Ext(A'—B', w_i)$ 全同，当 $P'(A'—B')(v)$ 为特称肯

---

① *Aristotle's Modal Syllogism*, pp. 22—27.

定命题时，$d(w_i)$ 与 Ext（A′—B′，w_i）有一个分子相同。

②□P（A—B）（v）是特称否定的，当 $i>1$ 时，$d(w_i)$ 同 Ext（A—B，w_i）和 Ext（A′—B′，w_i）两者有一个分子不同。

③P′（A′—B′）（v）是否定的，$d(w_i)$ 与 Ext（A′—B′，w_i）有一个分子相同，与 Ext（A—B，w_i）全同。

12.在 w_i 中，设包含周延中项的前提是 P（A—B）（v）[直言命题]；另一前提是□P′（A′—B′）（v）[必然命题]，其中的中项不周延。

（1）两前提均为肯定命题。当 $i>1$ 时，$d(w_i)$ 与 Ext（A′—B′，w_i）全同，与 Ext（A—B，w_i）有一个分子不同。

（2）如果前提中 P（A—B）（v）为否定的，当 $i>1$ 时，$d(w_i)$ 与 Ext（A—B，w_i）有一个分子相同，与 Ext（A′—B′，w_i）全同；如果□P′（A′—B′）（v）为否定，则 $d(w_i)$ 与 Ext（A′—B′，w_i）全异，与 Ext（A—B，w_i）有一个分子不同。

以上这些条件保证了在系统中可证的式是有效的，被排斥的式是无效的。

现在我们来定义有效性的概念。一个命题在一个模型中为真，当且仅当它在这个模型的现实世界中为真。一个模态三段论式在系统中有效的，当且仅当它在每一个模型中，前提为真时，结论必是真的；也就是说，没有一个模型使前提为真而结论为假。

包含 6 种可能前提的三段论，均可化归为必然三段论，因此就不必构造可能三段论的语义了。复合三段论的有效性可化归为简单三段论的有效性。

由上可见，直言三段论的 36 个式在任一世界中成立。我们举 w_1 中第一格的 4 个式为例：

1.Barbara

$$\frac{(\forall v)(M-P)(v),\ (\forall v)(S-M)(v)}{(\forall v)(S-P)(v)}$$

设 D={a,b,c,d},据 10, $d(w_1)$ ={a,b}=Ext（M—P，w_1）=Ext（S—M，w_1）.

推导如下：

(∀v)(M—P)(v)　　　　第一前提
(M—P)(a)　　　　　　模型条件6
(M—P)(b)　　　　　　6
　│(∀v)(S—M)(v)　　第二前提
　│(S—M)(a)　　　　6
　│(S—M)(b)　　　　6
　│(S—P)(a)　　　　8
　│(S—P)(b)　　　　8
　│(∀v)(S—P)(v)　　6

2.Celarant

$$\frac{(\forall v)\neg(M—P)(v),(\forall v)(S—M)(v)}{(\forall v)\neg(S—P)(v)}$$

据10，$d(w_1)=\{a,b\}$ 与 Ext(M—P, w_1) 全异，与 Ext(S—M, w_1) 全同，推导如下：

(∀v)¬(M—P)(v)　　　第一前提
¬(M—P)(a)　　　　　6
¬(M—P)(b)　　　　　6
　│(∀v)(S—M)(v)　　第二前提
　│(S—M)(a)　　　　6
　│(S—M)(b)　　　　6
　│¬(S—P)(a)　　　9
　│¬(S—P)(b)　　　9
　│(∀v)¬(S—P)(v)　 6

3.Darii

$$\frac{(\forall v)(M—P)(v),(\exists v)(S—M)(v)}{(\exists v)(S—P)(v)}$$

据 10，d（w_1）={a,b}=Ext（M—P，w_1），Ext（S—M，w_1）={a,c}，推导如下：

$(\forall v)(M—P)(v)$　　　　第一前提
$(M—P)(a)$　　　　　　　6
$(M—P)(b)$　　　　　　　6
　　$(\exists v)(S—M)(v)$　　第二前提
　　$(S—M)(a)$　　　　　5
　　$(S—P)(a)$　　　　　8
　　$(\exists v)(S—P)(v)$　　5

4. Ferio

$$\frac{(\forall v)\neg(M—P)(v),\ (\exists v)(S—M)(v)}{(\exists v)\neg(S—P)(v)}$$

据 10，d（w_1）={a,b}与 Ext（M—P，w_1）全异，Ext（S—M，w_1）={a,c}，推导如下：

$(\forall v)\neg(M—P)(v)$　　　　第一前提
$\neg(M—P)(a)$　　　　　　　6
$\neg(M—P)(b)$　　　　　　　6

　　$(\exists v)(S—M)(v)$　　第二前提
　　$(S—M)(a)$　　　　　5
　　$\neg(S—P)(a)$　　　　9
　　$(\exists v)\neg(S—P)(v)$　　5

仿照以上方法可得到 w_1 中其他各式的有效性，同理可得到在其他任一世界中 36 个直言三段论式的有效性。根据真值条件 3，可得到 36 个 □□□ 式的有效性。

以下我们讨论含有一个必然前提和直言前提的论式。

1. Barbara—□○□

$$\frac{□(\forall v)(M—P)(v),\ (\forall v)(S—M)(v)}{□(\forall v)(S—P)(v)}$$

要证明它在 w_1 中成立，首先要证明相应的直言三段论在 w_1 成立，能得到 $(\forall v)(S—P)(v)$，这一步我们已经说明；然后要证明在 w_2 中按照给出的前提条件得到 $(\forall v)(S—P)(v)$。以后我们省去在 w_1 中的推导，只讨论在 w_2 中的情况。

在 w_2 中，据 11（1），$d(w_2)=\{b,c\}=Ext(M—P, w_2)=Ext(S—M, w_2)$，推导如下：

$(\forall v)(M—P)(v)$　　　　　第一前提，模型条件 3
　　$(S—M)(b)$　　　　　　第二前提，Ext（S—M, w_2）
　　$(S—M)(c)$　　　　　　第三前提，Ext（S—M, w_2）
　　$(\forall v)(S—M)(v)$　　　6
　　$(\forall v)(S—P)(v)$　　　Barbara

由上可见，在 w_1 和 w_2 中都可得到 $(\forall v)(S—P)(v)$，因此据真值条件 3，在 w_1 中可得 □$(\forall v)(S—P)(v)$。这一结果在每一模型中都成立，因此 Barbara—□○□ 是有效的。以下推导不再注明理由。

2.× Barbara—○□□：

$$\frac{(\forall v)(M—P)(v),\ \Box(\forall v)(S—M)(v)}{\Box(\forall v)(S—P)(v)}$$

据 12（1）在 w_2 中，$d(w_2)=\{b,c\}=Ext(S—M, w_2)$，但与 Ext（M—P, w_2）有一个分子不同，令 Ext（M—P, w_2）=$\{b,d\}$，推导如下：

¬(M—P)(c)
　　$(\forall v)(S—M)(v)$
　　$(S—M)(b)$
　　$(S—M)(c)$
　　¬(S—P)(c)
　　$(\exists v)\neg(S—P)(v)$

由上可见，在 w_2 中不但得不到 $(\forall v)(S—P)(v)$，而且得到一个矛盾命题 $(\exists v)\neg(S—P)(v)$，因此 Barbara—○□□ 在这个模型中无效。

3.Celarent—□○□

$$\frac{\Box(\forall v)\neg(M{-}P)(v),\ (\forall v)(S{-}M)(v)}{\Box(\forall v)\neg(S{-}P)(v)}$$

据 11（2）①，在 w_2 中，$d(w_2)=\{b,c\}=\text{Ext}(S{-}M,w_2)$，与 $\text{Ext}(M{-}P,w_2)$ 全异，设 $\text{Ext}(M{-}P,w_1)=\{a\}$。

$(\forall v)\neg(M{-}P)(v)$

| $(S{-}M)(b)$
| $(S{-}M)(c)$
| $(\forall v)(S{-}M)(v)$
| $(\forall v)\neg(S{-}P)(v)$　Celarent

在 w_1 和 w_2 中都可得到 $(\forall v)\neg(S{-}P)(v)$，因此在 w_1 中可得到 $\Box(\forall v)(S{-}P)(v)$。因此 Celarent—□○□ 是有效的。可是 Celarent—○□□ 是无效的：

4. × Celarent—○□□

$$\frac{(\forall v)\neg(M{-}P)(v),\ \Box(\forall v)(S{-}M)(v)}{\Box(\forall v)\neg(S{-}P)(v)}$$

据 12（2），在 w_2 中，$d(w_2)=\{b,c\}=\text{Ext}(S{-}M,w_2)$，$\text{Ext}(M{-}P,w_2)=\{a,c\}$，与 $d(w_2)$ 有一个分子相同。

$(M{-}P)(c)$

| $(\forall v)(S{-}M)(v)$
| $(S{-}M)(b)$
| $(S{-}M)(c)$
| $(S{-}P)(c)$
| $(\exists v)(S{-}P)(v)$

在 w_2 中得不到 $(\forall v)\neg(S{-}P)(v)$，所以，Celarent—○□□ 是无效的。

5. Darii—□○□

$$\frac{\Box(\forall v)(M{-}P)(v),\ (\exists v)(S{-}M)(v)}{\Box(\exists v)(S{-}P)(v)}$$

据 11（1），在 w_2 中，d（w_2）={a,c}=Ext（M—P，w_2），与 Ext（S—M，w_2）有一个分子相同，令 Ext（S—M，w_2）={c,d}。

推导如下：

（∀v）(M—P)（v）

$\quad$ | （S—M）(c)
$\quad$ | （∃v）(S—M)（v）
$\quad$ | （∃v）(S—P)（v）Darii

在 w_1 和 w_2 中都可得到（∃v）(S—P)（v），因此在 w_1 中可得到 □（∃v）(S—P)（v）。这一结果在每一模型中都成立，因此 Darii—□○□是有效的。

6.Ferio—□○□

$\quad$ □（∀v）¬(M—P)（v），（∃v）(S—M)（v）
$\quad\quad\quad$ □（∃v）¬(S—P)（v）

据 11（2）①，在 w_2 中，d（w_2）={b,c}，与 Ext（M—P，w_2）全异，设 Ext（M—P，w_2）={a,d}，与 Ext（S—M，w_2）有一个分子相同，设 Ext（S—M，w_2）={c,d}。

（∀v）¬(M—P)（v）

$\quad$ | （S—M)(c)
$\quad$ | （∃v）(S—M)（v）
$\quad$ | （∃v）¬(S—P)（v）Ferio

在 w_1 和 w_2 中都可得到（∃v）¬(S—P)（v），因此在 w_1 中可得到□（∃v）(S—P)（v）。这一结果在每一模型中都成立，因此 Ferio—□○□是有效的。

以下转到第二格。

7.×Baroco—□○□

$\quad$ □（∀v）(P—M)（v），（∃v）¬(S—M)（v）
$\quad\quad\quad$ □（∃v）¬(S—P)（v）

据 12（2），在 w_2 中，d（w_2）={b,c}=Ext（P—M，w_2），Ext（S—M，

w_2）={a,c}，与 d（w_2）有一个分子相同。

  （∀v）（P—M）（v）
  （P—M）(b)
  （P—M）(c)
   （S—M）(c)
   （∃v）（S—M）(v)
   ?

在 w_2 中不能推出（∃v）¬（S—P）(v)。因此，Baroco—□○□是无效的。

 8.× Baroco—○□□
  （∀v）（P—M）(v),□（∃v）¬（S—M）(v)
    □（∃v）¬（S—P）(v)

据 11（2）②，在 w_2 中，d（w_2）={b,c}，同 Ext（P—M，w_2）和 Ext（S—M，w_2）两者有一个分子不同，Ext（P—M，w_2）={a,c},Ext（S—M，w_2）={b,d}。

  ¬（P—M）(b)
   （∃v）¬（S—M）(v)
    ¬（S—M）(c)
   （S—M）(b)
    ?

在 w_2 中得不到（∃v）¬（S—P）(v)。因此，Baroco—○□□是无效的。

 9.Cesare—□○□
  □（∀v）¬（P—M）(v),（∀v）（S—M）(v)
    □（∀v）¬（S—P）(v)

据 11（2）①，在 w_2 中,d（w_2）={b,c}=Ext（S—M，w_2），与 Ext（P—M，w_2）全异，令 Ext（P—M，w_2）={a}
  （∀v）¬（P—M）(v)

（∀v）¬（M—P）(v)
>　（S—M）(b)
>　（S—M）(c)
>　（∀v）（S—M）(v)
>　（∀v）¬（S—P）(v) [celarent]

由上可见，在 w_1 和 w_2 中均可得到（∀v）¬（S—P）(v)，从而可得□（∀v）¬（S—P）(v)。因此，Cesare—□○□是有效的。

10. ×camestres—□○□

$$\frac{□（∀v）（P—M）(v),（∀v）¬（S—M）(v)}{□（∀v）¬（S—P）(v)}$$

据 12（2），在 w_2 中，d（w_2）={b,c}=Ext（P—M，w_2），Ext（S—M，w_2）={a,c}，与 d（w_2）有一个分子相同。

（∀v）（P—M）(v)
（P—M）(b)
（P—M）(c)
　（S—M）(c)
　（∃v）（S—M）(v)
　　？

在 w_2 中得不到（∀v）¬（S—P）(v)，从而在 w_1 中得不到□（∀v）¬（S—P）(v)。

Camestres 的□○□式是无效的，但其○□□式是有效的：

11. camestres—○□□

$$\frac{（∀v）（P—M）(v),□（∀v）¬（S—M）(v)}{□（∀v）¬（S—P）(v)}$$

据 11（2）①，在 w_2 中，d（w_2）={b,c}=Ext（P—M，w_2），与 Ext（S—M，w_2）全异，令 Ext（S—M，w_2）={a,d}。

（∀v）¬（S—M）(v)
（∀v）¬（M—S）(v)

　　　　　（P—M）（b）
　　　　　（P—M）（c）
　　　　　（∀v）（P—M）（v）
　　　　　（∀v）¬（P—S）（v）
　　　　　（∀v）¬（S—P）（v）celarent

在 w_1 和 w_2 中都可得到（∀v）¬（S—P）（v），从而在 w_1 中得到□（∀v）¬（S—P）（v），因此，camestres—○□□是有效的。

12. Festino—□○□

$$\frac{\Box（\forall v）\neg（P—M）（v），（\exists v）（S—M）（v）}{\Box（\exists v）\neg（S—P）（v）}$$

据 11（2）①，在 w_2 中，d（w_2）={b,c}，Ext（S—M,w_2）={b}，它们有一分子相同；Ext（P—M,w_2）={a,d},d（w_2）与它全异。

　　　（∀v）¬（P—M）（v）
　　　（∀v）¬（M—P）（v）
　　　　　（S—M）（b）
　　　　　（∃v）（S—M）（v）
　　　　　（∃v）¬（S—P）（v）Ferio

可见，在 w_1 和 w_2 中均可得（∃v）¬（S—P）（v），从而可得□（∀v）¬（S—P）（v），Festino—□○□是有效的。

以下转到第三格。

13. ×Disamis—□○□

$$\frac{\Box（\exists v）（M—P）（v），（\forall v）（M—S）（v）}{\Box（\exists v）（S—P）（v）}$$

据 12（1），在 w_2 中，d（w_2）={a,b}=Ext（M—P,w_2），与 Ext（M—S,w_2）有一个分子不同，设 Ext（M—S,w_2）={a,c}。

　　　（∃v）（M—P）（v）
　　　　¬（M—S）（b）
　　　　（∃v）¬（M—S）（v）
　　　　　　？

由上推不出（∃v）(S—P)(v)。可见 Disamis—□○□是无效的。

14.Disamis—○□□

$$\frac{(\exists v)(M—P)(v), \Box(\forall v)(M—S)(v)}{\Box(\exists v)(S—P)(v)}$$

据 11（1），在 w_2 中，d（w_2）={a,b}=Ext（M—S, w_2），与 Ext（M—P, w_2）至少有一个分子相同，设 Ext（M—P, w_2）={b,c}。

(M—P)(b)
(∃v)(M—P)(v)
| (∀v)(M—S)(v)
| (∃v)(P—M)(v)
| (∃v)(P—S)(v)
| (∃v)(S—P)(v) Darii

由上可见，在 w_1 和 w_2 中均可得到（∃v）(S—P)(v)，从而可得 □(∃v)(S—P)(v)。

15.Darapti—□○□

$$\frac{\Box(\forall v)(M—P)(v), (\forall v)(M—S)(v)}{\Box(\exists v)(S—P)(v)}$$

据 11（1），在 w_2 中，d（w_2）={a,b}=Ext（M—P, w_2）=Ext（M—S, w_2）。

(∀v)(M—P)(v)
| (∀v)(M—S)(v)
| (∃v)(S—M)(v)
| (∃v)(S—P)(v) Darii

由上可见，在 w_1 和 w_2 中均可得到（∃v）(S—P)(v)，从而在 w_1 中可得到□(∃v)(S—P)(v)。

16.Datisi—□○□

$$\frac{\Box(\forall v)(M—P)(v), (\exists v)(M—S)(v)}{\Box(\exists v)(S—P)(v)}$$

据 11（1），在 w_2 中，d（w_2）={b,c}=Ext（M—P, w_2），与 Ext

（M—S，w_2）有一个分子相同，令 Ext（M—S，w_2）={c}。

（∀v）(M—P)(v)
| （M—S）(c)
| （∃v）(M—S)(v)
| （∃v）(S—M)(v)
| （∃v）(S—P)(v) Darii

由上可见，在 w_1 和 w_2 中均可得到（∃v）(S—P)(v)，从而在 w_1 中可得到□（∃v）(S—P)(v)。以下证明 Datisi—○□□ 的无效性：

17.×Datisi—○□□

$\underline{(\forall v)(M—P)(v)，□（∃v）(M—S)(v)}$
　　　　□（∃v）(S—P)(v)

据 12（1），在 w_2 中，d（w_2）={b,c}=Ext（M—S，w_2），与 Ext（M—P，w_2）有一个分子不同，令 Ext（M—P，w_2）={c,d}，推导如下：

（∃v）(M—S)(v)
　¬(M—P)(b)
（∃v）¬(M—P)(v)
　　？

在 w_2 中得不到（∃v）(S—P)(v)。因此，Datisi—○□□ 是无效的。

18.Ferison—□○□

$\underline{□（\forall v）¬(M—P)(v)，（∃v）(M—S)(v)}$
　　　　□（∃v）¬(S—P)(v)

据 11（2）①，在 w_2 中,d（w_2）={a,b}，与 Ext（M—P，w_1）全异，令 Ext（M—P，w_1）={c,d}，与 Ext（M—S，w_1）有一个分子相同，令 Ext（M—S，w_1）={a，c}。

（∀v）¬(M—P)(v)
| （M—S）(a)
| （∃v）(M—S)(v)
| （∃v）(S—M)(v)
| （∃v）¬(S—P)(v) Ferio

由上可见，在 w_1 和 w_2 中均可得到 $(\exists v)\neg(S—P)(v)$，从而可得 $\Box(\exists v)\neg(S—P)(v)$，因此 Ferison—□○□ 有效。

以下证明 Ferison—○□□ 的无效性：

19. × Ferison—○□□

$$\frac{(\forall v)\neg(M—P)(v),\Box(\exists v)(M—S)(v)}{\Box(\exists v)\neg(S—P)(v)}$$

据 12（2），在 w_2 中，$d(w_2)=\{b,c\}$；$Ext(M—P, w_2)=\{a,b\}$，与 $d(w_2)$ 有一个分子相同；$Ext(M—S, w_2)=\{b,c\}$，与 $d(w_2)$ 全同。

(M—P)(a)

(M—P)(b)

$(\exists v)(M—P)(v)$

　　$(\exists v)(M—S)(v)$

　　　?

由此不能得到 $(\exists v)\neg(S—P)(v)$。因此，Ferison—○□□ 是无效的。

20. Felapton—□○□

$$\frac{\Box(\forall v)\neg(M—P)(v),(\forall v)(M—S)(v)}{\Box(\exists v)\neg(S—P)(v)}$$

据 11（2）①，在 w_2 中，$d(w_2)=\{b,c\}$，与 $Ext(M—P, w_2)$ 全异，与 $Ext(M—S, w_2)$ 全同，推导如下：

$(\forall v)\neg(M—P)(v)$

　| (M—S)(b)
　| (M—S)(c)
　| $(\forall v)(M—S)(v)$
　| $(\exists v)(S—M)(v)$
　| $(\exists v)\neg(S—P)(v)$　Ferio

由上可见，在 w_1 和 w_2 中均可得到 $(\exists v)\neg(S—P)(v)$，从而可得 $\Box(\exists v)\neg(S—P)(v)$，因此 Felapton—□○□ 有效。

但是，Felapton—○□□是无效的，看以下推导：

21.×Felapton—○□□

$(\forall v)\neg(M—P)(v),\Box(\forall v)(M—S)(v)$

$\Box(\exists v)\neg(S—P)(v)$

据 11（2）③，在 w_2 中,d（w_2）={b,c}=Ext（M—S，w_2），与 Ext（M—P，w_2）有一个分子相同,Ext（M—P，w_2）={a,c}。

（M—P）（c）

（∀v）（M—S）（v）

（M—S）（b）

（M—S）（c）

？

由上可见，在 w_2 中得不到（∃v）¬（S—P）（v）。因此，Felapton—○□□是无效的。

22.×Bocardo—□○□

$\Box(\exists v)\neg(M—P)(v),(\forall v)(M—S)(v)$

$\Box(\exists v)\neg(S—P)(v)$

据 12（2），在 w_2 中,d（w_2）={b,c},与 Ext（M—P，w_2）全异，与 Ext（M—S，w_2）有一个分子不同，Ext（M—S，w_2）={a,c}。

（∃v）¬（M—P）（v）

¬（M—P）（b）

¬（M—S）（b）

？

可见，在 w_2 中推不出（∃v）¬（S—P）（v）。因此，Bocardo—□○□是无效的。

仿照以上方法，可以证明其他各式的有效性和无效性。

由此得到必然模态三段论系统的可靠性（语义一致性）定理：必然模态三段论系统的可证式都是有效的，被排斥的式都是无效的。

我们还可以做以下的简要证明：上面已证 6 条初始规则都是有效的。

变形规则中，T 规则根据可能世界模型中的条件 3 是有效的，□I 和□E 换位律根据条件 7 是有效的，差等律根据条件 5 和 6 是有效的。□A 的换位律：□∀（S—P）/□∃（P—S），用差等律和□I 换位律可得，因而也是有效的。这样，从初始规则使用变形规则推导出来的一切必然模态三段论式都是有效的。同理，被排斥的式都是无效的。这就是说，必然模态三段论系统具有可靠性。

必然模态三段论系统还有语义完全性：必然模态三段论系统的有效式都是可证的，无效式都是被排斥的。证法同算术模型中的证法。

二 集合代数模型

我们想把必然式的自然演绎系统转化为一个必然模态的"等于 0"和"不等于 0"的集合代数。必然式的一个集合代数模型是一个满足以下条件的三元组<D，K，V>：

1.D 是非空的个体域。

2.K 是由个体集合（即词项的外延）组成的集合{A，B，C，…，M，S，P，…}。

3.V 是一个赋值函数，对必然三段论系统中公式的词项变元指派 K 中的一个集合 S 等。

4.直言三段论的集合代数在模型中成立。

5.对 4 个必然的直言命题的赋值与直言命题的赋值基本相同，只是在集合代数表达式前要加必然算子：（1）V（□∀x（Ax—Bx））为真，当且仅当□（A⊆B）（"A 包含于 B"是必然的），即□（A∩B̄=∅）（∩ 可省去）；在从全称命题推特称命题时要加主词类不空；（2）V（□∀x¬（Ax—Bx））为真，当且仅当□（AB=∅）或□（A⊆B̄）；（3）V（□∃x（Ax—Bx））为真，当且仅当□（AB≠∅）；（4）V（□∃x¬（Ax—Bx））为真，当且仅当□（AB̄≠∅）。

6.一个必然三段论式在一个模型中为真，当且仅当该式可从 6 个初始的集合代数表达式推出。含有可能前提的三段论式是从必然式用反三段论律推导出来的，它们的真假取决于必然式。

7.一个必然三段论式（包括可能式）是有效的，当且仅当在所有模型中为真。

由上可见，我们建立了必然式自然演绎系统与必然模态集合代数之间的对应，这个集合代数也是一个化归系统。仿照直言三段论集合代数模型中的方法很容易证明必然模态三段论系统的可靠性和语义完全性。

以下是与7个可证式相应的集合代数模型。

1.Barbara—□○□：

由□（C⊆B）和（A⊆C），可得□（A⊆B）。

2.Celarent—□○□：

由□（CB=∅）和A⊆C，可得□（AB=∅）。

3.Darii—□○□：

由□（C⊆B）和AC≠∅，可得□AB≠∅。

4.第二格 Cesare—□○□：

□（BC=∅）　　　　A⊆C

□（CB=∅）　□E 换位律
　　　　　　　　　　　　　　　
　　　□（AB=∅）　　　Celarent—□○□，假言三段论律

5.第三格 Darapti—□○□：

□（C⊆B），　C⊆A，C≠∅
　　　　　　　　　　　　　　　
　　　　　　　AC≠∅ A 换位律

　　　□AB≠∅　　　　Darii—□○□，假言三段论律

6.Barbara—□□□：

□（C⊆B）　□（A⊆C）
　　　　　　　　　　　　　　　
　　　（A⊆C）　T 规则

　　　□（A⊆B）　　　　Barbara—□○□，假言三段论律

7.由 Barbara—□□□用反三段论律可得 Baroco—□◇◇：

$$□（C⊆B） \qquad\qquad □（C⊆B）（□（\overline{B}⊆\overline{C}））$$
$$□（A\overline{C}=\varnothing） \qquad\qquad ¬□（A\overline{B}=\varnothing）（\diamondsuit（A\overline{B}\neq\varnothing））$$
$$□（A\overline{B}=\varnothing） \qquad\qquad ¬□（A\overline{C}=\varnothing）（\diamondsuit（A\overline{C}\neq\varnothing））$$

仿照以上方法可以得到一切有效式。凡被排斥的式在上述模型中不能从6个初始的集合代数表达式推出，因而是无效的。反过来说，从有效的集合代数表达式可得到相应的可证式，从无效的集合代数表达式可得到相应的被排斥的式。

第五节 必然式系统的判定程序与简单完全性

我们现在讨论必然模态三段论系统的判定程序。任意给定以下有意义的推理表达式：

（1） $\dfrac{\alpha_1,\ \alpha_2,\ \cdots,\ \alpha_{n-1}}{\alpha_n}$

其中 a_i（$i=1,\cdots,n$）是以下12种公式之一：

□∀（A—B），□∃（A—B），∀（A—B），∃（A—B），$\diamondsuit$∀（A—B），$\diamondsuit$∃（A—B）；□∀¬（A—B），□∃¬（A—B），∀¬（A—B），∃¬（A—B），$\diamondsuit$∀¬（A—B），$\diamondsuit$∃¬（A—B）。

前6种是肯定的，后6种是否定的，这后6种否定式可以写成前6种肯定式加上否定词：

¬$\diamondsuit$∃（A—B），¬$\diamondsuit$∀（A—B），¬∃（A—B），¬∀（A—B），¬□∃（A—B），¬□∀（A—B）。

这里我们将必然式系统加以扩展，包括直言三段论式，必然和可能模态三段论式，也包括不能由证明系统和排斥系统得出的非三段论的推理式。在扩展的必然模态三段论系统中，有一种机械的方法在有穷步骤内可以判定（1）式或是被证明，或是被排斥。

以下首先讨论（1）中带否定命题的4种情况。

情况1　α_n是否定的，所有前提是肯定的。在这种情况下，（1）被排斥。

首先将原子公式变为（A—B）。把所有前提变为最强的命题，即□∀（A—B）；把结论变为最弱的命题，即◇∃¬（A—B）。

这样由（1）得到：

（2） □∀（A—B），…，□∀（A—B）
　　　　　　　◇∃¬（A—B）

由（2）可得

（3） □∀（A—B）
　　　　◇∃¬（A—B）

但从□∀（A—B）可得¬◇¬∀（A—B）即¬◇∃¬（A—B），与（3）的结论矛盾，因此，（3）式被排斥。根据排斥的分离规则，（2）式被排斥，从而（1）式也被排斥。

情况 2　α_n是否定的，$\alpha_1, \cdots, \alpha_q, \cdots, \alpha_{n-1}$中仅有一个（$\alpha_q$）是否定的。这一情况可化归为以下的前提和结论全是肯定的情况，而这是可判定的。从（1）交换前提得到：

（4） $\alpha_1, \cdots, \alpha_{q-1}, \alpha_{q+1}, \cdots, \alpha_{n-1}, \alpha_q$
　　　　　　　　　　α_n

根据反三段论律得：

（5） $\alpha_1, \cdots, \alpha_{q-1}, \alpha_{q+1}, \cdots, \alpha_{n-1}, \neg\alpha_n$
　　　　　　　　　　$\neg\alpha_q$

$\neg\alpha_n$和$\neg\alpha_q$均是肯定的。

情况 3　α_n是否定的，$\alpha_1, \cdots, \alpha_{n-1}$中多于一个前提是否定的。这一情况可化归为情况 2。

设α_j, α_q是两个否定的前提。从（1）式交换前提得到：

（6） $\alpha_1, \cdots, \alpha_{j-1}, \alpha_{j+1}, \cdots, \alpha_{q-1}, \alpha_{q+1}, \cdots, \alpha_{n-1}, \alpha_j, \alpha_q$
　　　　　　　　　　　　　　α_n

由（6）式可得到以下二式：

(7) $\underline{\alpha_1, \cdots, \alpha_{n-1}, \alpha_j}$
$\qquad\qquad \alpha_n$

(8) $\underline{\alpha_1, \cdots, \alpha_{n-1}, \alpha_q}$
$\qquad\qquad \alpha_n$

（7）和（8）前提中只有一个否定的，可化归为情况 2。如果（7）和（8）中有一个被证明，例如（7）被证明，则（1）也被证明，因为我们可把其他的否定命题 α_q 加到（7）上去，这样就可得到（6），从而得到（1）；如果（8）被证明，情况是同样的。根据斯卢派斯基的排斥规则，如果两式均被排斥，则（6）式被排斥，从而（1）式被排斥。对两个以上否定前提的情况，证明是类似的。

情况 4　α_n 是肯定的，有的（或所有）前提是否定的。这一情况可化归为情况 3。

设 α_i 是否定的。在（1）中交换前提得到：

(9) $\underline{\alpha_1, \cdots, \alpha_{i-1}, \alpha_{i+1}, \cdots, \alpha_{n-1}, \alpha_i}$
$\qquad\qquad\qquad \alpha_n$

根据反证法可得：

(10) $\underline{\alpha_1, \cdots, \alpha_{n-1}, \alpha_i, \neg\alpha_n}$
$\qquad\qquad\qquad F$

这里 α_i，$\neg\alpha_n$ 都是否定的。"F"是恒假符号。

以上已穷尽了带否定命题的情况。下面我们假定（1）式的前提和结论全是肯定的。

情况 5　α_n 是 $\Box\forall(A—B)$。

1.如果前提中有 $\Box\forall(C_i—B)$ 和 $\forall(A—C_i)$ 联锁（所谓 $\forall(A—C_i)$ 联锁是指：$\forall(A—C_1)$，$\forall(C_1—C_2)$，$\forall(C_2—C_i)$ 这样的一串全称公式，根据推理规则，连续地进行推理，最终得到 $\forall(A—C_i)$ 的结论），则（1）式据 Barbara—$\Box\bigcirc\bigcirc$ 当然是可证的。

以下假定前提中没有 $\Box\forall(C_i—B)$ 和 $\forall(A—C_i)$ 联锁（没有 $\Box\forall(A—B)$，

但可以有∀（A—B）等公式）。

2.前提中也没有∀（A—C_i）（C_i不同于B），当然也就没有□∀（A—C_i）。

在前提中首先作代入，令A、B以外的一切变元等同于B，如果代入后出现□∀（B—B）等公式，立即舍去［例如，前提中可以有□∀（B—C_i），带入后变为□∀（B—B）］。

这样，前提中有以下公式：

∀（A—B），◇∀（A—B），□∃（A—B），∃（A—B），◇∃（A—B），□∀（B—A），∀（B—A），◇∀（B—A），□∃（B—A），∃（B—A），◇∃（B—A）。

我们取最强的前提组合，∀（A—B），□∀（B—A）和□∃（A—B）。实际上我们取∀（A—B）和□∀（B—A）即可，因为由后者可导出□∃（A—B）。这样由（1）式经过代入得到下式：（11）<u>∀（A—B），□∀（B—A）</u>

<u>□∀（A—B）</u>

根据排斥的代入规则，这个式子显然不成立，因而（1）式也被排斥。

3.前提中有∀（A—C_i）。这时如果前提中有□∀（C_i—B）联锁，则（1）可证。

根据Barbara—□○□，由□∀（C_i—B）和∀（A—C_i）可得□∀（A—B）。

如果没有这样的联锁，则在∀（A—C_i）中作代入，使之变为∀（A—A），并立即舍去。这样我们就将3化归为2。

情况6　$α_n$是∀（A—B）。

1.如果前提中有∀（A—B）联锁或□∀（A—B）联锁，则（1）式成立。

2.假定前提中无∀（A—B），当然没有□∀（A—B）联锁，也没有∀（A—C_i）（C_i不同于B）。用情况5中的2的代入方法，前提中有：◇∀（A—B），□∃（A—B），∃（A—B），◇∃（A—B），□∀（B—A），∀（B—A），◇∀（B—A），□∃（B—A），◇∃（B—A）。取最强的组合，（1）式可化归为：

（12）<u>□∀（B—A），◇∀（A—B）</u>

∀（A—B）

此式被排斥，因此（1）式被排斥。

情况 7　α_n 是 ◇∀（A—B）

1.如果前提中有一个 ∀（A—B）联锁，或者有 ◇∀（C_i—B）和一个 □∀（A—C_i）联锁，或者有 ◇∀（A—C_j）和一个 □∀（C_j—B）联锁，或者有 ◇∀（C_i—C_j）并且有 □∀（A—C_i）联锁和 □∀（C_j—B）联锁，那么在这些情形下（1）式可证。

2.否则，（1）被排斥。

情况 8　α_n 是 □∃（A—B）。

1.前提中有 □∀（A—B），或 □∀（B—A），或 □∃（A—B），或 □∃（B—A），则（1）式被断定。以下假定 4 者不出现。

2.前提中无 □∀（C_i—A），也无 □∀（D_i—B），则（1）被排斥。

将不同于 A、B 的变元都等于 C。这样，最强的前提组合为：

□∀（A—C），□∀（B—C），∀（A—B），∀（B—A），∀（C—A），∀（C—B）。由于 □∀（A—C）和 ∀（B—A）推出 □∀（B—C），□∀（A—C）和 ∀（C—B）推出 ∀（A—B），∀（B—A）和 ∀（C—A）推出 ∀（C—A），这组前提可化归为 □∀（A—C），∀（B—A），∀（C—B）。显然，由这些前提推不出 □∃（A—B）。

3.前提中有 □∀（C_i—A），无 □∀（D_i—B）。

1）这时如果有 □∀（B—F）[或 ∀（B—F）]和 □∀（F—A）联锁，据 Baralipton—□□□（□○□）得 □∃（A—B）。

2）如果有 □∃（B—F）[或 ∃（B—F）]和 □∀（F—A）联锁，据 Dabitis—□□□（□○□）得 □∃（A—B）。在（1）和（2）两种情况下，（1）式被断定。

3）如果（1）、（2）的条件不被满足，我们可将 □∀（C_i—A）（将 C_i 等同于 A）除去，化归为情况 2，这时（1）式被排斥。

4.前提中有 □∀（E_i—B），无 □∀（D_i—A），可将此情况化归为情况 3，因为在 □∃（A—B）中，A、B 可简单换位。

5.前提中有□∀（C_i—A）和□∀（D_i—B）。

这时，如果情况 3 中的条件 1）和 2）被满足，则（1）式被断定。现假定上述条件不被满足：

1）如果有□∀（C—A）[或∀（C—A）]和□∀（C—B）联锁，据 Darapti—□□□（□○□）得□∃（A—B）。

2）如果有□∀（D—B）和□∀（D—A）联锁[或∀（D—A）联锁]，据 Darapti—□□□（□○□）得□∃（A—B）。

3）如果有□∃（C—D）[或∃（C—D）]或□∃（D—C）[或∃（C—D）]，□∀（C—A）联锁和□∀（D—B）联锁，则由□∃（C—D）和□∀（C—A）联锁可得□∃（D—A）[Datisi—□□□]，加上□∀（D—B）联锁可得□∃（A—B）[Datisi—□□□]。

在 1）、2）和 3）的情况下，（1）式被断定。

4）如果 1）、2）和 3）的条件不被满足，我们可消去□∀（C_i—A）与□∀（D_i—B）[令 C_i = A，D_i = B]，化归为情况 2，这样一来，（1）式就被排斥。

情况 9　　α_n 是 ∃（A—B）。

如果前提中有以下 4 种情形之一：1）∃（A—B），2）∃（A—C_j）和 ∀（C_j—B）联锁，3）∃（C_i—B）和□∀（C_i—A）联锁，4）∃（C_i—A）和□∀（C_i—B）联锁，那么（1）式可证。

否则，（1）式被排斥。

情况 10　　α_n 是 ◇∃（A—B）。

我们依次考察前提中的以下 7 种组合：

1）◇∃（A—C_j）和 ∀（C_j—B）联锁（或□∀（C_j—B）联锁），按第一格 Darii—○◇◇（□◇◇）得到 ◇∃（A—B）的结论。

2）◇∃（C_i—B）和 ∀（C_i—A）联锁（或□∀（C_i—A）联锁），按第三格 Disamis—◇○◇（◇□◇）的结论。

3）∃（A—C_j）[或□∃（A—C_j）]和 ◇∀（C_j—B）联锁，按第一格 Darii—◇○◇（◇□◇）得到 ◇∃（A—B）的结论。

4) $\exists(C_i\text{—}B)$（或 $\Box\exists(C_i\text{—}B)$）和 $\Diamond\forall(C_i\text{—}A)$ 联锁，按第三格 Disamis—$\bigcirc\Diamond\Diamond$（$\Box\Diamond\Diamond$）的结论。

5) $\Diamond\exists(C_i\text{—}C_j)$、$\forall(C_i\text{—}A)$ 联锁（或 $\Box\forall(C_i\text{—}A)$ 联锁）和 $\forall(C_j\text{—}B)$ 联锁（或 $\Box\forall(C_j\text{—}B)$ 联锁），先按第三格 Disamis—$\Diamond\bigcirc\Diamond$（$\Diamond\Box\Diamond$）得到 $\Diamond\exists(A\text{—}C_j)$，再与 $\forall(C_j\text{—}B)$ 联锁（或 $\Box\forall(C_j\text{—}B)$ 联锁）按第一格 Darii—$\bigcirc\Diamond\Diamond$（$\Box\Diamond\Diamond$）得到 $\Diamond\exists(A\text{—}B)$ 的结论。

6) $\exists(C_i\text{—}C_j)$、$\forall(C_i\text{—}A)$ 联锁（或 $\Box\forall(C_i\text{—}A)$ 联锁）和 $\Diamond\forall(C_j\text{—}B)$ 联锁，按第三格直言三段论 Disamis 得到 $\exists(A\text{—}C_j)$ [或按 Disamis—$\bigcirc\Box\Box$ 得到 $\Box\exists(A\text{—}C_j)$]，再与 $\Diamond\forall(C_j\text{—}B)$ 联锁，第一格 Darii—$\Diamond\bigcirc\Diamond$（$\Diamond\Box\Diamond$）得到 $\Diamond\exists(A\text{—}B)$ 的结论。

7) $\exists(C_i\text{—}C_j)$ [或 $\Box\exists(C_i\text{—}C_j)$]、$\Diamond\forall(C_i\text{—}A)$ 联锁和 $\forall(C_j\text{—}B)$ 联锁（或 $\Box\forall(C_j\text{—}B)$ 联锁），先按第三格 Disamis—$\bigcirc\Diamond\Diamond$（$\Box\Diamond\Diamond$）得到 $\Diamond\exists(A\text{—}C_j)$，再与 $\forall(C_j\text{—}B)$ 联锁（或 $\Box\forall(C_j\text{—}B)$ 联锁）按第一格 Darii—$\bigcirc\Diamond\Diamond$（$\Box\Diamond\Diamond$）得到 $\Diamond\exists(A\text{—}B)$ 的结论。

如果前提组合是 $\Diamond\forall(A\text{—}C_j)$ 和 $\forall(C_j\text{—}B)$ 联锁，没有 $\Diamond\exists(A\text{—}C_j)$，我们可以从第一个前提根据可能命题的差等律推出 $\Diamond\exists(A\text{—}C_j)$，这就化归为 1。

如果（1）式前提有以上 7 种组合之一，或者能化归为以上 7 种组合之一，那么（1）式可证。

否则，（1）被排斥。

至此，对任给的一个扩展的必然模态三段论系统的推理表达式，判定程序得到解决。

我们有下面的判定定理：任意给定一个推理表达式

$\underline{\alpha_1, \alpha_2, \cdots, \alpha_{n-1}}$ [其中 α_i（$i=1, \cdots, n$）是上述 12 种命题之一]，
α_n

存在一种机械程序，在有穷步骤内可以判定它或是被证明，或是被排斥。

在判定定理的意义上，我们说，扩展的必然模态三段论系统具有简单完全性。这里，判定定理把"证明"和"排斥"的概念推广到非三段论的

推理表达式。相应地,"有效"和"无效"的概念也推广到这些推理表达式。根据我们建立的模型容易证明,可靠性定理和语义完全性定理也适用于扩展的必然模态三段论系统。

第十三章 树枝形的偶然三段论自然演绎系统

第一节 偶然式系统

由于实然（直言）、必然和偶然的三段论有密切的联系，我们构造偶然模态三段论系统的方法，还是采用构造必然模态三段论系统的扩张方法。

一 系统的出发点

1. 初始符号增加：

模态词：△（偶然）。

2. 形成规则增加：

如果 Γ 是直言公式，则 △Γ 是合式的。

3. 初始规则增加：

（1）第一格 4 个 △○△ 式：

① $\underline{△∀（C—B），∀（A—C）}$
　　　　$△∀（A—B）$

简记为 Barbara—△○△。

② $\underline{△∀ᵔ（C—B），∀（A—C）}$
　　　　$△∀ᵔ（A—B）$

简记为 Celarent—△○△。

③ $\underline{\triangle\forall（C—B），\exists（A—C）}$
　　　$\triangle\exists（A—B）$

简记为 Darii—△○△。

④ $\underline{\triangle\forall\neg（C—B），\exists（A—C）}$
　　　$\triangle\exists\neg（A—B）$

简记为 Ferio—△○△。

4. 变形规则增加：

（1）换位律：

① △E 换位律：$\underline{\triangle\forall\neg（A—B）}$
　　　　　　　　$\triangle\forall\neg（B—A）$

② △I 换位律：$\underline{\triangle\exists（A—B）}$
　　　　　　　　$\triangle\exists（B—A）$

（2）与亚氏补转换律不同的新补转换律：

① △∀（A—B）与 △∃¬（A—B）可以等值置换（简记为：△AO），

② △∀¬（A—B）与 △∃（A—B）可以等值置换（简记为：△EI）。

（3）偶然从属律：

$\underline{\triangle\Gamma}$　，由此据新补转换律可导出第二偶然从属律 $\underline{\triangle\Gamma}$
　$\Diamond\Gamma$　　　　　　　　　　　　　　　　　　　　　　　　　$\Diamond\neg\Gamma$。

在我们的系统中，△E 可以换位，△A 和 △O 不能换位，偶然全称命题无差等律。由变形规则可以看出，它们实际上对 △ 作了隐定义，△Γ 是 $\Diamond\Gamma$ 和 $\Diamond\neg\Gamma$ 的合取。

二　定理的推演

1. △○△

T1—T4 即初始规则的第一格 4 个 △○△。

T5　第一格 Barbari—△○△：

$\triangle\forall（C—B）\quad \underline{\forall（A—C）}$
　　　　　　　$\exists（A—C）$　　　　AI 差等律
　　　　　$\triangle\exists（A—B）$　　　Darii—△○△，假言三段论律

由这个式根据新补转换律△AO可得第一格标准式 OAI—△○△：

△∃¬（C—B）

∀（A—C）

△∃（A—B）

如果再考虑对偶然结论进行补转换，还应有以下 2 式：

△∀（C—B）

∀（A—C）

△∀¬（A—B）。这是第一格标准式 AAE—△○△。

△∃¬（C—B）

∀（A—C）

△∀¬（A—B）。这是第一格标准式 OAE—△○△。

由于从一个有效式导出补转换的式比较简单，以下就不一一列出了。

T6　第一格 Celaront—△○△：

△∀¬（C—B）　∀（A—C）

　　　　　∃（A—C）　　AI 差等律

　　△∃¬（A—B）　　　　Darii—△○△，假言三段论律

T7　第一格非标准式 Baralipton—△○△：

△∀（C—B）　∀（A—C）

　　　　　∃（A—C）　　AI 差等律

　　△∃（A—B）　　　　Darii—△○△，假言三段论律

　　△∃（B—A）　　　　△I 换位律，假言三段论律

T8　第一格非标准式 Celantes—△○△：

△∀¬（C—B）　∀（A—C）

　　△∀¬（A—B）　　Celarent—△○△

　　△∀¬（B—A）　　△E 换位律，假言三段论律

T9　第一格非标准式 Dabitis—△○△：

△∀（C—B）　∃（A—C）

　　△∃（A—B）　　Darii—△○△

　　△∃（B—A）　　△I 换位律，假言三段论律

T10 第二格 Cesare—△○△：

$\underline{△∀¬（B—C）}$ $\quad\quad\quad$ ∀（A—C）

$\underline{△∀¬（C—B）△E 换位律}$

$\quad\quad\quad$ △∀¬（A—B） $\quad\quad\quad$ Celarent—△○△，假言三段论律

T11 第二格 Cesaro—△○△：

$\underline{△∀¬（B—C）}$ $\quad\quad\quad$ ∀（A—C）

$\underline{△∀¬（C—B）△E 换位律\ ∃（A—C）\text{A 差等律}}$

$\quad\quad\quad$ △∃¬（A—B） $\quad\quad\quad$ Ferio—△○△，假言三段论律

T12 第二格 Festino —△○△：

$\underline{△∀¬（B—C）}$ $\quad\quad\quad$ ∃（A—C）

$\underline{△∀¬（C—B）△E 换位律}$

$\quad\quad\quad$ △∃¬（A—B） $\quad\quad\quad$ Ferio—△○△，假言三段论律

T13 第二格非标准式 EAE—△○△：

$\underline{△∀¬（B—C）}$ $\quad\quad\quad$ ∀（A—C）

$\underline{△∀¬（C—B）△E 换位律}$

$\quad\quad\quad$ $\underline{△∀¬（A—B）}$ $\quad\quad\quad$ Celarent—△○△，假言三段论律

$\quad\quad\quad$ △∀¬（B—A） $\quad\quad\quad$ △E 换位律，假言三段论律

T14 第三格 Darapti—△○△：

$\underline{△∀（C—B）\quad ∀（C—A）}$

$\quad\quad\quad\underline{∃（A—C）\text{A 换位律}}$

$\quad\quad\quad$ △∃（A—B） $\quad\quad\quad$ Darii—△○△，假言三段论律

T15 第三格 Datisi—△○△：

$\underline{△∀（C—B）\quad ∃（C—A）}$

$\quad\quad\quad\underline{∃（A—C）\text{I 换位律}}$

$\quad\quad\quad$ △∃（A—B） $\quad\quad\quad$ Darii—△○△，假言三段论律

T16 第三格 Ferison—△○△：

$\underline{△∀¬（C—B）\quad ∃（C—A）}$

$\quad\quad\quad\underline{∃（A—C）\text{I 换位律}}$

$\quad\quad\quad$ △∃¬（A—B） $\quad\quad\quad$ Ferio—△○△，假言三段论律

第十三章 树枝形的偶然三段论自然演绎系统

T17 第三格 Felapton—△○△：

$$\frac{△\forall\neg（C—B） \quad \forall（C—A）}{\exists（A—C）A 换位律}$$

△∃¬（A—B）　　　Ferio—△○△，假言三段论律

T18 第三格非标准式 AAI—△○△：

$$\frac{△\forall（C—B） \quad \forall（C—A）}{\exists（A—C）A 换位律}$$

△∃（A—B）　　　Darii—△○△，假言三段论律

△∃（B—A）　　　△I 换位律，假言三段论律

T19 第三格非标准式 AII—△○△：

$$\frac{△\forall（C—B） \quad \exists（C—A）}{\exists（A—C）I 换位律}$$

△∃（A—B）　　　Darii—△○△，假言三段论律

△∃（B—A）　　　△I 换位律，假言三段论律

综上所说，△○△有 19 个有效式。对它们的结论用偶然从属律可得以下的△○◇。

2. △○◇

（1）　△∀（C—B），∀（A—C）

　　　△∀（A—B）　　　　Barbara—△○△

　　　◇∀（A—B）　　　　△Γ 推出◇Γ，假言三段论律

此式为 Barbara—△○◇。使用第二偶然从属律（△Γ 推出◇¬Γ）还可得到第一格 AAO—△○◇。以下列出其余用两个偶然从属律得出的 36 个△○◇式以及 2 个用可能差等律得出的式，具体推导从略。

（2）Celarent—△○◇；第一格 EAI—△○◇（后者是用第二偶然从属律得出）。

（3）Darii—△○◇；第一格 AIE—△○◇。

（4）Ferio—△○◇；第一格 EIA—△○◇。

（5）Barbari—△○◇；第一格 AAE—△○◇。

（6）Celaront—△○◇；第一格 EAA—△○◇。

（7）第一格非标准式 Baralipton—△○◇；第一格非标准式 AAE—△○◇。

（8）第一格非标准式 Celantes—△○◇；第一格非标准式 EAI—△○◇。

（9）由（8）第一个式的结论用◇EO 差等律得到第一格非标准式 Celantop—△○◇。

（10）第一格非标准式 Dabitis—△○◇；第一格非标准式 AIE—△○◇。

（11）第二格 Cesare—△○◇；第二格 EAI—△○◇。

（12）第二格 Cesaro—△○◇；第二格 EAA—△○◇。

（13）第二格 Festino—△○◇；第二格 EIA—△○◇。

（14）第二格非标准式 EAE—△○◇；第二格非标准式 EAI—△○◇。

（15）由上第一个式用◇EO 差等律得到第二格非标准式 EAO—△○◇。

（16）第三格 Darapti—△○◇；第三格 AAE—△○◇。

（17）第三格 Datisi—△○◇；第三格 AIE—△○◇。

（18）第三格 Ferison—△○◇；第三格 EIA—△○◇。

（19）第三格 Felapton—△○◇；第三格 EAA—△○◇。

（20）第三格非标准式 AAI—△○◇；第三格非标准式 AAE—△○◇。

（21）第三格非标准式 AII—△○◇；第三格非标准式 AIE—△○◇。

3. △□△

这些式用 T 规则化归为△○△：

（1）Barbara—△□△

$$\frac{\triangle\forall（C—B）\quad □\forall（A—C）}{\forall（A—C）\quad T 规则}$$

$$\triangle\forall（A—B）\qquad Barbara—△○△，假言三段论律$$

△○△有 19 个有效式，因此△□△也有 19 个有效式，现列出其余 18 个，证明从略。

（2）Celarent—△□△。

（3）Darii—△□△。

（4）Ferio——△□△。

（5）Barbari——△□△。

（6）Celaront——△□△。

（7）第一格非标准式 Baralipton——△□△。

（8）第一格非标准式 Celantes——△□△。

（9）第一格非标准式 Dabitis——△□△。

（10）第二格 Cesare——△□△。

（11）第二格 Cesaro——△□△。

（12）第二格 Festino ——△□△。

（13）第二格非标准式 EAE——△□△。

（14）第三格 Darapti——△□△。

（15）第三格 Datisi——△□△。

（16）第三格 Ferison——△□△。

（17）第三格 Felapton——△□△。

（18）第三格非标准式 AAI——△□△。

（19）第三格非标准式 AII——△□△。

4. △□◇

（1）Barbara——△□◇

$$\frac{\triangle\forall（C—B）\quad \square\forall（A—C）}{\triangle\forall（A—B）}$$

$$\diamondsuit\forall（A—B）\qquad \triangle\Gamma 推出 \diamondsuit\Gamma，假言三段论律$$

现列出其余用偶然从属律、可能差等律得出的式，证明从略。

（2）Celarent——△□◇。

（3）Darii——△□◇。

（4）Ferio——△□◇。

（5）Barbari——△□◇。

（6）Celaront——△□◇。

（7）第一格非标准式 Baralipton——△□◇。

（8）第一格非标准式 Celantes—△□◇。

（9）由上式的结论用◇EO 差等律得到第一格非标准式 Celantop—△□◇。

（10）第一格非标准式 Dabitis—△□◇。

（11）第二格 Cesare—△□◇。

（12）第二格 Cesaro—△□◇。

（13）第二格 Festino—△□◇。

（14）第二格非标准式 EAE—△□◇。

（15）第三格 Darapti—△□◇。

（16）第三格 Datisi—△□◇。

（17）第三格 Ferison—△□◇。

（18）第三格 Felapton—△□◇。

（19）第三格非标准式 AAI—△□◇。

（20）第三格非标准式 AII—△□◇。

由以下的 9.△□○还可增加 6 个△□◇式，合计有 26 个有效的△□◇式。

5. ○△△

T1　第一格非标准式 Frisesomorum—○△△：

∃（C—B）　　　　　△∀¬（A—C）

∃（B—C）　I 换位律　△∀¬（C—A）△E 换位律

　　　　　△∃¬（B—A）　　　　　Ferio—△○△，假言三段论律

T2　第一格非标准式 Fapesmo—○△△：

∀（C—B）　　　　　△∀¬（A—C）

∃（B—C）　A 换位律　△∀¬（C—A）△E 换位律

　　　　　△∃¬（B—A）　　　　　Ferio—△○△，假言三段论律

T3　第二格 camestres—○△△：

∀（B—C）　△∀¬（A—C）

　　　　　△∀¬（C—A）　△E 换位律

　　　　　△∀¬（B—A）　Celarent—△○△，假言三段论律

　　　　　△∀¬（A—B）　△E 换位律，假言三段论律

第十三章　树枝形的偶然三段论自然演绎系统

T4 第二格非标准式 IEO—○△△：

$$\frac{∃（B—C）\quad △∀¬（A—C）}{\quad △∀¬（C—A）\quad △E 换位律}$$

$$△∃¬（B—A）\qquad\qquad Ferio—△○△，假言三段论律$$

T5 第二格非标准式 AEE—○△△：

$$\frac{∀（B—C）\quad △∀¬（A—C）}{\quad △∀¬（C—A）\quad △E 换位律}$$

$$△∀¬（B—A）\qquad\qquad Celarent—△○△，假言三段论律$$

T6 第三格 Disamis—○△△：

$$\frac{∃（C—B）\qquad\qquad △∀（C—A）}{∃（B—C）I 换位律}$$

$$△∃（B—A）\qquad Darii—△○△，假言三段论律$$

$$△∃（A—B）\qquad △I 换位律，假言三段论律$$

T7 第三格 Darapti—○△△：

$$\frac{∀（C—B）\qquad\qquad △∀（C—A）}{∃（B—C）A 换位律}$$

$$△∃（B—A）\qquad Darii—△○△，假言三段论律$$

$$△∃（A—B）\qquad △I 换位律，假言三段论律$$

T8 第三格非标准式 AAI—○△△：

$$\frac{∀（C—B）\qquad\qquad △∀（C—A）}{∃（B—C）A 换位律}$$

$$△∃（B—A）\qquad Darii—△○△，假言三段论律$$

T9 第三格非标准式 IAI—○△△：

$$\frac{∃（C—B）\qquad\qquad △∀（C—A）}{∃（B—C）I 换位律}$$

$$△∃（B—A）\qquad Darii—△○△，假言三段论律$$

T10　第三格非标准式 IEO—○△△：

$\underline{\exists（C—B）\qquad\qquad △\forall\neg（C—A）}$
∃（B—C）I 换位律

　　　　　△∃¬（B—A）　　　　　　　Ferio—△○△，假言三段论律

T11　第三格非标准式 AEO—○△△：

$\underline{\forall（C—B）\qquad\qquad △\forall\neg（C—A）}$
∃（B—C）A 换位律

　　　　　△∃¬（B—A）　　　　　　　Ferio—△○△，假言三段论律

T12　第二格非标准式 AEO—○△△，不能直接从第二格非标准式 AEE—○△△证明，因为没有偶然差等律，可以如下证明：

$\underline{\forall（B—C）\qquad\qquad △\forall\neg（A—C）}$
∃（B—C）AI 差等律　△∀¬（C—A）　△E 换位律

　　　　　△∃¬（B—A）　　　　　　　Ferio—△○△，假言三段论律

综上所述，○△△有 12 个有效式。

6. ○△◇

由以上 12 个○△△式根据偶然从属律（△Γ 推出◇Γ），可以导出 12 个有效的○△◇式，其中第二格 camestres—○△◇可得到 camestrop—○△◇，因此共有 13 个有效的○△◇式。

（1）第一格非标准式 Frisesomorum—○△◇：

$\underline{\exists（C—B）\qquad\qquad △\forall\neg（A—C）}$
∃（B—C）I 换位律　　△∀¬（C—A）△E 换位律

　　　△∃¬（B—A）　　　　　　　Ferio—△○△，假言三段论律

　　　◇∃¬（B—A）　　　　　　　△Γ 推出◇Γ

以下列出其余 10 个有效的○△◇式，具体推导从略。

（2）第一格非标准式 Fapesmo—○△◇。

（3）第二格 camestres—○△◇。

（4）由上式的结论用◇EO 差等律得到第二格 camestrop—○△◇。

（5）第二格非标准式 IEO—○△◇。

（6）第二格非标准式 AEE—○△◇。

（7）第二格非标准式 AEO—○△◇。

（8）第三格 Disamis—○△◇。

（9）第三格 Darapti—○△◇。

（10）第三格非标准式 AAI—○△◇。

（11）第三格非标准式 IAI—○△◇。

（12）第三格非标准式 IEO—○△◇。

（13）第三格非标准式 AEO—○△◇。

7.□△△

□△△用 T 规则化归为○△△：

（1）第一格非标准式 Frisesomorum—□△△：

□∃¬（C—B）　　　　　△∀¬（A—C）

∃¬（C—B）　T 规则　△∀¬（C—A）△E 换位律

　　△∃¬（B—A）　　　T17 Frisesomorum—○△△，假言三段论律

○△△有 12 个有效式，因此□△△也有 12 个有效式，现将其余 11 个式列在下面，证明从略。

（2）第一格非标准式 Fapesmo—□△△。

（3）第二格 camestres—□△△。

（4）第二格非标准式 IEO（Ⅱ）—□△△。

（5）第二格非标准式 AEE（Ⅱ）—□△△。

（6）第二格非标准式 AEO（Ⅱ）—□△△。

（7）第三格 Disamis—□△△。

（8）第三格 Darapti—□△△。

（9）第三格非标准式 AAI（Ⅲ）—□△△。

（10）第三格非标准式 IAI（Ⅲ）—□△△。

（11）第三格非标准式 IEO（Ⅲ）—□△△。

（12）第三格非标准式 AEO（Ⅲ）—□△△。

8. □△◇

由以上 12 个有效的□△△式用偶然从属律可导出 12 个有效的□△◇式，用◇EO 差等律导出一个，再加上其他方法导出的□△◇式，总共 22 个有效式。

（1）第一格非标准式 Frisesomorum—□△◇：

□∃（C—B）　　　　　△∀¬（A—C）
∃（C—B）　T 规则　△∀¬（C—A）△E 换位律
　　△∃¬（B—A）　　　　Frisesomorum—○△△
　　◇∃¬（B—A）　　　　△Γ 推出◇Γ，假言三段论律

现将其余式列在下面，证明从略。

（2）第一格非标准式 Fapesmo—□△◇。

（3）第二格 camestres—□△◇。

（4）由上式用◇EO 差等律得到第二格 camestrop—□△◇。

（5）第二格非标准式 IEO—□△◇。

（6）第二格非标准式 AEE—□△◇。

（7）第二格非标准式 AEO—□△◇。

（8）第三格 Disamis—□△◇。

（9）第三格 Darapti—□△◇。

（10）第三格非标准式 AAI—□△◇。

（11）第三格非标准式 IAI—□△◇。

（12）第三格非标准式 IEO—□△◇。

（13）第三格非标准式 AEO—□△◇。

由以下的 10□△○还可增加 6 个□△◇，由以下 9 中导出的第二格 Baroco—△□◇ 和第二格 camestres—△□◇ 还可得出第二格非标准式 OAO—□△◇ 和 EAE—□△◇（由此式还可导出第二格非标准式 EAO—□△◇），合计有 22 个有效的□△◇式。

9. △□○

△□○式可由以上有关的△○◇和○△◇式用反三段论律导出（1）

和（2）。

　　（1）由第一格 Barbara—△〇◇导出第二格 Baroco—△□〇：

　　△∀（C—B）　　　　△∀（C—B）
　　∀（A—C）　　　　　¬◇∀（A—B）[□∃¬（A—B）]
　　◇∀（A—B）　　　　¬∀（A—C）[∃¬（A—C）]

　　（2）第二格非标准式 OAO—□△〇。

其余的式如下：

　　（3）由第一格 Celarent—△〇◇导出第二格 Festino—△□〇以及

　　（4）第二格非标准式 IEO—□△〇。

　　（5）由第一格 Darii—△〇◇导出第二格 camestres—△□〇以及

　　（6）第二格非标准式 EAE—□△〇。

　　（7）由第一格 Ferio—△〇◇导出第二格 Cesare—△□〇以及

　　（8）第二格非标准式 AEE—□△〇。

　　（9）由第一格 Barbari—△〇◇导出第二格 camestrop—△□〇以及

　　（10）第二格非标准式 EAO—□△〇。

　　（11）由第一格 Celaront—△〇◇导出第二格 Cesaro—△□〇以及

　　（12）第二格非标准式 AEO—□△〇。

　　（13）由第二格 Cesare—△〇◇导出第一格 Ferio—△□〇：

　　△∀¬（B—C）　　　△∀¬（B—C）
　　∀（A—C）　　　　　¬◇∀（A—B）[□∃（A—B）]
　　◇∀¬（A—B）　　　¬∀（A—C）[∃¬（A—C）]

　　（14）由第二格 Cesaro—△〇◇导出第一格 Celaront—△□〇：

　　（15）由第二格 Festino—△〇◇导出第一格 Celarent—△□〇。

　　（16）由第二格非标准式 EAE—△〇◇导出第三格 Ferison—△□〇：

　　△∀¬（B—C）　　　△∀¬（B—C）
　　∀（A—C）　　　　　¬◇∀（B—A）[□∃（B—A）]
　　◇∀¬（B—A）　　　¬∀（A—C）[∃¬（A—C）]

　　（17）由第二格非标准式 EAO—△〇◇导出第三格 Felapton—△□〇。

（18）由第三格 Darapti—△○◇导出第二格非标准式 AEO—△□O：

$$\frac{\triangle\forall（C—B）}{\forall（C—A）}\qquad\frac{\triangle\forall（C—B）}{\neg\Diamond\exists（A—B）[\Box\forall（A—B）]}$$
$$\Diamond\exists（A—B）\qquad\neg\forall（C—A）[\exists\neg（C—A）]$$

（19）由第三格 Datisi—△○◇导出第二格非标准式 AEE—△□O。

（20）由第三格 Ferison—△○◇导出第二格非标准式 EAE—△□O。

（21）由第三格 Felapton—△○◇导出第二格非标准式 EAO—△□O。

（22）由第一格非标准式 Frisesomorum—○△◇导出第一格非标准式 Celantes—△□O：

$$\frac{\exists（C—B）}{\triangle\forall\neg（A—C）}\qquad\frac{\neg\Diamond\exists\neg（B—A）[\Box\forall（B—A）]}{\triangle\forall\neg（A—C）}$$
$$\Diamond\exists\neg（B—A）\qquad\neg\exists（C—B）[\forall\neg（C—B）]$$

（23）由上述第一格非标准式 Celantes—△□O 的结论用 EO 差等律可得第一格非标准式 Celantop—△□O。

（24）由第一格非标准式 Fapesmo—○△◇导出第一格非标准式 Celantop—△□O：

$$\frac{\forall（C—B）}{\triangle\forall\neg（A—C）}\qquad\frac{\neg\Diamond\exists\neg（B—A）[\Box\forall（B—A）]}{\triangle\forall\neg（A—C）}$$
$$\Diamond\exists\neg（B—A）\qquad\neg\forall（C—B）[\exists\neg（C—B）]$$

此式与（23）式相同。

（25）由第二格非标准式 IEO—○△◇导出第一格 Celarent—△□O，与（15）相同：

$$\frac{\exists（B—C）}{\triangle\forall\neg（A—C）}\qquad\frac{\triangle\forall\neg（A—C）}{\neg\Diamond\exists\neg（B—A）[\Box\forall（B—A）]}$$
$$\Diamond\exists\neg（B—A）\qquad\neg\exists（B—C）[\forall\neg（B—C）]$$

（26）由第二格非标准式 AEE—○△◇导出第一格 Ferio—△□O，与（13）相同。

（27）由第二格非标准式 AEO—○△◇导出第一格 Celaront—△□O，

与（14）相同。

由上可见，从有关的△○◇和○△◇式导出 17 个有效的△□◇式（除去相同的 4 个）和 6 个第二格非标准式□△○（归入以下第 10 类）。

这 17 个△□○使用 T 规则的导出规则（T2 规则：从 Γ 推出◇Γ）可得到 17 个有效的△□◇式，与上述 4.△□◇相对照，有 11 个式相同，增加了以下 6 个式：

第一，第二格 Baroco—△□◇；

第二，第二格 camestres—△□◇；

第三，第二格 camestrop—△□◇；

第四，第二格非标准式 AEO—△□◇；

第五，第二格非标准式 AEE—△□◇；

第六，第二格非标准式 EAO—△□◇。

10. □△○

□△○式可由以上有关的○△◇和△○◇式用反三段论律导出。

（1）由第二格 camestres—○△◇导出第三格非标准式 IEO—□△○：

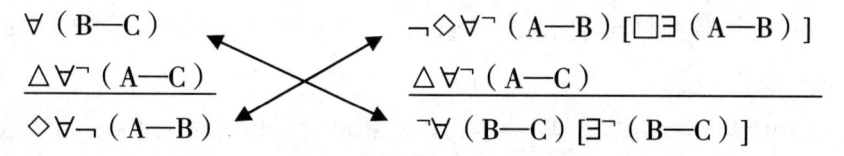

$$\frac{\forall(B-C)}{\Diamond\forall\neg(A-B)} \quad \frac{\neg\Diamond\forall\neg(A-B)[\Box\exists(A-B)]}{\neg\forall(B-C)[\exists\neg(B-C)]}$$

（2）由第二格 camestrop—○△◇导出第三格非标准式 AEO—□△○：

（3）由第三格 Disamis—○△◇导出第一格 Celarent—□△○：

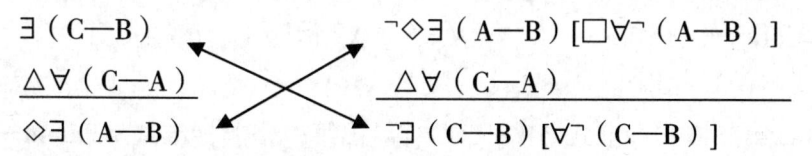

$$\frac{\exists(C-B)}{\Diamond\exists(A-B)} \quad \frac{\neg\Diamond\exists(A-B)[\Box\forall\neg(A-B)]}{\neg\exists(C-B)[\forall\neg(C-B)]}$$

（4）由第三格 Darapti—○△◇导出第一格 Celaront—□△○。

（5）由第三格非标准式 AAI—○△◇导出第二格 Cesaro—□△○：

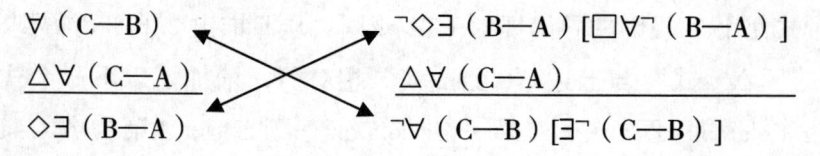

$$\frac{\forall(C-B)}{\Diamond\exists(B-A)} \quad \frac{\neg\Diamond\exists(B-A)[\Box\forall\neg(B-A)]}{\neg\forall(C-B)[\exists\neg(C-B)]}$$

（6）由第三格非标准式 IAI—○△◇导出第二格 Cesare—□△○。

（7）由第三格非标准式 IEO—○△◇导出第二格 camestres—□△○。

（8）由第三格非标准式 AEO—○△◇导出第二格 camestrop—□△○。

（9）由第一格非标准式 Baralipton—△○◇导出第一格非标准式 Celantop—□△○：

△∀（C—B）　　　　△∀（C—B）
∀（A—C）　　　　　¬◇∃（B—A）[□∀¬（B—A）]
◇∃（B—A）　　　　¬∀（A—C）[∃¬（A—C）]

（10）由第一格非标准式 Celantes—△○◇导出第一格非标准式 Frisesomorum—□△○。

（11）由第一格非标准式 Celantop—△○◇导出第一格非标准式 Fapesmo—□△○。

△∀¬（C—B）　　　△∀¬（C—B）
∀（A—C）　　　　　¬◇∃（B—A）[□∀（B—A）]
◇∃（B—A）　　　　¬∀（A—C）[∃¬（A—C）]

（12）由第一格非标准式 Dabitis—△○◇导出第一格非标准式 Celantes—□△○。

（13）由第三格非标准式 AAI—△○◇导出第一格非标准式 Celaront—□△○：

△∀（C—B）　　　　△∀（C—B）
∀（C—A）　　　　　¬◇∃（B—A）[□∀¬（B—A）]
◇∃（B—A）　　　　¬∀（C—A）[∃¬（C—A）]

此式与（3）相同。

（14）第三格非标准式 AII—△○◇导出第一格非标准式 Celarent—□△○。此式与（2）相同。

由上可见，从有关的○△◇和△○◇式导出 12 个有效的□△○式。这 12 个式使用 T 规则的导出规则（T2 规则：从 Γ 推出 ◇Γ）可得到 12 个有效的□△◇式，与上述"8.□△◇"相对照，增加了以下 6 个式：1.第一格 Celarent—□△◇；2.第一格 Celaront—□△◇；3.第二格 Cesaro

—□△◇；4.第二格 Cesare—□△◇；5.第一格非标准式 Celantop—□△◇；6.第一格非标准式 Celantes—□△◇。

现将偶然模态三段论系统的有效式总结并列表如下。

10 种类型，每种类型有 36 个式，总计 360 个式，其中共有 179 个有效式（"√"表示有效式），空位有 181 个（其中 45 个空位是有效的，需加增补，见下面的说明），如果把偶然前提按新补转换律转换，则有效式总数增加 1 倍，如果将带有偶然前提和偶然结论的式同时进行补转换，这样的式就会增加 3 倍,在下表中我们略去了根据新补转换律得到的式。

  △○△ 19；57。（后一个数是新补转换的数）

  △○◇ 21；21。（在前一个数 21 中未加上与新补转换有关的第二偶然从属律得到的 19 个式）

  △□△ 19；57。

  △□◇ 26；26。

  ○△△ 12；36。

  ○△◇ 13；13。

  □△△ 12；36。

  □△◇ 22；22。

  △□○ 17；17，

  □△○ 18；18。

对这个表，我们提出以下几点注记。

一、在 179 个有效式中，第 9 类和第 10 类得实然结论的△□○式和□△○式是用反三段论律从有关的○△◇和△○◇推导出来的，共 35 个。由这两种式还导出了 15 个有效的△□◇和□△◇式（见 8.□△◇、9.△□○和 10.□△○的说明）。

		△○△	△○◇	△□△	△□◇	○△△	○△◇	□△△	□△◇	△□○	□△○
第一格标准式	Barbara	√	√	√	√						
	Celarent	√	√	√	√				√	√	√
	Darii	√	√	√	√						
	Ferio	√	√	√	√					√	
	Barbari	√	√	√	√						
	Celaront	√	√	√	√				√	√	√
第一格非标准式	Baralipton	√	√	√	√						
	Celantes	√	√	√	√				√	√	√
	Dabitis	√	√	√	√						
	Frisesomorum					√	√	√	√		√
	Fapesmo					√	√	√	√		√
	Celantop		√		√				√	√	√
第二格标准式	Cesare	√	√	√	√				√	√	√
	camestres			√	√	√	√	√	√		
	Festino	√	√	√	√					√	
	Baroco				√					√	
	Cesaro	√	√	√	√				√	√	√
	camestrop				√		√		√		√
第二格非标准式	IEO					√	√	√	√		√
	EAE	√	√	√	√				√	√	√
	AEE				√	√	√	√	√		√
	OAO								√		√
	EAO		√						√		√
	AEO					√	√	√	√	√	√
第三格标准式	Disamis					√	√	√	√		
	Darapti	√	√	√	√	√	√	√	√		
	Datisi	√	√	√	√						
	Ferison									√	
	Felapton	√	√	√	√					√	
	Bocardo										

续表

第三格非标准式	AAI	√	√	√	√	√	√	√	√		
	IAI					√	√	√	√		
	AII	√	√	√							
	IEO					√	√	√	√		√
	AEO					√	√	√	√		√
	AOO										

二、我们现在的偶然三段论系统是必然式和可能式系统的一个扩张，必然式和可能式系统中的定理在现在的系统中也成立。首先，由有效的◇○◇式根据偶然从属律得出△○◇式，今将△○◇与可能式的表中◇○◇相对照，我们可以看到，在◇○◇式中 Disamis、Bocardo 和第三格非标准式 IAI 是有效的，由此根据偶然从属律可得相应的 3 个△○◇式，我们现在补上。

三、同理，对照○△◇和○◇◇，由有关的有效的○◇◇式根据偶然从属律可以得到 7 个○△◇：Darii、Barbari、Baralipton、Dabitis、Datisi、第三格非标准式 AII 和 AOO，现予增补。

四、由以上的二和三，从增加的 10 个△○◇式和○△◇式用反三段论律可导出 11 个△□○式和□△○式。

（1）从 Disamis—△○◇可得 Festino—□△○：

△∃（C—B）　　　　　¬◇∃（A—B）[□∀¬（A—B）]
∀（C—A）　　　　　△∃（C—B）
─────────　　　　　─────────
◇∃（A—B）　　　　　¬∀（C—A）[∃¬（C—A）]

（2）从 Bocardo—△○◇可得 Baroco—□△○：

△∃¬（C—B）　　　　　¬◇∃¬（A—B）[□∀（A—B）]
∀（C—A）　　　　　△∃¬（C—B）
─────────　　　　　─────────
◇∃¬（A—B）　　　　　¬∀（C—A）[∃¬（C—A）]

（3）从第三格非标准式 IAI—△○◇可得 Ferio—□△○：

△∃（C—B）　　　　　¬◇∃（B—A）[□∀¬（B—A）]
∀（C—A）　　　　　△∃（C—B）
─────────　　　　　─────────
◇∃（B—A）　　　　　¬∀（C—A）[∃¬（C—A）]

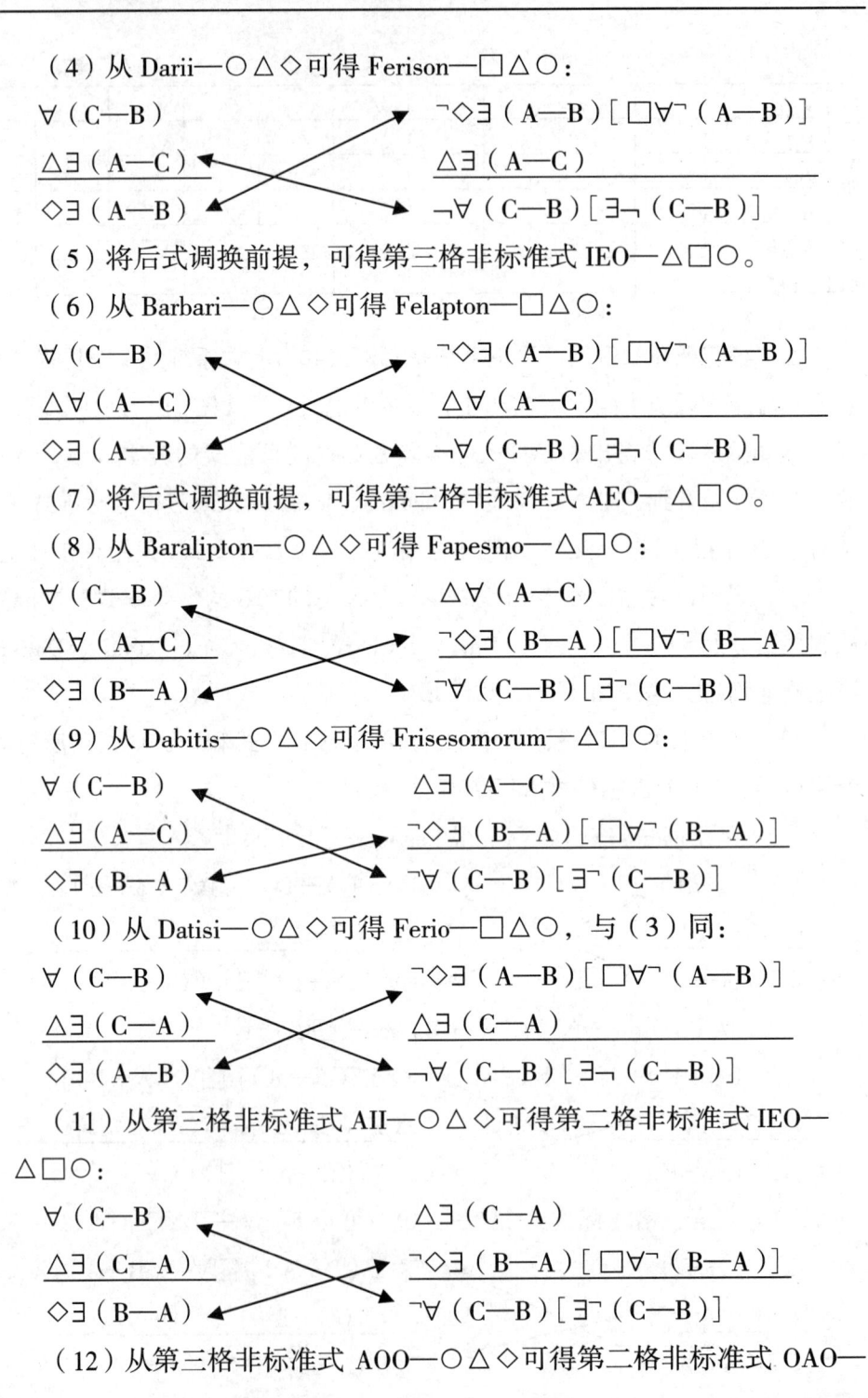

（4）从 Darii—○△◇可得 Ferison—□△○：

$$\frac{\forall (C-B)}{\triangle \exists (A-C)}$$
$$\diamond \exists (A-B)$$

$$\frac{\neg \diamond \exists (A-B) [\Box \forall \neg (A-B)]}{\triangle \exists (A-C)}$$
$$\neg \forall (C-B) [\exists \neg (C-B)]$$

（5）将后式调换前提，可得第三格非标准式 IEO—△□○。

（6）从 Barbari—○△◇可得 Felapton—□△○：

$$\frac{\forall (C-B)}{\triangle \forall (A-C)}$$
$$\diamond \exists (A-B)$$

$$\frac{\neg \diamond \exists (A-B) [\Box \forall \neg (A-B)]}{\triangle \forall (A-C)}$$
$$\neg \forall (C-B) [\exists \neg (C-B)]$$

（7）将后式调换前提，可得第三格非标准式 AEO—△□○。

（8）从 Baralipton—○△◇可得 Fapesmo—△□○：

$$\frac{\forall (C-B)}{\triangle \forall (A-C)}$$
$$\diamond \exists (B-A)$$

$$\frac{\triangle \forall (A-C)}{\neg \diamond \exists (B-A) [\Box \forall \neg (B-A)]}$$
$$\neg \forall (C-B) [\exists \neg (C-B)]$$

（9）从 Dabitis—○△◇可得 Frisesomorum—△□○：

$$\frac{\forall (C-B)}{\triangle \exists (A-C)}$$
$$\diamond \exists (B-A)$$

$$\frac{\triangle \exists (A-C)}{\neg \diamond \exists (B-A) [\Box \forall \neg (B-A)]}$$
$$\neg \forall (C-B) [\exists \neg (C-B)]$$

（10）从 Datisi—○△◇可得 Ferio—□△○，与（3）同：

$$\frac{\forall (C-B)}{\triangle \exists (C-A)}$$
$$\diamond \exists (A-B)$$

$$\frac{\neg \diamond \exists (A-B) [\Box \forall \neg (A-B)]}{\triangle \exists (C-A)}$$
$$\neg \forall (C-B) [\exists \neg (C-B)]$$

（11）从第三格非标准式 AII—○△◇可得第二格非标准式 IEO—△□○：

$$\frac{\forall (C-B)}{\triangle \exists (C-A)}$$
$$\diamond \exists (B-A)$$

$$\frac{\triangle \exists (C-A)}{\neg \diamond \exists (B-A) [\Box \forall \neg (B-A)]}$$
$$\neg \forall (C-B) [\exists \neg (C-B)]$$

（12）从第三格非标准式 AOO—○△◇可得第二格非标准式 OAO—

△□○：

$\forall$（C—B）　　　　　　　△∃¬（C—A）

△∃¬（C—A）　　　　　　　¬◇∃¬（B—A）［□$\forall$（B—A）］

◇∃¬（B—A）　　　　　　　¬$\forall$（C—B）［∃¬（C—B）］

五、对照△□◇和◇□◇，◇□◇的 36 个式全是有效的，而△□◇的有效式现有 26 个，其余 10 个△□◇式根据偶然从属律可以从相应的◇□◇式得出，这 10 个△□◇式是：Frisesomorm、Fapesmo、第二格非标准式 IEO 和 OAO、Disamis、Bocardo、第三格非标准式 IAI、IEO、AEO 和 AOO。

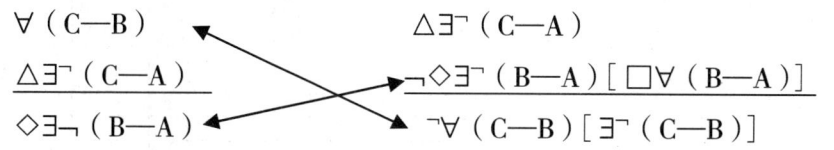

六、对照□△◇和□◇◇，□◇◇的 36 个式全是有效的，而□△◇的有效式现有 22 个，其余 14 个□△◇式根据偶然从属律可以从相应的□◇◇式得出，这 14 个□△◇式是：Barbara、Darii、Ferio、Barbari、Baralipton、Dabitis、Festino、Baroco、Datisi、Ferison、Felapton、Bocardo、第三格非标准式 AII 和 AOO。

综上所述，从可能式那里用偶然从属律增加的有效式数目一共 34 个，从增加的 10 个有效的△○◇式和○△◇式用反三段论律导出了 11 个有效的△□○式和□△○式。变动后的偶然式的有效式共 224 个，无效式 136 个。现将变动后偶然式的表总结如下（"√"表示有效式；"×"表示无效式）：

		△O△	△O◇	△□△	△□◇	O△△	O△◇	□△△	□△◇	△□O	□△O
第一格标准式	Barbara	√	√	√	√	×	×	×	√	×	×
	Celarent	√	√	√	√	×	×	×	√	√	√
	Darii	√	√	√	√	×	×	×	√	×	×
	Ferio	√	√	√	√	×	×	×	√	√	√
	Barbari	√	√	√	√	×	√	×	√	×	×
	Celaront	√	√	√	√	×	×	×	√	√	√

续表

第一格非标准式	Baralipton	√	√	√	√	×	√	×	√	×	×
	Celantes	√	√	√	×	×	×	×	×	√	√
	Dabitis	√	√	√	√	×	√	×	√	×	×
	Frisesomo—rum	×	×	×	√	√	√	√	√	√	√
	Fapesmo	×	×	×	√	√	√	√	√	√	√
	Celantop	×	√	×	×	×	×	×	√	√	√
第二格标准式	Cesare	√	√	√	√	√	√	√	√	√	√
	camestres	×	×	×	√	√	√	√	√	√	√
	Festino	√	√	√	√	×	×	×	×	√	√
	Baroco	×	×	×	√	√	√	√	√	√	√
	Cesaro	√	√	√	√	×	×	×	×	√	√
	camestrop	×	×	×	√	×	√	×	√	√	√
第二格非标准式	IEO	×	×	×	√	√	√	√	√	√	√
	EAE	√	√	√	√	√	×	×	×	√	√
	AEE	×	×	×	√	√	√	√	√	√	√
	OAO	×	×	×	√	√	√	√	√	√	√
	EAO	×	√	×	√	×	×	×	×	√	√
	AEO	×	×	×	√	√	√	√	√	√	√
第三格标准式	Disamis	×	√	√	√	√	√	√	√	×	×
	Darapti	√	√	√	√	√	√	√	√	×	×
	Datisi	√	√	√	√	×	√	×	√	×	×
	Ferison	√	√	√	√	×	×	×	×	√	√
	Felapton	√	√	√	√	×	×	×	×	√	√
	Bocardo	×	√	×	√	×	×	×	√	×	×
第三格非标准式	AAI	√	√	√	√	√	√	√	√	×	×
	IAI	×	√	×	√	√	√	√	√	×	×
	AII	√	√	√	√	×	√	×	√	×	×
	IEO	×	×	×	√	√	√	√	√	√	√
	AEO	×	×	×	√	√	√	√	√	√	√
	AOO	×	×	×	√	×	√	×	√	×	×

第二节 偶然式的形式排斥系统

一 初始的排斥规则

1. ×第三格 Felapton—□△△
2. ×第三格 Felapton—○△◇
3. ×第三格 Ferison—□△△
4. ×第三格 Ferison—○△◇
5. ×第一格非标准式 Dabitis—□△△
6. ×第三格 Bocardo—△□△
7. ×第一格 Celaront—□△△
8. ×第一格 Barbara—□△△
9. ×第一格 Barbara—○△◇
10. ×第二格 camestrop—□△△
11. ×第二格 camestrop—△○◇
12. ×第二格 Cesaro—○△◇
13. ×第二格 camestrop—△□△
14. ×第一格 Barbari—□△△
15. ×第二格 Baroco—□△△
16. ×第二格 Baroco—○△◇

二 排斥的变形规则

1. 关于前提的排斥规则

如果前提中有一个前提是必然命题（或者必然全称命题，或者实然全称命题）的偶然三段论式被排斥，那么当必然前提（或者必然全称命题□A，或者实然全称命题 A）减弱为实然前提（或者必然特称命题□I，或者实然特称命题 I）后的论式就被排斥。这里实际包含 3 个规则：

（1）如果 $\underline{\alpha，□\beta}$ 被排斥，则 $\underline{\alpha，\beta}$ 被排斥，简记为：
$$\gamma \qquad\qquad \gamma$$

（2） $\dfrac{\times \alpha, \Box\beta/\gamma}{\times \alpha, \beta/\gamma}$ （2） $\dfrac{\times \alpha, \Box A/\gamma}{\times \alpha, \Box I/\gamma}$ （3） $\dfrac{\times \alpha, A/\gamma}{\times \alpha, I/\gamma}$

简单地说，如果含有强前提的式被排斥，那么相应的弱前提的式就被排斥。

2. 关于结论的排斥规则

（1）如果 $\underline{\alpha, \beta}_{\Diamond\gamma}$ 被排斥，则 $\underline{\alpha, \beta}_{\triangle\gamma}$ 被排斥。

这一规则是说，在偶然式中如果有可能结论的式被排斥，那么当可能结论加强为偶然结论后的式就被排斥。

（2）如果 $\underline{\alpha, \beta}_{\Diamond I(或\Diamond O)}$ 被排斥，则 $\underline{\alpha, \beta}_{\Diamond A(或\Diamond E)}$ 被排斥。

这一规则是说，推不出可能特称命题的式就更推不出可能全称命题。

简单地说，关于结论的排斥规则就是：如果含有弱结论的式被排斥，那么当此结论变为相应的强结论后的式就被排斥。

在从初始规则应用变形规则进行排斥的推导时，我们还要应用前面的一些变形规则，如实然的和模态的全称否定命题和特称肯定命题的换位律、矛盾关系置换律等，从初始的排斥式推出新的排斥式，或者把待证的无效式化归为初始的排斥式。以下我们简要进行证明，请对照上面的偶然式的表。

T1　由 1.×第三格 Felapton—□△△据前提的排斥规则得到 ×Felapton—○△△。

T2　由 1 据前提的排斥规则得到 ×Bocardo—□△△。

T3　由 T2 据前提的排斥规则得到 ×Bocardo—○△△。

T4　由 1.×第三格 Felapton—□△△将大前提换位并调换前提可得第一格非标准式 ×Fapesmo—△□△。

T5　由 T4 据前提的排斥规则可得 ×Fapesmo—△○△。

T6　由 1.×第三格 Felapton—□△△调换前提可得第三格非标准式 ×AEO—△□△。

第十三章 树枝形的偶然三段论自然演绎系统 329

T7 由 1.×第三格 Felapton—○△△ 调换前提可得第三格非标准式 ×AEO—△○△。

T8 由 T2×Bocardo—□△△ 调换前提得到第三格非标准式×AOO—△□△。

T9 由 T3×Bocardo—○△△ 调换前提得到第三格非标准式×AOO—△○△。

T10 由 2.×第三格 Felapton—○△◇ 据前提的排斥规则可得×Bocardo—○△◇。

T11 由 2.×Felapton—○△◇ 将大前提换位并调换前提可得第一格非标准式×Fapesmo—△○◇。

T12 由 2.×Felapton—○△◇ 调换前提可得第三格非标准式×AEO—△○◇。

T13 由 T10×Bocardo—○△◇ 调换前提可得第三格非标准式×AOO—△○◇。

T14 由 3.×第三格 Ferison—□△△ 据前提的排斥规则可得×Ferison—○△△。

T15 由 3.×Ferison—□△△ 将小前提换位得到×Ferio—□△△。

T16 由 T12×Ferison—○△△ 将小前提换位得到×Ferio—○△△。

T17 由 3.×Ferison—□△△ 调换前提得到第三格非标准式×IEO—△□△。

T18 同样，由 3.×Ferison—○△△ 调换前提得到第三格非标准式×IEO—△○△。

T19 由 4.×第三格 Ferison—○△◇ 将小前提换位得到×Ferio—○△◇。

T20 由 4.×Ferison—○△◇ 调换前提得到第三格非标准式×IEO—△○◇。

T21 由 5.×Dabitis—□△△ 据前提的排斥规则得到×Dabitis—○△△。

T22 由 5.×Dabitis—□△△ 将结论换位得到×Darii—□△△。

T23　由 T22 据前提的排斥规则得到 × Darii—○△△。

T24　由 5. × Dabitis—□△△将小前提换位得到第三格非标准式 × AII—□△△。

T25　由 T24 据前提的排斥规则可得 × 第三格非标准式 AII—○△△。

T26　由 T24 将结论换位得到第三格 × Datisi—□△△。

T27　由上据前提的排斥规则可得 × Datisi—○△△。

T28　由 T24 将前提对调得到第三格 × Disamis—△□△。

T29　由 T27 据前提的排斥规则得到 × Disamis—△○△。

T30　由 T25 将前提对调得到第三格非标准式 × IAI—△□△。

T31　由 T29 据前提的排斥规则可得到第三格非标准式 × IAI—△○△。

T32　由 6. × 第三格 Bocardo—△□△据前提的排斥规则可得 × Bocardo—△○△。

T33　由 6. × Bocardo—△□△将前提对调可得第三格非标准式 × AOO—□△△。

T34　由 T32 × Bocardo—△○△将前提对调可得第三格非标准式 × AOO—○△△。

至此为止，我们已经把第三格的标准式和非标准式的 30 个无效式排斥了，还排斥了第一格的 10 个无效式。下面我们继续进行排斥。

T35　由 7. × 第一格 Celaront—□△△据前提的排斥规则可得 × Celaront—○△△。

T36　由 7. × Celaront—□△△将大前提换位可得第二格 × Cesaro—□△△。

T37　由 T36 × Cesaro—□△△据前提的排斥规则可得 × Cesaro—○△△。

T38　由 T36 × Cesaro—□△△调换前提得到第二格非标准式 AEO—△□△。

T39　同样，由 37 × Cesaro—○△△可得第二格非标准式 AEO—△○△。

T40　由 36 × Cesaro—□△△据结论的排斥规则得到 × Cesare—□△△。

第十三章 树枝形的偶然三段论自然演绎系统

T41　同样，由 37 × Cesaro—○△△可得 × Cesare—○△△。

T42　由 T40 × Cesare—□△△可以推出 × Celarent—□△△：

$$\frac{□\forall\neg（B—C）\qquad\qquad △\forall（A—C）}{□\forall\neg（C—B）\quad □E 换位律}$$
$$△\forall\neg（A—B）$$

T43　由 T42 × Celarent—□△△将结论换位，得到 × Celantes—□△△。

T44　由 T41 × Cesare—○△△，与上述推理类似，可得 × Celarent—○△△。

T45　由上把结论换位得到 Celantes—○△△。

T46　由 40 × Cesare—□△△，将结论换位得到第二格非标准式 × EAE—□△△。

T47　由上据前提的排斥规则可得第二格非标准式 × EAE—○△△。

T48　将 T40 × Cesare—□△△的前提对调得到第二格非标准式 × AEE—△□△。

T49　由上第二格非标准式 × AEE—△□△据前提的排斥规则可得第二格非标准式 × AEE—△○△。

T50　由 T48 第二格非标准式 × AEE—△□△将结论换位得到 × camestres—△□△。

T51　由 T49 第二格非标准式 × AEE—△○△将结论换位得到 × camestres—△○△。

T52　由 8. × 第一格 Barbara—□△△据前提的排斥规则可得 × Barbara—○△△。

T53　由 10. × 第二格 camestrop—□△△据前提的排斥规则可得 × camestrop—○△△。

T54　由 10. × camestrop—□△△调换前提可得第二格非标准式 × EAO—△□△。

T55　由上据前提的排斥规则可得第二格非标准式 × EAO—△○△。

T56　由 10. × camestrop—□△△将小前提换位并调换前提可得第一

格非标准式×Celantop—△□△。

T57 由上据前提的排斥规则可得第一格非标准式×Celantop—△○△。

T58 由11.×第二格 camestrop—△○◇将小前提换位并调换前提可得第一格非标准式×Celantop—○△◇。

T59 由上据结论的排斥规则可得第一格非标准式×Celantop—○△△。

T60 由11.×camestrop—△○◇据结论的排斥规则可得×camestres—△○◇。

T61 由11.×camestrop—△○◇据前提的排斥规则可得×Baroco—△○◇。

T62 由上×Baroco—△○◇据结论的排斥规则可得×Baroco—△○△。

T63 由T58据结论的排斥规则可得第一格非标准式×Celantes—○△◇。

T64 由上将结论换位可得×Celarent—○△◇。

T65 由12.×第二格 Cesaro—○△◇据结论的排斥规则可得×Cesare—○△◇。

T66 由12.×Cesaro—○△◇将前提换位得到 Celaront—○△◇。

T67 由4.×第三格 Ferison—○△◇将两个前提换位可得×第二格 Festino—○△◇。

T68 由上据结论的排斥规则得到×Festino—○△△。

T69 由3.×第三格 Ferison—□△△将两个前提换位得到×第二格 Festino—□△△。

T70 由13.×camestrop—△□△据前提的排斥规则可得×camestrop—△○△。

T71 由13.×第二格 camestrop—△□△将小前提换位并调换前提得到第一格非标准式×Celantop—□△△。

T72 由14.×第一格 Barbari—□△△据前提的排斥规则可得×Barbari—○△△。

T73 由14.×第一格 Barbari—□△△将结论换位得到×Baralipton—

□△△。

T74　由 T72×Barbari—○△△将结论换位得到×Baralipton—○△△。

T75　由第三格非标准式×IEO—△□△将小前提换位得到第一格非标准式×Frisesomorum—△□△。

T76　由上×Frisesomorum—△□△据前提的排斥规则可得×Frisesomorum—△○△。

T77　由 T20 第三格非标准式×IEO—△○◇将小前提换位得到×第一格非标准式 Frisesomorum—△○◇。

T78　由 13.×第二格 camestrop—△□△据前提的排斥规则得到×Baroco—△□△。

T79　由 15.×第二格 Baroco—□△△据前提的排斥规则得到×Baroco—○△△。

T80　由 T79×Baroco—△□△调换前提可得×第二格非标准式 OAO—□△△。

T81　由上，据前提的排斥规则可得×第二格非标准式 OAO—○△△。

T82　由 T61×Baroco—△○◇调换前提可得×第二格非标准式 OAO—○△◇。

T83　由 15.×第二格 Baroco—□△△调换前提可得×第二格非标准式 OAO—△□△。

T84　由上，据前提的排斥规则可得×第二格非标准式 OAO—△○△。

T85　由 16.×第二格 Baroco—○△◇调换前提得到×第二格非标准式 OAO—△○◇。

至此，还剩下 9 个第二格非标准式需要排斥。

T86　由×第一格非标准式 Frisesomorum—△□△的大前提换位得到×第二格非标准式 IEO—△□△。

T87　同上，由×第一格非标准式 Frisesomorum—△○◇的大前提换位得到×第二格非标准式 IEO—△○◇。

T88　由×第一格非标准式 Frisesomorum—△○△的大前提换位得到

×第二格非标准式 IEO—△○△。

T89　由 × 第一格非标准式 Celantes—○△◇ 的大前提换位得到 × 第二格非标准式 EAE—○△◇。

T90　由 × Celarent—○△◇ 的大前提换位并调换前提得到 × 第二格非标准式 AEE—△○◇。

T91　由 × Celaront—○△◇ 的大前提换位并调换前提得到 × 第二格非标准式 AEO—△○◇。

T92　由 × 第一格非标准式 Celantop—□△△ 的大前提换位得到 × 第二格非标准式 EAO—□△△。

T93　由 × Celantop—○△◇ 的大前提换位得到 × 第二格非标准式 EAO—○△◇。

T94　由 × Celantop—○△△ 的大前提换位得到 × 第二格非标准式 EAO—○△△。

由上可见，我们在 16 个初始的排斥规则的基础上，将第 1 类至第 8 类的 94 个无效式顺利地加以排斥了，因此总共排斥了 110 个无效式。现在还剩下第 9 类（△□○）和第 10 类（□△○）的 26 个无效式，它们可从有关的○△◇和△○◇的无效式用反三段论律得出。

T95　从初始的排斥规则 9 × Barbara—○△◇ 可得 × Bocardo—□△○：

$$\frac{\forall (C—B)}{\frac{\triangle \forall (A—C)}{\diamond \forall (A—B)}} \qquad \frac{\neg \diamond \forall (A—B) [□∃\neg (A—B)]}{\frac{\triangle \forall (A—C)}{\neg \forall (C—B) [∃\neg (C—B)]}}$$

T96　将后式调换前提，也可得到 × 第三格非标准式 AOO—△□○。

T97　从 T64 × Celarent—○△◇ 可得 × Disamis—□△○：

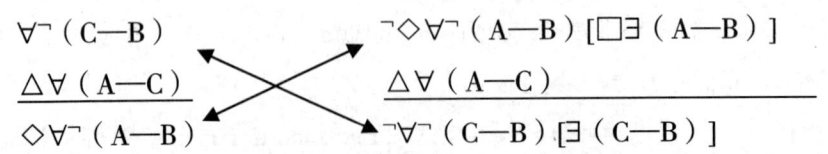

$$\frac{\forall \neg (C—B)}{\frac{\triangle \forall (A—C)}{\diamond \forall \neg (A—B)}} \qquad \frac{\neg \diamond \forall \neg (A—B) [□∃(A—B)]}{\frac{\triangle \forall (A—C)}{\neg \forall (C—B) [∃(C—B)]}}$$

T98　将后式调换前提，也可得到 × 第三格非标准式 AII—△□○。

T99　从 T19 × Ferio—○△◇ 可得 × Datisi—□△○：

∀¬（C—B）　　　　　　¬◇∃¬（A—B）[□∀（A—B）]
△∃（A—C）　　　　　　△∃（A—C）
―――――――　　　　　―――――――――――――
◇∃¬（A—B）　　　　　　¬∀¬（C—B）[∃（C—B）]

T100　将后式调换前提，也可得到×第三格非标准式 IAI—△□〇。

T101　从 T66×Celaront—〇△◇可得×Darapti—□△〇：

∀¬（C—B）　　　　　　¬◇∃¬（A—B）[□∀（A—B）]
△∀（A—C）　　　　　　△∀（A—C）
―――――――　　　　　―――――――――――――
◇∃¬（A—B）　　　　　　¬∀¬（C—B）[∃（C—B）]

T102　将后式的结论换位得到×第三格非标准式 AAI—□△〇。

T103　将 T101×Darapti—□△〇调换前提，可得到×第三格非标准式 AAI—△□〇。

T104　将 T103×第三格非标准式 AAI—△□〇的结论换位可得×Darapti—△□〇。

T105　从 T63×Celantes—〇△◇可得×第一格非标准式 Dabitis—△□〇：

∀¬（C—B）　　　　　　△∀（A—C）
△∀（A—C）　　　　　　¬◇∀¬（B—A）[□∃（B—A）]
―――――――　　　　　―――――――――――――
◇∀¬（B—A）　　　　　　¬∀¬（C—B）[∃（C—B）]

T106　从 T58×Celantop—〇△◇可得×第一格非标准式 Baralipton—△□〇：

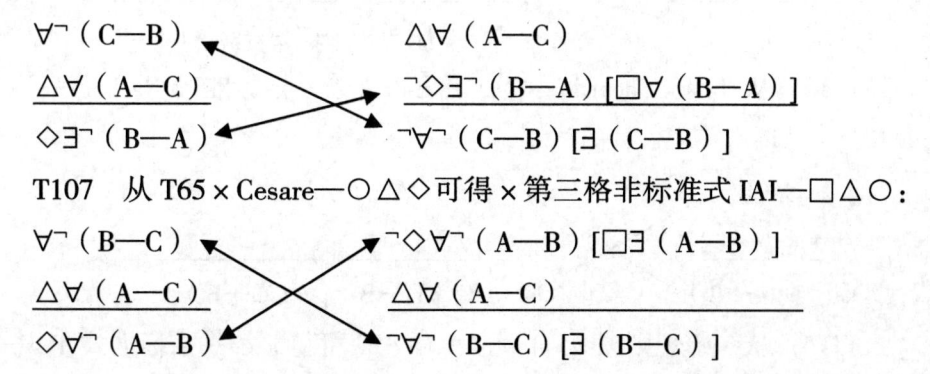

∀¬（C—B）　　　　　　△∀（A—C）
△∀（A—C）　　　　　　¬◇∃¬（B—A）[□∀（B—A）]
―――――――　　　　　―――――――――――――
◇∃¬（B—A）　　　　　　¬∀¬（C—B）[∃（C—B）]

T107　从 T65×Cesare—〇△◇可得×第三格非标准式 IAI—□△〇：

∀¬（B—C）　　　　　　¬◇∀¬（A—B）[□∃（A—B）]
△∀（A—C）　　　　　　△∀（A—C）
―――――――　　　　　―――――――――――――
◇∀¬（A—B）　　　　　　¬∀¬（B—C）[∃（B—C）]

T108 将后式调换前提，也可得到×第三格标准式 Datisi——△□○。

T109 从 T67×Festino——○△◇可得×第三格非标准式 AII——□△○：

∀¬（B—C）　　　　　　¬◇∃¬（A—B）[□∀（A—B）]
△∃（A—C）　　　　　　△∃（A—C）
◇∃¬（A—B）　　　　　　¬∀¬（B—C）[∃（B—C）]

T110 将后式调换前提，也可得到×第三格标准式 Disamis——△□○。

T111 从 T82×第二格非标准式 OAO——○△◇可得×第一格标准式 Barbara——△□○：

∃¬（B—C）　　　　　　△∀（A—C）
△∀（A—C）　　　　　　¬◇∃¬（B—A）[□∀（B—A）]
◇∃¬（B—A）　　　　　　¬∃¬（B—C）[∀（B—C）]

T112 从 T89×第二格非标准式 EAE——○△◇可得×第一格标准式 Darii——△□○：

∀¬（B—C）　　　　　　△∀（A—C）
△∀（A—C）　　　　　　¬◇∀¬（B—A）[□∃（B—A）]
◇∀¬（B—A）　　　　　　¬∀（B—C）[∃（B—C）]

T113 从 T93×第二格非标准式 EAO——○△◇可得×第一格标准式 Barbari——△□○：

∀¬（B—C）　　　　　　△∀（A—C）
△∀（A—C）　　　　　　¬◇∃¬（B—A）[□∀（B—A）]
◇∃¬（B—A）　　　　　　¬∀（B—C）[∃（B—C）]

T114 从 T10×Bocardo——○△◇可得×第一格标准式 Barbara——□△○：

∃¬（C—B）　　　　　　¬◇∃¬（A—B）[□∀（A—B）]
△∀（C—A）　　　　　　△∀（C—A）
◇∃¬（A—B）　　　　　　¬∃¬（C—B）[∀（C—B）]

T115 从初始规则 2×Felapton——○△◇可得×第一格标准式 Barbari——□△○：

∀¬（C—B）　　　　　¬◇∃¬（A—B）[□∀（A—B）]
△∀（C—A）　　　　　△∀（C—A）
─────────　　　　　─────────
◇∃¬（A—B）　　　　　¬∀¬（C—B）[∃（C—B）]

T116 将后式的结论换位可得×第一格非标准式 Baralipton—□△○。

T117 从初始规则 4×Ferison—○△◇可得×第一格标准式 Darii—□△○：

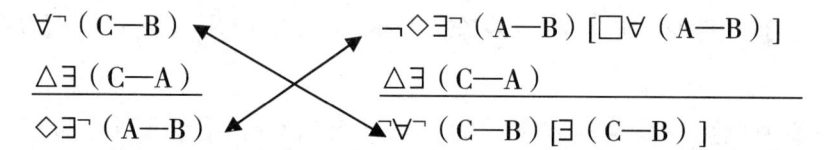

∀¬（C—B）　　　　　¬◇∃¬（A—B）[□∀（A—B）]
△∃（C—A）　　　　　△∃（C—A）
─────────　　　　　─────────
◇∃¬（A—B）　　　　　¬∀¬（C—B）[∃（C—B）]

T118 由上将结论换位可得：×第一格非标准式 Dabitis—□△○。

T119 由初始规则 16×Baroco—○△◇可得第三格×Bocardo—△□○：

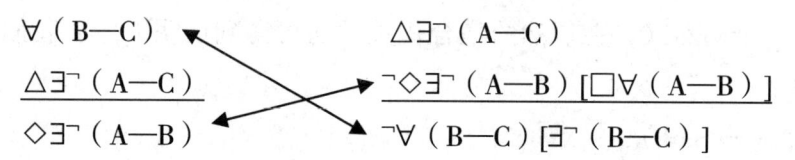

∀（B—C）　　　　　　△∃¬（A—C）
△∃¬（A—C）　　　　　¬◇∃¬（A—B）[□∀（A—B）]
─────────　　　　　─────────
◇∃¬（A—B）　　　　　¬∀（B—C）[∃¬（B—C）]

T120 将后式调换前提，可得×第三格非标准式 AOO—□△○。

第三节　集合代数模型以及可靠性和语义完全性

我们现在建立的偶然式的集合代数模型与上述必然式的集合代数模型类似，是一种偶然模态的"等于 0"和"不等于 0"的集合代数。偶然式的集合代数模型是一个满足以下条件的三元组<D，K，V>：

1. D 是非空的个体域。

2. K 是由个体集合（即词项的外延）组成的集合{A，B，C，…，M，S，P，…}。

3. V 是一个赋值函数,对偶然三段论系统中公式的词项变元指派 K 中的一个集合 S 等。

4. 必然式系统的集合代数在模型中成立。

5. V（△∀x（Sx—Px））为真，当且仅当△S⊆P 或△SP̄=∅。在从全称命题推特称命题时，要加主词类不空。V（△∀x⁻（Sx—Px））为真，当且仅当△SP=∅ 或△S⊆P̄。V（△∃x（Sx—Px））为真，当且仅当△SP≠∅，当且仅当 V（△∀x⁻（Sx—Px））为真。V（△∃x⁻（Sx—Px））为真，当且仅当△SP̄≠∅，当且仅当 V（△∀x（Sx—Px））为真。

6. 一个偶然三段论式在一个模型中为真，当且仅当该式可从 4 个初始的集合代数表达式推出以及在扩大的系统中使用有关的推理规则推出。

7. 一个偶然三段论式是有效的，当且仅当它在所有模型中为真。

我们在偶然模态三段论系统与偶然模态的集合代数之间建立了对应，这个集合代数也是一个化归系统。178 个偶然式，包括从△□○和□△○导出的 15 个△□◇式和□△◇式，以及从可能式用模态从属律增加的 34 个偶然式，在偶然的集合代数中均可得到证明。下面我们看几个例子。

1. 第一格 Barbara—△○△：

由△（C⊆B）和 A⊆C 得到△A⊆B。

2. 第一格 Darii—△○△：

由△（C⊆B）和 AC≠∅ 得到△AB≠∅。

3. 第一格 Ferio—△○△：

由△（CB=0）[△（C⊆B̄）] 和 AC≠∅ 可得△（AB̄≠∅）。

4. 第一格 Barbari—△○△：

$$\frac{△（C⊆B）\quad（A⊆C），A≠∅}{（AC≠∅）}\quad \text{AI 差等律}$$

$$△（AB≠∅）\qquad Darii—△○△，假言三段论律$$

此式不能从 Barbara—△○△得到证明，因为偶然差等律不成立。

5. 第三格 Darapti—△○△：

$\underline{△（C⊆B） \underline{（C⊆A），C≠\varnothing}}$
$\qquad\qquad\qquad\underline{（AC≠\varnothing）}$ A 换位律
$\qquad\qquad△（AB≠\varnothing）$ $\qquad$ Darii—△○△，假言三段论律

6. 第一格 Barbara—△□△：

$\underline{△（C⊆B） \underline{□（A⊆C），A≠\varnothing}}$
$\qquad\qquad\qquad A⊆C \qquad$ T 从属律律
$\qquad\qquad△A⊆B \qquad\qquad$ Barbara—△○△，假言三段论律

7. 第一格非标准式 Fapesmo—○△△：

$\underline{C⊆B，C≠\varnothing} \qquad\qquad \underline{△（AC=\varnothing）}$
$\qquad\underline{BC≠\varnothing}$ A 换位律 $\quad △（CA=\varnothing）(△（C⊆\bar{A}))$ △E 换位律
$\qquad\qquad△（B\bar{A}≠\varnothing） \qquad\qquad\qquad$ Ferio—△○△，假言三段论律

由偶然模态三段论的模型，我们可以得到偶然模态三段论系统的可靠性（语义一致性）定理：偶然模态三段论系统的可证式都是有效的，被排斥的式都是无效的；还可得到语义完全性定理：偶然模态三段论系统的有效式都是可证的，无效式都是被排斥的。证明方法类似于直言三段论系统集合代数模型中的方法。

第四节 偶然式系统的判定程序与简单完全性

任意给定以下有意义的推理表达式：

（1）$\qquad \dfrac{α_1，α_2，\cdots，α_{n-1}}{α_n}$

其中 $α_i$（i = 1，$\cdots$，n）是以下 16 种公式之一：

□∀（A—B），□∃（A—B），∀（A—B），∃（A—B），△∀（A—B），

△∃（A—B）◇∀（A—B），◇∃（A—B）；□∀¬（A—B），□∃¬（A—B），∀¬（A—B），∃¬（A—B），△∀¬（A—B），△∃¬（A—B），◇∀¬（A—B），◇∃¬（A—B）。

前8种是肯定的，后8种是否定的，其中6种否定式［□∀¬（A—B），□∃¬（A—B），∀¬（A—B），∃¬（A—B），◇∀¬（A—B），◇∃¬（A—B）］可以写成相应的肯定式加上否定词：

¬◇∃（A—B），¬◇∀（A—B），¬∃（A—B），¬∀（A—B），¬□∃（A—B），¬□∀（A—B）。

这里我们将必然式系统加以扩展，不但包括偶然模态三段论式，而且包括必然和可能的模态三段论式、直言三段论式，以及不能由证明系统和排斥系统得出的非三段论的推理式。

在这种扩展的系统中，有一种机械的方法在有穷步骤内可以判定（1）式或是被证明，或是被排斥。

以下首先讨论（1）中带否定命题的4种情况。

情况1　α_n 是否定的，所有前提是肯定的。在这种情况下，（1）被排斥。

首先将原子公式变为（A—B）。把所有前提变为最强的命题，即□∀（A—B）；把结论变为最弱的命题，即◇∃¬（A—B）。这样由（1）得到：

（2）□∀（A—B），…，□∀（A—B）
　　　◇∃¬（A—B）

由（2）可得

（3）□∀（A—B）
　　　◇∃¬（A—B）

但从□∀（A—B）可得¬◇¬∀（A—B）即¬◇∃¬（A—B），与（3）的结论矛盾，因此，（3）式被排斥。根据排斥的分离规则，（2）式被排斥，从而（1）式也被排斥。

情况2　α_n 是否定的，α_1,…,α_q,…,α_{n-1} 中仅有一个（α_q）是否定的。

1. 假定 α_n 和 α_q 均不是偶然否定命题而是其他的否定命题，从（1）交换前提得到

（4） $$\frac{\alpha_1,\ \cdots,\ \alpha_{q-1},\ \alpha_{q+1},\ \cdots,\ \alpha_{n-1},\ \alpha_q}{\alpha_n}$$

根据反三段论律得：

（5） $$\frac{\alpha_1,\ \cdots,\ \alpha_{q-1},\ \alpha_{q+1},\ \cdots,\ \alpha_{n-1},\ \neg\alpha_n}{\neg\alpha_q}$$

$\neg\alpha_n$ 和 $\neg\alpha_q$ 均是肯定的。

这一情况可化归为以下的前提和结论全是肯定的情况，我们将证明这是可判定的。

2. 如果 α_n 和 α_q 均是偶然否定命题，根据我们系统的定理：Celarent—△○△和 Ferio—△○△等，检查（1）的前提和结论能否构成 Celarent—△○△和 Ferio—△○△等，从而确定（1）被证明或是被排斥。

3. 如果 α_q 是偶然否定命题，而 α_n 是其他否定命题，那就按照偶然式总表检查（1）的前提和结论是否能组成 Celarent—△○◇，△□◇，△□○；Ferio—△○◇，△□◇，△□○；等等。如果能，（1）被证明，否则被排斥。

4. 如果 α_n 是偶然否定命题而 α_q 是其他否定命题，根据我们系统的定理：Celarent—△○△和 Ferio—△○△等，要得到偶然全称否定和偶然特称否定的结论，前提中的唯一否定命题 α_q 必须是偶然全称否定命题而且必须与直言命题形成 Celarent—△○△和 Ferio—△○△的必然联系，在现在的情况下，（1）式被排斥。

情况 3　α_n 是否定的，α_1，…，α_{n-1} 中多于一个前提是否定的。这一情况可化归为情况 2。（如果否定命题含有偶然的，则情况 3 化归为情况 2 的第 2、3、4 条）

设 α_j，α_q 是两个否定的前提。

从（1）式交换前提得到

（6） $$\frac{\alpha_1,\ \cdots,\ \alpha_{j-1},\ \alpha_{j+1},\ \cdots,\ \alpha_{q-1},\ \alpha_{q+1},\ \cdots,\ \alpha_{n-1},\ \alpha_j,\ \alpha_q}{\alpha_n}$$

由（6）式可得到以下二式：

(7) $\dfrac{\alpha_1, \cdots, \alpha_{n-1}, \alpha_j}{\alpha_n}$

(8) $\dfrac{\alpha_1, \cdots, \alpha_{n-1}, \alpha_q}{\alpha_n}$

（7）和（8）前提中只有一个否定的，可化归为情况 2。如果（7）和（8）中有一个被证明，例如（7）被证明，则（1）也被证明，因为我们可把其他的否定命题 α_q 加到（7）上去，这样就可得到（6），从而得到（1）；如果（8）被证明，情况是同样的。根据斯卢派斯基的排斥规则，如果两式均被排斥，则（6）式被排斥，从而（1）式被排斥。对两个以上否定前提的情况，证明是类似的。

情况 4　α_n 是肯定的，有的（或所有）前提是否定的。这一情况可化归为情况 3。

设 α_i 是否定的。在（1）中交换前提得到：

(9) $\dfrac{\alpha_1, \cdots, \alpha_{i-1}, \alpha_{i+1}, \cdots, \alpha_{n-1}, \alpha_i}{\alpha_n}$　　（根据反证法可得）

(10) $\dfrac{\alpha_1, \cdots, \alpha_{n-1}, \alpha_i, \neg\alpha_n}{F}$

这里 α_i，$\neg\alpha_n$ 都是否定的。"F" 是恒假符号。

以上已穷尽了带否定命题的情况，除带偶然否定命题的情况外，都化归为前提和结论全是肯定的情况。以下假定前提和结论全是肯定的。

情况 5　α_n 是 $\Box\forall(A—B)$。

1. 前提中有偶然命题和其他命题的组合，不会产生必然结论，所以可以不考虑偶然命题。

2. 如果前提中有 $\Box\forall(C_i—B)$ 和 $\forall(A—C_i)$

联锁［所谓 $\forall(A—C_i)$ 联锁是指：$\forall(A—C_1)$，$\forall(C_1—C_2)$，$\forall(C_2—C_i)$ 这样的一串全称公式，根据推理规则，连续地进行推理，最终得到 $\forall(A—C_i)$ 的结论，则（1）式据 Barbara—$\Box\bigcirc\Box$ 当然是可证的。

以下假定前提中没有□∀（C_i—B）和∀（A—C_i）联锁（没有□∀（A—B），但可以有∀（A—B）等公式）。

3. 前提中也没有∀（A—C_i）（C_i不同于B），当然也就没有□∀（A—C_i）。

在前提中首先作代入，令A、B以外的一切变元等同于B，如果代入后出现□∀（B—B）等公式，立即舍去［例如，前提中可以有□∀（B—C_i），带入后变为□∀（B—B）］。

这样，前提中有以下公式：

∀（A—B），◇∀（A—B），□∃（A—B），∃（A—B），◇∃（A—B），□∀（B—A），∀（B—A），◇∀（B—A），□∃（B—A），∃（B—A），◇∃（B—A）。

我们取最强的前提组合，∀（A—B），□∀（B—A）和□∃（A—B）。实际上我们取∀（A—B）和□∀（B—A）即可，因为由后者可导出□∃（A—B）。这样由（1）经过代入得到下式：

（11）∀（A—B），□∀（B—A)
　　　　　□∀（A—B）

根据排斥的代入规则，这个式子显然不成立，因而（1）式也被排斥。

4. 前提中有∀（A—C_i）。这时如果前提中有□∀（C_i—B）联锁，则（1）可证。

根据Barbara—□○□，由□∀（C_i—B）和∀（A—C_i）可得□∀（A—B）。

如果没有这样的联锁，则在∀（A—C_i）中作代入，使之变为∀（A—A），并立即舍去。这样我们就将4化归为3。

情况6　α_n是∀（A—B）。

1. 在偶然三段论的有效式中没有得到∀（A—B）作结论的有效式，因此我们在前提中可以不考虑偶然命题。

2. 如果前提中有∀（A—B）联锁或□∀（A—B）联锁，则（1）式成立。

3. 假定前提中无∀（A—B），当然没有□∀（A—B）联锁，也没有∀（A—C_i）（C_i不同于B）。用情况5中的2的代入方法，前提中有：◇∀（A—B），□∃（A—B），∃（A—B），◇∃（A—B），□∀（B—A），

$\forall$（B—A），$\Diamond\forall$（B—A），$\Box\exists$（B—A），$\exists$（B—A），$\Diamond\exists$（B—A）。省去一些可导出的命题，（1）式可化归为：

(12) $\underline{\Box\forall（B—A），\Diamond\forall（A—B）}$
$\qquad\qquad\forall（A—B）$

此式被排斥，因此（1）式被排斥。

情况7　α_n是$\Diamond\forall$（A—B）

1. 如果前提中有一个$\forall$（A—B）联锁，或者有$\Diamond\forall$（C_i—B）和一个$\Box\forall$（A—C_i）联锁，或者有$\Diamond\forall$（A—C_j）和一个$\Box\forall$（C_j—B）联锁，或者有$\Diamond\forall$（C_i—C_j）并且有$\Box\forall$（A—C_i）联锁和$\Box\forall$（C_j—B）联锁，那么在这些情形下（1）式可证。

2. 如果前提中有一个$\triangle\forall$（A—B）联锁，或者有$\triangle\forall$（C_i—B）和$\forall$（A—C_i）联锁，或者有$\triangle\forall$（C_i—B）和$\Box\forall$（A—C_i）联锁，则（1）式可证。

3. 否则，（1）被排斥。

情况8　α_n是$\Box\exists$（A—B）。

1. 前提中有偶然命题与其他命题的组合，不会得到必然结论，可以不考虑偶然前提。

2. 前提中有$\Box\forall$（A—B），或$\Box\forall$（B—A），或$\Box\exists$（A—B），或$\Box\exists$（B—A），则（1）式被断定。以下假定4者不出现。

3. 前提中无$\Box\forall$（C_i—A），也无$\Box\forall$（D_i—B），则（1）被排斥。

将不同于A、B的变元都等于C。这样，最强的前提组合为：

$\Box\forall$（A—C），$\Box\forall$（B—C），$\forall$（A—B），$\forall$（B—A），$\forall$（C—A），$\forall$（C—B）。由于$\Box\forall$（A—C）和$\forall$（B—A）推出$\Box\forall$（B—C），$\Box\forall$（A—C）和$\forall$（C—B）推出$\forall$（A—B），$\forall$（B—A）和$\forall$（C—B）推出$\forall$（C—A），这组前提可化归为$\Box\forall$（A—C），$\forall$（B—A），$\forall$（C—B）。显然，由这些前提推不出$\Box\exists$（A—B）。

4. 前提中有$\Box\forall$（C_i—A），无$\Box\forall$（D_i—B）。

1）这时如果有$\Box\forall$（B—F）[或$\forall$（B—F）]和$\Box\forall$（F—A）联锁，据

Baralipton—□□□（□○□）得∃（A—B）。

2）如果有□∃（B—F）[或∃（B—F）]和□∀（F—A）联锁，据 Dabitis—□□□（□○□）得□∃（A—B）。在 1）和 2）两种情况下，（1）式被断定。

3）如果 1）、2）的条件不被满足，我们可将□∀（C_i—A）（将 C_i 等同于 A）除去，化归为 3，这时（1）式被排斥。

5. 前提中有□∀（E_i—B），无□∀（D_i—A），可将此情况化归为 4，因为在□∃（A—B）中，A、B 可简单换位。

6. 前提中有□∀（C_i—A）和□∀（D_i—B）。

这时如果 4 中的条件 1）和 2）被满足，则（1）式被断定。现假定上述条件不被满足：

1）如果有□∀（C—A）[或∀（C—A）]和□∀（C—B）联锁，据 Darapti—□□□（□○□）得□∃（A—B）。

2）如果有□∀（D—B）和□∀（D—A）联锁（或∀（D—A）联锁），据据 Darapti—□□□（□○□）得□∃（A—B）。

3）如果有□∃（C—D）[或∃（C—D）]或□∃（D—C）[或∃（C—D）]，□∀（C—A）联锁和□∀（D—B）联锁，则由□∃（C—D）和□∀（C—A）联锁可得□∃（D—A）[Datisi—□□□]，加上□∀（D—B）联锁可得□∃（A—B）[Datisi—□□□]。

在 1）、2）和 3）的情况下，（1）式被断定。

4）如果 1）、2）和 3）的条件不被满足，我们可消去□∀（C_i—A）与□∀（D_i—B）[令 C_i = A, D_i = B]，化归为 3，这样一来，（1）式就被排斥。

情况 9　α_n 是∃（A—B）。

1. 前提中有偶然命题组合（△□或□△），不会得到∃（A—B）的结论，因此可以不考虑偶然前提。

2. 如果前提中有以下 4 种情形之一：1）∃（A—B）联锁；2）∃（A—C_j）联锁和∀（C_j—B）联锁；3）∃（C_i—B）联锁和□∀（C_i—A）联锁；4）∃（C_i—A）联锁和□∀（C_i—B）联锁，那么（1）式可证。

3. 如果 2 不被满足，则（1）式被排斥。

情况 10　α_n 是 $\Diamond \exists (A—B)$。

1. 我们依次考察前提中可以按必然三段论得 $\Diamond \exists (A—B)$ 的以下 7 种组合：

1）$\Diamond \exists (A—C_j)$ 和 $\forall (C_j—B)$ 联锁（或 $\Box \forall (C_j—B)$ 联锁），按第一格 Darii—$\Diamond \bigcirc \Diamond$（$\Box \Diamond \Diamond$）得到 $\Diamond \exists (A—B)$ 的结论。

2）$\Diamond \exists (C_i—B)$ 和 $\forall (C_i—A)$ 联锁（或 $\Box \forall (C_i—A)$ 联锁），按第三格 Disamis—$\Diamond \bigcirc \Diamond$（$\Diamond \Box \Diamond$）得结论。

3）$\exists (A—C_j)$（或 $\Box \exists (A—Cj)$）和 $\Diamond \forall (C_j—B)$ 联锁，按第一格 Darii—$\Diamond \bigcirc \Diamond$（$\Diamond \Box \Diamond$）得到 $\Diamond \exists (A—B)$ 的结论。

4）$\exists (C_i—B)$（或 $\Box \exists (C_i—B)$）和 $\Diamond \forall (C_i—A)$ 联锁，按第三格 Disamis—$\Diamond \bigcirc \Diamond$（$\Box \Diamond \Diamond$）得结论。

5）$\Diamond \exists (C_i—C_j)$、$\forall (C_i—A)$ 联锁（或 $\Box \forall (C_i—A)$ 联锁）和 $\forall (C_j—B)$ 联锁（或 $\Box \forall (C_j—B)$ 联锁），先按第三格 Disamis—$\Diamond \bigcirc \Diamond$（$\Diamond \Box \Diamond$）得到 $\Diamond \exists (A—C_j)$，再与 $\forall (C_j—B)$ 联锁（或 $\Box \forall (C_j—B)$ 联锁）按第一格 Darii—$\Diamond \bigcirc \Diamond$（$\Box \Diamond \Diamond$）得到 $\Diamond \exists (A—B)$ 的结论。

6）$\exists (C_i—C_j)$、$\forall (C_i—A)$ 联锁（或 $\Box \forall (C_i—A)$ 联锁）和 $\Diamond \forall (C_j—B)$ 联锁，按第三格直言三段论 Disamis 得到 $\exists (A—C_j)$（或按 Disamis—$\bigcirc \Box \Box$ 得到 $\Box \exists (A—C_j)$），再与 $\Diamond \forall (C_j—B)$ 联锁按按第一格 Darii—$\Diamond \bigcirc \Diamond$（$\Diamond \Box \Diamond$）得到 $\Diamond \exists (A—B)$ 的结论。

7）$\exists (C_i—C_j)$（或 $\Box \exists (C_i—Cj)$）、$\Diamond \forall (C_i—A)$ 联锁和 $\forall (C_j—B)$ 联锁（或 $\Box \forall (C_j—B)$ 联锁），先按第三格 Disamis—$\Diamond \bigcirc \Diamond$（$\Box \Diamond \Diamond$）得到 $\Diamond \exists (A—C_j)$，再与 $\forall (C_j—B)$ 联锁（或 $\Box \forall (C_j—B)$ 联锁）按第一格 Darii—$\Diamond \bigcirc \Diamond$（$\Box \Diamond \Diamond$）得到 $\Diamond \exists (A—B)$ 的结论。

如果前提组合是 $\Diamond \forall (A—C_j)$ 和 $\forall (C_j—B)$ 联锁，没有 $\Diamond \exists (A—C_j)$，我们可以从第一个前提根据可能命题的差等律推出 $\Diamond \exists (A—C_j)$，这就化归为 1）。

如果（1）式前提有以上 7 种组合之一，或者能化归为以上 7 种组合之一，那么（1）式可证。

2. 我们依次考察前提中可以按偶然三段论得◇∃(A—B)的以下 5 种组合：

1) ∃(A—C$_j$)[或□∃(C$_j$—B)]和△∀(C$_j$—B)联锁，按第一格 Darii—△○◇(△□◇)得到◇∃(A—B)的结论。

2) ∀(C$_j$—A)[或□∀(C$_j$—A)]和△∀(C$_j$—B)联锁，按第三格 Darapti—△○◇(△□◇)得到◇∃(A—B)的结论。

3) ∃(C$_j$—A)[或□∃(C$_j$—A)]和△∀(C$_j$—B)联锁，按第三格 Datisi—△○◇(△□◇)得到◇∃(A—B)的结论。

4) △∀(C$_i$—A)和∃(C$_i$—B)联锁[或□∃(C$_i$—B)联锁]，按第三格 Disamis—○△◇(□△◇)得◇∃(A—B)的结论。

5) △∀(C$_i$—A)和∀(C$_i$—B)联锁(或□∀(C$_i$—B)联锁)，按第三格 Darapti—○△◇(□△◇)得◇∃(A—B)的结论。

如果(1)式前提有以上 5 种组合之一，或者能化归为以上 5 种组合之一，那么(1)式可证。

3. 如果 1 和 2 不被满足，则(1)式被排斥。

情况 11 α$_n$是△∀(A—B)。

我们先考察一下能得偶然全称肯定命题的偶然三段论式，有 Barbara—△○△和 Barbara—△□△，因此如果前提中有：

△∀(A—B)，或者有∀(A—C$_i$)[或□∀(A—C$_i$)]和△∀(C$_i$—B)联锁，则(1)式可证，否则，(1)被排斥。

情况 12 α$_n$是△∃(A—B)。

1.∃(A—C$_j$)[或□∃(C$_j$—B)]和△∀(C$_j$—B)联锁，按第一格 Darii—△○△(△□△)得到△∃(A—B)的结论。

2.∀(C$_j$—A)[或□∀(C$_j$—A)]和△∀(C$_j$—B)联锁，按第三格 Darapti—△○△(△□△)得到△∃(A—B)的结论。

3.∃(C$_j$—A)[或□∃(C$_j$—A)]和△∀(C$_j$—B)联锁，按第三格 Datisi—△○△(△□△)得到△∃(A—B)的结论。

4.△∀(C$_i$—A)和∃(C$_i$—B)联锁(或□∃(C$_i$—B)联锁)，按第三格

Disamis—○△△（□△△）得△∃（A—B）的结论。

5.△∀（C_i—A）和∀（C_i—B）联锁（或□∀（C_i—B）联锁），按第三格 Darapti—○△△（□△△）得△∃（A—B）的结论。

如果（1）式前提有以上 5 种组合之一，或者能化归为以上 5 种组合之一，那么（1）式可证。如果以上条件不被满足，则（1）式被排斥。

至此，判定程序得以确证。所以，我们有下面的判定定理：对任意给的一个推理表达式

$\underline{\alpha_1, \alpha_2, \cdots, \alpha_{n-1}}$ [其中 α_i（i = 1, …, n）是上述 16 种命题之一]，
α_n

存在一种机械程序，在有穷步骤内可以判定它或是被证明，或是被排斥。

在判定定理的意义上，我们说，扩展的偶然模态三段论系统具有简单完全性。这里，判定定理把"证明"和"排斥"的概念推广到非三段论的推理表达式。相应地，"有效"和"无效"的概念也推广到这些推理表达式。根据我们建立的模型容易证明，可靠性定理和语义完全性定理也适用于扩展的偶然模态三段论系统。

第十四章 逻辑规律

第一节 同一律、矛盾律和排中律

亚里士多德在《工具论》中对同一律、矛盾律和排中律有所论述，但论述很少，他在《形而上学》一书中[①]，从客观事物方面、逻辑方面、人的主张方面和语言方面对矛盾律和排中律作了详尽的论证，对同一律论述不多。

一 客观事物方面

关于同一律，亚里士多德说："存在的东西，当它存在的时间，必定要存在，而不存在的东西，当它不存在的时候，必定要不存在。"（19a23—24）

关于矛盾律，亚里士多德说："同一种东西不可能在同一方面既依存于又不依存于同一事物（所有可能的其他限制都应加上，以防备逻辑上的困难），它即是所有本原中最为确实的一个，因为它具备了先前说过的规定。"（1055b18—21）

"事物不可能同时存在又不存在，由此我们证明了它是所有本原中最为确实的。"（1006a3）

"同一事物，不可能在同一时间内既存在又不存在，也不允许有以同样方式与自身相对立的东西。"（1061b35—1062a1）

关于事物的排中律，亚里士多德是这样说的：

[①] 苗力田主编：《亚里士多德全集》（第七卷），中国人民大学出版社1993年版。

"或者是肯定或者是否定"（996b28）

"所有的事物在现在或者将来的时间里，或者必然存在，或者不存在。"（19a26—27）

"在各种对立中，矛盾没有居间者（因为矛盾就是其中任何一方所适用的事物都无居间者的对立）。"（1057a34—36）

由以上引文可以看出，这样表述的同一律、矛盾律和排中律是关于客观事物的规律。亚里士多德认为，客观事物的矛盾律是最根本的。

亚里士多德提出客观事物的同一律、矛盾律和排中律的思想具有重要意义，这些客观规律正是逻辑的同一律、矛盾律和排中律的基础，如果没有客观事物的同一律、矛盾律和排中律，那么逻辑的同一律、矛盾律和排中律就成为无源之水，无本之木。有些辩证逻辑学者认为，客观世界只遵循辩证法的三大规律，客观事物没有同一律、矛盾律和排中律。这种观点是片面的，形而上学的。客观事物的发展遵循三大规律，同时必须遵守客观事物的同一律、矛盾律和排中律。三大规律与客观事物的同一律、矛盾律和排中律是事物发展的相辅相成的两个方面，缺一不可。客观事物的同一律、矛盾律和排中律并没有否定事物的发展，不管事物的运动、变化和发展有多么快，一个事物在某个时间、某个方面具有某个性质，那么它在这个时间、这个方面就一定具有这个性质；不能既具有又不具有这个性质；它或者具有这个性质，或者不具有这个性质，二者必居其一。这就是客观事物在运动、变化和发展过程中的相对确定性。事物的相对确定性不但在量变阶段具有，在质变阶段也具有。在一个事物还没有变为另一个事物之前的一段时间内，哪怕这段时间只有一瞬间，它就还是这一事物，而不是别的事物。例如，有一种基本粒子，叫作反西格玛负超子，寿命约一百亿分之一秒，过了这段时间就变为一个反中子和一个带正电的 π 介子，真可谓方生方死，但它在一百亿分之一秒内，它仍然是反西格玛负超子。

有一种观点认为，客观事物的同一律、矛盾律和排中律只适用于事物的量变阶段，不适用于质变阶段，这是一种误解。事物由量变发生质变，这是一个变化的过程，在这个过程中，事物变化了就是变化了，不能既变化又不变化,或者变化或者不变化,二者必居其一。客观事物在运动、变化和发展过程中的相对确定性,就是逻辑的同一律、矛盾律和排中律的客观基础。

二 逻辑方面

关于同一律,亚里士多德说:"每个真理必须在各方面都自相一致。"(47a8)"B述说自身。"(68a15—20)前者是讲的真命题必须与自身同一,后者讲的是词项B与自身同一,即全称命题同一律"所有B是B"或B=B。

关于矛盾律,亚里士多德说:"一切意见中最为确实的是,矛盾的陈述不能同时为真。"(1011b15)"矛盾的陈述不能同时对同一事物为真。"(1011b17)"关于同一事物的相矛盾的命题不能同时为真,相反对的命题也不能如此。"(1063b15—18)"两个矛盾的命题,两个反对的命题,以及一个肯定命题和一个否定命题决不可能笼统地属于同一事物。"(180a25—27)

关于逻辑的排中律,他说:"在互相矛盾的陈述之间不允许有任何居间者,而对于同一事物必须要么肯定要么否定其某一方面。"(1011b24—25)"假如肯定为真和否定为假没有什么不同,就不可能一切陈述都是假的,因为互相矛盾的陈述中必有一个是真的。又如,若对任何事物必然肯定或者否定,二者便不能都为假,因为互相矛盾的陈述中只有一个是假的。"(1012b8—14)

由上可见,亚里士多德是把同一律、矛盾律和排中律作为逻辑规律来陈述的,与现今逻辑教科书中的表述没有大的差别。

三 人的主张方面

亚里士多德从人的认识方面对矛盾律的陈述是:"任何人都不可能主张同一事物存在又不存在。"(1005b23—24)"很明显同一个人不可能主张同一事物同时存在又不存在。"(1005b28—30)"我们明确主张,事物不可能同时存在又不存在。"(1006a5)认识方面的矛盾律是从事物的矛盾律直接得出来的。亚里士多德指出,如果人们不遵守矛盾律,一切事物都将混一。假如有人认为人不是三桨船，显然他就不是一艘三桨船，可是只要矛盾的表述为真，他就是一艘三桨船。亚里士多德又指出，违反了矛盾律也要违反排中律，因为主张一个人既是人又不是人为真，明显可以得到：一个人既非是人又非不是人，这就从主张"两可"到"两不可"，从违反矛盾律走到违反排中律。（1007b20—1008a8）

四　语言表达方面

亚里士多德说："每一个词都应当是清楚易懂的，仅表示一种东西，而不是多种东西。如若所表示的是多种东西，那就要弄清楚这个词是对什么来说。一个人说，这东西是又不是，等于是否定自己的所说，正如说一个名称表示这一事物，又说并不表示。这是不可能的。如若这是什么表示某种意义，那么相对于同一事物的否定就不能是真的。"（1062a15—21）"存在或不存在一词表明某种确定的意义，因而并非一切事物既如此又不如此。另外，假如人表明一种含义，姑且就认为是两足的动物……那么作为人存在与不作为人存在竟是含义相同便是不可能的。……假如人和非人并不表示不同的含义，显而易见作为人存在与不作为人存在亦无不同。于是作为人存在就是不作为人存在，它们将是一回事，它们就有同一含义，但是曾经证明过它们含义不同。因此假若有什么东西可以被真实地说是人，那么它必然是两足的动物，因为这即是人所指的东西。倘若必然如此，同一个东西就不可能在此时不是两足动物。"（1006a29—1006b32）

以上两段话从语言表达方面表述了矛盾律，也表述了排中律：一个语词不能既表达一种含义，又表达另一种相反的含义；一个语词，或者表达一种含义，或者表达另一种相反的含义。人的主张方面和语言表达方面的矛盾律和排中律从大的方面来说应归属于逻辑方面，是逻辑的矛盾律和排中律对人们的主张和语言表达提出的要求。

第二节　亚里士多德驳三种曲解排中律的观点

亚里士多德在《解释篇》第 9 章中说："在有关现存事物或已发生的事物的场合，命题不论其为肯定的或否定的，都必须或为真的，或为假的。至于一对矛盾命题，则正如上面所已指出的，不论主词是普遍的并且命题是全称的，或者主词是单称的，两个命题中其一必定为真的，而另一个必定为假的。"（18a27—30）这里，亚里士多德从逻辑上论述了排中律和矛盾律。

但是，亚里士多德提出了一个著名的论题："排中律不适用于未来偶然事件的命题。他说："不过，当主词是单独的，而被用来述说它的东西是属于将来的东西的时候，情形就不同了。"（81a32）他对 3 种观点作了反驳。

一　关于未来的单称矛盾命题两者皆真的观点

亚里士多德反驳说："如果所有的命题不论肯定的或否定的，都或者是真的，或者是假的，那么，任何一个谓词，必定就或者属于该主词，或者不属于该主词，因此如果有人断定具有某种性质的一个时间事件将会发生，而另一个人则否认它，那么，显然其中一个人的话就将与实在相符而另一个人的话就将不与实在相符，因为该一谓词在将来的任何时间中不能够同时既属于该一主词又不属于它。"（18a34—39）

二　关于未来的单称矛盾命题决定性地真或决定性地假的观点

这种观点说得详细一点是"如果说一个东西是白的这句话是真的，它就一定必然是白的；如果反面的命题是真的，它就将必然地不是白的。再者，如果它是白的，那么，先前说它是白的那个命题，就是真的；如果它不是白的，则先前那个反面的命题就是真的。而如果它不是白的，则那个说它是白的人，就是说出一个假的陈述，则可得出该物不是白的。因此，可以主张肯定命题或否定命题必定是或为真的，或为假的。"（18^{b}1—4）

亚里士多德从非决定论的角度反驳说："现在，如果是这样，那么就没有什么东西能够是偶然地发生的，不论是在现在或者将来；因此万事是无选择余地的；每件事皆按必然性发生，并且是注定了的。因为或者是那肯定它将发生的人的话与事实相符，或者是那否定它将发生的人的话与事实相符，或者是那否定它将发生的人的话与事实相符，两者必居其一；反之，如果事实不是按必然性而发生，则一事件就能够随便不发生，正像它能够随便发生一样；因为就其对现在或将来的事物的关系而言，'偶然的'一词的意义就是说：现实是如此构造的，以致事物的发生可能采取两个对立的方向中的任何一个。""再者，如果一件东西现在是白的，那么，先前说'它将会是白的'那句话就是真的；这样一来，对于任何曾发生了的事物，事先所说的'它是'或'它将是'都总是真的。但如果说一事物'是'或'将是'的话总是真的，那么，它不是或将不是就不是可能的，而如果一事物不能不将发生，那么，就不可能是它将不发生，而如果不可能是它将不发生，那么，它就必定将发生。所以，一切将要发生的，一定必然发生。由此得到一个结论，没有什么东西是不确定的或偶然的，因为如果它是偶然的，它就不会是必然的。"（18b5—15）

三 关于未来的单称矛盾命题两者皆假的观点

亚里士多德反驳说："如果说肯定命题和否定命题都不是真的而主张（比如说）一事件既不是将要发生也不是将不发生，这是采取了一个不可辩护的立场。第一，虽然事实证明一个命题是假的，但那个与它对立的命题仍然会是不真实的。第二，如果真可以说一件东西既是白的又是大的，那么这两个性质就必然属于这件东西；而如果它们明天将属于它，那么，它们明天就一定必然属于它。但如果一件事既不将于次日发生，又不将不发生，那么偶然这个因素就会被取消了。例如，就将必然地是：一场海战既不是将于次日发生，又不是将不发生。"（18b16—25）

第三节　亚里士多德对排中律的限制与三值逻辑

亚里士多德认为，在关于未来单称的矛盾命题中不能确定地说出其中一个是真的，另一个是假的。他详尽地作了论证："存在的东西，当它存在的时间，必定要存在，而不存在的东西，当它不存在的时候，必定要不存在。但不能无保留地说，所有的存在和不存在，乃是必然性的结果。因为，说存在的东西当它存在的时候必定要存在，和仅仅说凡存在的东西必定要存在，这两个说法之间是有差别的，关于不存在的东西，情形也相同。关于两个矛盾命题的情形，亦复如此。每种事物必定或者存在或者不存在，不论是在现在或者将来；但并不是常常可能加以分清，并确定地说出存在和不存在这两者中何者是必然的。

让我举例说明。一场海战必定将于明天发生或不发生，但并不是必然它将于明天发生，也不是必然它将不发生，可是它却必然或将于明天发生或不发生。既然命题是符合于事实的，所以显然，当在未来的事件中是有选择的余地和一种相反的方向的可能性时，则相应的肯定命题和否定命题也有同样的性质。对于那些不是永远存在或不是永远不存在的事物，情形就是这样。在这类事例中，两个命题中的一个必定是真的而另一个必定是假的，但我们不能确定地说这一个或那一个是假的，而必须不加以决定。诚然，其中之一较另一个可以更像是真的，但它既不能实际上是真的，也不能实际上是假的。因此，显然不是必然在一个肯定命题和一个否定命题中间其一是真的而另外一个是假的。因为关于那些可能存在而不是实际存在的东西，那适用于实际存在着的东西的规则是不适用的。"（19a23—19b4）

亚里士多德还说："深思和行为两者就其对于未来的事物而言，是能起作用的；并且我们也看到，一般说来，在那些不是连续不断地实存的事物中，是由两个方向的可能性决定的。这种事物可以存在，也可以不存在；事件也因此可以发生或不发生。关于这种事物，有很多很显著的例子。很可能这件衣服会被割成两半，但它可以不被割成两半而是先被穿破。同样地，可能它不会被割成两半；除非是这样，就不会由可能它将被穿破。其他具有这种可能性的事件也是如此。因此，显然并非必然每件事物都存在或发生；在有些事例中，是有选择的余地的；在这种场合，肯定的命题比否定的命题既不是更真也不是更假；有些事物虽然一般地总是显出将采取某一个方向，但结果却能够例外地采取了对立的方向。"（19a6—22）

综上所述，亚里士多德认为对于反映涉及人的意志和行为的未来偶然事件的一对矛盾命题，应用排中律是有限制的，不能确定其中一个命题是真的，另一个是假的；这两个命题在现时既不是真的，也不是假的。

按照逻辑史家肖尔兹（H. Scholz，1884—1958 年）的说法，亚里士多德是这样论证的：如果非决定论是真的，如果未来不是现在已经确定了，那么"事件 E 将在后天发生"这个命题在今天就既不真也不假。这是因为，如果它是真的，那么事件将必然发生，也就是说今天就确定了，这就违反了非决定论的假定。肖尔兹认为，亚里士多德的这个论证包含着错误。肖尔兹说："因为逻辑规律仅仅是我们符号系统的规则，因此不能依赖于在世界上是否有因果关系，每一个命题必须或真或假，而真假是无时间性的一种性质。……'事件 E 将在某天发生'这个命题是无时间性的，因此即使是在此刻也是或真或假的。它仅能二者择一，完全不依赖于决定论或非决定论是否在世界上发生作用。非决定论所断定的，并不是说有关未来事件 E 的命题不是今天已经是明确地真的或假的，而只是说这个命题的真或假不能根据有关现在事件的命题加以计算。其结果是：非得等到有关的时间已经来到并且过去了，我们不能知道这个命题是否是真的，但是这一点同命题的真或者同逻辑规律完全没有关系。"[①]

但是，卢卡西维茨从他所理解的非决定论出发，认为当亚里士多德"讨论未来海战的偶然性时，他已非常接近于一个多值逻辑的概念，但是他没有着重发展这个重要的思想，而经过多少世纪他的启示依然没有成果。正由于亚里士多德的这种启示，我才能够在 1920 年发现这个观念，并且建

[①] 《简明逻辑史》，商务印书馆 1977 年版，第 80 页。

立了与至少已知的逻辑（我称之为'二值逻辑'）相对立的第一个多值逻辑系统，而这样引入的一个术语，现在已为逻辑学家们所普遍接受。"①

卢卡西维茨在创建三值逻辑时说："我可以无矛盾地假定：我在明年的某个时刻，例如 12 月 21 日中午，出现在华沙，这在现在的时刻是不能肯定或否定地解决的。因此，我在所说的时间将在华沙，这是可能的但不是必然的。根据这个预先假定，'我在明年 12 月 21 日中午出现在华沙'这句话在现时既不是真的，也不是假的。因为如果它现时是真的，那么我未来在华沙的出现就一定是必然的，而这与预先假定矛盾；如果它现时是假的，那么我未来在华沙的出现就一定是不可能的，而这也与预先假定矛盾。因此，所考虑的这句话在现时既不真也不假，必有与 0（或假）和 1（或真）不同的第三个值。我们可以用'1／2'来表示这一点：它是'可能的'，作为第三个值是与'假'和'真'并行不悖的。这就是产生三值命题逻辑系统的思想。"②

肖尔兹和卢卡西维茨对亚里士多德观点的评论值得我们进一步研究。他们两个人的解释迥然不同，这是什么原因呢？其实，亚里士多德关于未来偶然事件的排中律难题本身就蕴涵着这两种解释，他一方面要维护排中律；另一方面用未来偶然事件的命题来限制排中律，由于当时的逻辑工具不够，因而在他的思想中，二值逻辑和三值逻辑的萌芽思想是混淆在一起的。肖尔兹和卢卡西维茨正是从不同方面解决了亚里士多德的排中律难题。这里，我们做一些补充。

排中律是一个逻辑规律，它也适用于亚里士多德所说的关于未来偶然事件的命题。我们现在用现代时态逻辑的观点来加以说明。

在时态逻辑系统 L_4 中有以下结果③：

（1）$p \vee \neg p$ 是一条公理；

---

① 《亚里士多德的三段论》，商务印书馆 1987 年版，第 251—252 页。
② 转引自《逻辑学的发展》，商务印书馆 1985 年版，第 709 页。
③ 张清宇、郭世铭、李小五著：《哲学逻辑研究》，社会科学文献出版社 1997 年版，第三章时态逻辑。

（2）G（p∨¬p）也是一条公理（G 表示"将来永远"）；

（3）G（p∨¬p）→F（p∨¬p）（F 表示"将来"）；

（4）F（p∨¬p）；

（5）F（p∨¬p）↔Fp∨F¬p；

（6）Fp∨F¬p。

根据（5），"一场海战将于明天发生或者一场海战将于明天不发生"，等值于"明天（一场海战发生或者一场海战不发生）"。因此，关于明天发生一场海战的排中律，可采用"Fp∨F¬p"的形式，也可采用"F（P∨¬P）"的形式，它们都是时态逻辑的定理，都是有效的。这就是说，关于未来偶然事件的排中律是成立的。肖尔兹的观点基本上是正确的，只是在他那个时代，时态逻辑尚未建立，他所说的"真假是无时间性的一种性质和'事件 E 将在某天发生'这个命题是无时间性的"，现在看来是不正确的。我们现在用时态逻辑的观点对肖尔兹的基本论点作了进一步的论证，表明排中律是逻辑系统的规律，它的有效性不依赖于决定论或非决定论是否在世界上发生作用。从时态逻辑的观点看，"一场海战将于明天发生或者一场海战将于明天不发生"（Fp∨F¬p）或者等值命题"明天（一场海战发生或者一场海战不发生）"（F（P∨¬P））都是有效的，即使是在此刻也是真的；也可以说，"一场海战将于明天发生"这个命题在现在也是或真或假的。时态逻辑的模型 M 是有序三元组<X,R,V>；其中<X,R>是一个时态结构，X 是由时刻组成的非空集合，R 是 X 上的二元关系，被称为时序（xRy 表示 x 在 y 之前即 x 是 y 的过去，y 在 x 之后即 y 是 x 的将来）；V 是赋值函数，V（x，p）=1（命题 p 在时刻 x 为真）或 0。由这个模型可得：M⊨xFB 当且仅当 x_1∈X 使得 xRx_1 且 M⊨$_{x_1}$B，这是说：Fp 在时刻 x（现在）为真，当且仅当在时刻 x_1（x 的将来）p 为真；F（p∨¬p）在时刻 x 为真，当且仅当在时刻 x_1（x 的将来）p∨¬p 为真。

卢卡西维茨同肖尔兹和时态逻辑的解释完全不同，他不是从二值逻辑考虑"一场海战将于明天发生或者一场海战将于明天不发生"这样的排中律是否有效，而是从亚里士多德的三值逻辑萌芽思想中得到启示，从他的非决定论的哲学观点出发,认为"一场海战将于明天发生"这个命题在现在是既不真也不假的,在此基础上提出了"真"、"假"之外的第三值"1/2",建立了第一个三值逻辑系统。在卢卡西维茨的三值逻辑系统中,排中律是不成立的。

第十五章　公理方法和归纳方法

第一节　　公理方法的要素

亚里士多德在《后分析篇》主要研究了科学逻辑，特别是公理方法。他首先从科学的性质来讨论科学的前提所必须满足的条件。他认为，研究者需要先有知识，"所需的在先的知识有两种。在某些情况下必须假定对事实的承认，在其他情况下要了解所用名词的意义，而且有时两种假定都是必要的。"（71a10—15）第一种知识，例如，我们假定每一谓词，或者能真实地肯定于任何主体，或者能真实地否定于任何主体；第二种知识，如"三角形"，我们要知道它的意义。另有一些知识，如"单位"，我们必须做出这个词的意义以及事物存在的假定。亚里士多德认为，证明是能产生科学知识的三段论。证明的前提必须满足以下条件：1.真实的；2.初始的；3.直接的，比结论被知道得更清楚、先于结论而存在；4.结论的原因。假如我们不具有初始的、直接的和无法证明的命题，那么证明就是无法实现的，就会出现无穷倒退和循环论证。在亚里士多德时代，有两派人。一派人主张：由于必须知道初始的前提，就不可能有科学知识；另一派人以为有科学知识，但认为一切真理都是可论证的。亚里士多德指出："这两种学说，都既不是真实的，也不是从前提得来的必然的演绎。第一个学派，它假定除证明外没有任何其他认识方法，认为要涉及无穷倒退。理由是：如果在先有知识之后不存在初始前提，我们便不能通过在先的去知道在后的（在这方面他们是对的，因为人们不能通过一个无限系列）；另外，他们说，如果那个系列终止，而且有初始前提，它们由于不可论证而是不可知的。据他们认为，这就是知识的仅有形式。由于人们不可能知道初始前提，关于从它们推得的结论的知识就不可能是纯粹的科学知识，也完全不是恰当地得知的，而是仅仅建立在前提为真实这样的假定上面。另一派同意他们关于知识的观点，认为只有靠证明才可能得到知识，主张一切真理都要经过证明，认为这没有任何困难，根据是证明可以是循环的和相互交替的。"（72b5—20）

亚里士多德在指出这两派的错误后说："我们自己的学说是，并非一切知识都是证明的知识；相反，直接前提的知识是独立于证明的，这一点的必然性是明显的，因为由于我们必须知道证明所由推定的先有前提，又由于倒退必须终止于直接的前提，那些真理是不能证明的。这就是我们的学说。另外，我们还主张：除科学知识外，还有它的使我们能识别定义的创造性的根源。"（72b20—25）

亚里士多德认为，满足以上条件的科学的出发点就是初始前提，也就是基本真理。证明中的基本真理就是直接的命题。它们有以下几种。

1. 公理。这是认识任何事物必须首先知道的命题，是无法证明的、具有普遍性的命题，是"证明的初始前提"（7610—15）。"公理是学生要学习到任何知识必须知道的基本真理。"（72a15—20）亚里士多德举出了排中律、"等量减等量其差相等"等原理。

2. 论题。这也是直接的基本真理，但不是每个研究者事先必须知道的命题。"我把三段论的某一基本真理叫作论题，虽然它不受教师的证明的影响，但是在学生方面，对它的无知并不构成前进的全部障碍。"（72a15—20）

论题又分为：

（1）假设，断定某一主体存在或不存在；

（2）定义，不断定某一主体存在或不存在，它是对某事物的规定。例如，数学家规定在数量方面不可分的东西是单位。定义与假设不同，定义一个单位不等于肯定它的存在。

亚里士多德的定义理论有一个发展过程，最先在《论辩篇》第 1 卷的四谓词理论中提出了定义理论，并在第 6 卷中作了详细讨论。他所说的"定义"实际上是指"定义项":"定义乃是揭示事物本质的短语。"(101b35)怎样才能揭示事物的本质呢?他采取了"属加种差"的定义方法。他说:"必须把被定义者置于属中,然后再加上种差;因为在定义的若干构成要素中,属最被认为是揭示被定义者本质的。"(139a28)属是比种要大的类,对于一个种来说,它的属有邻近的,也有更高层次的,称某物为植物并没有说明它就是树,因此亚里士多德提出用划分方法找出最邻近的属,他认为划分是避免遗漏任何本质因素的唯一方法。

亚里士多德十分重视定义方法,并为正确的定义制定了一系列规则。以下我们综述《论辩篇》第 6 卷中的有关思想。他说:"定义不正确有两方面的表现。其一是使用了含混的语言(因为既然规定定义的目的是为了有助于人们认识主体,下定义者应当尽可能使用最明晰的语言);其二是看他的论断是否说了不必要的多余话语。因为在定义中,一切添加成分都是多余的。"(139b12)亚里士多德对上述的两方面又再分成若干种情况加以考察。

考察含混语词的一种方式是看他所用的是否与其他什么同名异义的词。例如,把生成说成导向实体的途径,或者把健康说成热与冷的均衡就是如此。在这两个例子中,"途径"和"均衡"都是多义词,所以,论述者到底想要说明这种多义词中的哪一层含义是不明确的。另一种方法是看他是否采用了隐喻的表述。例如,把知识说成不能变更的东西,称大地为乳母,或把节制叫作和谐,因为所有这些隐喻的表达都是不清楚的。

对于定义用语过多的问题,亚里士多德考察了几种情况。第一,应考察下定义的人是否使用了某种普遍适用的属性。在用"属加种差"下定义时,属应把其他东西从被定义者中区分出去,种差则应把与被定义者同属的其他属性区分出去;而普遍适用的东西根本不能把其他东西从被定义者分离出去,适用于同一属中所有事物的那些属性也不能把与被定义者同属的其他属性分离出去,因此,添加这样的多余话语就是没有意义的。第二,即使添加的成分是主体的特性,也仍要考察在取消了这个添加成分之后所剩下来的论断是否仍是主体的特性以及是否表明了本质。例如,在对人的定义中,"能获得知识"就是多余的添加成分;因为把这个成分删去后,剩下的论断仍是人的特性,并且能揭明人的本质。第三,要考察论断中是否有某一成分不属于同一个种的所有事物。如果有的话,那么作为整体的论断也就不可能是主体的特性;因为它不能与被陈述的主体换位。例如,把"两足行走的动物"定义为"六尺高"就是如此;因为这样的论断不能与被论断者换位,六尺高不属于同一个种的一切事物。第四,要考察是否同语反复。例如把"欲望"说成"为了欢愉的欲求";因为一切"欲望"都是"为了欢愉的",因此,为了欢愉与欲望就是同一的。这样,欲望的定义就成了"为了欢愉的为了欢愉的欲求"。再如把睿智说成是对实在物的界定和沉思,因为界定就是某种类型的沉思,因此,当他再添加沉思时,他就是将同一表述说了两次。亚里士多德认为,那些把"凉"说成是"热本性的缺乏"的人也犯了同样错误;因为所有缺乏都是本性具有的东西的缺乏,因此,添加上"本性的"乃属多余,说"热的缺乏"也就足够了,缺乏本身就已经表示出了热指的就是本性的热。第五,要考察在说了一般性的语词后,是否又添加了特殊性的语词。例如说"公平就是有利的和公正的东西减少";因为公正乃是某种有利的东西,所以它是被包含在有利的东西之中的。这样,公正就是多余的语词。原因在于他在说了一般性的语词之后又添加了这种特殊性语词。

为了使"属加种差"的定义能表达事物的本质,亚里士多德提出了如下一些规则。

第一,通过在先的和较易理解的语词来作成定义。如果不是通过这类语词下定义,同一东西就将有多种定义。每一实在的对象都只有单一的本质,所以,若出现了同一个东西的多种定义,由每种定义所揭明的本质在提出定义的人那里就应该是同一的;但实际上,既然定义各异,揭明的本质也就不会相同。因此,凡是没有按照在先的和更容易理解的语词来下定义的人就是没有能给出定义。

亚里士多德指出,不按照在先的东西来下定义有 5 种方式:1.通过对立的一方来定义对立的另一方,例如,通过恶来定义善,因为对立的双方在本性上是同时的。但有时对那些要在关系中自身才能被陈述的东西而言需要采用这种方式，如用"半"定义"倍"。2.把一个被定义的词用于自身。例如，把太阳定义为在白昼出现的星体，可是要说明白昼时，就得使用太阳。3.对同一个属的种相互定义，例如，把"奇数"定义为"偶数加一"，这里"奇"和"偶"都是数之下的种差。4.通过低层次的东西来定义高层次的东西，或者说通过在后的东西来定义在先的东西，例如把"善"定义为"德性的状态"，这里，德性是某种善，善是比德性高一层次的语词，为说明德性要使用高层次的语词"善"。5.通过不确定的和运动中的东西来定义确定的和静止中的东西，因为后者先于前者。

不按更容易的语词来作成定义的情形有两种：或者是使用了在绝对意义上更不容易理解的语词，或者是使用了对于我们来说更不容易理解的语词。亚里士多德认为，在先的东西与更容易理解的东西是一致的，绝对意义上在先的东西比在后的东西更容易理解。例如，点比线、线比面、面比体更容易理解。但有时却会出现倒转过来的情况：体最容易被我们感觉到，面又比线、线又比点更容易感觉到。亚里士多德认为，多数人理解到的是诸如体、面之类的东西；因为体、面能被普通人理解，而线、点之类则只能被具有准确而优秀思想的人所理解。所以，他说："最好是通过在先的东西力图理解在后的东西；因为这样的方式更为科学。"（141b15）

第二，不能省去属，并且要使用最邻近的属。亚里士多德举例说，把公正定义为"产生平等的一种状况"，或者是"平等的分布"，这样的定义省去了德性，正因为省去了这个属就没有揭示出公正是什么，每一事物的本质必定是存在于它的属中的。亚里士多德指出，要把被定义的语词置于最邻近的属之中，这样也就说明了更高层次的属。但是仅仅陈述更高层次的属自身的人并没有说明更低层次的属；因为称某物为植物并没有说明它就是树。

第三，要按照主体特有的种差来下定义，一般不用否定语词来区别属。例如，把线定义为无宽度的长度，这种定义只不过表明了它没有宽度而已。但是，在有的场合，下定义的人必然要使用否定语词，例如缺乏的各种情形,因为盲就是本性上应具有但实际上不具有视觉。

第四,关于属、种和种差之间关系有以下几点需要注意:1.不要把种设定为种差。例如不要把"傲慢"定义为"与嘲弄相伴的骄横";因为嘲弄就是某种骄横,所以嘲弄不是种差而是种。2.不要把属说成种差。例如,说"德性乃是一种善的或优良的状况";因为善是德性的属。3.种差要表明性质,不能偶然地属于被定义的东西。4.如果某人用种差、种或者归之于种的某个具体事物来陈述属,他所作出的就不会是定义。因为上述这几种情形没有一种可能陈述属,因为属的外延比它们都要宽。5.不要用属来陈述种差,属是陈述被种差陈述的那些东西。例如,动物陈述人、牛以及其他行走的动物,但不陈述对种作出陈述的种差本身。6.种不能陈述种差。种差应该后于属而先于种。

第五,如若对方提出的是某种复合性语词的定义,就先减去这复合词中某一部分,然后考察定义中的所余部分是否是复合词所余部分的定义;倘若不是,整个定义也就显然不是揭示整个复合词的。例如某人把"有限的直线"定义为"一个有限平面的极限,使得它的中心直接处于带有它的端点的线之中"。如果"有限的线"是"一个有限平面的极限",那么,其减去的部分"它的中心直接处于带有它的端点的线之中"就应是表述直的,但是,一条无限的直线既无中心也无端点,直线也如此。可见,定义中所余的部分不是复合词中所余部分的定义。此外,亚里士多德还讨论了在下定义时应当注意的种种事项,这里不赘述。

以上所述都是关于"属加种差"的定义,这种定义是揭示事物的本质,后来被称为"真实定义"或"本质定义"。亚里士多德除了论述这种定义外,还谈到了其他定义的类型:1.关系定义。例如,通过"半"来定义"倍"。2.关系词定义。亚里士多德说:"如若被定义者自身或它的属是关系词,就要考察对方在定义中是否没有表述出与自身或属的关系。例如,如果他把知识定义为确切不移的观念,或者把意愿定义为无痛苦的向往。因为一切关系词的本质都是与别物相关,每一个关系词的存在都是与某种关系的存在同一的。因此,他就应该把知识说成知识对象的观念,把意愿说成是对善的向往。"（146b1）3.整体定义。这是把某词的定义规定为"A 和 B"、"A 和 B 的产物"或"A+B"。如果把某词定义为"A 和 B"，就会导致某词既属于两者又不属于任何一者的结论，例如把公正定义为节制和勇气。因为假如有两个人，各自具有公正的一种含义，那么，两种含义放在一起就是公正，但单独看都不是。"A+B"同"A 和 B"或"A 和 B 的产物"是相同的，因为说"蜂蜜+水"意味着或者是"蜂蜜和水"，或者是"由蜂蜜和水做成的饮料"。

亚里士多德在《后分析篇》中进一步论述了定义，把证明看成是达到定义的工具。他提出问题有 4 种：1.某种属性同某事物的联系是否属实；2.联系的原因何在；3.某事物是否存在；4.事物的性质是什么。这些都与中项有关。问是否 A 存在或是否 A 是 B，就是问是否有一个中项解释 A 存在或 A 是 B；问 A 是什么或为什么 A 是 B，就是问这个中项是什么。亚里士多德认为，在一切探讨中，我们或者问是否有一个"中项"，或者问"中项"是什么；在这里，"中项"就是原因，而我们一切探讨正是为了探索原因，这是对三段论中的"中项"这个概念的推广。寻求一种属性的定义就是寻求联系这个属性与主词的中项，以便说明为什么这个主词有这种属性。

亚里士多德认为，事物的性质和事实的理由是相同的："蚀是什么？"这个问题及其回答"因地球插入而使月亮失去光亮"，是与问题"蚀的理由是什么？"或"为什么月亮受遮蔽？"及其回答"因为地球阻挡而失去光亮"相同的。他认为，不能用三段论、划分、对一个事物或其反面的定义或其他方法来证明一个事物是什么。他论述了证明与定义的关系。1.证明的基本前提是定义，这是不可论证的；要么基本前提是可论证的，而且依赖在先的前提，并且无限倒退；要么是初始的真理，是不可论证的定义。2.如果我们借助一个证明达到一个定义，那么我们就要从名词定义出发，例如定义月蚀为失光。3.我们可以找到阐明月蚀原因的中项，可以构成以下的三段论："凡在自身及其光源之间有另一个物体阻挡的东西就失去光，月亮在自身及其光源之间有另一个物体（地球）阻挡，所以月亮失光。"

由此就可得到月蚀原因的定义："月蚀是地球介入月亮和太阳之间所造成的月亮失光。"这样就从名词定义"月蚀是失光"（属加主词），达到真实定义"月蚀是地球介入月亮和太阳之间所造成的月亮失光"（属加主词的原因）。我们并未证明定义，而是借助证明得到一个定义。

综上所述，亚里士多德在《后分析篇》中提出了3种定义：

1. 初始词项的不可论证的定义。

2. 名词定义。这是对事物"是什么"的定义，但在认识上尚未达到对事物原因的认识，实际上就是对表达事物名称的含义作解释的方式，例如，月蚀、点、线的定义。

3. 真实定义。这是关于事物原因或本质的定义。

亚里士多德接着指出，在形式因、质料因、动力因和终极因这4种原因中，任何一种原因都可以起中项的作用。

亚里士多德还进一步提出关于非原因的定义，这是关于事物有何属性的定义，研究如何得到非原因的定义。定义一个最低种，要列举它的一组本质属性，这些属性分开来超出了最低种的范围，合起来就与它相等。他考察了划分的方法，认为划分的方法有助于定义：1.它能以正确的顺序获得各项的特点。我们可以把动物分成驯服的和野蛮的，但不能把驯服的东西分成动物和其他东西。我们在给人下定义时，应当以正确的顺序排列这些特点："动物，驯服的，两足的。""动物—驯服"形成一个统一体，根据这一点以及更多的种差就可构成人的定义。2.划分是避免忽略基本性质的任何因素的唯一可行方法。如果假定了基本的属，而且在较低级的划分中取出一个种，则从划分中得到的东西不会等于这个属的全体。例如，并非一切动物都是全翼的或分翼的，只是一切有翼的动物才会这样，因此，全翼或分翼这个种差只属于有翼的动物。

在说明了划分的方法以后，他考察了组合和概括的方法对非原因定义的作用。当把属分成最低种，并且定义了这些种之后，就需要寻求其定义中的共同因素，作为与属无关东西加以排斥。这一过程同划分一样，不能跳跃。我们要逐步从已确定的种达到属，最后经过一个逐步概括的过程达到最高的可定义的属。

由上可见，亚里士多德关于定义的理论十分丰富，他的许多观点直到今天还在我国高校的逻辑教科书中流传。

3. 公设

除公理、论题（假设和定义）外，还有"公设"，公设是与学者意见相反的，不是普遍接受的，是可以证明的，但不加证明地被假定和使用的命题。（76b32—34）

在这些出发命题的基础上，就可以进行命题的推演了。此外，亚里士多德把证明看成是一个有穷序列，实际上给出了证明的定义。《后分析篇》第1卷第22章专门分析了这个问题。亚里士多德说："由于谓词与它们的主词发生如此的关系，以致有着其他先于它们的谓词能被断言于那些主词，这是可论证的。但是关于可论证的命题，我们不能具有比知识更好的东西，我们也不能不经过论证就知道它们。其次，如果某后项只是借某前项（即先与它的前提）得知，而我们既不知道这前项，也不能具有关于它的比知识更好的东西，那么我们对于后项将不具有科学的知识。因此，如果可能借证明去知道不受限制的任何东西，而不是仅仅依赖对若干假设上前提的接受，那么居间谓述的序列必定终止。如果它不终止，而且在任何被认为比另一谓词较高的谓词之外还有更高的一个，则每一谓词都是可以论证的。因此，由于这些可论证的谓词是无数的，因而不能被通过，这样我们就不会借证明去知道它们。所以，如果我们不能具有比关于它们的知识更好的东西，那么我们就不能借证明去获得关于任何东西的不受限制的科学知识，而只能获得假设的知识。"（83b32—84a5）这是一种论辩的证明，他还给出一种分析的证明："如果有基本真理，那么（a）并非一切真理都是可论证的，以及（b）无穷倒退是不可能的。若（a）或（b）不是事实，则意味着没有一个区间是紧密不可分的，但是一切区间都是可分的。这是真实的，因为一个结论可以因一个新词项的插入（而不是并列）得到证明。如果这样的插入能够无限地继续下去，则任何两个词项之间就可能有无数的词项；但是如果谓述的上升序列和下降序列都终止，那么这就是不可能的。"（84a30—84b2）由此可见，亚里士多德关于证明是一个有穷序列的论述很接近现代逻辑的形式推演和形式证明的定义。

综上所述，亚里士多德所阐明的证明原理奠定了公理方法的基础。

在亚里士多德时代，已有《几何原本》的雏形，在亚里士多德之后三十年，欧几里得对流传的《几何原本》进行了扩充，重新撰写了《几何原本》。从欧几里得的《几何原本》中，我们可以看出，亚里士多德对欧几里得的影响。

欧几里得采用了亚里士多德把公理和公设加以区别的说法，采纳了亚里士多德的一些定义、公理和定理，等等。亚里士多德的"公理"相当于欧几里得的"普通观念"，亚里士多德举的"等量减等量其差相等"就是欧几里得的"普通观念"之一，"定义"相当于欧几里得的"定义"，"假设"相当于欧几里得的"公设"，欧几里得的 5 条公设中有两条（直线存在和圆存在）就是亚里士多德关于存在的假设。

欧几里得的《几何原本》共 13 卷，内容包括直边形和圆的性质、比例论、相似形、数论、不可公度量的分类、立体几何和穷竭法等。第 1 卷开始列出书中第一部分所用概念的 23 个定义，如：

4. 点是没有部分的那种东西。

5. 线是没有宽度的长度。（线这个字指曲线）

6. 一线的两端是点。

这定义明确指出一线或一曲线总是有限长的。

7. 直线是同其中各点看齐的线。

亚里士多德在《后分析篇》中认为，直或曲必然地、本质地依附于主体——线，关于直线，亚里士多德认为点和直本质上属于线。（73b20，25—30）由此可以看出，亚里士多德的影响。

《几何原本》的 5 条公设如下：

1. 从任一点到任一点作直线是可能的。

2. 把有限直线不断循直线延长是可能的。

3. 以任一点为中心和任一距离为半径作一圆是可能的。

4. 所有直角彼此相等。

5. 平行公设。

第1条和第3条公设就是就是亚里士多德关于直线存在和圆存在的假设。

《几何原本》的普通观念（即公理）有：

1.跟同一件东西相等的一些东西，他们彼此也是相等的。

2.等量加等量，总量仍相等。

3.等量减等量，余量仍相等。

4.彼此重合的东西是相等的。

5.整体大于部分。

第一个普通观念，我们在论关系理论的一章中说道，亚里士多德提出："要考察相同双方的某一方与第三者相同的时候，另一方是否也相同。因为如果它们二者不与同一个事物相同，它们自己显然也就不彼此相同。"（152a31—33）

亚里士多德在《后分析篇》中明确提出了第三个普通观念："等量减等量其差必等。"（76a40）他也接触了第四个普通观念，亚氏在讨论三段论中的乞求论题时说过全称肯定命题中如果主谓词可以互相换位，它们就相等。主谓词可以互换实际上就是两者外延重合，亦即相等。

由上可见，亚里士多德的公理化的思想对希腊几何学的发展做出了重要贡献。此外，亚里士多德的公理方法使得亚里士多德构造了逻辑史上第一个公理化的三段论系统，对逻辑学发展的影响是不可估量的。我们应当谨记爱因斯坦的话："西方科学的发展是以两个伟大成就为基础，那就是：希腊哲学家发明的形式逻辑体系（在欧几里得几何学中），以及通过系统的实验发现有可能找出因果关系（在文艺复兴时期）。"

第二节　初始前提与直觉归纳法

这种归纳法不是一种推理，而是一种认识方法，是解决如何获得初始前提的问题。他说："我们必须借助归纳法去获知初始的前提；因为感性知觉借以注入普遍的方法是归纳的。现在，在我们借以掌握事物真相的思维状态中，有些总是真实的，另一些则可能是错误的——例如意见和计算，而科学知识和直觉总是真实的；进一步说，除了直觉外，没有任何其他种类的思想比科学知识更加确切，而初始前提比证明是更为可知的，而且一切科学知识都是推论性的。根据这些考虑，可以推知：不可能有关于初始前提的科学知识，又因除了直觉外没有任何东西比科学知识更为真实，了解初始前提的将是直觉——这个结论也是从下述事实推知的：证明不可能是证明的初始根源，因而也不可能是科学知识的科学知识。因此，如果直觉是科学知识以外真实思想的唯一种类，那么它就是科学知识的初始根源。而科学的初始根源掌握着初始的基本前提。科学，作为整体，是同作为初始根源一样对全部事实发生关系的。"（100b4—19）亚里士多德在这里所说的"直觉"，指的是"理性直觉"。（88b35—37）直觉归纳法就是一种从感性知觉上升到理性直觉，从特殊到普遍的方法。"理性直觉"是"科学知识的初始根源"，通过理性直觉就可以掌握初始的基本前提，即作为证明根据的一般原理。感性知觉是直觉归纳法的基础，任何一种感官的丧失会引起知识的相当部分的丧失，感性知觉适宜于掌握特殊，直觉归纳法进一步掌握普遍，提供关于感性知觉的科学知识。"没有感性知觉，我们也就不可能用归纳法去获得科学知识。"（81a38—81b9）

亚里士多德在《后分析篇》第2卷第19章中，描绘了从感性知觉获得一般原理的认识过程，即从感性知觉出发，通过记忆、经验、技艺和科学，用归纳法上升到一般原理。他写道："当许多逻辑上不可分辨的特殊事物站住时，最初的普遍就在灵魂中存在了。因为虽然感性知觉的活动是关于特殊的，它的内容却是普遍的——例如是人，不是卡里亚这个人。在这些初步的普遍中又迈出了新的一步，而且这个进程不会停止，直到不可分的概念（真正的普遍）被确立为止；例如动物的某一个种是向动物这个属迈出的一步，而这个属又是以同样方法向进一步概括迈出的一步。"（100a15—100b5）由上可说，亚里士多德的直觉归纳法是由特殊到普遍的一种科学方法，不是狭义的归纳推理。

我们不赞成单靠理性直觉就可获得初始前提。亚里士多德不懂得理论与实践的辩证关系，任何理论总要经受某种实践的检验。在逻辑学中，要构造一个系统，提出初始前提，这是不容易的。一方面要靠提出者的丰富知识，理性直觉，甚至要靠当时的灵感；另一方面，在提出初始前提、构成系统之后，要在逻辑学的实践中进行检验，所谓逻辑学的实践就是逻辑证明，在一个逻辑系统中经过逻辑证明，该系统是一致的，没有矛盾的，而且可以给出该系统的语义模型，使得该系统的初始前提是有效的，所推出的一切定理都是有效的。逻辑证明是检验逻辑真理的标准之一。逻辑真理也经受其他实践的检验，在人们两千多年的生活实践、其他科学实践中，无数次地验证了三段论 Barbara 和 Celarent 的正确性，从而使 Barbara 和 Celarent 在更广阔的范围内得到了证实，成为不可动摇的逻辑真理。

第三节　其他类型的归纳法

一　归纳三段论

亚里士多德在《前分析篇》第 2 卷第 23 章阐述了"通过归纳法的三段论"，是即完全归纳法。他是这样说的："归纳法，或者说源出于归纳法的三段论，在于运用三段论借另一端词以建立某一端词和中词的关系。例如，如果 B 是 A 和 C 之间的中词，它就在于通过 C 证明 A 属于 B。这就是我们作成归纳的方法。例如，假设 A 代表长寿的，B 代表无胆汁的，C 代表个别长寿的动物，如人、马、骡。于是 A 属于全部 C，因为凡是无胆汁的都是长寿的，但 B（无胆汁）也属于一切 C。如果 C 和 B 可以换位，而且中词的外延不是较大，则 A 必应属于 B。因为业已证明：如果两种事物属于同一事物，而且端词同其中之一进行换位，则其他谓词便属于被换位的那个谓词。但我们必须把 C 理解为是由所有特殊事物构成的。因为归纳法是借一切事例的枚举进行的。

这就是建立第一个直接的前提的三段论：因为在凡有中词之处，三段论都借中词进行；当没有中词时，则借归纳法。从某一方面说，归纳法是和三段论相反的：因为后者借中词证明大词属于第三个词项，而前者则借第三个词项证明大词属于中词。在自然顺序中，通过中词的三段论，是在先的而且是比较熟悉的，但通过归纳法的三段论对我们来说是更清楚的。"（68b15—37）

我们根据亚里士多德的论述，作一点解释。通过中词的三段论为：

所有无胆汁的动物（B）都是长寿的（A），

人、马、骡（C）是无胆汁的动物（B），

所以，人、马、骡（C）是长寿的（A）。

在这个三段论中，B 是中词，A 是大词，C 是小词，这个三段论是借中词 B，证明大词 A 属于小词 C（即所有 C 是 A）。

通过归纳法的三段论具有什么形式呢？如果我们不知道"所有无胆汁的动物（B）都是长寿的（A）"，但通过观察而得知人、马、骡（C）是长寿的（A），而且是无胆汁的（B），那么，我们就可以通过人、马、骡（小词 C）来证明大词 A 属于中词 B，即所有无胆汁的动物（B）都是长寿的（A）。由观察所得到的知识可以建立以下的一个第三格三段论：

人、马、骡（C）是长寿的（A），

人、马、骡（C）是无胆汁的（B），

所以，有的无胆汁的动物（B）是长寿的（A）。

但亚里士多德指出，小前提中，C 和 B 可以换位，中词 B 的外延不大于小词 C 的外延，也就是说，"无胆汁的动物"（B）为"人、马、骡"（C）所穷尽，人、马、骡之外无其他无胆汁的动物。在这样的情况下，我们可以把上述第三格三段论转变为第一格的三段论：

人、马、骡（C）是长寿的（A），

所有无胆汁的动物（B）就是人、马、骡（C），所以，所有无胆汁的动物（B）是长寿的（A）。

这就是亚里士多德所说的"通过归纳法的三段论"。

有人把归纳三段论解释为：

  人、马、骡等皆长寿，

  人、马、骡等皆是无胆汁动物，

  所以凡无胆汁的动物皆长寿。

称这个推理为"第三格三段论"。我们认为，这种解释不符合亚里士多德的原意。第三格三段论只能得出特称结论，这种解释忽略了从第三格三段论通过第二个前提的换位，转变为第一格第一式的过程。

在亚里士多德的论述中，"C 和 B 可以换位""中词的外延不是较大"、"C 是由所有特殊事物构成的"、"归纳法是借一切事例的枚举进行的"等这些话表明，亚里士多德这里所说的归纳法是完全归纳法。他实际上已经列出了现今普通逻辑教科书中完全归纳法的模式：

  C_1 是 A，

  C_2 是 A，

  C_3 是 A，

  C_1、C_2、C_3 是全部的 B，

  所以，所有 B 是 A。

完全归纳法的前提与结论之间的关系是必然的，实际上是一种演绎推理，正因为如此，才可用归纳三段论来处理。归纳三段论的作用是用来建立第一格三段论的大前提的，归纳三段论将前提中的若干单称命题，通过"一切事例的枚举"，综合成为一个全称命题。在这里，推理过程是从个别进到一般。因此，完全归纳法与一般的演绎推理又有区别，它是一种特殊的演绎推理。完全归纳法有很大的局限性，在一类事物所包含的分子数目很大，甚至无穷多的时候，完全归纳法是无能为力的。

二 例证法

亚里士多德在归纳三段论之外，还提出了一种"例证"法，类似现在

所说的类比推理。类比推理是一种或然性推理，有的学者把它归入归纳推理。亚里士多德的例证法虽类似于类比推理，但也有差别，它在推理过程中直接应用了典型事例归纳法。我们把亚里士多德关于例证法的论述引录如下："如果借类似第三个词项的词项去证明大词属于中词，我们就有一个'例证'。这既需要知道中词属于第三个词项，又需要知道第一个词项属于那个类似第三个词项的词项。举例说，假定 A 代表罪恶，B 代表对邻国作战，C 代表雅典人对底比斯人作战，D 代表底比斯人对弗西安人作战。如果我们要证明同底比斯人作战是罪恶，我们必须先假定对邻国作战是罪恶。关于这个道理的证据，可以从类似的事例获得。例如对弗西安人作战是对底比斯人的一种罪恶。由于对邻国作战是一种罪恶，而且对底比斯人作战就是对邻国作战，显然对底比斯人作战就是罪恶。显而易见，B 属于 C 又属于 D（因为两种情况都是对邻国作战），而且 A 属于 D（因为对弗西安人作战的结果对底比斯人并不有利）。但 A 属于 B 便通过 D 而得到证明。如果关于中词对端词的关系的信念，应由好几个同样的实例才能产生，也是一样。因此很清楚：当两种特殊事物附属同一词项，而且其中之一已经知道时，借例证去论证既不像部分到全体的推理，也不像从全体到部分的推理，而是从部分到部分的推理。它和归纳法（按：指归纳三段论）不同，因为归纳法从所有事例出发，证明（正如我们所知）大词属于中词，而且不把三段论的结论应用于小词。而借例证的论证并不如此应用，也并非从所有特殊事例中推得它的证明。"（68b38—69a19）

根据这一大段论述，我们可以看到，在例证法中，有四个词项：大词或第一个词项 A（罪恶），中词 B（对邻国作战），小词或第三个词项 C（雅典人对底比斯人作战），类似小词的一个词项 D（底比斯人对弗西安人作战）。例证法包含以下两个推理：

（一）底比斯人对弗西安人作战（D）是罪恶（A），
　　　底比斯人对弗西安人作战（D）是对邻国作战（B），
　　（即 D 是 B 的一个特殊事例，这是通过一个典型事例的列举）
　　所以，凡对邻国作战（B）是罪恶（A）。

这里使用了典型事例归纳法，只举了一个特殊事件，通过 D 证明 A 属于 B（凡 B 是 A）。如果特殊事例有好几个，推理是一样的。

（二）凡对邻国作战（B）是罪恶（A），

雅典人对底比斯人作战（C）是对邻国作战（B），

所以，雅典人对底比斯人作战（C）是罪恶（A）。

这里用了三段论第一格。

把以上两个推理合起来就得到以下的简化形式：

D 具有属性 B、A，

（凡 B 是 A）

C 具有属性 B

所以 C 具有属性 A。

这正是类比法的模式。应当注意的是，亚里士多德的例证法经过简化以后才成为我们现在的类比法模式，它的原来形式不是把某个属性（A）从一种情况（D）直接转移到另一种情况（C）上去，而是要先用典型事例归纳法形成一个全称命题（凡 B 是 A），然后用三段论第一格得出"C 是 A"的结论。因此，例证法是由典型事例归纳法和直言三段论第一格所构成的复合推理。这种推理是从部分到部分。它与归纳三段论有所不同，归纳三段论是从所有特殊事例出发，证明大词属于中词（所有 B 是 A），并不是对小词（C）作出结论；例证法是在证明大词属于中词后立即对小词（C）作出结论（C 是 A），在证明时并不是根据所有特殊事例，也就是说，使用的是典型事例归纳法。

三 简单枚举归纳法

亚里士多德说："我们必须区别论辩的论证究竟有多少种类。一方面有归纳法；另一方面有推理。推理已如前述。[①]归纳法是从个别到普遍的一个过程。例如，假设技艺精湛的领航员是最有效能的，技艺精湛的战车

[①] 见 100a25："推理是一种论证，其中，有些东西被设定，另外的某物则必然地由它们得出。"

驾驶员也是最有效能的,那么,一般说来,技艺精湛的人是在其特定任务中最有效能的人。归纳法是更有说服力的和清楚的:它更易于利用感官去学习,而且一般地说人民大众是可以使用的,尽管推理在反驳自相矛盾的人们时更为有力和有效。"(105a10—19)"归纳法是从个别事例进到普遍,从已知进到未知,感知的对象对于绝大多数人,虽然不总是易于认识的,却是比较易于认识的。"(156a4—7)亚里士多德在这里所说的归纳法,就是我们现在所说的简单枚举归纳法。这种归纳法是从个别事例得出普遍结论,是从已知进到未知,从感性认识进到理性认识。亚里士多德还说:"归纳法揭示隐含在显然已知的特殊中的普遍。"(71a6)可见,亚里士多德对简单枚举法本性的理解,对特殊和普遍之间关系的理解,是唯物主义的,并具有素朴辩证法的精神。在归纳三段论中,要"枚举一切事例",但在简单枚举归纳法中,不是如此,他说道:"归纳法依据一组没有例外的特殊事例去建立一种普遍。"(92a36—92b1)他认识到,简单枚举法的推理在前提和结论之间的联系不是必然的,而是或然的。我们的根据有两点:①他把简单枚举归纳法与推理并列,作为论辩的论证的两种形式。按亚里士多德的定义,演绎推理是前提和结论有必然联系的推理,因此,归纳推理只能是或然性推理。②简单枚举法的基础是未出现反例,以此为基础的"归纳法不是证明事物的本质而是证明事物有无某种属性。"(92b1)"归纳法也许同划分一样不是证明。"(91b35)可见,简单枚举法的推理是或然性推理,不能用来证明事物的本质。综上所说,亚里士多德是把简单枚举法作为与演绎推理相并列的一种推理而提出来的,它是一种不完全的枚举,前提和结论之间的联系不是必然的,其可靠性依赖于没有反例。亚里士多德在归纳逻辑发展史上,第一次阐明了简单枚举归纳法的本质,标志着归纳方法进入创始时期。

根据亚里士多德所举的例子,他实际上已经提出了简单枚举归纳法的模式:

S_1 是 P,S_2 是 P,S_1、S_2 是 S 中的一组特殊事例,所以,所有 S 是 P。

第十六章 辨谬理论

第一节 辨谬的目的

亚里士多德的《辨谬篇》的主要目的是驳斥诡辩式的反驳。所谓诡辩式的反驳就是表面上看起来是反驳，而实质上是谬误。

亚里士多德指出，真正的推理和反驳同仅仅是表面的即诡辩的推理和反驳之间是有区别的。在《辨谬篇》中，亚里士多德对推理的定义同在《论辩篇》中的定义是一致的，他说："推理依赖某些陈述，这些已经作出来的陈述必然含有在它们之外并通过它们对于某物的断定，而反驳则是含有已给结论的矛盾命题的推理。"（165a1—5）这就是说，反驳是要推出与一个已给结论相矛盾的命题，也是推理。亚里士多德给诡辩术和诡辩家下了一个定义："诡辩术只是表面的智慧而非真正的智慧；诡辩家就是用这种似是而非的智慧来获取金钱的人。"（165a21—22）因此，诡辩家就是要寻求一种论证来达到自己的目的，这种论证称为"诡辩式的论证"或"争辩的论证"。他对《论辩篇》中提出的论证再一次作了新的说明：教导的论证（也称证明的论证）是从适合于各主题的原理出发而不是从回答者的意见出发进行推理的一种论证；论辩的论证是从一般被接受的前提出发进行推理得到一个已给结论的矛盾命题的一种论证；检验的论证是从回答者所接受的前提出发进行推理的一种论证，而这种前提是自认具有那个主题的知识的人必定认识到的；争辩的论证是从表面上被人们一般接受而实际并未被接受的前提出发进行推理或进行表面的推理，以得出结论的一种论证。（165b1—10）证明的论证是在《分析篇》中加以研究的，论辩的论证和检验的论证是在《论辩篇》中加以研究的,《辨谬篇》所研究的就是争辩的论证或诡辩式的论证。争辩的论证有五个目标:①反驳;②显示对方犯谬误;③引导对方陷入自相矛盾;④使对方多次重复同一事情;⑤使对方违反语法。

《辨谬篇》主要分为两个部分,第一部分主要论述与反驳有关的各种谬误,稍带谈到其他四个目标;第二部分主要论述与反驳有关的谬误的消除,稍带谈到如何消除违反语法和多次重复同一事情的谬误。

第二节 语言谬误与逻辑谬误

一 语言谬误

亚里士多德在分析这些谬误时举了一些例子,有的不合乎汉语习惯,我们有选择地进行分析。

(一)歧义

一词可以多义,这在语言中是常见的现象,使用者在使用时没有保持一义,就会产生歧义。例如:

1. "恶就是善,因为凡必然存在的都是善的,而恶是必然存在的。"

这里,"必然存在"有两层意思,一方面是指"必然发生的东西",这对于恶来说往往是适用的,因为某种恶是必然的;另一方面,我们也说善事是"必然存在的"。由于"必然存在"的歧义,因而不能推出恶就是善,这涉及三段论中出现了四个词项。

2. "同一个人既坐着又站着,既是一个病人又恢复了健康,因为就是那个站起来了的人现在正站着,就是那个正在恢复健康的人现在恢复了健康;他就是那个曾经坐着后来站起来的人,也就是那个原来有病后来恢复了健康的人。"

这里,"病人"并不是只有一个意义,有时指"现在生病的人",有时指"从前生病的人"。当然这个康复的人曾是病人,他在当时真是生病了,但现在此人是健康的,没有生病。说"他是病人"并不是说他现在生病了,而是说他从前病过。

亚里士多德没有分析"坐着的人",我们可作同样的分析。"坐着的人"有两层意思,一是"现在坐着的人";二是"过去坐着的人"。这个现在站着的人曾经是"坐着的人",他在当时确实是在坐着,但现在他在站着,没有坐着。"他是坐着的人",并不是说他现在坐着,而是说他以前坐着。

因此,我们不能说:"同一个人既坐着又站着,既是一个病人又恢复了健康。"

(二)双关

双关与歧义相仿,不同的地方在于歧义所利用的是词的多义,而双关所利用的是语的多义。例如:

1. "必有人们所知道的东西的知识。"(There must be knowledge of what one knows.)

这句话可能指知识属于有知识的人,也可能指所知道的东西。

2. "一定有人们所看见的东西的视力,一个人看见柱子,所以,柱子有视力。"(There must be sight of what one sees, one sees the pillay, ergo the pillay has sight.)

亚氏未作分析,这里的双关在于,"sight"可以属于有视力的人,也可以指向被看见的东西,但并不是被看见的东西有视力。

歧义和双关在实际上是同样的,它们包括三个方面:

(1)一种表达或一个名词严格地具有一个以上的意义;

(2)我们习惯地使用一个名词具有一个以上的意义;

(3)一个词尽管其本身本来只有一个意义,但在它和另外一个词结合使用的时候就具有一个以上的意义,例如,"识字"(knowing letters),"识"和"字"分别开来都可以只有一个单一的意义,但把它们两个结合起来使用就具有一个以上的意义了:一是指字本身所具有的知识;二是指别人具有这些字的知识。

(三)误合

把语词一个一个地分开来说,与把这些词结合起来使用,两者所含的意义是不同的。例如：

1."一个人当他坐着的时候能行走，并且在不写字的时候能写字。"（A man can walk while sitting and can write while not writing.）

在分别使用时，我们可以说："一个人在坐着的时候可以有行走的能力。"合并使用时就成了："一个人能在坐着的时候行走"，即"一个人在同一时间既坐着又行走"，这是不可能的。

同理，"一个人在他不写字的时候具有写字的能力"与"一个人能在不写字的时候写字"是根本不同的。

2."一个单独的东西，如果你能携带，你也能携带许多东西。"（one single thing If you can carry a crowd you can carry too.）这句话也可组合为："如果你能携带许多东西，你就能只携带一个单独的东西。"

（四）误分

分出后的句子和它在作为一个整体来使用的时候，并不具有同样的意义。例如：

1. 5 是 2 和 3。

2. 5 是偶数和奇数。

3. 较大数和较小数相等。

我们可这样来解释这几个误分的例子：

如果 5 = 2 和 3，则 5 = 2 和 5 = 3，由此可得：5 既是偶数又是奇数；

如果 5 = 2 和 5 = 3，则 3 = 2，也就是说，较大数和较小数相等，但 3 = 2 + 1。

（五）错放重音

亚里士多德原来举了荷马史诗《伊里亚特》中的两个例子。例如《伊里亚特》中有一句话："其中一部分在雨水中凋谢了"，有的校勘者指出了这句话错了，他们改变重音使这句话变为："它在雨水中并没有凋谢。"

（六）误用文法表达形式

这是指实际上是有区别的东西用同样的文法形式来表达，例如用阳性表示阴性，或者用阳性或阴性表示中性；用量表示质，或用质表示量；用被动表示主动，用主动表示状况；用属于表示行为的表达式来表示不属于行为的东西。例如，"繁荣"（flourishing）在表达形式上很像"剪辑"（cutting）或"建筑"（building），误以为都是指行动，但实际上前者表示一种性质或状况，而后者才表示一种行动。

二 逻辑谬误

亚氏称之为非语言谬误，有7种：

（一）因偶性而产生的谬误

这种谬误发生在这样的场合：任一属性以同样的方式被断言属于一个事物并且属于它的偶性。亚里士多德指出，由于同一事物具有许多偶性，因而就不能必然得出：一切相同的属性都属于一个事物的所有谓词而且也属于它们所指称的那个主词。例如，"如果考里斯库不同于苏格拉底，而苏格拉底是一个人，那么这就已承认考里斯库不同于人"。

我们做一点分析。述说考里斯库的东西不是考里斯库的本质，而只是他对另一个人（苏格拉底）的关系（与他不同的关系），这对考里斯库来说是一种偶性，因而不能得出：考里斯库不同于人。实际上，苏格拉底和考里斯库都是人这个类中的分子，这两个分子都具有人的本质，但是考里斯库不同于苏格拉底，这是偶性，不能因为苏格拉底具有人的本质就说考里斯库不具有人的本质。

对这个例子可用符号作如下分析（"a"代表考里斯库；"F"代表人类；"∈"属于符号）：

从 a∈F（考里斯库是人，即考里斯库是人类的一分子）和 a≠F（考里斯库不同于人，这是说考里斯库不等同于人类），不能得到：a≠a。

（二）混淆表达式的绝对使用和相对使用

亚里士多德指出，如果在一种特殊意义下使用的表达式，用起来恰好就像它被绝对地使用一样，那么，有关的谬误就会发生。例如：

一个事物的两种特征属于不同的特殊方面，因此说"该事物同时有相反的属性"就错了。例如，"如果一个印度人全身都黑，但就其牙齿来说则是白色的,那么他既是白色的又不是白色的。"再如,假定人们确知"埃塞俄比亚人是黑色的"这个命题,然后进一步问:"从他的牙齿方面说,他是不是白色的?"如果在这方面他是白色的,人们也许就认为这个问题已经结束了,因而就证明了:他既是白色的又不是白色的。

亚里士多德指出,在有些情况下,不容易分辨表达式的相对使用和绝对使用。例如有一种东西一半是黑的一半是白的,它是白的呢,还是黑的呢?亚里士多德指出,当一个事物同样地有两个对立的属性时,人们通常认为要么两者能绝对地加以断定,要么两者都不能断定。

(三)论旨相违

这种谬误是在借助推理进行反驳时所证明的,不是与被反驳命题相矛盾的命题,而是与被反驳命题貌似相似而实际不同的命题。反驳是就同一事物的同一方面、同一关系、同一方式和同一时间,从已经作出的命题出发进行推理,必然地得出一个与被反驳命题相矛盾的命题。如果漏掉了上面所提的某一条件作出反驳,就不是真正的反驳而是表面的反驳,就犯了"论旨相违"的错误。例如,反驳者提出同一个东西是二倍又不是二倍,但这并不是就同一事物来说的,因为2是1的二倍但不是3的二倍。或者,同一个东西是另外同一事物的二倍又不是它的二倍,然而这二倍并不是就同一方面来说的,因为就长度来说是二倍,但就宽度来说并不是二倍。或者,它是在同一方面并就同一方式来说,既是同一事物的二倍又不是其二倍;但是这并不是就同一时间来说的,所以这只是一种表面的反驳。

(四)预期理由

也译窃取论题,这种谬误是把为确立论题而需要加以证明的东西作为证明的根据,或者得到证明的东西作为证明的根据。

(五)肯定后件

这种谬误的发生由于人们假定前后件的关系可以转换。例如:

1. 如果 A 存在,则 B 必然存在;有人便误认为,如果 B 存在,则 A 也必然存在。

2. 如果天下雨,那么地就湿;从而,如果地上变湿了,人们就想到是天下雨了。

3. 麦里苏（Melissus）论证宇宙无限时，假定宇宙还没有生成（因为任何东西都不能够从不存在的东西生出来），并假定任何生成的东西都是从一个起始点过来的；从而，如果宇宙还没有生成，它就没有一个起始点，并且因此它是无限的。这里的错误在于，假定任何已经生成的东西都有一个起始点，然后否定前件（与肯定后件是同样的错误）得到：任何没有生成的东西都没有起始点，然后进行如下推理：如果宇宙还没有生成，它就没有一个起始点，因此宇宙是无限的。这个论证有点复杂，我们做点分析。设"F"代表生成的东西，"G"代表起始点，"a"代表宇宙，"H"代表无限，上面的推理省去了一个前提：如果宇宙没有起始点，那么它是无限的；还使用了全称量词的消去律。整个推理如下：

$\forall x(Fx\to Gx)$（任何生成的东西都有一个起始点）

$\forall x(\neg Fx\to\neg Gx)$（任何没有生成的东西都没有一个起始点）

使用全称量词消去律得到：

$\neg Fa\to\neg Ga$（如果宇宙还没有生成，它就没有一个起始点）

$\neg Ga\to Ha$（如果宇宙没有起始点，那么它是无限的）

$\neg Fa\to Ha$（如果宇宙还没有生成，那么它是无限的）

$\neg Fa$（宇宙没有生成）

所以，Ha（宇宙是无限的）

亚里士多德看出了这个推理过程，指出了麦里苏的逻辑错误。假言推理的正确形式是：

如果 p，那么 q；

$$\frac{p}{q}$$

这是说，由肯定前件到肯定后件；

如果 p，那么 q；

$$\frac{\text{非 }q}{\text{非 }p}$$

这是说，由否定后件到否定前件。

上面的前两个例子犯了肯定后件的错误，麦里苏犯了否定前件的错误。亚里士多德所阐明的假言推理规则至今仍在我国大学的普通逻辑教材中使用。

（六）错认原因

这种谬误发生在归于不可能的证明中。在导致不可能的推理中，人们必然会推翻那些前提中的某一个，所以，如果把假原因的东西放在必然产生不可能结果的前提中，那么这种反驳就常常被认为是依赖它的。看以下例子：

要证明"灵魂和生命不是同一的"这个论题，其矛盾命题是"灵魂和生命是同一的"，由此导致不可能，才能证明原来的论题。现采用以下的证明：在前提"灵魂和生命是同一的"之外加上"生成和毁灭是相反的"，如果生成和毁灭是相反的，那么属于生成的一个特殊状态和属于毁灭的一个特殊状态也就是相反的；现在死亡就是属于毁灭的一个特殊状态，它同生命是相反的；因此，生命（life）就是一种生成，而且活着（to live）就是被生成。但这是不可能的，所以，灵魂和生命不是同一的。但是这个命题并没有得到证明，因为即使一个人并不主张生命和灵魂是同一的，而只是说生命和毁灭的一种状态——死亡是相反的，并说生成和毁灭是相反的，这种不可能的结果也同样可以产生出来。这就表明，"生成和毁灭是相反的"是一个假原因。

（七）复杂问语

这是由于把多个问题当成一个问题进行回答而产生的谬误。例如：

1．"地球是由海洋还是天空组成的呢？"如果仅说地球是由海洋或者天空组成的，这就不对了。

2．"在部分是善、部分是恶的情况下，整体是善呢还是恶呢？"无论哪一种回答即整体是善的或整体是恶的，都是把某种不是善的东西说成是善的，或把善的东西说成不是善的，都是在作出了一个假的陈述。

亚里士多德在考察了两类 13 种谬误后认为，它们完全可以归结为论旨相违的不同形式，也就是说，这 13 种谬误都可归结为对反驳的本质的无知。

从语言谬误来说，有些是由于双重意义引起的，有些是由于所说的语词与所曾经意谓的东西不同一。亚里士多士德指出，如果要使反驳或证明产生效果，语词就应当和它所表示的事物是同一的。例如，如果论点涉及一件紧身上衣，就应该就一件紧身上衣得结论，而不应该就一件斗篷得结论。也许关于斗篷的结论是真的，但尚未证明，因此需要进一步明确"紧身上衣"和"斗篷"指的是同一种东西。

偶性的谬误属于"论旨相违"是显然的。反驳是一个对于矛盾命题的证明，因此如果不存在涉及任何事物的偶性的证明，也就没有反驳。例如，三角形三内角之和等于两直角，而且它碰巧是一个图形，但这并不能推出它之所以有这个特性乃是由于它是一个图形。这里所证明的论点并不是因为它是图形，而是因为它是三角形。因此，如果反驳就是一种证明，那么依赖于偶性的证明就不能成为一个反驳了。

表达式的相对使用和绝对使用的混淆也是一种"论旨相违"，这是因为肯定和否定并不是就同一论点而说的。例如，"不是部分地白"是对"部分白"的否定，"不是绝对地白"是对"绝对地白"的否定。因此，如果有人把承认某种东西是部分地白的当成它是绝对地白的，那么他就没有完成一个反驳，而只是由于不知道反驳是什么，才仅仅在外表上显得是完成了反驳。

预期理由和错认原因之所以是论旨相违的错误，这是因为，结论应当在不包括原论点的情况下推出来，但依赖窃取原论点的那些论证并非如此；此外，如果前提并不是结论的原因，那么从前提就推不出结论。

肯定后件的谬误是偶性谬误的一种，区别在于偶性谬误存在于单个事物中，例如白色的东西和天鹅是同一的；而肯定后件的谬误涉及一个以上的事物，人们认为同样的事物是一个，并且同样的事物彼此也相同。这是依靠"后件"的反驳的根据。例如，在上述麦里苏的论证中，假定了"已经生成"和"有一个起始点"是同一个事物，从"凡是已经生成的东西都有一个起始点"得到"凡是有一个起始点的东西都是已经生成的东西"。

复杂问语的谬误是由于把不是一个命题的东西表现为一个命题。因此，如果一个人恰恰就像对一个单独问题作答复那样作出了答复的话，那就有了一个反驳；但是如果他只是显得好像作了回答而实际并没有回答，那么这就会出现一种表面的反驳。

第三节　消除谬误的方法

亚里士多德指出，研究消除谬误的方法对哲学有三个用处："第一，由于它们大都依赖于语言表达，因而它们使得我们更好地理解一个词项所具有的各种意义，以及在事物之间、它们的名称之间出现何种相似和差异。第二，它们对于发生在一个人自己心中的问题是有用的；因此，因为那种容易被别人引入谬误而未察觉到的人，在他自己心里也可能常常陷入这种谬误。第三，它们能进一步树立人们的声誉，这种声誉表明人们在所有事情上都受到了良好训练以及在任何事情上都不是没有经验的。"（175a1—15）对谬误怎样正确地进行消除呢？亚里士多德说："既然真正的消除方法是将虚假推理揭露出来，说明谬误所依赖的问题的性质；并且既然'虚假推理'有两种意义（因为它的出现或是在一个假结论已经得出来的时候，或是在仅仅有一个貌似的证明而没有一个真正证明的时候），从而就必然既有刚才所说到的消除方法（按：指表面的消除），也有对于那种貌似证明的纠正方法，以便指明引起谬误的是哪一类的问题。这样，结果就是：消除那种推理过程正确的论证是通过推翻它们，而另一方面，通过作出辨别来消除那种貌似的论证。再者，由于在推理正确的论证中，有的具有真结论，有的具有假结论，从而在那些具有假结论的论证方面，可能有两种消除方法：或者推翻被提问的前提之一，或者指明结论并不像所说的那样。另外，前提是虚假的那些论证，只能通过推翻其前提之一来消除，因为其结论是真的。因此，那些想要解决一个论证的人应该首先察看，那个论证是已经经过正确推理的呢，还是没有经过正确的推理；并且接着察看，它的结论是真的呢，还是假的；以便我们或者通过作出一种辨别，或者通过

推翻一个前提（采用刚才说到的两种方法之一）。"（176b30—177a5）

下面我们具体来分析亚里士多德对13种谬误的消除方法。

一 语言谬误的消除

（一）歧义和双关

在与这两种谬误有关的反驳中，有的反驳所包含的前提具有多种意义，有的反驳则是所包含的结论具有多种意义。例如，在有"一个知道者不理解他所知道的东西"为前提的论证中，就包含了用词歧义的情况。怎么消除这种歧义呢？要增加这样的话："一般说，一个知道者理解他所知道的东西，但是那些在特殊方面的知道者没有理解到。""一个知道者不理解他所知道的东西"和"那些在特殊方面的知道者没有理解到他所知道的东西"并不是一回事。

如果提问者没有获得他想要证明的与结论相矛盾的命题，那么当结论出现多种意义时就不会有反驳发生。

总之，消除歧义和双关的办法是："在一种意义上它是这样，在另一种意义上它不是这样。"

（二）误分和误合

误合情况下的语句指不同的事物，当对方作出他的结论的时候，我们就必须在相反的意义上来对待它。误合的谬误是由于问题有歧义因素，误分的谬误并不是真正地有歧义，如"5是2和3"误分为"5是2"和"5是3"，后两个语句并不是具有歧义的语句。对误分的语句，把它们适当地加以结合就行了。下面主要谈误合（见《辨谬篇》第20章）。

亚里士多德举了这样两个例子：

1."甲是不是那个东西被打的，用那个东西你看见他被打了？"（was X being beaten with that with which you saw him being beaten?）

2."用那个东西你是不是看见他被打了，他是被用那个东西打的？"（Did you see him being beaten with that with which he was being beaten?）在这两个问题中，谬误的发生是由于关系词所造成的误合，两句话中的"那个东西"有歧义，可以指"一根棍子"，也可以指"你的眼睛"。我们在处理这两个问题的时候，必须把问题分开。第一句话应修改为："甲是不是被用那根棍子打的？你用你的眼睛看见他被打了吗？"第二句话应修改为："你是不是用你的眼睛看见他被打了？他是被用那根棍子打的吗？"

（三）错放重音

亚里士多德认为，在书面语言和日常口语中，重音一般不引起谬误的论证，发生的情况是极少数。

（四）误用文法表达形式

对不同事物应当用不同的表达形式，不能用相同的表达形式。越是表面上相似的表达形式，实际上文法意义是不相同的。下面看几个在《辨谬篇》第 22 章中的例子：

1. "在同时，正在做和已经做了同一件事（to be doing and to have done the same thing at the same time）是可能的吗？""不可能。""但是，你瞧，在同时并在同一方面，正在看而且已经看见了同一事物（to be seeing and to have seen the same thing at the same time），这确实是可能的。"

在这个例子中，如果有个人假定"看"（to see）不是"做"［doing（主动）］的形式，而是一种被动式，那么在他承认"在同时，正在做和已经做了同一件事是不可能的"之后，还说"看一个东西并且已看见了它是可能的"（it is possible to see and to have seen it），这个人就没有被驳倒，应该驳斥他的假定，指出"看"（to see）是一种主动式。

2. 问题：是不是一个人已经丢失了他曾经有过随后又没有了的东西呢？

我们应当说：他已经丢失了他从前曾经有过而现在没有了的那种东西；但就他来说，并不必然已经丢失了现在已经没有了的那么多的东西。（He has lost what he had before and has not now; but there is no necessity for him to have lost as much or as many things as he has not now.）比如说，他原有十颗骰子，仅仅丢失了一颗，从他已经丢失了他从前曾经有过而现在没有了的骰子，不能得出他已经丢失了现在已经没有了的十颗骰子，因此，如果人们一开始就问：原先具有而后来不再具有一定数量东西的那个人是不是已经丢失了全部的东西呢？那么就没有人会作出肯定的回答，而会说："所丢失的或者是全部数目，或者是其中之一。"

3. 下面的论证与上例有关：一个人可以给出他所没有得到的东西，因为他所没有得到的东西仅仅是一个骰子。这是错误的，应当说：他已经给出的，并不是他所没有得到的那种东西，而是以他所没有得到它的方式，即作为一个单一的单位。(He has given, not what he had not got, but in a manner in which he had not got it, viz just the one.) 所谓"仅仅"并不是意指一个特殊实体或性质或数目，而是一种关系的方式（manner of relation），即不与任何其他东西相匹配的关系。所以，这就好像一个提问者问："是不是一个人能给出他所没有得到的东西"，在得到"不能"后又问："一个人当他未曾很快地得到一个东西的时候能否很快地给出？"而在这个问题得到肯定回答后就得出结论："一个人能给出他未曾得到的东西。"但是，这个结论并未得到证明，因为"很快地给出"并不意指给出一个东西，而只是以某种方式给出，一个人当然能够以他所没有获得一个东西的方式给出一个东西，例如，他可以快乐地获得它并且痛苦地给出它。一个人可以不是以单一单位的方式获得，但能以单一单位的方式给出。

（五）小结

我们在上面讨论了与语言有关的 6 种谬误的消除方法，亚里士多德对这 6 种谬误还从总体上提出了消除方法。他指出："处理依赖于语言的论证的一般规则是，其消除方法总是取决于那个论证的关键所在的论点的对立面。例如，如果那个论证依赖于误合，那么消除方法就在于分离；如果它依赖于误分，那么消除方法就是结合。再者，如果那个论证依赖于锐音调，那么消除方法就是抑音调，反之亦然。如果那个论证依赖于用词歧义，那么消除的方法就使用对立的词项；例如，如果你发现你自己先前否认某物是无生命的之后，又说某物是无生命的，那么你就要说明在什么意义下它是有生命的，另一方面，如果人们已经说了它是无生命的，而对手争辩说它是有生命的，那么你就要说明它何以是无生命的。语义双关的情况也

是如此。如果那个论证依赖于相似的表达形式，其消除方法就是提出相反的表达。"（179a10—25）

二　逻辑谬误的消除

（一）偶性

亚里士多德说："对付那些依赖偶性的论证，同样一种消除方法可以适合所有情况。由于一种属性何时应当归属于一个事物是不确定的，在一些情况下它属于事物的偶性，并且由于在有些情况下人们一般同意并承认它属于事物的偶性，而在其他情况下他们否认它必然属于，因而在结论一经得出之时，我们就应该对所有事例作同样回答，说：这样一种属性并不是必然地属于。"（179a25—30）

以下一些论证都依赖偶性（亚里士多德原来论述不完全，今按原意增补完全）：

1. "你知道我正要问你什么吗？""不知道。""我正要问你是善的东西；因此，你不知道善的东西。"

在这个论证中，善的东西与将要是一个问题的主题不是一回事（to be good is not the same as to be going to be the subject of a question）。不知道将要是一个问题的主题，但不必然不知道善的东西。

2. "你认识那个正在走近的人吗？""不认识。""可是那个正在走近的人是你认识的考里斯库，所以，你既认识又不认识这同一个人。"

3. "你认识那个戴着面具的人吗？""不认识。""可是，它是你的弟弟；因此，你既认识又不认识你的弟弟。"

这两个论证是类似的。"那个正在走近的人"与"考里斯库"不是同样的；"那个戴着面具的人"与"你的弟弟"也不是同样的。你不认识那个正在走近的人，但认识考里斯库。你不认识那个戴着面具的人，但认识你的弟弟。

4. "这雕像是你的，这雕像是一件艺术作品，所以，它是你的艺术作品。"我们说，这雕像碰巧是你的，又是一件艺术作品，但它并不是你的艺术作品，也许是你的一件东西。

5. "这狗是一个父亲，这狗是你的，所以，这狗是你的父亲。"这狗碰巧是你的，又是一个父亲，尽管如此，这狗并不是你的父亲。

这两例都依赖偶性谬误的一种误合。类似的例子还有："A是你的，A是一个孩子，所以，A是你的孩子。"

6. "一个小数目与另一个小数目之积还是一个小数目吗？"

这个问题可以写成："A是一个小数目，B是一个小数目，它们的积（A×B）还是一个小数目吗？""不是。""但是，A是小数目，B是小数目，所以，A×B是小数目；从而，A×B既是大数目又是小数目。"

A和B碰巧都是小数目，但A×B并不必然是小数目。"是小数目"和"是大数目"是偶性，并不是绝对的。

7. "一个东西碰巧是善的，并且是X的，但它在同时并不是"X的善"。

亚里士多德说："从以上这些事例都不能必然地得出：那种符合事物偶性的属性，对于那事物也是符合的，因为所有同样的属性只是属于不能区分的，在本质上是同一的事物。"（179a35—179b1）

（二）混淆表达式的绝对使用和相对使用

亚里士多德说："依赖于对特殊事物是有效的，或在一个特殊方面或地点或方式或关系中是有效的，而不是绝对有效的表达的那些论证，应当在与结论的矛盾命题的关系中来考察结论，看看以上所说任何一个是否可能已经出现了。因为两个相反的命题、两个对立的命题以及一个为肯定的命题而另一为否定的命题，不可能绝对地属于同样的东西。然而，没有什么东西可以阻止两个命题中的每一个在特殊方面（或关系或方式）属于，或阻止它们中的一个在特殊方面属于而另一个绝对地属于。这样，如果这个命题绝对地属于，那个命题在特殊方面属于，那还是没有反驳。我们一定能在结论中发现这一特点，其方法是通过与结论的矛盾命题进行比较来考察结论。"（180a20—30）

请看以下例子：

1. "同一个人在同一时间既是自己誓言的信守者又是自己誓言的破

坏者，这是可能的吗？"对这个问题要进行分析。从一个人在一个特殊场合或者一个特殊方面信守他的誓言，并不能必然得出：它是一位绝对地信守誓言的人。如果他发誓要破坏它的誓言，并且随即破坏了它，这样他仅仅是信守了这个特殊的誓言，还不就是一位信守自己誓言的人。

还有以下问题：

"是不是同一个人能同时既说真话又说假话？"

一个人也许在某一特殊方面或某一特殊关系上说了真话，即对某些事物是真的而不是绝对地"真的"，然而我们并没有什么理由说这句话绝对地不是假话。

令人感兴趣的是，以上两个例子并不是"说谎者悖论"，但离"说谎者悖论"只差一步，如果改为"我发假誓"和"我说谎"就变成了"说谎者悖论"。

2. "健康是一个好东西吗？""是的。""但对于滥用它的傻瓜来说，它并不是一个好的东西，因此，它既是一个好东西又不是一个好东西。"

我们应当说，并没有什么东西阻止一个事物，尽管确实是好的，但对一个特殊的人来说并不是好的，或者对于一个特殊的人来说是好的，但在此时此地并不是好的。

3. "聪明人不愿意要的东西就是恶的吗？""是的。""但是，他不愿意抛弃善，所以，善就是一种恶。"这里的错误在于，把"善是一种恶""抛弃善就是一种恶"混为一谈了，这两者并不是一回事。疾病是一种恶东西，但摆脱疾病不是恶。

4. "是不是公正比不公正更可取，而且公正地发生的事情比不公正发生的事情更可取呢？""是的。""但是，不公正地被置于死地是更取的。"

"每个人都应持有他自己的主张，这是公正的吗？""是。""但是一个人按照他自己的意见（即使是错误的意见）无论作出何种决定，在法律上都是有效的，因此这同一个结论既是公正的又是不公正的。"

"一个人应该作出对于讲公正事情的人有利的决定，还是应该作出对于讲不公正事情的人有利的决定呢？""前者是对的。""但是，你看，让受害的一方完全讲出来他已经遭遇的事情,这也是公正的,而这些事情是不公正的。"

针对以上谬误,亚里士多德提出了以下的消除方法:"因为不公正地遭遇一种事情是可取的,但却不能得出:不公正的事情比公正的事情更可取。再者,一个人应该持有他自己的东西,这是公正的,而持有别人的东西就不是公正的;但是,不论一个决定是不是支持该决定的人的意见,这个决定可以是一个很好的公正决定,因为在这个特殊情况下或特殊方式上,它是公正的,它并不因此也是绝对地公正的。同样,虽然事情是不公正的,但没有什么东西能阻止讲它们是公正的,因为讲事情是公正的,并不能必然得出这些事情应当是公正的,同样,因为讲事情是有益的,也不能必然得出这些事情是有益的。而关于公正的事情也同样如此。因此,所说的事情是不公正的,不能得出:胜利就归于那位讲不公正事情的人,因为他讲的事情对于讲来说是公正的,而对于遭受这些事情来说,这些事情是绝对地不公正的。"(180b28—39)

(三)论旨相违

亚里士多德对论旨相违的消除方法是:"依赖于反驳的定义而产生的反驳……通过把结论和它的矛盾命题合在一起作比较,看看一个事物在同一方面、同一关系、同一方式和同一时间中,是不是产生同样的属性。如果这个附加的问题在一开始就提出来,你就不必承认同一事物既是二倍又不是二倍乃是不可能的,而必须认为这是可能的,只是不以曾被同意构成你作的反驳那样一种方式。"(181a1—8)亚里士多德举了两个例子来说明以上的论点。

1. "知道A是A的那个人知道叫作A的事物吗?"同样,"不知道A是A的那个人不知道叫作A的事物吗?""是的。""但是,知道考里库斯是考里库斯的那个人,也许不知道考里库斯是爱好音乐的,因此,那个人既知道又不知道同一事物。"

2. "是不是4丘比特长的一个东西比3丘比特长的一个东西大一些?""是的。""但是,一个东西在长度上可以从3丘比特变大到4丘比特；较大的东西比较小的东西更大，因此所说的这个东西是在同一方面与自身相比既大一些又小一些。"

（四）预期理由

提问者提出一个论点，回答者加以反驳提出了与之相矛盾的论点，这是反驳的原论点，回答者应当独立证明这个论点，如果反驳的过程依赖于原论点，这就是预期理由。对这一谬误的消除，亚里士多德指出了以下的办法："至于那些依赖于乞求和假定待证明的原论点的反驳，如果问题的性质是显然的，那么你就不应该承认它，即使它是为一般所认可的观点，而应该说出真相。但是，如果这种性质没有被发觉，那么由于这种论证的缺陷，你就应当把自己的错误退回给提问者，并且说他还没有作出任何论证；因为一个反驳必须独立于原论点加以证明。"（181a15—20）

（五）肯定后件

亚里士多德指出，肯定后件的谬误应当从这种论证过程本身进行揭露。发生肯定后件的谬误有两种情况：

1. 如果 A 总是伴随 B 出现，那么 B 总是伴随 A 出现。

这种谬误类似于：如果从普遍的东西得出特殊的东西，如从"动物"到"人"，那么从特殊的东西得出普遍的东西，如从"人"到"动物"。

2. 如果 A 跟随 B，那么 A 的对立面跟随 B 的对立面。

这是"否定前件"的谬误，实质上是"肯定后件"的变形，因为从如果 p 那么 q，得到如果 q 那么 p，这是肯定后件的谬误，换成等值的如果非 p 那么非 q，就是否定前件的谬误。

上面曾经指出的麦里苏的论证属于这种否定前件的谬误：他从如果已经生成的东西都有一个起始点，那么凡没有生成的东西都没有起始点，得出：如果宇宙没有生成，那么它也就是永恒的。

（六）错认原因

错认原因的谬误是在应用归于不可能法时插进了不相干的前提，对这种谬误的消除，亚里士多德指出："就那些依赖增加某些东西而进行推理的反驳来说，必须察看在抽去增加的东西后这种不可能性是否仍会发生。

如果是这样，那么回答者就应该指出这一点，并且说明他之所以承认所增加的东西，并不是因为他真相信它，而是为了那个论证的缘故，不过提问者却根本没有为了他的论证而使用它。"（181a31—35）

（七）复杂问语

对于复杂问语的谬误，亚里士多德指出了以下的消除方法："对付那些使几个问题成为一个问题的反驳，人们应当一开始就立刻在它们之间作出区别。因为对一个单一的答案来说，问题也只有一个；因此，人们对于一个事物不可肯定或否定几件事，对于多个事物也不可肯定或否定一个事物，而必须一个事物对一个事物。但是正如在歧义词项的情况下一样，一个属性属于一个词项有时是在它的两种情况下都是合适的，有时对于两种意义又都不合适；所以，尽管问题不是简单的，但如果人们作出一个简单的回答，那也不会引起什么损失；在那些有双重问题的情况下也是如此。这样，当几个属性属于一个主词，或一个属性属于多个主词的时候，那作出简单回答的人，尽管他已经犯了这种错误，也不会遇到阻碍。但是，当一个属性属于一个主词而不属于另一个主词的时候，或者有一个问题，其中几个属性属于几个主词，并且在一种意义下，两者属于两者，而在另一种意义下，两者又不属于两者，这样就会产生困难，因此，人们必须提防这一点。"（181a36—181b10）

针对所说的困难，亚里士多德举出了以下几个例子。

1. 假定 A 是善的，而 B 是恶的。如果你对两者作出单一的回答，那么你将不得不说：称它们（A 和 B 两者）是善的，这是对的；称它们是恶的，这也是对的；同样，称它们既不是善的又不是恶的，这也是对的（因为 A 不是恶的而 B 也不是善的）；因此，同一事物将既是善的又是恶的，并且既不是善的又不是恶的。

2. 由于每种事物都与自身同一并且与任何其他事物不同，所以那对双重问题作单一回答的人可以说：几个事物不是与其他事物同一而是与自身同一，而又说：它们不同于自身，由此得出：同样的事物必定是既同于自身又不同于自身。

3. 如果善的东西变成恶的，而恶的东西变成善的，那么它们两者就都变成了两个东西。所以，在两个不相等的东西中，每一个等于自身，由此得出：它们既等于自身又不等于自身。

亚里士多德针对以上情况总结说："这些反驳也可以归入其他一些消除方法的范围，因为'两者'和'所有'具有几种意义；这样，对同一事物所得到的肯定和否定实质上并不出现，只不过是字面上的表现，而这并不是我们所说的反驳。但是，显而易见的是，如果不是把几个论点作成一个单一的问题，而回答者仅对一个单一的主词肯定或否定了某个属性，那么这种荒谬就不会发生了。"（181b20—24）

亚里士多德在《辨谬篇》中还谈到揭露诡辩手法的问题。他指出，诡辩家的第二个和第三个目标是要显示对方犯错误和引诱对方陷入自相矛盾，为达到这两个目标，诡辩家采用的办法有：

1. 提出暧昧的问题，这种问题不规定它与任一确定的主题的关系，因为当人们广泛地谈论时更容易犯错误，而当他们没有一个确定的主题放在面前的时候，他们便会广泛地谈论。

2. 通过提出许多问题（即使人们争论的观点很明确），并要求回答者说出他所思考的东西，这就提供了充足的机会使他陷入自相矛盾或犯错误；并且，不管他对这些问题中的任何一个是回答"是"还是回答"不是"都会引导他陷入这样的陈述：面对这样的陈述，人们有丰富的材料来进行批驳。这种办法不如前一种，因为人们会反问："这与原来的主题有何关系呢？"

3. 引诱回答者作出一种陈述，诡辩家有大量论据来反对这种陈述。

4. 就对方所属的学派的某种观点提出质问，而大多数人认为这种观点是自相矛盾的。

5. 从对方的愿望和所持的意见中寻找自相矛盾。人们并不希望他们嘴上说他们所希望的同样东西。人们说着冠冕堂皇的话，而希望的则是他们的利益。例如，他们说："一个人应该高尚地死，而不应该快乐地生；

应该诚实的贫穷,而不应该卑贱的富有。"但实际上他们所希望的恰恰相反。

6. 采用自然的标准和法律的标准。这两种标准是对立的,自然的标准是真理,法律的标准是大多数人的意见。例如,从法律的标准来看,公正是一个好东西,但从自然的标准来看则不是。因此,对于根据自然标准说话的人,你就应该用法律标准来回答,而对于根据法律标准说话的人,你就要引导他到自然的事实上来。在这两种情况下,对方会作出自相矛盾的陈述。

7. 提出那些回答必然陷入自相矛盾的问题。例如,"一个人应当服从聪明人或自己的父亲吗?""一个人应当做有利的事或公正的事吗?""忍受不公正的痛苦或做出一种伤害行为是较好的吗?"不论回答者作出何种回答都要陷入自相矛盾。

亚里士多德在《辨谬篇》中对上述两种谬误并未提出消除方法。其实,面对诡辩家提出的显示对方犯错误和引诱对方陷入自相矛盾的种种手法,应当针锋相对,"以其人之道,还治其人之身",就可以加以破除。

亚里士多德指出,诡辩家的第四个和第五个目标是使对方多次重复同一事情和违反文法。

多次重复的例子有:

1. "如果陈述一个词项与陈述它的定义完全是一样的,'两倍'和'一半的两倍'是一样的,那么,若'两倍'就是'一半的两倍',则它就是'一半的一半的两倍';并且如果再用'一半的两倍'来代替'两倍',这样,同一个表达就会重复三次,即'一半的一半的一半的两倍'。"

2. "欲求是对快乐的欲求,因此,欲求是对快乐的对快乐的欲求。"

以上一类论证的发生有两种情况:(1)使用了关系词,这些关系词不仅它们的属是相对的,而且本身也是相对的,它们是相对于一个而且是同一个事物表现出来的。例如,欲求是对某物的欲求,两倍是某物的两倍即一半的两倍。(2)使用了一种非关系的词,这些词的实体在其定义中被指明,它们述说这些实体。如果短粗上翻(snubness)是鼻子的一种凹形

（concavity），并且存在着一种短粗上翻的鼻子（狮子鼻，snub nose），所以有一种"凹形鼻子的鼻子"（concare—nose nose）。

如何消除引向多次重复同一事情的论证呢？亚里士多德说："对于那些把人引向多次重复同一事情的人。很显然，一定不能承认那些关系词在离开了它们相关的名词后还具有任何意义；例如，'两倍'离开了'一半的两倍'之所以还有意义，正因为它出现在'一半的两倍'这个语词之中。……你应当说抽取出来的被定义的词项与它在整个用语中，是不同的。因为'凹形'（concave）在'狮子鼻'（snub nose）和'有膝部外弯的腿'（bandy leg）的情况下具有同样的一般意义，但当它在一种情况下与鼻子结合使用，在另一种情况下与腿结合使用时，就没有什么能阻止它具有不同的意义；在前一种情况下它意指'短粗上翻'，在后一种情况下意指'膝部外弯的'；这就是说，不管你说'狮子鼻子'（'短粗上翻的鼻子'）还是说'凹形的鼻子'，这并没有什么不同。……'短粗上翻'（snubness）不是凹形鼻子而是属于鼻子的某种东西（一种状况），因此，假定'狮子鼻子'（'短粗上翻的鼻子'）是一个具有属于鼻子的凹形的一种鼻子，这并没有什么荒谬的地方。"（181b25—182a5）

由上可见，亚里士多德的辨谬理论为现代的"批判性思维"或"非形式逻辑"开了先河。

批判性思维运动是从 20 世纪 70 年代西方主要是北美兴起的，其重要结果之一，就是出现了以批判性思维的理念为基础的风靡全球的能力型考试模式。批判性思维的核心问题是逻辑知识与逻辑思维能力之间的关系，一般地说，是知识和能力之间的关系。批判性思维技能包括：解释、分析、评估、推论、说明和自我校准。国内外的很多高校都开设了"批判性思维"的课程，国内外的很多能力型考试都有这方面的内容。不少"批判性思维"的教材都列有"思维谬误"，如美国的一本畅销书《批判性思维：带你走出思维的误区》（布鲁克·诺埃尔·摩尔等著）列了"十大思维谬误"，其中有些与亚里士多德列的谬误相同，如诉诸人身、稻草人的谬误就是论旨相违,"在此之后,因是之故"就是错认因果。现在出版的许多"批判性思维"著作中,将谬误分为"形式谬误"和"非形式谬误",这也是来自亚里士多德的"语言谬误"与"非语言谬误"的二分法,其中有不少谬误也与亚里士多德所列的谬误相同,诸如论旨相违、预期理由、肯定后件、错认原因、复杂问语等。

我们要继承亚里士多德的这份珍贵遗产,为发展"批判性思维"这一学科做出贡献。

参考文献

The Works of Aristotle translated into English, under the editorship of W.D.Ross, vol. Oxford, 1955.

Ross,W.D. *Aristotle's Prior and Posterior Analytics*,a revised text with introduction and commentary, Oxford, 1949.

Andrade,E.J.&Becerra,E. *Corcoran' Aristotelian syllogistic as a subsystem of first order logic*,Rivista Colombiana de Matematicas volumen 41（2007）.

Bochenski,I.M. *A history of Formal Logic*, University of Notre Dame Press, 1961.

Bochenski,I.M. *Ancient Formal Logic*, Amsterdam, 1951.

Corcoran,John. *Completeness of an ancient logic.* The journal of symbolic logic,vol.37,no.4,1972.

Dumitriu,A. *HIstory of logic*,Abacus Press,1977.

Glashoff,K. *An Intensional Leibniz Semantics for Aristotlelian Logic*,The Review of Symbolic Logic,2010.

Hughes & Cresswell, *A New Introduction to Modal Logic,* London and New York, Routledge 1996.

Johnson,F. *Models for Modal Syllogisms*, Notre Dame Journal of Formal logic,vol.30（1989）.

Keale,W.&M. *The Development of logic*, Oxford, 1962.

Lear,J. *Aristotle and Logical Theory*,Cambridge University Press,1980.

Łukasiewicz,J. *Aristotle's Syllogistic from the Standpoint of Mordern*

Formal Logic, second edition, Clarendon Press, Oxford, 1957.

McCall, S. *Aristotole's Modal syllogisms*, North Holland, Amsterdam, 1963.

Smiley, T.J. *What is a syllogism?* The Journal of Philosophical logic, vol.2 (1973).

Patterson, R. *Aristotle's Modal logic,* Cambridge University Press, 1995.

Thom, P. *The Logic of Essentialist · An interpretation of Aristotle's Modal syllogistic,* Kluwer Academic Publishers, 1996.

von Wright, G.H. *The Logic of Preference*, Edinburgh, 1963.

亚里士多德：《工具论》（选译），广东人民出版社，1984。

亚里士多德：《亚里士多德全集》第一卷（苗力田主编），中国人民大学出版社，1990。

亚里士多德：《范畴篇 解释篇》，商务印书馆，2003。

沈有鼎：《有关三段论的几个问题》（1957年油印稿），载中国社科院哲学所逻辑室编：《摹物求比》，社会科学文献出版社，2000。

周礼全：[1]《亚里士多德关于推论的逻辑理论》，《光明日报》1963年3月22日，3月29日。

——[2]《亚里士多德论矛盾律与排中律》，《哲学研究》1981年第11期，第12期。

莫绍揆：《亚里士多德三段论式的真面目》，载《全国逻辑讨论会论文选集（1979）》，中国社会科学出版社，1981。

莫绍揆：《金岳霖教授对数理逻辑的贡献》，载中国社会科学院哲学研究所编：《金岳霖学术思想研究》，四川人民出版社，1987。

蔡曙山：《一个与卢卡西维兹不同的亚里士多德三段论形式系统》，《哲学研究》1988年第4期。

王路：《三段论的现代解释》，《哲学研究》1988年第9期。

韦卓民:《亚里斯多德逻辑》,科学出版社,1957。

肖尔兹:《简明逻辑史》,商务印书馆,1977。

阿赫曼诺夫:《亚里士多德逻辑学说》,上海译文出版社,1980。

江天骥主编:《西方逻辑史研究》,人民出版社,1984。

杨百顺:《西方逻辑史》,四川人民出版社,1984。

马玉珂主编:《西方逻辑史》,中国人民大学出版社,1985。

威廉·涅尔,玛莎·涅尔:《逻辑学的发展》,商务印书馆,1985。

卢卡西维茨:《亚里士多德的三段论》,商务印书馆,1987。

王路:《亚里士多德的逻辑学说》,中国社会科学出版社,1991。

宋文坚:《西方形式逻辑史》,中国社会科学出版社,1991。

郑文辉:《欧美逻辑学说史》,中山大学出版社,1994。

罗斯:《亚里士多德》,商务印书馆,1997。

Zhang Jialong, On Aristotle's Catagorical Syllogistic, *Studies in Logic, Grammar and Rhetoric*, Warsaw University ,Bialystok Branch,1987; *Abstracts*,vol.3,LMPS'87（ The 8th International Congress of Logic, Methodology and Philosophy of Science 1987,Moscow ）.

张家龙:[1]《从现代逻辑观点看亚里士多德的三段论》,《哲学研究》1988年第5期。

——[2]《亚里士多德模态逻辑的现代解释》,《哲学研究》1990年第1期。

——[3]《古希腊、罗马和中世纪的归纳理论》,载王雨田主编;《归纳逻辑导引》,上海人民出版社,1992。

——[4]《亚里士多的关系理论探究》,《哲学研究》1996年第1期。

——[5]《亚里士多德的必然三段论》,《湖北大学学报》1996年第3期。

——[6]《论亚里士多德的排中律疑难》,《哲学动态》2004年第12期。

——[7]（主编）《逻辑学思想史》，湖南教育出版社，2004。

——[8]《亚里士多德直言命题理论的现代解析》，《重庆工学院学报》（社会科学版）2007年第3期。

——[9]《亚里士多德模态命题理论的现代解析》，《哲学研究》2007年增刊（第二届海峡两岸逻辑教学学术会议专辑）。

——[10]《亚里士多德对"偏好"如是说》，《逻辑学研究》2008年第2期。

——[11]《论偶然模态》，《哲学研究》2009年增刊（第四届海峡两岸逻辑教学学术会议专辑）。